Julian Nida-Rümelin, Jan-Christoph Heilinger (Hrsg.)
Moral, Wissenschaft und Wahrheit

HUMANPROJEKT
Interdisziplinäre Anthropologie

Im Auftrag der Berlin-Brandenburgischen
Akademie der Wissenschaften
herausgegeben von Detlev Ganten, Volker Gerhardt,
Jan-Christoph Heilinger und Julian Nida-Rümelin

Band 13

Moral, Wissenschaft und Wahrheit

Herausgegeben von
Julian Nida-Rümelin und Jan-Christoph Heilinger

DE GRUYTER

Diese Publikation erscheint mit Unterstützung der Senatsverwaltung für Wirtschaft, Technologie und Forschung des Landes Berlin sowie des Ministeriums für Wissenschaft, Forschung und Kultur des Landes Brandenburg.

ISBN 978-3-11-057760-0
e-ISBN (PDF) 978-3-11-037900-6
e-ISBN (EPUB) 978-3-11-038739-1
ISSN 1868-8144

Library of Congress Cataloging-in-Publication Data
A CIP catalog record for this book has been applied for at the Library of Congress.

Bibliografische Information der Deutschen Nationalbibliothek
Die Deutsche Nationalbibliothek verzeichnet diese Publikation in der Deutschen Nationalbibliografie; detaillierte bibliografische Daten sind im Internet über http://dnb.dnb.de abrufbar.

© 2016 Walter de Gruyter GmbH, Berlin/Boston
Dieser Band ist text- und seitenidentisch mit der 2016 erschienenen gebundenen Ausgabe.
Einbandgestaltung: Martin Zech, Bremen
Druck und Bindung: Hubert & Co. GmbH & Co. KG, Göttingen

♾ Gedruckt auf säurefreiem Papier
Printed in Germany

www.degruyter.com

Einleitung

Der Ausgangspunkt des vorliegenden Bandes liegt in einer Arbeitsgruppe der Berlin-Brandenburgischen Akademie der Wissenschaften (BBAW), die unter dem Titel „Normativität – Objektivität – Handlung" in den Jahren 2010 bis 2014 regelmäßige Arbeitstreffen abgehalten und im Jahr 2013 die Akademievorlesung der BBAW ausgerichtet hat.

Die gemeinsame Fragestellung der Arbeitsgruppe betraf die Rolle und die Funktionalität von Normativität, ihren Wahrheits- und Objektivitätsanspruch sowie die Relevanz normativer Vorstellungen für tatsächliche Handlungen von Menschen. Normativität beeinflusst die Interaktion von Menschen miteinander und den Umgang von Menschen mit ihrer Umwelt. Der ontologische Status von Normativität ist jedoch problematisch. Muss Normativität logisch vorgängig und unabhängig von Menschen sein, um objektiv sein zu können? Oder entsteht sie erst in Abhängigkeit von Menschen, die sie formulieren oder nach ihr handeln, und ist deshalb nicht objektiv? Oder ist diese Dichotomie grundsätzlich verfehlt und bedarf es eines anderen Ansatzes, um die Rolle von Normativität in der lebensweltlichen Verständigungspraxis angemessen zu verstehen?

Zwei zentrale Impulse sind in der Arbeitsgruppe leitend gewesen und werden von den in diesem Band versammelten Beiträgen auf unterschiedliche Weise aufgegriffen: einerseits die These der Einheit von Theorie und Praxis, andererseits die Skepsis gegenüber fundamentalistischen Ansätzen. Ausgehend von diesen Impulsen untersuchen die Beiträge in diesem Band das Spannungsverhältnis von Moral, Wissenschaft und Wahrheit. Besondere Relevanz haben in diesem Zusammenhang Beiträge aus dem Bereich der Ethik und der Metaethik. Zu einer umfassenden Behandlung des Themas wird aber neben der philosophischen Perspektive auch der Psychologie, Wissenschaftstheorie und Anthropologie Raum gegeben.

Die Herausgeber sind vielen Personen zu Dank verpflichtet. In der Berlin-Brandenburgischen Akademie der Wissenschaften hat besonders Regina Reimann die Arbeit der Gruppe tatkräftig unterstützt. Bei der Vorbereitung der Drucklegung haben Veronika Sager, Sarah-Aylin Akgül und Fabian Newger vom Münchner Kompetenzzentrum Ethik mit großem Einsatz mitgeholfen. Im Verlag de Gruyter kümmern sich Gertrud Grünkorn und Christoph Schirmer seit Jahren engagiert um die Bände, die in der Reihe *Humanprojekt* erscheinen. Ihnen allen gilt unser herzlicher Dank.

München, im September 2015
Julian Nida-Rümelin
Jan-Christoph Heilinger

Inhalt

Julian Nida-Rümelin
Moral, Wissenschaft und Wahrheit — 1

Gerhard Ernst
Warum gelten moralische Normen? — 23

Carl Friedrich Gethmann
Werden die Geltungsansprüche moralischer Urteile durch ihre „Objektivität" eingelöst?
    Zur Kritik des moralischen Realismus — 35

Tatjana Tarkian
Die Ethik – eine autonome Disziplin? — 55

Lorraine Daston
Die moralisierten Objektivitäten der Wissenschaft — 79

Thomas Schmidt
Die Herausforderung des ethischen Relativismus — 111

Volker Gerhardt
Der Wert der Wahrheit wächst — 131

Jan-Christoph Heilinger
Konflikte in der Ethik
    Anmerkungen aus pragmatistischer Perspektive — 145

Philip Kitcher
Pragmatismus und Realismus
    Ein bescheidener Vorschlag — 161

Michael Tomasello und Amrisha Vaish
Die Entstehung menschlicher Kooperation und Moral — 181

Gerd Gigerenzer
Moral Satisficing: moralisches Verhalten als „Bounded Rationality" — 223

Susan Neiman
Toleranz ist zu wenig —— 263

Autoren —— 273

Sachregister —— 275

Julian Nida-Rümelin
Moral, Wissenschaft und Wahrheit[1]

Überblick

Wenn man über ein Thema spricht, das einen jahrzehntelang beschäftigt hat, dann steht man vor einer besonderen Herausforderung: Der Vortrag muss kompakt und, da er vor einem öffentlichen Publikum gehalten wird, zudem verständlich sein. Ich präsentiere am Ende eine eigene philosophische Position. Die muss ich vorbereiten, und das mache ich etwas anders, als es vielleicht von einem analytischen Philosophen erwartet wird – mit Definitionen am Beginn und nachfolgend einer Diskussion ihrer Implikationen. Vielmehr will ich das Verhältnis von Moral, Wissenschaft und Wahrheit zunächst in den historischen Zusammenhang der philosophischen Debatte der letzten 2500 Jahre stellen. Dabei streben wir selbstverständlich keine mehr oder weniger vollständige Darstellung der wichtigsten Argumente an, die in dieser langen Geschichte philosophischen Denkens vorgebracht wurden, sondern beschränken uns auf Positionen, die für unser systematisches Argument am Ende wichtig sind.

Eine zweite Vorbemerkung, die erst am Ende des Vortrages ganz verständlich werden wird: Ich bin kein Wittgensteinianer – aber auch ich kann mich, wie so viele, nicht ganz der Faszination dieses ungewöhnlichen Philosophen entziehen. Er notiert in seiner zweiten philosophischen Lebensphase – also nach 1930, als er begonnen hat, sich kritisch mit seiner ersten Phase auseinanderzusetzen –, man müsse das Ideal der Kristallklarheit ablegen. Das Erfreuliche sei, dass die Philosophie, wie er sie jetzt betreibe, jederzeit abgebrochen werden könne, ohne dass etwas versäumt werde. Das sind eher kryptische Bemerkungen. Ich zitiere sie, weil sie einer bestimmten Selbstbeobachtung nahe sind.

Mich hat die Fragestellung dieser Vorlesung schon als Student intensiv beschäftigt und immer wieder auch beunruhigt. Die Diskurslage in der Philosophie und den Geisteswissenschaften hat sich bis heute eher noch zugespitzt. Auffällig ist die Selbstverständlichkeit, mit der subjektivistische Positionen eingenommen werden, die in der zeitgenössischen Philosophie zumindest in den Geisteswissenschaften und den amerikanischen *Humanities* schon zum Dogma geronnen

---

1 Dieser Text ist eine nur leicht redigierte Abschrift meines im Mai 2014 frei gehaltenen Eröffnungsvortrages in der Reihe „Moral, Wissenschaft und Wahrheit" an der Berlin-Brandenburgischen Akademie der Wissenschaften. Der mündliche Sprachstil wurde belassen. Für die redaktionelle Überarbeitung danke ich Elizabeth Bandulet M.A.

sind. Beruhigend ist auf der anderen Seite, dass diese vermeintliche Selbstverständlichkeit nur eine solche zweiter Ordnung ist: Die gleichen Menschen, die vehement den „Logozentrismus", vielleicht auch die Idee eines verantwortlichen Subjektes kritisieren, nehmen an den lebensweltlichen empirischen und normativen Diskursen teil, ohne dass erkennbar wäre, dass diese Überzeugungen zweiter Ordnung dabei irgendeinen Einfluss hätten: Sie sind natürlich von der wahrnehmungsunabhängigen Existenz der Gegenstände unserer Alltagserfahrungen überzeugt und engagieren sich gegen offenkundiges Unrecht, sie erwarten, dass diejenigen, die ihnen wichtig sind, verantwortlich handeln und ihre Urteile und Handlungsweisen im Zweifelsfall begründen können. Sie kritisieren Irrtümer empirischer wie normativer Natur und bringen dafür Gründe vor. Die Position, die ich Ihnen hier vorstellen will, heißt deswegen „unaufgeregt". Sie nennt sich „unaufgeregter Realismus". Wir werden zum Schluss sehen: Diese philosophische Sichtweise ist eigentlich keine Theorie. Sie ist eine Selbstverständlichkeit. Ich beanspruche nicht, Beweise vorbringen zu können. Es handelt sich lediglich um eine naheliegende Interpretation der Praxis der Verständigung und der Interaktion, die wir alle teilen. Insofern: philosophische Bescheidenheit. Viel mehr kann man, glaube ich, nicht tun. Aber meine These, dass sich damit viele theoretische Auseinandersetzungen der vergangenen Jahrzehnte, ja sogar Jahrhunderte und Jahrtausende, erübrigen, wenn man diese Perspektive einnimmt – diese These dagegen ist eher unbescheiden.

Mein Beitrag umfasst fünf Teile: Zunächst schildere ich die klassische, objektivistische Sicht (1.); dann kritisiere ich den charakteristischen Subjektivismus der analytischen Philosophie, einsetzend mit dem frühen 20. Jahrhundert und jahrzehntelang dominierend (2.); ich erörtere die Anfang der 1980er-Jahre aufkommende neo-naturalistische Antwort (3.) und stelle meine Alternativkonzeption eines nicht-naturalistischen ethischen Realismus vor (4.). Mein Vortrag schließt mit fünf philosophischen Implikationen (5.).

1 Der klassische ethische Objektivismus

Ich beginne mit dem klassischen ethischen Objektivismus. Sokrates stellt die Fragen, die uns alle angehen, nämlich: Wie sollen wir leben? Welche Handlung ist begründet, welche Überzeugungen sind begründet, welche Tugenden sollten unser Leben leiten? Sein Schüler Platon übernimmt die kritische Fragestellung des Sokrates, der für sich beansprucht, in einer Hinsicht den anderen überlegen zu sein, nämlich als Einziger zu wissen, dass er nichts weiß. Allerdings transformiert er den sokratischen Skeptizismus, als kritische Sicht gegenüber den *doxai*, den bloßen Meinungen. Er setzt an ihre Stelle wissenschaftliche Rationalität und wissenschaftliche Objektivität. Ohne auf Details der platonischen Philosophie und die Probleme bei der Übersetzung platonischer Begriffe einzugehen,[2] möchte ich lediglich Folgendes betonen:

Platon war der Auffassung, unsere Alltagspraxis sei von bloßen, in unserer Kultur verbreiteten Meinungen geprägt, die trügerisch sind, die an der Oberfläche haften, die bloße Vorurteile sind – den Ausdruck verwendet er nicht, aber er ist ganz passend. Von diesen könnten wir aber nicht ausgehen, weil sie in der Regel nicht verlässlich seien. Stattdessen müssten wir uns einen schwierigen Weg zumuten, nämlich den Weg der Wissenschaft. Dieser lange Weg beginnt mit der Mathematik als Eintrittsdisziplin in die Akademie. Bei Platon nämlich endet der ideale Ausbildungsgang erst mit fünfunddreißig Jahren, und danach solle man sich zunächst fünfzehn Jahre der politischen Gestaltung widmen, allerdings noch unter Anleitung, um sich dann ab etwa fünfzig wieder auf die reine Philosophie zu konzentrieren.[3]

Die Idee ist somit folgende: Wissenschaftliche Aufklärung, wissenschaftliche Rationalität versetzt uns in die Lage, den bloßen Schein zu durchdringen, zu den wahren Strukturen und Formen allen Seins vorzudringen und damit die Grundlage eines richtigen Lebens, einer richtigen Praxis, einer richtigen Überzeugung zu erfassen. Typischerweise gibt es auch in Platons berühmtem Höhlengleichnis einen gewissen *Intuitionismus*. Dort heißt es, nachdem diese verschiedenen Stufen der Erkenntnis metaphorisch angesprochen wurden: Am Ende schaut man die Sonne und die Sonne steht für die Idee des Guten. Hier zeigt sich die Doppelfunktion oder der Doppelcharakter des Guten, nämlich zum einen, Bedingung allen Werdens und allen Seins zu sein, und zum anderen, Bedingung aller Erkenntnis zu sein. Diesen mühsamen Weg gehen nicht alle, sondern nur wenige, und damit ist das nächste, sehr aktuelle Problem aufgeworfen: Diejenigen, die zur Erkenntnis (*epistèmè*) vorgestoßen sind, müssen sich verständlich machen, damit diese auch praktisch wirksam wird. Platon selbst scheint zum Ergebnis gekommen zu sein, dass das schwierig ist – das Menetekel des Sokrates vor Augen. Dieser gute und kluge Mensch, der von einem Athener Gericht 399 vor Christus zum Tode verurteilt wird, steht gewissermaßen für genau diese Problematik: Wie kann man

---

[2] Zum Beispiel wird *eidē* fälschlicherweise oft mit *Ideen* übersetzt. Man müsste das eher mit *Strukturen* oder *Formen des Seins* übersetzen.
[3] Wenn diejenigen recht hätten, die behaupten, erst in der Moderne sei die widernatürliche Situation entstanden, dass viele Menschen älter als vierzig werden (wie z. B. Frank Schirrmacher in *Der Methusalemkomplex*), wäre das eine ziemlich abwegige Idealbiographie. Platon selbst ist achtzig Jahre alt geworden, nicht so alt wie Isokrates, der mit über neunzig noch die panhellenische Bewegung gegen die Makedonier anführte. Es ist also ein Vorurteil, ältere Menschen seien ein Phänomen der Moderne.

die Erkenntnis praktisch wirksam werden lassen, wenn die allermeisten diesen Weg der Erkenntnis nicht gehen können?

Die moderne Antwort ist: In der Politik geht es nicht um Wahrheit und folglich nicht um Erkenntnis. Das ist merkwürdig, denn wir versuchen ja herauszubekommen, was richtig und was falsch ist und was man tun sollte. Wir haben wissenschaftliche Beratungsinstanzen. Andererseits scheint es einen Konflikt zu geben zwischen Demokratie und Erkenntnisanspruch in der Politik. Das ist der Hintergrund meines Buches *Demokratie und Wahrheit* (Nida-Rümelin 2006): ohne Wahrheitsansprüche keine Politik in der Demokratie.

Ein zweiter, in diesem Zusammenhang zu nennender Klassiker ist Aristoteles. Er misstraut gerade dieser hochgespannten Rolle von Wissenschaft für das Praktische. Er setzt anstelle dessen auf die erfahrungsgesättigte Lebensklugheit (*phronesis*) des *phronimos*, also des Menschen, der aus Lebenserfahrung urteilssicher ist. Auch dieser darf nicht allzu jung sein – und zwar nicht etwa deswegen, weil junge Menschen nicht intelligent genug wären, sondern weil ihnen die Lebenserfahrung fehlt, um hier zu richtigen Urteilen zu kommen. Aristoteles, auch das wird uns noch beschäftigen, vertraut zunächst den Meinungen, die verbreitet sind (man hat das als die topische Methode des Aristoteles bezeichnet). „Wir werden doch sagen" oder „Man wird doch sagen" ist immer der erste Schritt der Argumentation und dann wird dies weiterentwickelt. Die *doxai* werden, anders als im platonischen Paradigma der Erkenntnis, also nicht entwertet, sie gilt es nicht zu ersetzen, sondern sie sind der Ausgangspunkt der weiteren Argumentation. Platon und Aristoteles haben allerdings eines gemeinsam, nämlich die *teleologische* Sicht auf die menschliche Praxis: In der menschlichen Praxis kommt ein Streben nach dem Guten zum Ausdruck. Das Gute manifestiert sich in dieser Praxis. Und entsprechend gibt es unterschiedliche Bereiche, die durch eine mehr oder weniger hierarchische Form oder einen *Aufbau des Guten* zusammengehalten werden, in dem das eine dem anderen untergeordnet ist, zum Beispiel die Sattlerei der Reitkunst und die Reitkunst wiederum der Kriegskunst, wie wir zu Beginn der *Nikomachischen Ethik* lesen können. Die Vorstellung ist also, dass die Dinge in sich stimmig sein müssen – und dann endet dieses Gründungsdokument der politischen Philosophie mit der Feststellung, es ginge uns wohl wie einem Bogenschützen: Wenn er weiß, wo das Ziel ist, trifft er besser. Wenn man weiß, was das Gute für die *Polis* ist, dann ist auch leichter zu bestimmen, was das Gute für den Einzelnen ist. Das kommt uns sehr merkwürdig vor, denn unsere Lebensform ist individualistisch geprägt: Wir müssen wissen, was gut für den Einzelnen ist, um zu bestimmen, was gut für die Stadt ist. Diese Sichtweise wird bei Aristoteles umgedreht. Das Gute ist nicht ins Belieben gestellt. Würden die einen dieses wollen und die anderen jenes, dann wäre das Gute jeweils subjektiv. Das Gute aber, da sind sich Platon und Aristoteles einig, hat einen objektiven Gehalt. Das Ganze wird in der Antike, im Hellenismus und dann später in der Patrizier-Ideologie im römischen Imperium, in der späten Stoa, auf die Spitze getrieben, um der kühnen Idee willen, dass die Welt vernünftig geordnet sei und dass wir als Vernunftwesen in der Lage seien, diese vernünftige Ordnung zu erfassen, und dass die vernünftige Praxis darin bestehe, sich in diese gesetzmäßige, strikt deterministische Ordnung einzuordnen. Auch das ist ein wirkungsmächtiger Impuls, einschließlich der Idee, dass trotz dieser *vernünftigen* Ordnung der Welt der einzelne Mensch Verantwortung für sein Tun trägt. So unterscheiden die Stoiker zum Beispiel zwischen den *adiaphora* auf der einen und den *eph hemin* auf der anderen Seite. *Adiaphora* sind die Dinge, die man nicht unterscheiden kann, die man nicht unterscheiden sollte – ein schönes Wortspiel, denn *diapherein* heißt *unterscheiden*. Dazu zählt alles, was ich selber nicht beeinflussen kann. Auf der anderen Seite gibt es die *eph hèmin*, neudeutsch sind diese Dinge *up to us*. Für das, was *up to us* ist, haben wir Verantwortung, und das, obwohl alles in einen gesetzmäßigen Zusammenhang eingebettet ist. Ein Thema, das uns jetzt gegenwärtig in der Auseinandersetzung zwischen Philosophie und Neurowissenschaft fast eins zu eins wieder beschäftigt. Wie kann man Verantwortung tragen in einer Welt, die vollständig determiniert ist, die sich nach strengen Gesetzen verhält und die man wissenschaftlich erfassen kann? Das ist auch eine Form von Objektivismus.

Zusammenfassend lässt sich Folgendes festhalten: Charakteristisch für den klassischen ethischen Objektivismus ist jeweils, dass man einen Erkenntnisgrund hat, der eine Basis darstellt, von der aus Erkenntnis formuliert werden kann. Zum Beispiel die Geschichtsmetaphysik, die ich im weiteren Verlauf als Beispiel heranziehen werde. Hierbei handelt es sich um die Vorstellung, dass es Gesetze der historischen Entwicklung gibt. Wer diese Gesetze erkennt, hätte automatisch auch einen Handlungsauftrag, nämlich diesen Fortschritt in der Welt zu bewirken. Das wird bei Marx und im Marxismus dann gewissermaßen hypertroph, es wird zu einem politischen Auftrag, aber die Basis ist streng wissenschaftlich – nach Meinung der Protagonisten dieser Auffassung. Ganz ähnlich im Biologismus: Wir haben biologische Gesetzmäßigkeiten, die unter dem Namen *survival of the fittest* firmieren und ein sehr vernünftiges Modell der Erklärung biologischer Evolution darstellen. Als normativer Rahmen der ethischen und der politischen Praxis ist dieses Modell allerdings sehr unvernünftig. Der Sozialdarwinismus ist für vieles verantwortlich, was im 20. Jahrhundert an Schrecklichkeiten geschehen ist. Auch die Vorstellung, dass ich weiß, was ich tun soll, wenn ich denn die Gesetze der Natur kenne, ist eine sehr kühne Annahme.

2 Der moderne ethische Subjektivismus

Im Folgenden skizziere ich eine Herausforderung, die so wirksam ist, dass sich auch heute noch viele Menschen auf diese Position beziehen, zumindest diejenigen, die sich nicht primär mit Philosophie und Ethik beschäftigen. Es handelt sich um eine Herausforderung, die man nicht geringschätzen sollte, sondern die in meinen Augen nach wie vor sehr ernst genommen werden muss, auch von Seiten der Philosophie.

2.1 Die Trennungsthese Max Webers

Diese Herausforderung wurde mit geradezu beeindruckender Sprachgewalt von Max Weber formuliert. Max Weber ist nun kein Philosoph – er ist im Wesentlichen Soziologe –, und das mag dazu geführt haben, dass sich die Philosophie nur sehr indirekt mit ihm auseinandersetzt. Das ist ein Fehler. Ich glaube, man kann einen Gutteil der philosophischen Theoriebildung des frühen 20. Jahrhunderts auch als Versuch einer Antwort auf Max Weber interpretieren, obwohl er selten zitiert wird. Max Webers These lautet: Wissenschaft hat objektiv und wertfrei zu sein.[4] Was versteht Max Weber unter Objektivität und Wertfreiheit der Wissenschaft? Er versteht darunter, dass die Argumentation für eine wissenschaftliche Hypothese oder für eine wissenschaftliche Theorie von den jeweiligen Wertungen des Wissenschaftlers unabhängig sein sollte.[5] Sie sollte folglich nicht von dem abhängen, was ein Wissenschaftler sich wünscht oder bevorzugt oder welche Weltanschauung er vertritt. Max Weber hat das selbst in beeindruckender Weise vorexerziert, etwa in seiner wichtigen Studie *Die protestantische Ethik und der Geist des Kapitalismus* (Weber 1920), in der er die These vertritt, dass hier Analogien bestehen. Max Weber hat keine Kausalhypothese formuliert, dass etwa der Protestantismus für die Entwicklung des Kapitalismus kausal relevant gewesen wäre. Er hat lediglich eine Ähnlichkeit zweier *ethè*, zweier normativer Einstellungen, herausgearbeitet und in der Tat ist seine Studie, obwohl sie zwei politisch und kulturell umkämpfte Gegenstände hatte – Kapitalismus und Religion – und ob-

---

[4] Max Weber behauptet keineswegs, dass Wissenschaft *de facto* wertfrei sei. Insofern könnte man ihm gleich den Vorwurf einer Selbstwidersprüchlichkeit machen, weil er als Wissenschaftler fordert, dass die Wissenschaft wertfrei sein sollte. Aber lassen wir das mal auf sich beruhen.
[5] Siehe *Die „Objektivität" sozialwissenschaftlicher und sozialpolitischer Erkenntnis* (Weber 1992a) und *Der Sinn der „Wertfreiheit" der soziologischen und ökonomischen Wissenschaften* (Weber 1992b) und *Wissenschaft als Beruf* (Weber 1992c).

gleich Weber selbst politisch engagiert war, distanziert und nüchtern. Man kann ihr nicht entnehmen, welche eigenen Wertungen Max Weber vornimmt. Wissenschaft hat in diesem Sinne vollkommen objektiv und wertfrei zu sein. Aber es gibt eine wesentliche Einschränkung: Welche Gegenstände zur wissenschaftlichen Untersuchung ausgewählt werden, hängt von der Bedeutung ab, die der jeweilige Forscher diesem Gegenstand beimisst. Max Weber spricht in diesem Zusammenhang von der *Kulturbedeutung* der Gegenstände der Sozialwissenschaft. Anders ist es in der Physik, wo das nach Max Webers Auffassung keine Rolle spielt. Es gibt also eine Wertbasis der Sozialwissenschaften, aber nur im Sinne der Konstitutionsbedingung von Wissenschaft. Man muss sich überlegen, was wertvoll ist bzw. was es wert ist, untersucht zu werden. Insofern geht sehr wohl eine Wertentscheidung in die Wissenschaft ein. Aber die Begründung für eine Theorie darf selbst nicht abhängig sein von Wertungen. Die Kulturbedeutung der Gegenstände wissenschaftlicher Forschung ist normativ, insofern fließt etwas Wertendes in die Wissenschaftskonstitution ein, aber das ändert nichts an dem Postulat der Objektivität und Wertfreiheit der Wissenschaft. Der tiefere Grund dieser Weberschen Herausforderung ist die Annahme, dass Werte eine ähnliche Rolle spielen wie die Entscheidung für eine Religion oder Konfession. Max Weber spricht davon, dass jeder seinen Dämon finden muss, also das, was ihn anleitet, was seinem Handeln Sinn und Richtung gibt (vgl. Weber 1922a). An anderer Stelle heißt es: „Die alten vielen Götter [...] streben nach Gewalt über unser Leben und beginnen untereinander wieder ihren ewigen Kampf" (Weber 1922b). Und wieder an anderer Stelle heißt es – politisch unkorrekt, aber das ist nun mal einige Zeit her –, Wissenschaft müsse so sein, dass die jeweilige Theorie auch der Chinese verstehen und die Argumente, die dafür sprechen, nachvollziehen könne (vgl. Weber 1922c). Dies sei aber im Bereich der Wertungen nicht möglich, weil die Unterschiede zwischen den Kulturen zu groß seien. Da kämpfen die Götter ihren ewigen Kampf.

2.2 Die intuitionistische Antwort George Edward Moores

Die philosophische Antwort auf Max Webers Trennungsthese liefert George Edward Moore, zusammen mit Bertrand Russell einer der beiden Gründerväter der analytischen Philosophie, in seinem epochalen Werk *Principia Ethica* (Moore 1903). Anders als Russell, der als Logiker und Metamathematiker beginnt, ist das Hauptwerk von Moore ein ethisches, nämlich der Versuch, die ethischen Prinzipien zu entwickeln. Das tut er – und das ist seine Antwort auf Max Weber, ohne diesen zu zitieren –, indem er sagt, ein Prädikat wie zum Beispiel *gelb* funktioniere ähnlich wie das Prädikat *gut*. Wenn wir sagen, dass etwas *gut* ist, dann müssen wir uns auf eine unmittelbare Einsicht oder Intuition verlassen können, so wie bei den

Prädikaten *gelb* oder *rot*. Moores Argument ist im Detail natürlich komplizierter, ein Aspekt ist die Nicht-Zerlegbarkeit dieser Prädikate. Wenn zum Beispiel jemand sagt: Ich weiß, was *gelb* ist, welches Frequenzspektrum *gelb* entspricht, dann hilft uns das nicht, denn es könnte ja sein, dass die Überprüfung ergibt, dass es sich um rot handelt. Über Frequenzspektren lassen sich Farbeigenschaften nicht definieren: Was eine Gelbwahrnehmung ist, das entscheiden nur wir selbst bzw. die Sprachgemeinschaft. Es gibt keine physikalische oder wissenschaftliche Autorität, die feststellen kann, was *gelb* ist. Und nur weil wir diesen unmittelbaren, intuitiven Zugang zu Farbeigenschaften haben, haben wir einen unmittelbaren Zugang zu der Alltagswelt, die uns umgibt. Es gibt einen anderen berühmten Vortrag von George Edward Moore mit dem Namen *A Defence of Common Sense* (Moore 1925), in dem er ein schönes Argument bringt. Damals war die Frage noch umstritten, ob es überhaupt Dinge in der Außenwelt gibt und wie man beweisen könne, dass es ebendiese Dinge gibt. In diesem Vortrag soll er die eine Hand gezeigt und Folgendes gefragt haben: Sieht jeder diese eine Hand? Sieht jeder diese andere Hand? Sind wir uns einig? Handelt es sich auch um eine Hand? Alle sind sich einig. Damit haben wir die Existenz der Außenwelt bewiesen: Es gibt mindestens zwei Dinge in der Außenwelt. Das klingt banal, zeigt aber, dass wir bestimmte Selbstverständlichkeiten unserer Lebenswelt nicht in Frage stellen können.[6]

Wir haben einen unmittelbaren Zugang zum Prädikat *gut*. Moore ist Pluralist und sagt, dass es dabei nicht nur um Wohlergehen geht – Wohlergehen sei sicher etwas Gutes, aber Freundschaft und einige andere Dinge seien auch *gut*. Wenn ich wissen will, was ich tun soll, dann müsse ich prüfen, wie die Bilanz des Guten ist, also was sich aus der einen und aus der anderen Handlungsoption ergibt. Laut Moore sollte ich mich dann für die Handlung entscheiden, die eine bessere Bilanz des Guten mit sich bringt. Das ist eine Spielart des Konsequentialismus, eine Theorie, die ich für falsch halte, was hier aber nicht unser Thema ist.[7] Moore hat außerdem, und das ist von epochaler Bedeutung, eine sehr scharfe Kritik dessen formuliert, was er den *naturalistischen Fehlschluss* nennt. Aus Moores Sicht beruhen alle klassischen philosophischen Theorien des objektiv moralisch Guten oder eben der ethische Objektivismus auf einem *Sein-Sollen-Fehlschluss* (vgl. Moore 1903, Kap. 1 & 2). Das heißt, dass sie ein Sein feststellen und glauben, daraus ein Sollen ableiten zu können. Das kann aber nicht funktionieren. Moore

---

6 Allerdings kann man sich fragen, was das für eine Art von „Wissen" ist und ob man bei solchen Banalitäten nicht am Grund allen Begründens angelangt ist, für das es keine Möglichkeit der Kritik, aber auch keine Möglichkeit der Rechtfertigung gibt. Das ist der Ausgangspunkt von Wittgensteins Gedanken *Über Gewissheit* (Wittgenstein 1984).
7 Für eine Kritik des Konsequentialismus siehe Nida-Rümelin (1995).

bringt hier das sogenannte *open question argument* vor (Moore 1903, Kap. 1 & 2). Man kann bei all diesen Theorien jeweils sinnvoll folgende Frage stellen: Es mag zwar so sein, dass diese Handlung die Nutzensumme maximiert (im Falle des Utilitarismus), aber ist das auch wirklich *gut*? Es mag zwar so sein, dass dies im Interesse der Arbeiterklasse ist (im Falle des Marxismus), aber ist das auch wirklich *gut*? Oder denken wir an das christliche Naturrecht: Wenn es der menschlichen Natur oder Gottes Willen entspricht (was als dasselbe angesehen wird), in einer bestimmten familiären Lebensform zu leben, dann kann man immer noch die Frage stellen: Ist das auch gut? Wenn die Geschichtsmetaphysiker Recht hätten und es Gesetze der historischen Entwicklung gäbe, kann man immer noch fragen: Ist es auch gut, dass sich die Welt so entwickelt? Das heißt, solche Fragen sind nie mit der bloßen Faktizität beantwortet. Deswegen bedarf die Begründung, ob etwas gut oder – bei Handlungen – richtig ist, immer noch einer zusätzlichen, eben wertenden Stellungnahme. Das ist die These von Moore, die Kritik des naturalistischen Fehlschlusses.

Moore liefert uns also die Kritik des naturalistischen Fehlschlusses und damit die Widerlegung all der üblichen Theorien moralischer Objektivität, zur gleichen Zeit bietet er uns aber auch eine neue Interpretation an, nämlich eine intuitionistische. Wir haben einen Zugang zum Guten, ganz analog zu unserem Zugang zu Farben. Er ist intuitiv und unmittelbar, dafür brauchen wir keine Wissenschaft. Ethische Erkenntnis besteht in einem ersten Schritt darin, diese Intuitionen ernst zu nehmen, zusammenzustellen, abzuwägen, und zweitens darin, daraus dann abzuleiten, was im Einzelnen getan werde sollte. Das ist die konsequentialistische Theorie des Rechten, also: Tue das, was im Universum die besten Konsequenzen hat. Ich würde sagen, erst das Scheitern dieses ethischen Intuitionismus verleiht der Weberschen Herausforderung ihre eigentliche Wucht: die Entkoppelung von Wissenschaft und Moral. Das subjektivistische Zerstörungswerk kann erst nach der Ablehnung des Mooreschen *Intuitionismus* in Gang gesetzt werden. Oder, noch etwas dramatischer formuliert: Moore ist die letzte Aufbäumung moralischer Objektivität gegen diesen Verfall oder gegen die subjektivistische Sichtweise. In der Frage nach Farben sind wir uns zwar noch ziemlich einig, in der Frage nach dem Guten aber eben nicht. Und selbst wenn wir uns einig wären, woher nähmen wir den normativen Charakter dieser Intuition? Sollen wir uns wirklich darauf verlassen, dass das, was wir intuitiv als gut empfinden, auch unser Handeln anleiten sollte?

2.3 Die subjektivistische Destruktion

An dieser Stelle kommt der Zweifel. Und der Zweifel mündet in einen radikalen Subjektivismus, zum Beispiel bei Charles L. Stevenson (Stevenson 1937; 1944) oder bei Alfred. J. Ayer (Ayer 1936); diese Position nennt man in der Philosophie den *Emotivismus*. Danach ist ein moralisches Urteil wie zum Beispiel „Das solltest du nicht tun" oder „Dieses ist ungerecht" oder „Das ist gerecht" nichts anderes als Ausdruck einer Emotion, die ich habe. Hierbei handelt es sich um eine emotive Einstellung, so ähnlich wie wenn ich sage: „Die Suppe ist gut." Das soll nach dieser Analogie nichts anderes sein als „Ich habe eine Präferenz". Die Suppe schmeckt mir. Ich bringe also mit diesem Urteil nichts anderes zum Ausdruck als eine subjektive Emotion bzw. Präferenz. Es gibt natürlich verschiedene Varianten und wie immer in der Philosophie ist es im Detail ein bisschen komplizierter, aber das Wesentliche ist damit gesagt.

Es gibt eine deutlich später entwickelte Variante, die in den letzten Jahrzehnten viel Einfluss gewonnen hat: Allan Gibbard. Er nennt diese Position *norm expressivism* (Gibbard 1992). Danach ist die Befürwortung einer moralischen Norm wie „Du sollst nicht töten" oder „Du sollst nicht stehlen" nichts anderes als ein subjektives Akzeptieren, also eine *pro-attitude* zu einer Regel. Mehr sollte man da nicht hineininterpretieren. Für Gibbard ist eine solche Äußerung folglich nichts anderes als Ausdruck einer subjektiven Einstellung. Es ist keine Mitteilung einer Überzeugung, dass sich etwas so verhält. Wenn ich sage „Heute scheint die Sonne nicht", dann ist es meine Überzeugung, dass die Sonne nicht scheint, die mich zu dieser Äußerung veranlasst. Und wenn Sie dagegensetzen und sagen „Heute scheint die Sonne doch!", dann haben wir einen Widerspruch. Der *norm-expressivism* hingegen sagt: Nein, das ist kein Widerspruch. Die eine Person hat eine positive Einstellung zu dieser Norm und die andere eine andere. Sie streiten sich nicht wirklich, auch wenn sie es vielleicht denken. In Wirklichkeit haben sie nur unterschiedliche Präferenzen, so wie wenn der eine sagt „Die Suppe ist gut" und der andere sagt „Die Suppe ist schlecht" – in Wirklichkeit sagen sie nichts anderes als „Nach den von mir akzeptierten Kriterien ist die Suppe gut" bzw. „Nach den von mir akzeptierten Kriterien ist die Suppe schlecht". Das ist kein wirklicher Dissens, der ausgetragen werden müsste.

Bertrand Russell aber ist vielleicht das prominenteste Beispiel für die Tragik, die daraus erwachsen kann. Bertrand Russell ist ein nicht untypischer Vertreter einer Verbindung, die viele zwar für unmöglich halten, die ich aber geradezu als charakteristisch betrachte. Einerseits nämlich ist er ein Libertin, der sein ganz eigenes Leben lebt und deswegen auch keine Professur in den damals noch puritanischeren USA bekommen durfte, und zum anderen ist Russell durch und durch ein Moralist. Es geht ihm um die Frage, was wir tun sollen. Dafür geht er sogar ins Gefängnis, sein Pazifismus führt ihn dorthin. Die Tragik ist, dass er Anhänger des *Emotivismus* war, als Philosoph, Mensch, Moralist und politischer Aktivist aber im offenkundigen Gegensatz dazu handelte. Er war überzeugt, dass es seine moralische Pflicht sei, alles für die Erhaltung des Weltfriedens zu tun. Russel hat unter dieser Unvereinbarkeit zwischen einer philosophischen Überzeugung (es gibt keine objektiven Werte) und einem ethisch und politisch engagierten Leben gelitten.

2.4 Ein Hybrid: Objektivismus erster und Subjektivismus zweiter Ordnung

Ich komme jetzt zu der intellektuell vielleicht anspruchsvollsten, gleichwohl auch verwirrendsten philosophischen Position des Subjektivismus, die sich allerdings von den vorausgegangenen Positionen schon deutlich unterscheidet und in meinen Augen eine Art Endpunkt darstellt. Das ist die Position von John L. Mackie, eine Art Hybrid. Mackie ist mit allen Subjektivisten der Meinung, dass es in der Welt weder Werte noch Normen gibt, es also in diesem Sinne nichts zu entdecken gibt. Dafür hat er zwei Argumente, nämlich das *argument from relativity* – Werte und Normen sind relativ und von Kultur zu Kultur unterschiedlich – und das *argument from queerness* (Mackie 1977), wonach es doch eine merkwürdige Welt wäre, in der es nicht nur Eigenschaften wie Gewicht, Farbe oder Form gäbe, sondern darüber hinaus noch Eigenschaften wie Werteigenschaften oder normative Eigenschaften. *Queerness*, das wäre eine merkwürdige Welt – deswegen ist er Subjektivist. Es gibt keine ethische Erkenntnis, zur gleichen Zeit erkennt Mackie, im Gegensatz zu all seinen subjektivistischen Vorgängern, an, dass unsere Moralsprache vernünftigerweise nur objektivistisch interpretiert werden kann. Kein Mensch kann ernsthaft bezweifeln, dass es moralische Meinungsverschiedenheiten gibt. Ob es richtig oder falsch war – ich bringe jetzt das extremste Beispiel –, den Völkermord an den Juden zu realisieren, ist keine Frage des subjektiven Beliebens. Kein vernünftiger Mensch kann das behaupten. Insofern ist eine subjektivistische philosophische Position, die genau diese Implikation hat, inakzeptabel. Mackie versucht, darauf eine clevere Antwort zu geben. Er meint, dass wir aus metaphysischen Gründen Subjektivisten bleiben müssen, dass uns als Philosophen gar nichts anderes übrig bliebe: Es gibt keine Werte und Normen in der Welt. Aber trotzdem erkennt er an, dass die Moralsprache objektivistisch ist, es geht uns im Gebrauch moralischer Ausdrücke um richtig und falsch und der resultierende Streit ist durchaus gerechtfertigt. Weil wir uns selbst Regeln geben müssen, nach denen wir gemeinsam leben können. Und es gibt gute und schlechte Argumente, wie wir gemeinsam leben können oder leben sollten. Man kann einen

Objektivismus erster Ordnung vertreten und sagen: Wir sollten etwas so machen und nicht so. Und darüber kann man streiten und Argumente dafür und dagegen entwickeln. Zugleich sollte man einen Subjektivismus zweiter Ordnung vertreten, wenn es um Erkenntnistheorie geht. Ich weiß nicht, ob Sie alle damit glücklich sind, ich bin es nicht. Aber immerhin, es ist ein Versuch, den Fakten unserer alltäglichen Praxis gerechter zu werden, und zu diesen gehört, dass wir uns ernsthaft streiten, wenn es um moralische Fragen geht, dass wir herausfinden wollen, was richtig ist und was falsch.

3 Die neo-naturalistische Antwort

Jetzt sind wir schon ziemlich weit in der Argumentation vorangeschritten. Wir befinden uns zeitlich gesehen nach 1977, als *Ethics: Inventing Right and Wrong* von Mackie erschien, den ich soeben zitiert habe. Der Subjektivismus verliert seine Dominanz. In den 80er-Jahren kommt es zu einer Renaissance des moralischen Realismus, allerdings handelt es sich bei genauerer Betrachtung fast durchgängig um die Wiederaufnahme naturalistischen Denkens in der Ethik. Was als *moral realism* firmiert, sollte besser *moral neo-naturalism* heißen. Peter Railton (1986) und Richard Boyd (1988) argumentieren vehement für die Möglichkeit objektiver Moral und die Existenz moralischer Tatsachen. Allerdings sind diese am Ende doch nur moralisch verkleidete, komplexe empirische Tatsachen (*natural facts*), die sich im Prinzip mit den Mitteln der Natur- und Sozialwissenschaften vollständig erfassen lassen. Das Gute für den Einzelnen lässt sich bestimmen, wie auch das Gute für die Gesellschaft. Dazu ist es erforderlich herauszufinden, was dem Einzelnen wirklich guttut. Das muss mit dem, von dem der Einzelne meint, ihm täte es gut, nicht notwendigerweise übereinstimmen,[8] daher müssen die Ethik und die Wissenschaft auf den Plan treten. Wie man sich das im Einzelnen vorstellen kann, wird dann von Richard Boyd näher ausgearbeitet, einschließlich einer Einbettung in eine marxistische Sozialtheorie, die bei Boyd, anders als bei einigen anderen *moral realists* in den USA, die ebenfalls marxistisch inspiriert waren, explizit wird. Die Kritik des ethischen Subjektivismus gelingt den neuen Naturalisten überzeugend, aber die implizite oder explizite Reduktion der normativen Disziplin der Ethik auf die Natur- oder die Sozialwissenschaft kann nicht überzeugen. Die Normativität verschwindet hinter einem vagen Verständnis des

---

[8] Peter Railton veranschaulicht dies in seinem einflussreichen Artikel *Moral Realism* an der Figur des Lonnie (Railton 1986, 174–180).

objektiv Guten (vage etwa im Vergleich zu utilitaristischen Theorien),[9] dessen Aufklärung aus der Philosophie auswandert. Das Motivationsproblem, also die Frage, was denn einen Menschen motivieren könnte, aus moralischer Einsicht zu handeln, das regelmäßig gegen jede Form des ethischen Realismus ins Feld geführt wurde, wird durch die kühne Annahme aufgelöst, dass doch jeder Einzelne das für ihn Gute und zugleich das für die Gesellschaft Gute erstrebe. Im Unterschied zu Aristotelikerinnen wie Martha Nussbaum und Philippa Foot[10] sind die neuen ethischen Naturalisten vom empirischen, messbaren, szientisch zugänglichen Charakter des individuell und gesellschaftlich Guten überzeugt.

Mit einer gewissen zeitlichen Verzögerung kommt in der deutschsprachigen Philosophie ebenfalls eine realistische Strömung auf, zu der Franz von Kutschera (1993), Peter Schaber (1997), Tatjana Tarkian (2009), Olaf Müller (2008), Gerhard Ernst (2009) und ich selbst (Nida-Rümelin 1994; 2002) beitragen. Wenn ich es recht sehe, nehmen aber nur von Kutschera (1993) und ich[11] einen explizit anti-naturalistischen Standpunkt ein. Auch die deutschen Realisten nehmen überwiegend naturalistische oder neo-naturalistische Positionen ein, die Bestimmung individueller und sozialer Interessen steht auch hier im Mittelpunkt. Wie bestimmt man zum Beispiel Wohlergehen, bezogen auf mentale Zustände und Zufriedenheitsniveaus? Oder steckt da gar mehr drin, zum Beispiel die Sicht auf das eigene Leben, wonach man mit seinem eigenen Leben zufrieden ist? Glückseligkeit im Sinne eines mentalen Zustandes und Zufriedenheit im eigenen Leben ist nicht unbedingt das Gleiche. Es gibt unterdessen weltweit eine Menge empirischer Studien, die sich mit *happiness* beschäftigen, und in denen zwischen Zufriedenheit und Glück unterschieden wird, so irritierend das auf den ersten Blick erscheinen mag. Die gemeinsame These ist, dass es etwas objektiv Gutes für den einzelnen Menschen gibt. Die Neo-Aristoteliker, die wir nicht zu den Naturalisten zählen, da dies nur um den Preis eines überholten Verständnisses von Naturwissenschaft möglich wäre, gehen sogar so weit zu sagen, dass es zwei Arten von

---

9 David Brink verbindet dann Realismus und Utilitarismus (Brink 1989), Peter Schaber (1997) geht in eine ähnliche Richtung.
10 Nussbaum vertritt einen sogenannten aristotelischen „internen Essentialismus", der die Vorstellung feststehender, unveränderlicher Wahrheiten, die Natur des Menschen betreffend, explizit ablehnt. Aussagen über das für den Menschen Gute seien nur aus der Innenperspektive menschlicher Wahrnehmung heraus – und somit eben nicht unter Bezugnahme auf extern vorgegebene, empirisch zu ermittelnde Fakten – zu treffen (Nussbaum 1993; 1995). Zu Foots Konzeption des Guten kommen wir weiter unten.
11 Zu meiner humanistischen und anti-naturalistischen Position vgl. v. a. *Über menschliche Freiheit* (2005). Kritische und ergänzende Einwände zu meiner Position sowie meine Erwiderungen darauf sind nachzulesen in *Vernunft und Freiheit. Zur praktischen Philosophie von Julian Nida-Rümelin* (Sturma 2012).

Gegenständen in der Welt gibt. Für die eine Art von Gegenständen kann man sagen, dass etwas für diese Entität gut ist. Es ist gut für meine Zimmerpflanze, wenn sie regelmäßig gegossen wird. Es ist gut für den Löwen, wenn er regelmäßig Fleisch frisst. Philippa Foot zum Beispiel würde sagen: Nein, beim Tisch kann man so etwas nicht sagen. Der Tisch ist gut für uns, aber der Tisch selbst ist nicht Träger des Guten. Es gibt nichts intrinsisch Gutes für den Tisch, während es bei Lebewesen, auch außerhalb der menschlichen Spezies, sinnvoll sein kann, vom Guten für dieses Lebewesen zu sprechen (Foot 2001). Auch Hans Jonas ist mit seinem *Prinzip Verantwortung* Neo-Aristoteliker. Man sollte Respekt haben vor dem Guten, das sich in der Natur offenbart und bei dem Menschen besonders offenkundig zu Tage tritt (Jonas 1979).

Können wir damit nicht zufrieden sein? Ist sie nicht überzeugend, diese naturalistische Antwort? Können wir endlich zur Ruhe kommen? Ist damit das ethische Begründungsproblem gelöst? Ich glaube, nicht ganz. Der Grund für diese Skepsis ist vor allem in der Ambivalenz des natürlich Guten zu suchen. Es mag für einen Machtmenschen gut sein, zu herrschen. Aber trotzdem ist völlig offen, ob wir ihm die Möglichkeit einräumen sollten, zu herrschen. Es mag zu den besonderen Fähigkeiten der menschlichen Spezies gehören, sich in ausgeklügelter Form sadistisch gegenüber Angehörigen der gleichen Spezies zu verhalten. So etwas gibt es bei Schimpansen, aber bei anderen Spezies kaum. Ich glaube, die volle Entwicklung dieser Fähigkeiten ist nicht das, was man moralisch gutheißen kann. Die alte Kritik am Naturalismus scheint mir nach wie vor sehr wirksam und sehr stark zu sein. Natürlich ist es für den Löwen gut, wenn er Eiweiß in Form von Fleisch bekommt. Ob es deswegen gut ist, wenn der Löwe sich an einer Schulklasse gütlich tut, steht auf einem anderen Blatt. Ich misstraue dem Neo-Naturalismus. Er bildet eine zu einfache Vorstellung aus, wie man moralische Objektivität retten und an wissenschaftliche Rationalität annähern könnte.

4 Unaufgeregter ethischer Realismus

Meine These lautet: Wir haben gar keine ernsthafte Wahl: Der ethische Realismus ist unaufgebbar. Da darf ich mir noch mal eine Wittgenstein'sche Formulierung zu eigen machen. In der letzten Schrift *Über Gewißheit* heißt es: Wenn jemand vor einem Baum steht und sagt „Dort ist kein Baum", dann ist das kein Anlass, Beweise dafür zu suchen, dass dort ein Baum steht. Sondern unter Normalbedingungen ist das ein Anlass dafür, den Psychiater aufzusuchen. Oder in der Kurzfassung von Wittgenstein: „Der vernünftige Mensch hat bestimmte Zweifel *nicht*" (Wittgenstein 1984, 163). Die Lebensform, die wir teilen, besteht gerade darin, dass nicht alles simultan in Zweifel steht, dass wir uns in vielerlei Hinsichten einig sind.

Das ist der Beginn aller Verständigung und es ist die Voraussetzung aller Wissenschaft. Wenn sich Physiker nicht verständigen können über das, was sie gerade gesehen oder nicht gesehen haben, dann kommen sie nicht weiter. Auch dort ist also die lebensweltliche Konstitution der Gegenstände unverzichtbar. Erst recht gilt das für den Bereich der Moral und der Ethik. Zu verlangen, dass wir erst eine metaphysisch-ontologische Theorie haben müssen, um überhaupt solche Gegenstände annehmen zu können, stellt die Dinge auf den Kopf. Ich muss nicht wissen, was ein Baum eigentlich ist oder welche Gitterstrukturen dort eine Rolle spielen, um festzustellen: „Dort steht ein Baum." Unter Normalbedingungen sind das Überzeugungen, die wir alle teilen und die insofern einen Prüfstein für Theorien darstellen. Theorien müssen sich an diesen Selbstverständlichkeiten bewähren. Theorien, die zu diesen Selbstverständlichkeiten unserer Lebensform und unserer lebensweltlichen Verständigung in Gegensatz geraten, sind *ipso facto* gescheitert.

Diese Auffassung wird von einigen Naturwissenschaftlern nicht geteilt. Wenn man genauer nachprüft, dann sind die Vorbehalte nicht wirklich gerechtfertigt. Ein berühmtes Beispiel ist der Übergang vom geozentrischen zum heliozentrischen Weltbild. Das sei doch ein klarer Fall. Nein, das ist überhaupt kein klarer Fall, denn das, was wir sehen, ist mit beiden Weltbildern kompatibel. Wie sich herausgestellt hat, ist es mit dem heliozentrischen Weltbild etwas besser vereinbar als mit dem alten geozentrischen. Wir mussten unsere lebensweltliche Erfahrung aber deswegen nicht revidieren. Die Sonne geht genauso auf wie vorher und genauso unter wie vorher. Da hat sich nichts geändert. Also: *Ethischer Realismus ohne Metaphysik* ist das eine, *ethischer Realismus ohne Naturalismus* das andere.

Der Ausgangspunkt unserer moralischen Diskurse ist, so wie bei jedem anderen Diskurs auch, das, was nicht bestritten wird. Ich sage nicht, was unbestreitbar ist, sondern das, was in diesem Diskurs nicht bestritten wird. Es mag sich im Laufe der Verständigung herausstellen, dass das, was wir für selbstverständlich gehalten haben, am Ende vielleicht doch nicht selbstverständlich ist. Aber Ausgangspunkt ist erst einmal das, was wir selbst nicht bezweifeln. Und wir können simultan nicht alles zugleich bezweifeln, wir können auch simultan nicht alle unsere moralischen Überzeugungen bezweifeln. Das wäre das Ende unserer Alltagspraxis und unserer Existenz als Menschen. Wir gehen von dem aus, was wir nicht bezweifeln, und versuchen damit, das Bezweifelte oder Umstrittene zu klären. So funktioniert unsere lebensweltliche Verständigung, so funktioniert die Wissenschaft. Wie auch sonst? Es gibt nichts anderes.

Das kann man als *Immanentismus* bezeichnen – wir bleiben immer drin, wir können nie raus. Wir können nie aus dieser Praxis aussteigen, sie von außen betrachten und sagen: „Das ist richtig und das ist falsch." Insofern irrt Platon. Ich nenne das einen *ethischen Realismus objektiv-normativer Gründe*. Auch hier gilt:

Das ist kein Postulat, keine hochgespannte philosophische Theorie. Und gerade das macht die Stärke dieser Position aus. Wir alle teilen bestimmte normative Überzeugungen – eine habe ich genannt, nämlich, dass Völkermord unzulässig ist. Die Menschenrechte und die Kodifizierung der Menschenrechte sind Ausdruck eines hochgradigen Konsenses über eine komplexe Vielfalt von Grundnormen. Die beiden Pakte Mitte der 60er-Jahre haben ja immerhin weit über den Bereich der westlichen Demokratien hinaus Zustimmung gefunden. Wir sind überzeugt, dass Menschen individuelle Rechte haben. Wir sind überzeugt, dass man Menschen nicht für Herrschaftszwecke oder für andere Zwecke instrumentalisieren darf; und zwar alle miteinander, nicht nur Angehörige eines bestimmten Kulturkreises. Es handelt sich hier um einen gemeinsamen Bestand normativer Überzeugungen, der weit über die Kulturgrenzen hinausgeht. Wir sind überzeugt, dass es sich so verhält. Wir haben gute Gründe dafür. Und wir interpretieren diese in dem Sinne objektiv, dass sie nicht lediglich Ausdruck subjektiver Haltungen oder Einstellungen sind. Es handelt sich also um keine philosophische Theorie, sondern eigentlich nur um eine Interpretation dessen, was wir *de facto* tun. Wir können nicht anders, als so miteinander umzugehen.

Wir müssen nicht die Existenz der Außenwelt oder die Existenz des Fremdpsychischen beweisen. Das sind die fundamentalsten Voraussetzungen unserer gesamten Verständigungspraxis, unserer Theoriebildung. Es ist ein Irrweg der Philosophie und der Wissenschaft, wenn sie glaubt, eine Art globale Skepsis an den Beginn und alles zugleich in Frage stellen zu müssen, weil es dann nichts mehr gibt, von wo aus man etwas aufbauen kann. Wenn alles zerstört ist, kann man nichts mehr aufbauen. Es gibt einen Zusammenhang zwischen *Kohärenz* und *Objektivität*. Die übliche Sichtweise war über lange Jahre, gar Jahrhunderte, folgende: Entweder man ist *Objektivist*, dann muss man erklären, woher unsere Überzeugungen kommen und wo die Gegenstände, die wir beschreiben, in der Welt verortet sind. Oder man ist *Kohärentist*, dann redet man über die Überzeugungen, die wir haben und versucht, diese konsistent und kohärent zu machen. Ich plädiere für etwas ganz anderes, nämlich dafür, dass gerade dann, wenn es stimmt, dass wir immer gefangen sind in der Praxis unserer Verständigung – dem Geben und Nehmen von Gründen, der Art und Weise, wie wir lebensweltlich interagieren –, dass gerade dann der Subjektivismus nicht gangbar ist. Denn der Subjektivismus ist mit der Art und Weise, wie wir uns miteinander verständigen, speziell mit der Art und Weise, wie wir über Fragen des moralisch Richtigen und Falschen streiten, nicht vereinbar. Es gibt keinen externen Standpunkt. Das ist keine Theorie, die ich hier vortrage, weil es diese Theorie gar nicht geben kann, weil jede Alternative ein Bruch wäre mit dem, was alle, auch die, die diese Theorien vertreten, selbst praktizieren.

Kohärenz und *Objektivität* sind entgegen der philosophischen Tradition zwei Seiten der gleichen Medaille. Unser Ausgangspunkt sind immer Überzeugungen, die wir haben und die wir teilen. Und der Endpunkt ist im Idealfall eine Systematisierung dieser Überzeugungen. Mehr gibt es nicht, es gibt keinen archimedischen Punkt. Wer das akzeptiert, der muss die Art und Weise, wie wir Gründe austauschen, ernst nehmen. Und diese Praxis ist objektivistisch und nicht subjektivistisch. Sonst verstehen wir gar nicht, was wir jeweils tun.[12]

5 Fünf Implikationen für das Verhältnis von Moral, Wissenschaft und Wahrheit

Abschließend werde ich nun die fünf Implikationen, die das soeben dargebotene Verhältnis von Moral, Wissenschaft und Wahrheit mit sich bringt, erläutern.

Erstens: Es gibt einen unhintergehbaren Objektivitätsanspruch dessen, was ich als lebensweltliches Orientierungswissen bezeichne. Das ist das empirische Alltagswissen. Wir bauen auf verlässliche Urteile, die Teil unserer Lebenswelt sind. Wer das *in toto* bezweifelt, steigt aus der Lebenswelt aus. Zu diesen Konstituenten unserer Lebenswelt gehören neben empirischen auch normative. Unter anderem, dass es falsch wäre, jetzt auf die Straße zu gehen und den nächstbesten Passanten zu erschlagen. Man muss nicht auf die ethische Theorie warten, die begründet, warum das falsch wäre, wir sind davon überzeugt, und keine Theorie könnte uns davon abbringen (hoffentlich). Wir haben also einen unhintergehbaren Objektivitätsanspruch unseres lebensweltlichen Orientierungswissens – das ist nämlich genau dasjenige Wissen, welches für die Praxis, einschließlich der Praxis der Verständigung, wichtig ist.

Zweitens: Man kann Wissen und Praxis nicht trennen. Das nenne ich den pragmatistischen Impuls. Es gibt gegenwärtig eine Art Wiederentdeckung des Pragmatismus, nachdem John Dewey und William James über viele Jahrzehnte als philosophisch nicht wirklich ergiebige amerikanische Philosophen abgetan wurden. Polemisch ausgedrückt ist das eine Art Remedium: Der amerikanische Pragmatismus, Dewey vorneweg, ist eine Art Gegengift gegen die theoretischen und intellektuellen Verstiegenheiten, etwa gegen solch steile Thesen wie die, dass man jetzt mit einem einzigen Experiment bewiesen habe, dass der Mensch weder

---

12 Unterschiedliche Aspekte dieser These diskutiere ich in mehreren Beiträgen (Nida-Rümelin 2002, Teil 1; 2005, Kapitel 1; 2006 Kapitel 3; 2009, Teil 3).

Freiheit noch Verantwortung besäße.[13] Das ist eine intellektuelle Verstiegenheit, die nicht ernst nimmt, wie wir in unserer Lebenswelt agieren und was wir wechselseitig immer schon voraussetzen – nämlich zum Beispiel, dass wir auf Argumente reagieren, also immer eine gewisse Freiheit haben. Sonst wäre das ganze Spiel des Gründe-Gebens und Gründe-Nehmens nicht sinnvoll. Es gibt eine Einheit des Wissens und der Praxis. Wissen hängt nicht in der Luft, sondern was wir wissen, hängt eng damit zusammen, was wir tun. Unsere Praxis selbst offenbart, was wir für richtig halten. Diese Dinge hängen so zusammen, dass es überhaupt nichts gibt, was sich isolieren lässt. Es gibt nicht *die* wissenschaftliche Theorie, die für einen bestimmten Bereich sagt, was richtig und was falsch ist. Sondern eine wissenschaftliche Theorie hängt davon ab, wie wir Gegenstände in der Lebenswelt erfassen, wie wir miteinander kommunizieren, wie wir streiten, zum Beispiel über die Implikationen eines Experimentes. Das ist die Herausforderung der berühmten Krisis-Schrift von Husserl (Husserl 1936). Es gibt eine Einheit von Wissen und Praxis und das geht weit in die wissenschaftlichen Disziplinen hinein. Nichts ist isoliert.

Drittens: Es gibt, insbesondere unter Naturalisten, die Tendenz, Wissenschaft und Moral zu analogisieren. Dann sieht es mit der Moral in der Tat schlecht aus. Wer erwartet, dass unsere moralischen Überzeugungen in der Weise gebildet werden wie Überzeugungen in der theoretischen Physik, der wird enttäuscht sein über den Mangel an Rationalität. Aber das ist die falsche Analogie. Moral ist Teil unseres alltäglichen Orientierungswissens, sie ist vergleichbar der Alltagsphysik, die es uns erlaubt, mit mittelgroßen, festen Gegenständen richtig umzugehen, oder der *folk psychology*, die es uns erlaubt, Überzeugungen, Intentionen und Einstellungen anderer Menschen richtig einzuschätzen. Unsere lebensweltliche moralische Verständigungspraxis ist, wie die *folk psychology* oder die Alltagsphysik, hochkomplex und erstaunlich verlässlich und doch unterstehen alle drei Bereiche nicht denselben Kriterien wissenschaftlicher Rationalität wie die theoretische Physik, die wissenschaftliche Psychologie oder die philosophische Ethik.

Viertens: Zwischen Wissenschaft und Ethik besteht in der Tat eine Analogie. Unsere Moral ist lebensweltlich verfasst, so wie unser empirisches Alltagswissen. Ich brauche keine Physik, um einen Lichtschalter zu betätigen oder um mich auf einen Stuhl zu setzen. Ich brauche keine Psychologie, um zu wissen, dass hier lebende und mit Bewusstsein ausgestattete Wesen vor mir sitzen. Die Zuschreibung von Überzeugungen, Absichten, Einstellungen – all das funktioniert wun-

---

[13] In *Libet and Liberty* (2010) setze ich mich kritisch mit den berühmten Libet-Experimenten auseinander, die lange Zeit als empirischer Beleg der These der vollständigen Determiniertheit menschlichen Verhaltens gewertet wurden.

derbar. Das ist ein ziemlich komplexer Vorgang, der aber ohne jede Psychologie möglich ist. Wir sollten die Analogie von Moral zu empirischem Alltagswissen ziehen, nicht zu hochentwickelten mathematisierten Theorien wie denen der theoretischen Physik. Es gibt jedoch eine Analogie zwischen der philosophischen Disziplin Ethik und wissenschaftlichen Theorien. Aber so wie die Ethik nicht in der Luft hängt, sondern sich an der moralischen Praxis und der moralischen Alltagsverständigung bewähren muss, so muss sich die wissenschaftliche Theoriebildung an der Alltagsphysik oder an der Alltagspsychologie bewähren. Wer diese Analogie zu Grunde legt, der umgeht die frustrierende Erfahrung, dass man die Rationalitätsstandards der Physik nicht auf die Moral übertragen könne und deswegen die Moral vergleichsweise wenig Rationalitätsgehalt habe. Das ist ein Irrtum. Unsere Alltagsphysik ist ziemlich rational und wir brauchen nicht die theoretische Physik, um Alltagsphysik zu haben und uns richtig zu verhalten. Ganz analog verhält sich das bei Ethik und Moral. Ich kann mich moralisch anständig verhalten, ohne philosophische Ethik studiert zu haben und umgekehrt. Insofern, bei aller Wertschätzung: Platon hat nicht Recht. Man muss nicht fünfunddreißig Jahre alt werden und Philosophie studiert haben, um zu wissen, was richtig und was falsch ist.

Fünftens: Wir sollten epistemische Optimisten sein, ja wir sind epistemische Optimisten. Unsere Praxis, über den Austausch von Gründen herauszufinden, welche Überzeugung, Handlung oder emotive Einstellung richtig ist, ist dafür ein eindeutiger Beleg. Es könnte ja sein, dass wir uns auf diesem Weg nie der empirischen oder normativen Wahrheit annähern, dass der Kohärenzgewinn auf ganz unterschiedlichen und miteinander unvereinbaren Wegen erreichbar ist, dann läge eine relativistische oder sogar subjektivistische Sicht nahe. Epistemische Optimisten sind zuversichtlich, dass es sich so nicht verhält, dass wir vielmehr durch den Austausch von Gründen Irrtümer beheben und uns bei wachsender Kohärenz unserer epistemischen wie prohairetischen Zustände der empirischen und normativen Realität annähern. Indizien dafür gibt es, wie der Fortschritt der Wissenschaft und der Humanität belegt. Zugleich gibt uns die Menschheitsgeschichte keinen Anlass zu der Annahme, dass dieser Fortschritt eine historische Gesetzmäßigkeit ist. Die Wissenschaft war in der Spätantike schon einmal weiter, das frühe Mittelalter und das 20. Jahrhundert bildeten einen menschengeschichtlichen Höhepunkt der Inhumanität. Der Fortschritt ist ein Menschenwerk, das nur Erfolg haben kann, wenn seine Protagonisten sich von guten Gründen in ihren Urteilen, Handlungen und Einstellungen leiten lassen. Humanität und epistemischer wie praktischer Optimismus bedingen einander.

Bibliographie

Ayer, Alfred Jules (1936): Language, Truth & Logic. New York: Dover Publications.
Boyd, Richard (1988): How to Be a Moral Realist. In: Geoffrey Sayre-McCord (Hrsg.): Essays on Moral Realism. Ithaca/London: Cornell University Press, 181–228.
David Brink (1989): Moral Realism and the Foundations of Ethics. New York: Cambridge University Press.
Ernst, Gerhard (2009): Die Objektivität der Moral. 2. Aufl. Paderborn: Mentis.
Foot, Philippa (2001): Natural goodness. Oxford: Clarendon Press.
Gibbard, Allan (1992): Wise Choices, Apt Feelings. Oxford: Clarendon Press.
Husserl, Edmund (1936): Die Krisis der europäischen Wissenschaften und die transzendentale Phänomenologie. Hamburg 2007: Meiner.
Jonas, Hans (1979): Das Prinzip der Verantwortung. Frankfurt am Main: Suhrkamp.
Mackie, John Leslie (1977): Ethics: Inventing Right and Wrong. London: Penguin Books.
Moore, George Edward (1903): Principia Ethica. Cambridge 1993: Cambridge University Press.
Moore, George Edward (1925): A Defence of Common Sense. In George Edward Moore (Hrsg.): Philosophical papers. London 1959: Allen & Unwin, 32–59.
Müller, Olaf (2008): Moralische Beobachtungen und andere Arten ethischer Erkenntnis. Plädoyer für Respekt und Moral. Paderborn: Mentis.
Nida-Rümelin, Julian (1994): Zur Reichweite theoretischer Vernunft in der Ethik. In: Hans-Friedrich Fulda/Rolf-Peter Horstmann (Hrsg.): Vernunftbegriffe in der Moderne. Stuttgarter Hegel-Kongress 1993. Stuttgart: Klett-Cotta.
Nida-Rümelin, Julian (1995): Kritik des Konsequentialismus. 2. Aufl. München: Oldenbourg.
Nida-Rümelin, Julian (2002): Ethische Essays. Frankfurt am Main: Suhrkamp.
Nida-Rümelin, Julian (2005): Über menschliche Freiheit. Stuttgart: Reclam.
Nida-Rümelin, Julian (2005): Angewandte Ethik: Die Bereichsethiken und ihre theoretische Fundierung. 2. Aufl. Stuttgart: Kröner.
Nida-Rümelin, Julian (2006): Demokratie und Wahrheit. München: C.H. Beck.
Nida-Rümelin, Julian (2009): Philosophie und Lebensform. Frankfurt am Main: Suhrkamp.
Nida-Rümelin, Julian (2010): Libet and Liberty (Paper presented May 14th 2010 at the Conference Models of Mind, Roma). http://www.julian.nida-ruemelin.de/wp-content/uploads/downloads/2012/07/Libet-and-Liberty_Models-of-Mind-Roma.pdf (Stand: 21.9.2014).
Nussbaum, Martha C. (1993): Menschliches Tun und soziale Gerechtigkeit. Zur Verteidigung des aristotelischen Essentialismus. In: Micha Brumlik/Hauke Brunkhorst (Hrsg.): Gemeinschaft und Gerechtigkeit, Frankfurt am Main: Fischer, 323–363.
Nussbaum, Martha C. (1995): Aristotle on Human Nature and the Foundations of Ethics. In: James J. E. Altham/Ross Harrisson (Hrsg.): World, Mind and Ethics. Essays on the Ethical Philosophy of Bernard Williams. Cambridge/New York: Cambridge University Press, 86–131.
Peter Railton (1986): Moral Realism. In: The Philosophical Review 95 (2), 163–207.
Schaber, Peter (1997): Moralischer Realismus. Freiburg/München: Karl Alber.
Stevenson, Charles Leslie (1937): The Emotive Meaning of Ethical Terms. In: Mind 46 (181), 14–31.
Stevenson, Charles Leslie (1944): Ethics and Language. New Haven: Yale University Press.
von Kutschera, Franz (1993): Die falsche Objektivität. Berlin: de Gruyter.

Sturma, Dieter (Hrsg.) (2012): Vernunft und Freiheit. Zur praktischen Philosophie von Julian Nida-Rümelin. Berlin: De Gruyter.
Tatjana Tarkian (2009): Moral, Normativität und Wahrheit. Paderborn: Mentis.
Weber, Max (1920): Gesammelte Aufsätze zur Religionssoziologie, Band 1. Tübingen: Mohr.
Weber, Max (1922a): Die „Objektivität" sozialwissenschaftlicher und sozialpolitischer Erkenntnis. In: Max Weber (Hrsg.): Gesammelte Aufsätze zur Wissenschaftslehre. Tübingen: Mohr, 146–214.
Weber, Max (1922b): Der Sinn der „Wertfreiheit" der soziologischen und ökonomischen Wissenschaften. In: Max Weber (Hrsg.): Gesammelte Aufsätze zur Wissenschaftslehre. Tübingen: Mohr, 489–540.
Weber, Max (1922c): Wissenschaft als Beruf. In: Max Weber (Hrsg.): Gesammelte Aufsätze zur Wissenschaftslehre. Tübingen: Mohr, 582–613.
Wittgenstein, Ludwig (1984): Über Gewißheit. Frankfurt am Main: Suhrkamp.

Gerhard Ernst
Warum gelten moralische Normen?

1 Die Ausgangsfrage

Die Frage, warum moralische Normen gelten, kann man in verschiedener Weise verstehen. Bevor man mit der Beantwortung der Frage beginnt, sollte man darum genauer sagen, wie man sie versteht. Das möchte ich zunächst tun, indem ich sage, wie ich sie *nicht* verstehe: Ich verstehe die Frage nicht als die Frage nach einer Begründung der Moral. Betrachten wir eine beliebige moralische Norm, etwa die Forderung, dass man seine Versprechen halten soll. Um eine Norm handelt es sich hierbei, weil der Ausdruck *sollen* darin vorkommt, weil also eine Forderung formuliert wird; um eine moralische Norm handelt es sich (unter anderem), weil dieses Sollen normativ zu verstehen ist. Auch die Straßenverkehrsordnung stellt Forderungen, etwa die, auf der rechten Straßenseite zu fahren. Aber das ist keine Forderung im normativen Sinn, weil sie lediglich sagt, was man tun muss, wenn man sich an die Straßenverkehrsordnung halten will. Ob das etwas ist, was man im normativen Sinn tun sollte, kann hier offen bleiben. Jedenfalls hängt davon ab, ob man auf der rechten Straßenseite fahren soll. Für sich genommen sind die Regeln der Straßenverkehrsordnung, anders als die Norm, dass man seine Versprechen halten soll, jedenfalls nicht normativ zu verstehen, also auch keine moralischen Normen (zum genauen Verhältnis von Forderungen und Normativität vgl. Broome 2013).

Warum gilt nun die Norm, dass man seine Versprechen halten soll, oder anders gefragt: Warum soll man seine Versprechen halten? Das ist zunächst die Frage nach einer Begründung dieser moralischen Norm. Man könnte zur Begründung dieser Norm etwa auf den kategorischen Imperativ von Kant verweisen, also auf die Forderung, nur nach derjenigen Maxime zu handeln, durch die man zugleich wollen kann, dass sie ein allgemeines Gesetz werde – was bei der Maxime „Ich will meine Versprechen brechen, wann immer ich davon einen Vorteil habe" nicht der Fall wäre (Kant 1785). Man könnte auch auf das utilitaristische Grundprinzip verweisen, das verlangt, stets diejenige Handlung auszuführen, die den Nutzen maximiert, was das Brechen eines Versprechens in der Regel ebenfalls nicht tun wird (Mill 1861). Und so weiter. Derartige Begründungen moralischer Normen bestehen offenbar darin, dass man bestimmte moralische Forderungen auf andere moralische Normen zurückführt. Wie sonst sollte eine moralische Begründung auch aussehen, wenn doch eine Sollensaussage niemals aus einer reinen Seinsaussage folgt (Hume 1739, 469)? Nur aus normativen Prämissen sind normative Konklusionen zu gewinnen. Man könnte sich fragen, was eine Begründung im Bereich der Moral überhaupt nutzt, wenn man letztlich doch wieder bei einer normativen Prämisse landet. Die Antwort lautet natürlich: Sie hat den gleichen Nutzen wie Begründungen außerhalb der Moral. Auch physikalische Sätze lassen sich nur durch andere physikalische Sätze begründen, Einsichten über die Kochkunst nur durch andere Einsichten über die Kochkunst und so weiter. Der Witz einer Begründung liegt nicht darin, dass sie uns aus dem zu begründenden Bereich auf magische Weise herausführt. Der Witz liegt darin, dass sie das weniger Plausible auf das Plausiblere zurückführt. Wenn jemandem kein moralischer Satz stärker einleuchtet als der, dass man seine Versprechen halten soll, dann kann es für diese Person auch keine Begründung dieses Satzes geben. Wenn man dagegen das utilitaristische Grundprinzip für einleuchtender hält, kann man das Verbot, Versprechen zu brechen, durch die Zurückführung auf dieses Prinzip begründen. Und wenn man auch alle anderen moralischen Normen, die man für richtig hält, in dieser Weise auf das utilitaristische Grundprinzip zurückführen könnte, könnte man unsere Ausgangsfrage – „Warum gelten moralische Normen?" – in einem Sinn beantworten, indem man sagt: Weil das utilitaristische Grundprinzip gilt. So werde ich die Frage im Folgenden aber, wie gesagt, gerade nicht verstehen.

Wie man die Frage noch verstehen kann, und wie ich sie tatsächlich verstehen werde, wird deutlich, wenn man sich fragt, was denn der *Status* des kategorischen Imperativs oder irgendeines anderen grundlegenden Prinzips der Moral selbst ist. Ist es eine *Tatsache*, dass man nur nach derjenigen Maxime handeln sollte, durch die man zugleich auch wollen kann, dass sie ein allgemeines Gesetz werde? Handelt es sich hierbei um eine *Erkenntnis*? Und liegt derjenige, der eine andere *Überzeugung* hat, einfach falsch? *Behauptet* er etwas, was nicht der Fall ist? Dass diese Fragen nicht einfach zu beantworten sind, macht der Vergleich mit einem Bereich deutlich, in dem sie – zunächst jedenfalls – einfach zu beantworten sind: mit dem Bereich der Wissenschaft. Es ist eine Tatsache, dass die Spannung in einem Stromkreis proportional zur Stromstärke ist; diese Tatsache wurde von dem Erlanger Physiker Georg Ohm entdeckt, und wer anderer Meinung ist, täuscht sich. Diese Aussagen sind, jedenfalls auf den ersten Blick, deshalb unproblematisch, weil wir leicht erläutern können, warum sie wahr sind: Dass die Spannung in einem Stromkreis zur Stromstärke proportional ist, ist eine Tatsache, weil die Welt eben derart beschaffen ist. Ohm konnte das entdecken, indem er die Welt beobachtet hat, und wer anderer Meinung ist, kann durch den Hinweis auf die Erfahrung widerlegt werden. Entsprechende Erläuterungen versagen nun aber gerade im Bereich der Moral. Was soll es heißen, dass die Welt so beschaffen ist, dass der kategorische Imperativ oder sonst ein Grundprinzip der Moral gilt? Auf welche Erfahrungen sollte man verweisen, um jemanden zu widerlegen, der glaubt, dass man seine Versprechen brechen darf, wann immer es einem passt, oder der noch Schlimmeres für richtig hält? Kann man sich im Bereich der Moral überhaupt täuschen? Geht es hier nicht eher um das, was wir uns wünschen, um unseren Geschmack oder unsere Interessen? Äußern wir moralische Forderungen denn nicht eher als Befehle oder Bitten, um andere zu beeinflussen, und weniger als Behauptungen über die Welt? Und sollte man deshalb im Bereich der Moral gerade nicht von Tatsachen, Erkenntnissen, Überzeugungen und Behauptungen sprechen?

Vor diesem Hintergrund stellt sich die Frage „Warum gelten moralische Normen?" in einem Sinn, den man als den *metaethischen Sinn* der Frage bezeichnen kann. Hier geht es nicht um eine Begründung moralischer Normen – das wäre der bereits erörterte *normative Sinn* der Frage. Hier geht es um den Status der Moral überhaupt. Man kann auch sagen: Hier geht es darum, den Platz der Moral in der natürlichen Welt zu klären (vgl. dazu Harman 2000). Während sich der normative Ethiker die Frage stellt, ob diese oder jene moralische Norm gilt und auf welche grundlegende Norm man sie gegebenenfalls zurückführen kann, fragt sich der Metaethiker, was es heißt, dass eine Norm gilt. Man kann sich den Unterschied auch so klarmachen: Wenn der normative Ethiker zu dem Schluss kommt, dass es keine Tatsache ist, dass man seine Versprechen immer halten soll, dann schließt er daraus, dass es eine Tatsache ist, dass man seine Versprechen manchmal brechen darf. Wenn der Metaethiker dagegen zu dem Schluss kommt, dass es keine Tatsache ist, dass man seine Versprechen immer halten soll, dann schließt er daraus, dass es auch keine Tatsache ist, dass man seine Versprechen manchmal brechen darf, weil er nämlich dann davon ausgeht, dass es überhaupt keine moralischen Tatsachen gibt.

Der Unterschied zwischen normativer Ethik und Metaethik verwirrt nicht nur Nichtphilosophen, was insbesondere daran liegt, dass man Fragen wie „Warum gelten moralische Normen?" so oder so verstehen kann. Klarer wird die Unterscheidung, wenn man die Grundfragen der beiden Bereiche anders formuliert: Die normative Ethik fragt letztlich danach, was wir tun sollen. Sie stellt diese Frage in systematischer Absicht, das heißt, sie fragt insbesondere danach, was wir *grundlegend* tun sollen – wobei sich daraus dann auch ergeben soll, was wir im Einzelnen tun sollen. Die angewandte Ethik, als ein Teilbereich der normativen Ethik, beschäftigt sich gerade mit der oft schwierigen Frage, wie man im konkreten Fall grundlegende Normen anwenden kann. Die Metaethik stellt demgegenüber die Frage nach dem Status der Moral, die man wiederum in vier Teilfragen aufteilen kann: Gibt es moralische Tatsachen (und wenn ja, wie sind sie zu deuten)? Gibt es moralische Erkenntnis (und wenn ja, wie ist sie zu deuten)? Gibt es moralische Überzeugungen (und wenn ja, wie sind sie zu deuten)? Gibt es moralische Behauptungen? Kurz gesagt: Die Metaethik betrachtet die normative Ethik aus der

Perspektive der Metaphysik, Erkenntnistheorie, Philosophie des Geistes und der Sprachphilosophie, also aus der Perspektive der Grunddisziplinen der theoretischen Philosophie (vgl. Scarano 2002).

2 Das Grundproblem

Ich verstehe also unsere Ausgangsfrage als metaethische Frage nach dem Status der Moral, und ich habe auch bereits angedeutet, warum die Frage, so verstanden, nicht leicht zu beantworten ist. Wir sehen nämlich, dass moralische Normen offenbar nicht nach dem Modell wissenschaftlicher Tatsachen verstanden werden können. Das wäre, für sich betrachtet, vielleicht noch nicht besonders beunruhigend, wenn wir nicht zugleich das Gefühl hätten, dass moralische Normen nach diesem Modell verstanden werden müssen. Man stelle sich beispielsweise vor, jemand würde behaupten, dass es ganz in Ordnung ist, seine Versprechen zu brechen, wenn man Lust dazu hat. Unter diesen Umständen wären wir empört (erst recht natürlich, wenn die Person auch tatsächlich ihre Versprechen brechen würde, wann immer sie Lust dazu hätte). Ganz bestimmt würden wir nicht einfach sagen: „Na gut, dieser Mensch hat eben andere Neigungen oder Vorlieben als ich." Man würde vielmehr sagen, dass dieser Mensch sich täuscht; er sieht die Sache falsch und sollte einsehen, dass er unrecht hat. Hier geht es nicht um Geschmack oder um Wünsche, sondern um einen objektiven Irrtum. Jede andere Haltung erscheint doch sehr unnatürlich. Und es ist klar, dass man noch drastischere Beispiele wählen kann: Ist es nicht eine Tatsache, dass Menschenrechtsverletzungen falsch sind? Ist derjenige nicht moralisch blind, der das nicht einsieht? Nichts ist naheliegender, als so zu reden. Und doch steckt in dieser Redeweise gerade die Vorstellung, dass es in der Moral gewisse Tatsachen gibt, die man erkennen und bezüglich derer man sich eben auch im Irrtum befinden kann. Paradigmatisch für einen Bereich, in dem es objektive Tatsachen und Erkenntnisse gibt, ist aber die Wissenschaft. Unsere Reaktion auf moralische Fehleinschätzungen, und noch mehr unsere Reaktion auf daraus resultierendes moralisches Unrecht, zeigt, dass wir meinen, man könne in der Moral gleichermaßen richtig oder falsch liegen. Auch hier scheint es objektive Tatsachen und Erkenntnisse zu geben.

Diese Überlegungen führen uns zu einem Problem: Einerseits glauben wir, dass es im Bereich der Moral so etwas wie objektive Tatsachen und Erkenntnis geben muss. Wie sonst könnte man unsere natürliche Reaktion auf die Erfahrung moralischer Fehleinschätzungen (und darauf beruhenden moralischen Unrechts) verständlich machen? Andererseits glauben wir, dass es im Bereich der Moral so etwas wie Tatsachen und Erkenntnis doch eigentlich nicht geben kann, und zwar gerade deshalb, weil die Moral so ganz anders ist als die Wissenschaft, die ihrerseits gewissermaßen unser Paradigma für einen Bereich ist, in dem es objektive Tatsachen und Erkenntnisse gibt. Wir haben einfach keine rechte Vorstellung davon, was moralische Tatsachen sein sollen und wie moralische Erkenntnis möglich sein könnte. Dieses Dilemma macht die Frage nach dem Status der Moral so schwer beantwortbar.

3 Die Lösungsstrategien

Es gibt im Wesentlichen drei Strategien, die man anwenden kann, um das Problem zu lösen, und diese ergeben sich direkt aus der Struktur des zugrunde liegenden Rätsels. Bringen wir das Rätsel dazu noch einmal in der Form von drei Thesen auf den Punkt:
1) Es gibt moralische Tatsachen und Erkenntnisse. (Dass wir das glauben, sieht man an unserer Reaktion auf moralische Fehleinschätzungen und auf daraus resultierendes moralisches Unrecht.)
2) Die Moral ist von ganz anderer Art als die Wissenschaft. (Dass wir das glauben, ergibt sich daraus, dass wir moralische Tatsachen und Erkenntnisse für problematisch halten.)
3) Nur in Bereichen, die letztlich von der gleichen Art sind wie die Wissenschaft, gibt es Tatsachen und Erkenntnisse. (Dass wir das glauben, ergibt sich daraus, dass wir die Wissenschaft als Paradigma für Objektivität behandeln.)

Einzeln halten die meisten Menschen diese Thesen für plausibel; zusammen können sie nicht wahr sein – darin liegt das metaethische Grundproblem (vgl. dazu ausführlich Ernst 2009).

Die drei Strategien zur Lösung des Rätsels ergeben sich daraus, dass man versucht, eine der drei Thesen zurückzuweisen. Manche Philosophen weisen die erste Behauptung zurück. Sie müssen dann erklären, warum wir so reagieren, als gäbe es moralische Tatsachen und Erkenntnisse, obwohl es diese ihrer Auffassung zufolge nicht gibt. Manche Philosophen weisen die zweite Behauptung zurück. Sie müssen erklären, warum uns die Moral so ganz anders als die Wissenschaft zu sein scheint. Manche Philosophen schließlich leugnen die dritte Behauptung. Sie müssen erklären, wie moralische Tatsachen und Erkenntnisse zu verstehen sind, wenn sie denn ganz anders als wissenschaftliche Tatsachen und wissenschaftliche Erkenntnisse zu deuten sind. Damit man eine Vorstellung von den Strategien bekommt, möchte ich zumindest ganz kurz die erste und dritte Strategie erläutern, bevor ich erkläre, warum ich selbst die zweite Strategie für den richtigen Weg zur Beantwortung der Frage nach dem Status der Moral halte.

Zunächst also zu der These, dass es (jedenfalls im eigentlichen Sinn) keine moralischen Tatsachen und Erkenntnisse gibt (vgl. etwa Blackburn 1993; Gibbard 1990). Für diese These spricht offenbar, dass es uns schwerfällt, moralische Tatsachen oder Erkenntnisse verständlich zu machen. Wenn es solche gar nicht gibt, entfällt diese Aufgabe. Dennoch muss man auch hier den Platz der Moral in der Welt bestimmen, und das tun Philosophen, die diese Strategie wählen, im Wesentlichen dadurch, dass sie auf bestimmte menschliche Einstellungen verweisen. Es ist den meisten Menschen zuwider, wenn sie sehen, wie ein anderer gequält wird. Dieser Vorgang stößt sie ab. Könnte es darum nicht sein, dass ein moralisches Urteil wie „Es ist falsch, Menschen zu quälen" nichts anderes ist als der Ausdruck dieser Abscheu? Moralische Urteile wären somit anderen Bekundungen von Emotionen vergleichbar (so die klassische Auffassung von Ayer (Ayer 1936)), etwa der Äußerung „Eine Spinne – igittigitt!". Wenn das so wäre, wäre leicht verständlich, warum es keine moralischen Tatsachen und Erkenntnisse gibt. Äußerungen wie „Eine Spinne – igittigitt" beschreiben offensichtlich nichts und dementsprechend kann man sich hier auch nicht täuschen. Und wenn moralische Aussagen letztlich genauso funktionieren, muss man auch keine moralischen Tatsachen annehmen, um sie verständlich zu machen.

Der Ansatz hat aber nicht nur Vorteile. Neben dem bereits genannten Nachteil, dass mit dieser Erklärung nicht recht verständlich gemacht werden kann, warum wir keineswegs der Ansicht sind, dass unsere moralischen Urteile nur unsere persönliche Einstellung zu einem Sachverhalt zum Ausdruck bringen, gibt es eine Reihe von weiteren Schwierigkeiten. So scheinen sich moralische Urteile, wenn man genauer hinschaut, gerade nicht wie Äußerungen von Emotionen oder Ähnlichem zu verhalten. Man kann sie beispielsweise in moralische Überlegungen einbetten wie in dem folgenden Schluss:
1) Es ist richtig, seinen Freunden zu helfen.
2) Wenn es richtig ist, seinen Freunden zu helfen, dann ist es richtig, seinen Verwandten zu helfen.
3) Also ist es richtig, seinen Verwandten zu helfen.

Unabhängig davon, ob man die Prämissen dieses Schlusses für wahr hält: Kaum bestreiten wird man können, dass es sich um einen gültigen Schluss handelt, bei dem also die Wahrheit der Prämissen die Wahrheit der Konklusion erzwingt. Gerade das kann man aber nicht verständlich machen, wenn moralische Urteile nur Äußerungen von Emotionen oder Ähnlichem sind.
1) Eine Spinne – igittigitt.
2) Wenn eine Spinne igittigitt, dann ein Käfer igittigitt.
3) Also ein Käfer igittigitt.

Das ist nicht nur kein gültiger Schluss, sondern schlicht kein Deutsch. Diese als Frege-Geach-Argument bekannte Überlegung macht es sehr schwer, moralische Urteile als etwas anderes denn als wahre oder falsche Behauptungen moralischer Tatsachen zu deuten. Natürlich gibt es zahlreiche Philosophen, die es dennoch versuchen (vgl. dazu die übersichtliche Darstellung in Miller 2013).

Betrachten wir ebenfalls kurz die dritte Strategie, die auf der Zurückweisung der These beruht, dass nur in Bereichen, die der Wissenschaft gleichen, von Tatsachen und Erkenntnissen im eigentlichen Sinn gesprochen werden kann. Dieser Ansatz hat den Vorteil, dass er unsere natürlichen moralischen Reaktionen und Redeweisen problemlos akzeptieren kann. Die Schwierigkeit liegt hier aber gerade darin, verständlich zu machen, was man sich unter moralischen Tatsachen und Erkenntnissen vorstellen soll, wenn diese doch ganz anders sind als wissenschaftliche Tatsachen und Erkenntnisse. Es gibt verschiedene Versuche, dieses Problem zu lösen. Klassische Intuitionisten verweisen etwa auf ein besonderes Vermögen, das wir angeblich haben, eine moralische Intuition, die uns dazu befähigt, moralische Erkenntnisse zu gewinnen. Moralische Tatsachen sind uns über dieses Vermögen, nicht etwa über die Wahrnehmung zugänglich. Man muss allerdings natürlich nachfragen, was mit *Intuition* genauer gemeint sein soll. Wird die Frage nach der Natur moralischer Erkenntnis wirklich beantwortet oder gibt man mit dem Wort *Intuition* lediglich unserem Unverständnis einen Namen? Man hat versucht, die moralische Intuition durch den Vergleich mit unserer mathematischen Intuition verständlicher zu machen (Ross 1930). Wie bei dieser geht es nicht um das Erfassen empirischer Zusammenhänge, weshalb die Beobachtung keine Rolle spielt. Wie bei dieser scheint es eher um eine Einsicht zu gehen: Wir sehen ein, dass man den Schwachen helfen soll, so wie wir einsehen, dass die Schnittmenge zweier Mengen eine Menge ist. Allerdings hinkt dieser Vergleich gerade dort, wo es entscheidend ist: Moralische Tatsachen, wenn es sie denn gibt, sind normative Tatsachen. Sie stellen einen Anspruch an uns, und genau das macht moralische Erkenntnis so schwer verständlich: Wie kann man etwas Normatives erkennen? Mathematische Tatsachen sind dagegen im entsprechenden Sinn nicht normativ. Vielleicht handelt es sich sogar lediglich um begriffliche Wahrheiten, vielleicht um Wahrheiten eigener Art. Jedenfalls stellen diese im relevanten Sinn keinen Anspruch an uns. – Auch hier muss man natürlich darauf hinweisen, dass viele Philosophen versucht haben, andere Wege zu finden, moralische Tatsachen und Erkenntnisse verständlich zu machen, ohne die prinzipielle Verschiedenheit von Moral und Wissenschaft aufzugeben (vgl. wiederum Miller 2013). Ich wollte lediglich ein Beispiel geben, um den Ansatz und seine Schwierigkeiten zu illustrieren.

4 Moral und Wissenschaft

Somit komme ich zur zweiten Strategie, die ich selbst für die aussichtsreichste halte. Hier wird die These zurückgewiesen, dass die Moral von ganz anderer Art ist als die Wissenschaft. Auf den ersten Blick ist diese Strategie wenig aussichtsreich. Ist es nicht gerade so, dass der Status der Wissenschaft deshalb weniger problematisch ist, weil sie auf der Erfahrung beruht? Und ist das nicht gerade das, was sie grundlegend von der Moral unterscheidet, bei der man offenbar nicht einfach auf die Erfahrung verweisen kann, um moralische Urteile zu begründen? Manche Philosophen versuchen nachzuweisen, dass die Moral im gleichen Sinn wie die Wissenschaft auf Erfahrung beruht, indem sie die Normativität der Moral leugnen. Sie behaupten, dass moralische Aussagen letztlich von empirischen Zusammenhängen handeln (vgl. zu diesem Themenbereich Sayre-McCord 1988). Die These etwa, dass Sklaverei schlecht ist, wäre demnach eine empirische Hypothese, die beispielsweise erklären soll, warum es in der Geschichte zu bestimmten Aufständen kam. Diesen Ansatz möchte ich nicht verfolgen, da auf diese Weise das eigentliche Problem nur verschoben wird. Die entscheidende Frage bleibt ja: Wie verstehen wir den Platz von Normativität in der Welt? Wenn man die Moral von Normativität befreit, muss diese eben an anderer Stelle erklärt werden. Das grundlegende Rätsel bleibt bestehen.

Mein eigener Ansatz (Ernst 2009) zeichnet sich dadurch aus, dass er weniger die Moral betrachtet, um deren Status zu klären, sondern die Wissenschaft. Ich bin der Auffassung, dass es Fehlvorstellungen über die Natur der Wissenschaft, nicht über die Natur der Moral sind, die uns die Moral in ihrem Status so rätselhaft erscheinen lassen. Nur weil wir ein falsches Bild von der Wissenschaft zugrunde legen, meinen wir nämlich, die Moral sei von ganz anderer Art als die Wissenschaft. Betrachten wir dazu einmal, was der eigentliche Zweck der Wissenschaft ist.

Hier sind zwei miteinander zusammenhängende Ziele zu nennen: Die Wissenschaft zielt zum einen auf Erklärungen, zum anderen auf Vorhersagen. Schon an dieser Charakterisierung erkennt man, dass ich, wenn ich von *Wissenschaft* spreche, die „harten" Wissenschaften, also die Physik, Chemie und Biologie, im Blick habe. Das liegt nicht daran, dass ich andere Wissenschaften weniger als Wissenschaften ansehe. Es liegt vielmehr daran, dass wir, wenn wir an objektive wissenschaftliche Tatsachen und Erkenntnisse denken, eben vor allem die grundlegenden empirischen Wissenschaften vor Augen haben. Und auf diese muss ich mich folglich beziehen, wenn die These, dass die Moral von der gleichen Art ist wie die Wissenschaft, Biss haben soll. Betrachten wir also insbesondere die Physik: Sie zielt zum einen darauf, die physikalische Welt verständlich zu machen, zum anderen darauf, Vorhersagen zu machen (was insbesondere für die technische Anwendung der Physik von entscheidender Bedeutung ist). Beide Ziele hängen miteinander zusammen: Man kann erklären, was man hätte vorhersagen können, und man kann vorhersagen, was man wird erklären können.

Aber wie funktionieren Erklärungen und Vorhersagen eigentlich? Das ist eine grundlegende Frage der Wissenschaftstheorie, die ich hier nicht ausführlich erläutern kann. Ich muss sie aber auch nicht ausführlich erläutern, da es mir lediglich auf einen Aspekt ankommt: Wissenschaftliche Erklärungen und Vorhersagen basieren notwendigerweise auf Einsichten, die nicht allein aus der Erfahrung stammen können. Das kann man sich auf verschiedene Weise vor Augen führen. Eine Möglichkeit ist, sich die grundlegende Rolle von Gesetzen für Erklärungen und Vorhersagen klarzumachen. Wie machen wir uns verständlich, wie sich die Spannung in einem Stromkreis verhält, wenn man die Stromstärke erhöht? Indem wir auf das Ohm'sche Gesetz verweisen (was natürlich nicht ausschließt, dass es noch grundlegendere Erklärungen gibt). Wie sagen wir voraus, wie stark die Spannung steigen wird, wenn ich die Stromstärke um einen bestimmten Prozentsatz erhöhe? Ebenfalls durch den Verweis auf das Ohm'sche Gesetz.

Weiter oben hatte ich gesagt, Ohm habe sein Gesetz aus der Beobachtung abgelesen. Aber geht das? Was man beobachten kann, ist lediglich, dass in vielen Fällen unter verschiedenen Umständen die Spannung im geschlossenen Stromkreis proportional zur Stromstärke stieg. Aber woher weiß ich, dass das auch in Zukunft so sein wird? Und woher weiß ich, dass es in kontrafaktischen Fällen so gewesen wäre? Der Witz einer Gesetzmäßigkeit ist gerade, dass sie über die Erfahrung hinausgeht. Sonst könnte man sie weder für Erklärungen noch für Vorhersagen nutzen. Ein Gesetz sagt uns, was gewesen wäre, wenn, und was sein wird, falls. Beides liegt jenseits der Erfahrung. Der Induktionsskeptiker beantwortet die Frage, woher ich weiß, dass auch in Zukunft die Spannung proportional zur Stromstärke sein wird, mit einem kalten: Das weiß ich eben nicht (vgl. grundlegend dazu Hume 1739). Meine bisherigen Beobachtungen geben mir demnach *keinerlei* Grund, auf zukünftige Ereignisse zu schließen. Wenn diese Antwort richtig wäre, dann wäre die Wissenschaft ein grundlegend irrationales Unternehmen. Das glauben die wenigsten Menschen. Die meisten sind vielmehr der Ansicht, dass der Skeptiker unrecht haben muss. Aber das heißt eben gerade, dass die meisten Menschen der Ansicht sind, dass wir irgendwie die Fähigkeit haben, von einer beschränkten Beobachtungsgrundlage aus auf allgemeine Gesetzmäßigkeiten zu schließen. Dazu ist es nötig, in der Vielfalt der Beobachtungen die richtigen Strukturen zu erfassen.

Das tun wir so selbstverständlich, dass es uns gar nicht auffällt. Nehmen wir ein Beispiel von Nelson Goodman, der sich intensiv mit dem Problem der Induktion beschäftigt hat (Goodman 1983): Man stelle sich vor, man fragt in einem Raum voller Männer den ersten, ob er ein dritter Sohn ist. Er sagt „Ja". Dann fragt man den zweiten und dritten, und die beiden sagen ebenfalls „Ja". Schließt man daraus, dass alle Männer in dem Raum dritte Söhne sind? Und schließt man, dass jemand, der neu in den Raum eintritt, auch ein dritter Sohn sein wird? Vermutlich keines von beiden. Die Tatsache, dass verschiedene Männer dritte Söhne sind, betrachten wir nicht als Grund dafür, zu glauben, dass alle Männer dritte Söhne sind. Beim Spannungs-Strom-Zusammenhang ist das anders: Die Tatsache, dass die Spannung in einigen beobachteten Fällen der Stromstärke proportional war, betrachten wir als Grund dafür, zu glauben, dass die Spannung immer proportional zur Stromstärke ist.

Wie erkennen wir, welche Beobachtungen Gründe für Vorhersagen liefern und welche nicht? Häufig natürlich, indem wir Hintergrundwissen über allgemeinere Gesetzmäßigkeiten miteinbeziehen. Aber auch dieses Hintergrundwissen muss ja erworben werden, sodass man letztlich sagen muss: Nur dadurch, dass wir offenbar Gründe für Vorhersagen als solche erkennen, können wir das Problem der Induktion überwinden. Wir fassen bestimmte Tatsachen *von Anfang an* als Gründe auf, andere nicht. Und wir korrigieren diese Auffassungen, wenn sie miteinander in Konflikt geraten, was umso leichter der Fall sein kann, je mehr Tatsachen wir zur Kenntnis nehmen. Man kann die Wissenschaft dabei als Verfeinerung unserer anfänglichen Vorstellungen über Gesetzmäßigkeiten auffassen. Wir starten mit bestimmten Meinungen über Gründe für Vorhersagen. Und wir erweitern und differenzieren diese Meinungen in der Wissenschaft.

Diese skizzenhaften Überlegungen sollen an dieser Stelle genügen, um meine These bezüglich moralischer Tatsachen und Erkenntnisse zu erklären: Ich gehe davon aus, dass auch die Moral darauf beruht, dass wir Gründe als solche erkennen können. Dass Herbert Schmerzen hat, betrachten wir als Grund, ihm zu helfen. Folgt das aus der Beobachtung? Nein. Aber auch die Erkenntnis, dass bisherige Beobachtungen von Stromkreisen Gründe für Vorhersagen liefern, folgt nicht aus der Beobachtung. In beiden Fällen geht es vielmehr darum, bestimmte Vorgänge in der Welt als Gründe anzusehen. Darin (und zunächst einmal nur darin) unterscheidet sich die Wissenschaft nicht von der Moral. Wir brauchen hier wie dort die grundlegende Fähigkeit, Gründe als solche zu erkennen. Mit der Anwendung dieses Vermögens starten wir. Und hier wie dort verfeinern wir unsere Auffassungen davon, was Gründe (für Vorhersagen beziehungsweise Handlungen) sind im Laufe unserer Überlegungen. Neue Tatsachenerfahrungen bringen uns in der Wissenschaft und in der Moral dazu, auch unsere Meinungen über Gründe zu überdenken und zu modifizieren. So wie die Wissenschaft die Verfeinerung unserer anfänglichen Vorstellungen über Gesetzmäßigkeiten ist, ist die Moral die Verfeinerung unserer anfänglichen Vorstellungen über richtiges Handeln.

Es ist wichtig, sich klarzumachen, welche Rolle empirische Erkenntnisse in beiden Fällen spielen. Es gilt zwar, dass etwas, was nicht der Fall ist, weder ein wissenschaftlicher noch ein praktischer Grund sein kann. Insofern können Tatsachenerfahrungen wissenschaftliche und moralische Überzeugungen widerlegen! Aber abgesehen von diesem speziellen Fall zwingen uns empirische Erkenntnisse niemals, etwas als wissenschaftlichen oder moralischen Grund anzusehen. Es ist lediglich so, dass neue Tatsachenerkenntnisse unsere Meinungen über wissenschaftliche und moralische Gründe *plausibel* oder *unplausibel* erscheinen lassen können. Dabei ist dann allerdings wiederum unser Vermögen gefragt, Gründe als solche zu erkennen. Die Erfahrung allein genügt weder in der Wissenschaft noch in der Moral.

Wissenschaftliche Gründe im relevanten Sinn sind nicht-logische, induktive Gründe, und zwar Gründe für Vorhersagen (also für Überzeugungen). Moralische Gründe sind praktische Gründe, also Gründe für Handlungen. Die Frage, inwiefern sich Gründe für Überzeugungen und Gründe für Handlungen gleichen und inwiefern sie sich unterscheiden, ist nicht leicht zu beantworten. Für den vorliegenden Zusammenhang kommt es aber auch nur auf die eine Gemeinsamkeit an: Sowohl die Erkenntnis wissenschaftlicher als auch die Erkenntnis moralischer Gründe geht über die Erfahrung hinaus. Da uns moralische Tatsachen vor allem suspekt sind, weil uns moralische Erkenntnis suspekt ist, und da uns moralische Erkenntnis vor allem suspekt ist, weil moralische Erkenntnis keine Erfahrungserkenntnis ist, ist der Verweis auf wissenschaftliche Erkenntnis hier hilfreich. Auch wissenschaftliche Erkenntnis ist keine Erfahrungserkenntnis. Anders als moralische Erkenntnis ist uns diese aber – jedenfalls zunächst – nicht suspekt. Insofern sollte uns der Verweis auf wissenschaftliche Erkenntnis hinsichtlich unseres ursprünglichen Rätsels beruhigen.

5 Schluss

Unsere Ausgangsfrage war die: Warum gelten moralische Normen? Ich habe zunächst zwei Lesarten dieser Frage unterschieden: eine normative und eine metaethische. Meine Antwort auf die metaethische Frage lautet: Moralische Normen gelten, weil es moralische Tatsachen gibt, die wir erkennen können. Was für Tatsachen sind das und wie können wir sie erkennen? Es sind Tatsachen über Gründe, und wir können sie so erkennen, wie wir bestimmte andere Tatsachen über Gründe auch erkennen. Welche relevanten anderen Tatsachen über Gründe gibt es und wie erkennen wir diese? Wissenschaftliche Tatsachen im eigentlichen Sinn sind relevante Tatsachen über Gründe. Sie sagen uns nämlich, welche nicht-logischen, induktiven Gründe wir haben. Wir erkennen diese, indem wir bestimmte Strukturen in der Welt und damit wissenschaftliche Gründe als solche erfassen. Und um etwas strukturell Ähnliches geht es in der Moral auch. In der Moral erfassen wir praktische Gründe. In beiden Fällen müssen wir ein Vermögen annehmen, Gründe als solche zu erfassen. Da Gründe Ansprüche an unsere Vernunft sind, können wir die Vernunft als dieses Vermögen identifizieren. Wenn es um das Verständnis und die Vorhersage der Natur geht, ist unsere wissenschaftliche Vernunft gefordert; wenn es um das Verständnis und das Treffen von Handlungsentscheidungen geht, ist unsere praktische Vernunft gefordert. In beiden Fällen müssen wir ein Erkenntnisvermögen jenseits der Wahrnehmung und entsprechende erkennbare Tatsachen annehmen. Sieht man die Sache so, erkennt man, dass der Status der Moral jedenfalls nicht problematischer ist als der Status der Wissenschaft. Und das ist doch schon einmal etwas.

Bibliographie

Ayer, Alfred Jules (1936): Language, truth, and logic. New York 1952: Dover Publications.
Blackburn, Simon (1993): Essays in quasi-realism. New York: Oxford University Press.
Broome, John (2013): Rationality through reasoning. Chichester: John Wiley & Sons (The Blackwell/Brown lectures in philosophy, 4).
Ernst, Gerhard (2009): Die Objektivität der Moral. 2. Aufl. Paderborn: Mentis.
Gibbard, Allan (1990): Wise choices, apt feelings. A theory of normative judgement. Oxford: Clarendon.
Goodman, Nelson (1983): Fact, fiction, and forecast. 4th ed. Cambridge, Mass: Harvard University Press.
Harman, Gilbert (2000): Is There a Single True Morality. In: Gilbert Harman (Hrsg.): Explaining value and other essays in moral philosophy. Oxford/New York: Clarendon Press/Oxford University Press, 77–99.
Hume, David (1739): A treatise of human nature. Herausgegeben von Selby-Bigge, L. A.; Nidditch, P. H. 2nd ed. Oxford/New York 1978: Clarendon Press/Oxford University Press.
Kant, Immanuel (1785): Grundlegung zur Metaphysik der Sitten. Herausgegeben von Jens Timmermann. Göttingen 2004: Vandenhoeck & Ruprecht (Sammlung Philosophie, Bd. 3).
Mill, John Stuart (1861): Utilitarianism. Herausgegeben von Roger Crisp. Oxford 1998: Oxford University Press (Oxford philosophical texts).
Miller, Alexander (2013): Contemporary metaethics. An introduction. 2nd ed. Cambridge: Polity Press.
Ross, William David (1930): The right and the good. Herausgegeben von Philip Stratton-Lake. New ed. Oxford 2002: Clarendon Press.
Sayre-McCord, Geoffrey (Hrsg.) (1988): Essays on moral realism. Ithaca, N. Y.: Cornell University Press (Cornell paperbacks).
Scarano, Nico (2002): Metaethik – ein systematischer Überblick. In: Micha H. Werner/Marcus Düwell/Christoph Hübenthal (Hrsg.): Handbuch Ethik. Stuttgart/Weimar: Metzler, 25–35.

Carl Friedrich Gethmann
Werden die Geltungsansprüche moralischer Urteile durch ihre „Objektivität" eingelöst?

Zur Kritik des moralischen Realismus

Die Diskussion um die Fundierung des Geltungsanspruchs moralischer Urteile scheint seit Beginn des 20. Jahrhunderts zwischen Extrempositionen zu oszillieren. Je nachdem, ob man mehr die pragmatische Einbeziehung der Akteure, den epistemischen Status der referentiellen Bezüge oder ihren ontologischen Status im Blick hat, unterscheidet man zwischen Internalismus – Externalismus, Kognitivismus – Non-Kognitivismus oder Realismus – Anti-Realismus. Besonders unter den in der Denktradition der „analytischen Philosophie"[1] stehenden Philosophen scheint sich – mit allerdings bemerkenswerten Ausnahmen – eine Grundtendenz in Richtung einer externalistischen, kognitivistischen und realistischen Konzeption von Meta-Ethik durchzusetzen.[2] Bei allen Divergenzen im Detail ist für diese Ansätze kennzeichnend, dass sie die Ethik (Moralphilosophie) in vermeintlich enger Anlehnung an die epistemischen und ontologischen Merkmale naturwissenschaftlicher Erkenntnisformen verstehen, deren Kern in ihrer „Objektivität" gesehen wird. So schreibt Ernst: „Meine Hauptthese ist, dass die Moral in genau der gleichen Weise wie die (Natur-) Wissenschaft Objektivität beanspruchen kann" (Ernst 2008, 10).

Für die Fundierung dieser These werden von Vertretern des moralischen Realismus durchaus starke sprachphilosophische Investitionen in Anspruch genommen, wofür als Beleg wiederum Ernst zitiert sei:

> Wenn man bezüglich eines bestimmten Gegenstandsbereichs von **Falschheit** sprechen kann, dann kann man auch von **Wahrheit** sprechen, wenn man von **Behauptungen** sprechen kann, kann man auch von **Überzeugungen** sprechen, wenn man von **Wissen** sprechen kann,

---

[1] Gerade die meta-ethische Diskussion der letzten Jahre lässt allerdings zweifeln, ob für den Ausdruck „analytische Philosophie" noch plausible Identitätskriterien genannt werden können: vgl. schon die skeptischen Bemerkungen dazu bei Føllesdal (1996).
[2] Dieser Beitrag befasst sich vorrangig mit den sachlich in engem Zusammenhang stehenden Büchern von Nida-Rümelin (2002) und Ernst (2008); die meisten sprachphilosophischen Monita treffen auch auf andere Varianten des moralischen Realismus zu, wie er von deutschsprachigen Autoren vertreten wird (z. B. Halbig 2007; Radtke 2009), ohne dass das im Einzelnen dokumentiert wird. – Zu der differenzierteren Verwendung des Begriffs der *Objektivität* in der englischsprachigen Moralphilosophie vgl. Sayre-McCord (1988), DeLapp (2013), Shafer-Landau (2003). – Für diesen Hinweis und weitere Verbesserungsvorschläge danke ich Hendrik Kempt.

> kann man auch von **Irrtum** sprechen etc. Wir haben es hier mit einem ganzen Netz von Begriffen zu tun, für das gilt: Wenn einer der Begriffe aus dem Netz auf einen Bereich anwendbar ist, dann sind sie es im Prinzip alle. Bei meinen späteren Überlegungen werden (stellvertretend für alle) vor allem drei dieser Begriffe im Mittelpunkt stehen: der Begriff der **Wahrheit** (oder Tatsache), der Begriff der **Überzeugung** und der Begriff der **Erkenntnis**. Und wenn man bezüglich eines bestimmten Gegenstandsbereichs von Wahrheit, von Überzeugungen und von Erkenntnis sprechen kann, dann werde ich im Folgenden abkürzend sagen: *Dieser Bereich kann **Objektivität** beanspruchen.* Die oben angeführten sprachlichen Beobachtungen erlauben es somit, unsere gewöhnliche Einstellung zur Moral auf die folgende Formel zu bringen: *Wir glauben, dass die Moral Objektivität beanspruchen kann.* (Ernst 2008, 30; fette Hervorhebungen CFG)

Das Zitat belegt, dass die für den moralischen Realismus grundlegende Objektivitätsthese wiederum ihr Fundament in einer sprachphilosophischen und (davon abhängig) epistemologischen Position hat, die primärer Gegenstand der folgenden Kritik ist. Das bedeutet nicht, dass alle Thesen des moralischen Realismus hier streitig gestellt werden. Beispielsweise ist auch der Autor dieses Beitrags überzeugt, dass zwischen der Moralphilosophie (als Wissenschaft von der Moral) und anderen wissenschaftlichen Disziplinen kein grundsätzliches Rationalitätsgefälle besteht – die Bedeutung dieser These hängt allerdings wesentlich davon ab, wie man die Einlösung wissenschaftlicher Geltungsansprüche grundsätzlich versteht, und hier liegen die Divergenzen.

Genauer liegen diese darin, dass die moralischen Realisten *erstens* den Rationalitätsanspruch der Wissenschaften durch ihren Objektivitätsbezug eingelöst sehen, während hier im Folgenden die These vertreten wird, dass der Rationalitätsanspruch der Wissenschaften in Geltung beanspruchenden und einlösenden diskursiven Verfahren erfüllt wird (oder nicht); ein Objektivitätsbezug spielt (je nach begrifflicher Klärung) nie oder nur manchmal eine Rolle (1.).

Zweitens unterstellen die moralischen Realisten, dass der Rationalitätsanspruch der Wissenschaften ausschließlich durch Behauptungen (oder ähnliche Konstativa) erhoben und eingelöst wird. Demgegenüber wird im Folgenden dafür plädiert, dass zu wissenschaftlichen Sprachen eine Reihe von geltungsbeanspruchenden Redehandlungen gehört, zu denen neben den Konstativa auch die Regulativa wie die Redehandlung des Aufforderns zu rechnen sind (2.).

Drittens unterstellen die moralischen Realisten, dass der Rationalitätsanspruch der Wissenschaften, unter ihnen auch der Moralphilosophie, „in genau der gleichen Weise" bestehe. Demgegenüber wird im Folgenden die Position vertreten, dass es eine Pluralität von diskursiven Verfahren gibt, durch die in Wissenschaften und anderen Kontexten Geltungsansprüche erhoben und eingelöst werden (3.).

Viertens wird von den moralischen Realisten die Auffassung vertreten, dass sich die Moralphilosophie als ein den Wissenschaften ähnliches rationales Unternehmen mit Äußerungen befasst, die als wahr/falsch qualifiziert werden müssen. Demgegenüber soll im Folgenden herausgestellt werden, dass es eine Vielzahl von rationalitätsqualifizierenden Beurteilungsprädikatoren gibt, von denen „wahr/falsch" nur einer ist (4.).

1 Objektivität

Für die verschiedenen Varianten des moralischen Realismus ist kennzeichnend, dass sie für ein zentrales Merkmal wenigstens einiger moralischer Äußerungen ihre „Objektivität" halten. Die Verwendung des Substantivs *Objektivität* bzw. des Adjektivs *objektiv* in den Wissenschaftssprachen ist allerdings notorisch vieldeutig. Ein sofort ins Auge fallender Mangel der Debatte liegt darin, dass man unterstellt, dass der Ausdruck *Objektivität* in einer wohl vermuteten Allerweltsbedeutung hinreichend klar ist, um durch ihn moralische Äußerungen (neben anderen, vor allem wissenschaftlichen) zu charakterisieren.[3] Um auf die hier lauernden Ambiguitätsgefahren aufmerksam zu machen, seien fünf Bedeutungen ohne Anspruch auf Vollständigkeit betrachtet:

(1) p ist auf ein Objekt bezogen.

Beispiel:
Die Erde ist objektiv$_1$ eine Kugel und nur scheinbar eine Scheibe.

(2) p repräsentiert ein Objekt.

Beispiel:
Man sieht auf dem Photo objektiv$_2$ Wasser.

(3) p ist auf einen (propositionalen) Gehalt bezogen.

Beispiel:
Wer Gott die Existenz abspricht, redet doch von etwas Objektivem$_3$.

(4) P ist intersubjektiv verbindlich.

Beispiel:
Dass alle Bürger Steuern zahlen müssen, gilt einfach objektiv$_4$.

(5) P ist unbeliebig.

---

[3] Diese Vieldeutigkeit ist natürlich nicht unbemerkt geblieben. Halbig (2007, 201–212 u.ö.) unterscheidet drei Bedeutungen.

Beispiel:
Dass Menschen nur miteinander auskommen, wenn sie ihre Versprechen halten, gilt objektiv$_5$.

Bei Mehrdeutigkeiten besteht grundsätzlich die Gefahr von Fehlschlüssen vom Typ der quaternio terminorum;[4] es besteht folglich die Gefahr einer vierfachen Erschleichung (subreptio). Das folgende Ketten-Schluss-Schema mag der Illustration dienen:

Wir können doch nicht hinnehmen, dass elementare moralische Imperative beliebig (bloß „intern"; bloß „ subjektiv") sind.

Also müssen sie sich auf etwas Objektives$_5$ beziehen.

Also müssen Aussagen über dieses Objektive$_4$ wahr/falsch sein.

Also muss es etwas Objektives$_3$ geben, auf das sich moralische Aussagen beziehen.

Also gibt es objektive$_2$ moralische Tatsachen.

Also gibt es objektive$_1$ Werte.[5]

Für den moralischen Realismus ist kennzeichnend, dass aus der Antizipation von Unbeliebigkeit die Realität oder Objektivität moralischer Geltungsansprüche, aus dieser wiederum der Kognitivismus, also die Auffassung, dass moralische Äußerungen wahr/falsch sind, folgen. Selbstverständlich wird bei keinem der hier zur Debatte stehenden philosophischen Autoren ein solcher Fehlschluss manifest vertreten. Er lauert vielmehr im semantischen Subtext. Den meisten Menschen wird man in der Tat plausibel machen können, dass das soziale Leben unerträglich wird, wenn alle Akteure davon ausgehen, dass moralische Standards beliebig sind. Insoweit ist die Verwendung von objektiv$_5$ unproblematisch; dagegen ist der Übergang auf objektiv$_4$ bzw. objektiv$_3$ nur um den Preis weiterer starker sprachphilosophischer Investitionen erreichbar – ohne diese würde der Fehlschluss eintreten. Deswegen sind diese starken sprachphilosophischen Investitionen besonders zu prüfen.

Dabei sind vor allem zwei Fragen aufzuwerfen: (i) Es ist zu fragen, ob Unbeliebigkeit und Überwillkürlichkeit nicht mit schwächeren ontologischen Unterstellungen zu erreichen sind, wie dies in der Tat durch manche Varianten des

---

4 Vgl. die fallacia falsi medii (Aristoteles: Topica et Sophistici Elenchi).
5 Die letzte Zeile ist für den moralischen Realismus nicht zwingend, aber mit Blick auf die Verwendung des Wertbegriffs bei einigen Autoren durchaus bedeutsam (vgl. beispielsweise Halbig 2007, bes. 208–210).

„Konstruktivismus" bzw. Anti-Realismus unterstellt wird. Diese Frage wird von den Vertretern des moralischen Realismus durchaus erörtert, allerdings bei Unterstellung der eigenen Prämissen durchweg zugunsten des moralischen Realismus beantwortet; insoweit ist ein Zirkelverdacht zu erheben. Seltener wird die Frage erörtert, (ii) ob man die Unbeliebigkeit und Über-Willkürlichkeit moralischer Geltungsansprüche mit einem „starken" Objektivitätsbegriff überhaupt erreicht bzw. durch die starken ontologischen Unterstellungen nicht ein Umschlag in die Gegenposition veranlaßt wird. Zur Illustration mag der Hinweis auf die Geschichte der Wertethik dienen, die zeigt, dass zur vermeintlichen Sicherung des moralischen Realismus herangezogene überzogene *ontological committments* leicht in einen Subjektivismus umschlagen. Die inflationäre Verwendung der Rede von Werten in einer „subjektivistischen" Bedeutung jedenfalls in der öffentlichen Moraldebatte in Deutschland hängt eng mit dem wertethischen „Objektivismus" zusammen. Dadurch, dass für die moralischen Tatsachen bei Scheler und Hartmann ein eigenes Rezeptionsorgan, das „Wertfühlen", unterstellt wurde, verschoben sich moralische Fragen in solche individuell-subjektiver Einstellungen, für die wiederum ein kultureller „Wertwandel" kennzeichnend sein soll, sodass schließlich die Ethik als Reflexion auf das Ethos durch eine soziologische Theorie der „Gesetze des Wertwandels" ersetzt wurde.[6]

Die hier entwickelte Kritik läuft allerdings nicht darauf hinaus, eine der heute weithin unter dem Begriff des Non-Kognitivismus zusammengefassten Positionen wie beispielsweise einen radikalen Skeptizismus oder reinen Emotivismus wieder zum Leben zu erwecken. Die soziale Verbindlichkeit normativer (moralischer, juristischer) Regeln ist ein wesentliches Konstituens des sozialen Lebens. Die philosophisch interessante Frage ist, wie man dieses Phänomen angemessen rekonstruiert; nur bezüglich dieser Frage bestehen in diesem Beitrag Bedenken. So weist der moralische Realismus zu Recht darauf hin, dass die moralische Urteilsbildung missverstanden wäre, würde man sie als bloße Expression der individuellen Binnensphäre („Internalismus") betrachten. Das zwingt aber nicht dazu, moralische Äußerungen als konstative Redehandlungen zu klassifizieren. Die Gegenüberstellung von interner und externer Geltung und die dazu parallelisierte von subjektiven und objektiven „Überzeugungen" erzeugt sprachphilosophische Suggestionen, die zu einem inadäquaten „Konstativismus" moralischer Urteile führen. Der Weg führt von der Feststellung der Unbeliebigkeit moralischer Überzeugungen (damit ihrer „Objektivität") zur Wahrheit/Falschheit entsprechender Äußerungen (Kognitivismus), von dort zur Präsupposition „moralischer

---

6 Vgl. z. B. Inglehart (1998); Klages (2008).

Tatsachen" (Realismus) und somit zurück zum Behauptungscharakter der Äußerungen über moralische Tatsachen („Konstativismus").

Die hier geübte Kritik hält es vor allem für fehlerhaft, dass in der Folge eines solchen moralischen Realismus moralische Regelverstöße als *kognitive Irrtümer* und nicht als *operative Fehler* interpretiert werden müssen. Falsche Handlungen sind jedoch nicht bloß Irrtümer (oder Effekte von Irrtümern). Es liegt beim moralischen Realismus somit eine Form des Verfehlens des „Praktischen" vor, wie sie den moralischen Realismus von Platon bis zur Wertethik kennzeichnet, und die Aristoteles schon zu Recht bei Platon kritisiert hat.

2 Performative Ambiguitäten

Moralische (wie auch außermoralische) normative Geltungsansprüche werden im Deutschen (wie auch in vielen anderen Kultursprachen) häufig in der Form assertorischer Sätze geäußert, wie beispielsweise:

„Die Würde des Menschen ist unantastbar."

„Die Abschaffung der Sklaverei war richtig."

Sätze dieser oberflächengrammatischen Form erzeugen den Anschein, als seien sie in der performativen Rekonstruktion als Behauptungen zu klassifizieren. Tatsächlich können jedoch Behauptungen nicht nur in assertorischen Satzformen, sondern auch in imperativen, sogar in interrogativen Satzformen („Habe ich es dir nicht gesagt ...?") geäußert werden. Umgekehrt können Aufforderungen nicht nur in imperativen, sondern auch, wie die Beispiele zeigen, in assertorischen, aber auch in interrogativen Satzformen geäußert werden. Diese Mehr-Mehrdeutigkeiten natürlicher Sprachen sind hinreichender Grund, zwischen den oberflächengrammatischen Satzformen und den tiefengrammatischen Äußerungsstrukturen zu unterscheiden. Sieht man Äußerungen grundsätzlich als aus einem performativen und einem propositionalen Modus zusammengesetzt an,[7] dann ist bei oberflächengrammatischen sprachlichen Gebilden grundsätzlich von einer performativen Ambiguität auszugehen.

Beispielsweise kann der Satz: „Ich werde um 22:00 Uhr zu Hause sein." im Sinne einer konstativen oder kommissiven Redehandlung rekonstruiert werden. Die pragmatischen Unterschiede sind erheblich.

---

[7] Die hier vorausgesetzten sprachphilosophischen Grundlagen sind im Detail dargestellt bei Siegwart (1997); einen Überblick geben Gethmann/Siegwart (1991).

Auf den tadelnden Vorwurf hin: „Du wolltest doch um 22:00 Uhr zu Hause sein." könnte der Adressat im konstativen Fall antworten: „Tut mir leid – Voraussagen sind eben irrtumsanfällig." Im kommissiven Fall könnte er zerknirscht eingestehen: „Morgen mache ich das wirklich."

Die initiale Äußerung wäre somit im ersten Fall eine Voraussage, im zweiten Fall ein Versprechen. Ohne subtile Untersuchung dürfte unbestreitbar sein, dass hinsichtlich Voraussagen und Versprechen bemerkenswerte unterschiedliche Gelingensbedingungen bestehen. Grundsätzlich ist somit gemeinsprachlichen Sätzen ohne Kontext ihr performativer Status nicht (immer sicher) „anzusehen".

Die hier interessierende performative Ambiguität betrifft die Unterscheidung zwischen dem Behaupten und dem Auffordern. Von einem (semantischen oder epistemischen) *Konstativismus* soll in diesem Zusammenhang gesprochen werden, wenn die Position vertreten wird, dass ausschließlich konstative Redehandlungen (wie Behaupten, Feststellen, Voraussagen ...) für die Errichtung oder Festigung semantischer Netzwerke (semantischer Konstativismus[8]) oder die Einlösung von Geltungsansprüchen (epistemischer Konstativismus) geeignet sind. Will man daher (i) die intersubjektive Verallgemeinerbarkeit („Objektivität") moralischer Geltungsansprüche verteidigen und ist man (ii) zusätzlich der Überzeugung, dass Geltungsansprüche nur durch konstative Redehandlungen erhoben und auf dieser Grundlage eingelöst werden können, gelangt man zwangsläufig zu dem Ergebnis, dass moralische Geltungsansprüche durch konstative Redehandlungen erhoben werden (müssen). Entsprechend müssen dann Diskurse um moralische Geltungsansprüche als Begründungsdiskurse rekonstruiert werden.

Während die Annahme (i) hier nicht bestritten werden soll, ist die Annahme (ii) mit Blick auf das Problem der performativen Ambiguitäten als durchaus problematisch zu betrachten. Dabei wird von den Vertretern des moralischen Realismus als ein starkes Argument für den epistemischen Konstativismus der Umstand herangezogen, dass moralische Geltungsansprüche ohne Weiteres mithilfe des Beurteilungsprädikators wahr/falsch qualifiziert werden. So schreibt Ernst:

> [...] dass es in moralischen Fragen tatsächlich etwas zu erkennen gibt. Wir sind anscheinend der Ansicht, dass es so etwas wie richtige (oder falsche) Entscheidungen und dem ent-

---

8 Dieser wird mit Nachdruck von Brandom (1994) vertreten, vor allem unter Hinweis darauf, dass informelle Schlüsse (inferences, illationes) nur mit Behauptungen zustande kommen; diese Unterstellung ist allerdings mit dem Hinweis auf imperativlogische Systeme zu widerlegen (vgl. Gethmann 2008).

sprechend so etwas wie richtige (oder falsche) Bewertung einer Handlungsoption gibt.[9] (Ernst 2008, 29)

Auf die Zirkularität zwischen der Behauptung, dass moralische Geltungsansprüche im konstativen Modus geäußert werden und dass moralische Geltungsansprüche als wahr/falsch qualifiziert werden, wurde einleitend schon hingewiesen. Es besteht also ein enger begrifflicher Zusammenhang zwischen dem moralischen Realismus und dem skizzierten sprachtheoretischen (epistemischen bzw. semantischen) Konstativismus.

> Wenn jemand beispielsweise sagt, die Abschaffung der Sklaverei sei falsch gewesen, dann sprechen wir davon, dass er eine **Behauptung** aufgestellt hat, der man **widersprechen** kann und der wir widersprechen werden. (Ernst 2008, 29; fette Hervorhebungen CFG)

Ernst meint somit, dass die Möglichkeit des Widersprechens ein eindeutiges Indiz dafür ist, dass man es mit einer Behauptung zu tun hat. Erkennt man demgegenüber an, dass auch nicht-konstative Redehandlungen, beispielsweise regulative, Geltungsansprüche erheben können, auf die man mit Widerspruch reagieren kann, dann ist dieser Schluss ausgesprochen voreilig. Die sprachliche Handlung des Widersprechens als reaktive Redehandlung ist allerdings keineswegs eindeutiges Kennzeichen dafür, dass die initiale Redehandlung eine Behauptung ist, wie sich an einfachen Beispielen leicht illustrieren lässt:

(i) „Ich behaupte, dass seine Rede farblos war." – „Nein, sie war doch sehr lebhaft."

(ii) „Lauf noch ein paar Runden!" – „Nein, ich bin erschöpft."

(iii) „Ich taufe dich im Namen des Vaters ..." – „Halt, wir sind doch Muslime."

(iv) „Ich verspreche dir, meine Schulden zu bezahlen." – „Das akzeptiere ich nicht, du hältst ja deine Versprechen sowieso nicht."

Im Falle (i) bezieht sich die Widerrede in der Tat auf eine Behauptung, im Falle (ii) auf eine Aufforderung, im Falle (iii) auf die (institutionell gebundene) Redehandlung des Taufens, im Falle (iv) auf eine kommissive Redehandlung – man braucht wenig Phantasie, um die Liste beliebig zu verlängern.

---

9 Auf die hier von Ernst unterstellte Synonymität von „richtig/falsch" und „wahr/falsch", die von einer gemeinsprachlichen Ambiguität des Beurteilungsprädikators „falsch" Gebrauch macht, ist noch einzugehen.

Das Ambiguitätsproblem bei der Rekonstruktion entsprechender Beispiele wird noch dadurch verschärft, dass die Ausdrücke, auf die die deontischen Operatoren hinweisen, wie „p ist verboten/erlaubt/geboten", eine deskriptive und eine präskriptive Lesart zulassen. Dazu vergleiche man folgende Beispiele:

(i) Sprecher zu reiselustigem Freund:
„In Frankreich gilt ebenfalls das Rechtsfahrgebot."
„Danke für die Information."

(ii) Polizist an Autofahrer:
„Halt! – In Frankreich gilt das Rechtsfahrgebot."
„Danke für die Information."
„Nun werden sie mal nicht frech."

Somit ist festzuhalten, dass anhand oberflächengrammatischer Indizien und kontextfern nicht zu ermitteln ist, ob Gebots-/Verbots-/Erlaubnissätze deskriptiv oder präskriptiv zu interpretieren sind.[10]

Die Vertreter des moralischen Realismus sehen ein sehr starkes Argument für ihre Position in dem Umstand, dass moralische Einsichten *Überzeugungen* ausbilden.[11] Dabei machen sie Verwendung von der von manchen analytischen Philosophen herangezogenen Explikation des Begriffs des Wissens, der gemäß der Begriff der Überzeugung als ein Definiens für Wissen fungiert.[12] Gegen diese Definitionsstrategie lassen sich manche Einwände formulieren, vor allem derjenige, dass eine verbreitete Explikation von *Überzeugung* diese als mentale Einstellung versteht, sodass man sich fragen muss, welcher Explikationsfortschritt erreicht wird, wenn man „Wissen" durch „Überzeugt-Sein" expliziert. Hinzu kommt, dass ein Definiens immer eine notwendige, aber nicht zwingend notwendige *und* hinreichende Bedingung für das Definiendum darstellt. Wenn Überzeugt-Sein ein Definiens für Wissen ist, heißt das somit nicht, dass Überzeugungen nur epistemische Überzeugungen sein können. Folglich läßt sich von einem Überzeugt-Sein nicht darauf schließen, dass es ein Überzeugt-Sein von etwas Kognitivem sein muss, und somit auch nicht, dass Überzeugungen eindeutig Gegenstände der Wahr/falsch-Beurteilung sind. Vielmehr kann es durchaus regulative Überzeugungen geben, die dann im Interesse einer Desambiguisierung

---

10 Zu den damit gegebenen verwickelten Problemen der Semantik deontischer Operatoren vergleiche Kamp (2001).
11 Besonders pronounciert Nida-Rümelin (2002, 19 ff.).
12 W (x,p) gdw Ü(x,p) ∧ p. – Vgl. Kutschera (1976, 87); Lenzen (1980, 52 ff.); zur Kritik aus redehandlungstheoretischer Perspektive vgl. Stelzner (1984, 67 ff.).

anders als wahr/falsch, beispielsweise als richtig/unrichtig, beurteilt werden können. So könnte beispielsweise jemand fehlerfrei äußern:

„Ich bin überzeugt, dass ich helfen sollte."
Ein Gesprächspartner könnte diesbezüglich sagen:
„Lass es sein, das schaffst du nicht."
(Das heißt, deine Überzeugung ist in diesem Falle „un-richtig".)

Zusammenfassend ist festzuhalten, dass die Auffassung, dass ausschließlich konstative Redehandlungen (paradigmatisch: Behauptungen) sprachliche Grundfunktionen in die Welt bringen, bestätigen oder zurückweisen, nicht zu halten ist. Es gilt einmal für den *semantischen* Konstativismus. Durch inferentielle Beziehungen zwischen Behauptungen werden zwar in der Tat meistens implizit, manchmal auch explizit Bedeutungen etabliert oder dementiert und semantische Netzwerke geknüpft oder aufgelöst. Dies gilt aber in gleicher Weise auch für andere Redehandlungstypen wie beispielsweise Aufforderungen. Durch die Behauptung „Der Fensterrahmen ist frisch gestrichen." wird das semantische Netzwerk bezüglich der Verwendung von „frisch" genauso bestätigt oder verändert wie durch die Aufforderung „Du solltest einmal deine Fensterrahmen frisch streichen!".

Entsprechend gilt für den *epistemischen* Konstativismus, gemäß dem nur in Diskursen um initiale konstative Redehandlungen (paradigmatisch: Behauptungen) Geltungsansprüche erhoben und gegebenenfalls eingelöst werden, ebenfalls der Vorwurf der einseitigen Diät (vgl. Wittgenstein 1963, § 593). So wie man sich diskursiv mit der Behauptung „Das Welthungerproblem ist ein Verteilungsproblem." auseinandersetzen kann, kann man das auch mit der Aufforderung „Du solltest nicht mehr als einmal in der Woche Fleisch essen!".

Sowohl der semantische als auch der epistemische Konstativismus werden der sprachlichen Praxis nicht gerecht. Entsprechende Desambiguisierungen erfolgen durch Explikation der Gelingensbedingungen der im performativen Satzteil ausgedrückten Handlungsprädikatoren. Dagegen liefert der propositionale Satzteil als solcher keinen Aufschluss. Ein Versprechen und eine Voraussage weisen unter Umständen die gleiche futurische Aussage (Proposition) auf. Nur ein Versprechen wird jedoch durch die Gelingensbedingung charakterisiert, dass der Autor der Handlung die Verpflichtung übernimmt, sich zu gegebener Zeit an die Realisierung der versprochenen Handlung zu machen. Entsprechend werden dadurch für den Adressaten des Versprechens symmetrische Berechtigungen fundiert. Dagegen übernimmt der Autor einer Voraussage andere Verpflichtungen, z. B. die Einhaltung bestimmter Sorgfaltskriterien, bezüglich derer er im Zweifelsfall Rechenschaft abzulegen hat.

Ganz parallel lässt sich zeigen, dass moralische Geltungsansprüche nicht durch konstative Redehandlungen erhoben respektive eingelöst werden, sondern durch regulative. Wer gegen eine moralische Regel verstößt, verwickelt sich nämlich nicht, wie im konstativen Fall, in einen Irrtum, sondern begeht einen moralisch vorhaltbaren Regelbruch. Der konstativistische Ansatz lässt dagegen eine formalpragmatisch fundierte Unterscheidung zwischen *Irrtum und Lüge* nicht zu. Sowohl der sich irrende Sprecher wie auch der lügende Sprecher äußern ja „etwas Falsches". Irrtum und Lüge haben zwar gemeinsam, dass ihre jeweilige Aussage (Proposition) falsch ist. Unter Normalbedingungen reagiert man aber in den beiden Fällen als Gesprächspartner äußerst unterschiedlich. Während man einen Irrtum richtigstellt („Nein, Lyon ist nicht die Hauptstadt von Frankreich." – eine konstative Redehandlung), tadelt man eine Lüge („Sei doch bitte wahrhaftig!" – eine regulative Redehandlung). Auch ein Irrtum könnte tadelnswert sein (wenn man zum Beispiel den Eindruck hat, er sei unter Vernachlässigung von Sorgfaltspflichten zustande gekommen – aber dies wäre wiederum eine regulative, nicht eine konstative Redehandlung). Auf der anderen Seite wird man sich wohl niemals darauf beschränken, bei einer manifesten Lüge lediglich den Wahrheitswert zu korrigieren, als sei es ein bloßer Irrtum.

3 Begründungs- und Rechtfertigungsdiskurse

Mit (pragmatischem) Konstativismus ist die von den Vertretern des moralischen Realismus undiskutierte Unterstellung gemeint, dass die Auszeichnung einer Aussage als „wahr" eindeutiges Resultat eines Diskurses ist, dessen initiale Redehandlung eine Behauptung oder ein verwandter konstativer Performator (wie Vermuten oder Voraussagen) ist. Terminologisch sollen diese als Begründungsdiskurse ausgezeichnet werden. Mit dieser Position ist ferner eine Exklusivitätsunterstellung mitgesetzt, nach der einzig solche Diskurse es sind, in denen Geltungsansprüche erhoben und eingelöst werden, sodass die Auszeichnung einer Aussage als „wahr", „richtig" oder so ähnlich eindeutiges Kennzeichen dafür ist, dass sie Resultat eines mit einer Behauptung beginnenden Diskurses sein muß. Diese Exklusivitätsbehauptung wird hier infrage gestellt, indem deutlich gemacht wird, dass auch Diskurse, deren initiale diskursive Redehandlungen Aufforderungen oder verwandte regulative Performatoren (wie Empfehlen oder Befehlen) sind, eine durchaus rationale Struktur haben (können). Terminologisch sollen diese als Rechtfertigungsdiskurse ausgezeichnet werden. Ohne Anspruch auf Vollständigkeit (man denke etwa an expressive Fundierungsansprüche) sollen in der folgenden Aufstellung Begründungsdiskurse und Rechtfertigungsdiskurse hinsichtlich ihrer wichtigsten formalpragmatischen Merkmale nebeneinandergestellt werden.[13]

Klasse von Redehandlungen	konstativ	regulativ
Äußerung	deskriptiv	präskriptiv
atomare Äußerung	Behauptung	Aufforderung
molekulare (z. B.)		Zweifel (regulativer) Zustimmung Bestreitung
Sequenz von Redehandlungen (geregelt)	konstativer Diskurs	regulativer Diskurs
im Falle des fortdauernden Zweifels (Misslingen)	Dissens	Konflikt
im Falle der Zustimmung (Gelingen)	(konstativer) Konsens	(regulativer) Konsens
Status der Anfangsäußerung im Falle des situationsvarianten Gelingens	(relativ-) begründet	(relativ-) gerechtfertigt
... im Falle des situations*in*varianten Gelingens	(absolut-) begründet : = wahr	(absolut-) gerechtfertigt : = richtig
Argumentation := Redehandlungssequenzschema, das immer wieder von ... Prämissen zu ... Konklusionen führen soll (vorgeblich, vermeintlich)	wahren	richtigen
	triftig (spanning)	
(tatsächlich), d. h. bei Erfüllung von Gültigkeitskriterien	gültig (spanning)	
Unverträglichkeiten	propositional: Widerspruch präsuppositionell: Ungereimtheit (spanning)	
Argumentationsverweigerer	Skeptiker	Fanatiker

Mit Blick auf diese Pluralität wird vorgeschlagen, Begründungen (substantiations), Rechtfertigungen (justifications) und gegebenenfalls weitere als spezifische Varianten von „Fundierungen" (foundations) aufzufassen. Bezüglich der Diskussion mit dem moralischen Realismus kann somit die Kritik dahingehend präzisiert werden, *dass der moralische Realismus zwar zu Recht unterstellt, dass*

---

[13] Die Tabelle wurde schon mitgeteilt in Gethmann (2008); dort auch weitere Details zur Struktur von Rechtfertigungsdiskursen. – Zur Pluralität von Diskursen vergleiche auch Schnädelbach (1977); Habermas (1999).

(wenigstens manche) moralische Äußerungen für Fundierungsdiskurse zugänglich und in diesen auch fundierbar sind, dass er aber zu Unrecht unterstellt, dass Begründungsdiskurse die einzigen Diskursformen zur Einlösung von Geltungsansprüchen sind.

An dieser Stelle kann nicht im Detail diskutiert werden, ob nicht wenigstens für wissenschaftliche Aussagen der Objektbezug der Wissenschaft eine hinreichende Basis für die Begründung entsprechender konstativer Äußerungen darstellt. Der Objektbezug einer Wissenschaft im Sinne der Beziehung auf ein Objekt, sichert für sich genommen *nie* allein die Aussagen der Wissenschaft *über ihre* Objekte im Modus der intersubjektiven Verallgemeinerbarkeit. Ein gewisser Schein in diese Richtung entsteht allenfalls, wenn die Wissenschaft über *singuläre* Gegenstände spricht, so bei geografischen Angaben („der höchste Berg der Anden"), Funden der Archäologie („die Realia der mykenischen Kultur") oder astronomischen Gegenständen („der neunte Mond des Jupiter"). Tatsächlich referieren wissenschaftliche Behauptungen jedoch nicht schlicht auf singuläre Objekte, sondern sie zielen auf Verallgemeinerbarkeit beanspruchende *Zuschreibungen* von Attributen *zu* diesen Objekten. Hier gilt, dass die Rede von Objekten entweder einfach keinen Sinn ergibt, bloß metaphorisch ist, oder einen unnötigen Universalienplatonismus erzwingt (falls man von der „Objektivität" oder „Realität" der Referenzobjekte dieser Attribute sprechen will). Man betrachte unter diesem Gesichtspunkt die Beispielsätze:

„Graphene eignen sich als Halbleiter."
„Der neunte Mond des Jupiter existiert nicht."
„Die Anden sind ein erdgeschichtlich junges Gebirge."
„Die allgemeine Fermat'sche Vermutung wurde jetzt erst bewiesen."
„Das Bruttosozialprodukt Deutschlands wird in diesem Jahr sinken."
„Die Realia der mykenischen Kultur können Schriftzeugnisse nicht ersetzen."

In allen diesen Fällen wird die verallgemeinerbare Geltung von Behauptungen nicht durch „Objekte" (und seien es besondere wie mathematische), sondern durch Erfüllung der Kriterien der Begründbarkeit der Behauptungen *über* Objekte gesichert. Was für die „Objekte" wissenschaftlicher Aussagen gilt, dürfte für die „Objekte" moralischer Aussagen und deren Rechtfertigbarkeit ebenso gelten.

4 Beurteilungsprädikatoren

Beurteilungsprädikatoren[14] sind solche Prädikatoren, durch die sprachliche Äußerungen (und nicht die Referenzobjekte sprachlicher Äußerungen) beurteilt werden. Benutzer von Gemeinsprachen und Wissenschaftssprachen verwenden eine große Zahl solcher Beurteilungsprädikatoren. Auch wenn man im Einzelfall über die Angemessenheit des Gebrauchs diskutieren kann, so dürfte doch unbezweifelbar sein, dass „wahr/unwahr" keineswegs der einzige Beurteilungsprädikator ist, auch nicht innerhalb der Wissenschaftssprachen. Dazu betrachte man die folgende Liste (ohne Anspruch auf Vollständigkeit):

> wahr/falsch: (Aussage, Behauptung?)
> richtig/unrichtig: (Handlung, Aufforderung zur Handlung)
> korrekt/inkorrekt: (Regel, Regelbefolgung)
> fruchtbar/unfruchtbar: (z. B. Theorie)
> angemessen/unangemessen: (z. B. Gesetz)
> gültig/ungültig: (z. B. Theorem, rituelle Handlung)
> erfüllt/nicht erfüllt: (z. B. Regel; Interpretationsfunktion)
> entscheidbar/unentscheidbar (z. B. Theorem in S)
> begründbar/unbegründbar (Behauptung)
> rechtfertigbar/nicht rechtfertigbar (Aufforderung, Befehl)

Grundsätzlich hängt das gelingende Zusprechen oder Absprechen solcher Prädikatoren davon ab, ob bestimmte, die Rolle von Kriterien einnehmende Regeln eingehalten werden oder nicht. Dabei sollten folgende meta-sprachliche Verwendungsregeln beachtet werden:

Regel 1:
Vermeide Konfusionen!
Konfusionen liegen vor, wenn bei den paarweise auftretenden Beurteilungsprädikatoren „schiefe" Verwendungen vorkommen. Beispielsweise sollte man ein

---

[14] Der Ausdruck *Beurteilungsprädikat* im Unterschied zu *Urteilsprädikat* ist wohl zuerst von Windelband im Anschluss an die scholastische Unterscheidung von Proposition und Affirmation verwendet worden (Windelband 1884, 30 ff.). Im Anschluss an Windelband nahm Eisler das Stichwort *Beurteilung* in das *Handwörterbuch der Philosophie* auf (Eisler 1901, 96). Ebenfalls im Anschluss an Windelband wurde die Unterscheidung von Heidegger in seinen frühen Freiburger Vorlesungen im Kriegsnotsemester 1919 verwendet (Heidegger 1987, 151–159). Im Anschluss an Windelband und Heidegger dürfte auch die Verwendung bei Kamlah/Lorenzen (1973,121 ff.) erfolgt sein. In der Sprachphilosophie des 20. Jahrhunderts wird der Ausdruck an vielen Stellen verwendet. Vgl. beispielsweise Runggaldier (1985, 51 ff.); Janich (1996, 97 ff.).

Theorem in S als entscheidbar oder unentscheidbar, aber nicht als entscheidbar oder unfruchtbar qualifizieren. Für den hier behandelten Kontext ist folgende Instantiierung dieser Regel einschlägig: Eine sprachliche Entität ε ist wahr/falsch **oder** richtig/unrichtig. Eine regelwidrige Konfusion entsteht dagegen durch „ε ist wahr **oder** unrichtig". Vertreter des moralischen Realismus erlauben sich diesbezüglich eine folgenreiche Konfusion:

> Wenn jemand beispielsweise sagt, die Abschaffung der Sklaverei sei **falsch** gewesen, dann sprechen wir davon, dass er eine Behauptung aufgestellt hat, der man **widersprechen** kann und der wir widersprechen werden. Wir sagen, er habe **unrecht**; was er sagt würden wir als ‚**falsch**' bezeichnen. (Ernst 2008, 40; fette Hervorhebungen CFG)

Die Konfusion führt (vor dem Hintergrund der hier vorgeführten Rekonstruktionsvorschläge) zu einem Fehlschluss vom Typ der Erschleichung. Die Erschleichung besteht genauer darin, dass eine abzulehnende Aufforderung als „unrichtig" qualifiziert wird, um dann die „richtige" Aufforderung als „wahr" zu qualifizieren, um diese dann als Behauptung einzustufen – mit dem Argument, es seien nun mal die Behauptungen, von denen man sage, sie seien wahr/falsch. Als Beleg dafür, wie mit Beurteilungsprädikatoren „gespielt" wird, mögen folgende Zitate dienen:

> Eine moralische Aussage ist **wahr**, wenn sie eine moralische Wahrheit zum Ausdruck bringt, oder, wie man auch sagen könnte, wenn sie die moralischen Tatsachen **korrekt** wiedergibt. (Ernst 2008, 40; fette Hervorhebungen CFG)

> Wenn es für eine Person in einer bestimmten Situation alles in allem **richtig** ist, eine Handlung auszuführen, dann **soll** sie diese Handlung ausführen. (Ernst 2008, 41; fette Hervorhebungen CFG)

Die Erschleichung besteht also genauer darin, dass zunächst die Zuordnung von Behauptung zu Wahrheit plausibel scheint, die von Richtigkeit zu Handlung ebenfalls. Anders gesagt: Von der Behauptung zum Sollen gelangt man, indem unter der Hand wahr = richtig gesetzt wird.

Regel 2:
Vermeide Perfusionen!
Ein Beurteilungsprädikator sollte sich im Interesse der Vermeidung von Ambiguitäten auf die gesamte Redehandlung **oder aber** ihre Aussagen (ihren propositionalen Gehalt) beziehen. Die sprachphilosophische Voraussetzung für das Verständnis dieser Regel ist die Standardform einer vollständig expliziten Redehandlung, wonach ein Satz S aus einem performativen Redeteil (Performation) und einer Aussage (Proposition) besteht (sog. Doppelstruktur der Redehandlung).

Regel 2 schreibt nun vor, Beurteilungsprädikatoren wie wahr/falsch entweder auf ganze Redehandlungen (d. h. auf die jeweilige Performation) oder aber ihren propositionalen Teil zu beziehen (und nicht mal so und mal so). Am Beispiel der Behauptungshandlung: Entweder sind Behauptungen wahr/falsch oder aber Aussagen, aber nicht beides durcheinander.[15] Perfusionen sind vor allem deshalb zu vermeiden, weil es in vielen Fällen einen logischen Zusammenhang zwischen der Beurteilung von Aussagen und der Beurteilung der jeweiligen performativen Handlung gibt, in die sie eingebettet sind. Beispielsweise wird man eine Behauptung nur dann als *korrekt* (vollzogen) qualifizieren, wenn die Aussage *wahr* ist. Konvers wird man eine Aufforderung nur dann als *korrekt* (vollzogen) qualifizieren, wenn die Aussage *falsch* ist.[16]

Im Interesse der Vermeidung von Perfusionen ist also zu klären, ob „wahr/falsch" von Behauptungen oder von Aussagen (Propositionen) innerhalb von Behauptungen reduziert wird. Ernst beispielsweise verwendet die Beurteilungsprädikatoren „wahr/falsch" bezüglich ganzer Behauptungen, sodass die Verlegenheit entsteht zu bestimmen, welche Beurteilungsprädikatoren man dann für die propositionalen Gehalte von Behauptungen verwenden soll. Es ist Ausfluss dieser Verlegenheit, dass dafür dann in einem gewissen Durcheinander vom Typ der Perfusion „richtig/unrichtig" und „korrekt/inkorrekt" verwendet werden.

Mit Bezug auf das von Nida-Rümelin und Ernst herangezogene Beispiel der Abschaffung der Sklaverei ergibt sich das folgende Korrolar.

Moralische Grundsätze werden zwar im Deutschen bevorzugt in Form von Deklarativsätzen ausgedrückt. Deklarative Sätze können jedoch, wie dargestellt, als Behauptungen, aber auch als Aufforderungen oder andere performative Redehandlungen rekonstruiert werden. Man betrachte abschließend folgende Beispiele:

(i) „Die Abschaffung der Sklaverei war falsch." – „Keineswegs, denn der gefürchtete wirtschaftliche Zusammenbruch im Süden der USA ist gar nicht eingetreten."

---

15 Hier wird ohne weitere Belege unterstellt, dass sich Beurteilungsindikatoren primär auf Ausdrücke der sentenialen Ebene beziehen, während sub-sentenziale Ausdrücke als Teile und super-sentenziale Ausdrücke als Zusammensetzungen von sentenzialen Ausdrücken interpretiert werden. Diese Position fällt mit dem zusammen, was Dummett als semantischen Molekularismus (gegen den semantischen Atomismus einerseits und den semantischen Holismus andererseits) bezeichnet (vgl. Dummett 1974).
16 Die Aufforderung „Schließ das Fenster!" ist unter sprachlichen Normalbedingungen *nicht* korrekt vollzogen, wenn das Fenster für alle Umstehenden erkennbar geschlossen ist, die Aussage „Das Fenster ist geschlossen." also wahr ist.

(Der zweite Sprecher interpretiert die Äußerung des ersten Sprechers als Behauptung. Explizit:
„Die Abschaffung der Sklaverei war falsch, denn sie hat die Südstaaten der USA in wirtschaftliches Elend gestürzt."
Der zweite Sprecher stellt die durch den Gegensatz herangezogene Begründung infrage und präsupponiert damit, dass die erste Äußerung eine *Behauptung* war.)

(ii) „Die Abschaffung der Sklaverei war falsch, sie sollte umgehend wieder eingeführt werden." – „Dem widerspreche ich, denn das widerspricht meiner moralischen Intuition von der Gleichheit aller Menschen."

(Der zweite Sprecher interpretiert die erste Äußerung als *Aufforderung*.)

(iii) „Die Abschaffung der Sklaverei war falsch." – „Dem widerspreche ich, denn der Umstand, dass die Menschen verschieden sind, rechtfertigt nicht, dass wir ihnen unterschiedliche moralische Berechtigungen zuerkennen."

(Der zweite Sprecher interpretiert die erste Äußerung als präskriptive Redehandlung in dem Sinne, dass der erste Sprecher die deskriptive Verschiedenheit von menschlichen Individuen als Grund dafür heranzieht, dass er die Sklaverei für moralisch erlaubt hält. Er interpretiert also den ersten Satz wie: „Die Sklaverei ist moralisch erlaubt, denn die Menschen sind nun mal verschieden.")

Die Äußerung „Die Abschaffung der Sklaverei war ‚richtig'." ist also nicht zu beanstanden, während „... wahr" doch sicher unpassend wäre. Dagegen wäre die Äußerung „Der Satz, die Sklaverei wurde abgeschafft ist ‚wahr'" wiederum nicht zu beanstanden, aber sie ist sicher kein moralischer Grundsatz. Konvers müsste man sagen: „Die Abschaffung der Sklaverei war ‚unrichtig'." („...‚falsch'" wäre an dieser Stelle ein Verstoß gegen die Perfusionsregel).

Eine naheliegende Paraphrase für „Die Abschaffung der Sklaverei war ‚richtig [unrichtig]'." wäre somit: „Setze dich für [gegen] die Wiedereinführung der Sklaverei ein!"

Oder mehr explizit: „Ich fordere (dich, mich, alle Sozialdemokraten, alle Menschen) auf, sich für [gegen] die Wiedereinführung der Sklaverei einzusetzen."

Das Beispiel zeigt, *dass „moralische Grundsätze" in den meisten Kontexten angemessen als Aufforderungen zu rekonstruieren sind.* Wendungen wie „Die Sklaverei war falsch." müssen dabei nicht irritieren, wenn man rekonstruktiv den Gebrauch der Beurteilungsprädikatoren einer gewissen analytischen Strenge gemäß den beiden angeführten Regeln unterwirft.

Bibliographie

Aristoteles: Topica et Sophistici Elenchi. Hrsg. von William David Ross. Oxford 1958: Oxford University Press (Oxford Classical Texts).
Brandom, Robert (1994): Making It Explicit. Reasoning, Representing and Discursive Commitment. Cambridge (Mass.): Harvard University Press.
DeLapp, Kevin (2013): Moral Realism. London u. a.: Bloomsbury.
Dummett, Michael (1974): What is a theory of meaning (I). In: Ders.: The Seas of Language. Oxford: Oxford University Press, 1993, 1–33.
Eisler, Rudolf (1901): Handwörterbuch der Philosophie. Berlin: Ernst Siegfried Mittler und Sohn.
Ernst, Gerhard (2008): Die Objektivität der Moral. Paderborn: Mentis.
Føllesdal, Dagfinn (1996): Analytic Philosophy: What Is It and Why Should One Engage in It? In: Ratio 9 (3), 193–208.
Gethmann, Carl Friedrich/Siegwart, Geo (1991): Sprache. In: Ekkehard Martens/Herbert Schnädelbach (Hrsg.): Philosophie. Ein Grundkurs, Bd. 2. Reinbek bei Hamburg: Rowohlt, 549–605.
Gethmann, Carl Friedrich (2008): Warum sollen wir überhaupt etwas und nicht vielmehr nichts? Zum Problem einer lebensweltlichen Fundierung von Normativität. In: Peter Janich (Hrsg.): Naturalismus und Menschenbild. Hamburg: Meiner, 138–156 (Deutsches Jahrbuch Philosophie, Band 1).
Gethmann, Carl Friedrich (2008): Imperativlogik. In: Jürgen Mittelstraß (Hrsg.): Enzyklopädie Philosophie und Wissenschaftstheorie, Bd. 3. Stuttgart: Metzler, 557–561.
Habermas, Jürgen (1999): Wahrheit und Rechtfertigung. Philosophische Aufsätze. Frankfurt am Main: Suhrkamp.
Halbig, Christoph (2007): Praktische Gründe und die Realität der Moral. Frankfurt am Main: Klostermann.
Heidegger, Martin (1987): Zur Bestimmung der Philosophie. Bernd Heimbüchel (Hrsg.): Frankfurt am Main: Klostermann (Gesamtausgabe 56/57).
Inglehart, Ronald (1998): Modernisierung und Postmodernisierung. Frankfurt am Main: Campus.
Janich, Peter (1996): Was ist Wahrheit? Eine philosophische Einführung. München: C.H. Beck.
Kamlah, Wilhelm/Lorenzen, Paul (1973): Logische Propädeutik, 2. Auflage. Mannheim: Metzler.
Kamp, Georg (2001): Logik und Deontik. Über die sprachlichen Instrumente praktischer Vernunft. Paderborn: Mentis.
Klages, Helmut (2001): Werte und Wertewandel. In: Bernhard Schäfers/ Wolfgang Zapf (Hrsg.): Handwörterbuch zur Gesellschaft Deutschlands, 2. Auflage. Opladen: Leske + Budrich, 726–738.
Kutschera, Franz von (1976): Einführung in die intensionale Semantik. Berlin: de Gruyter.
Lenzen, Wolfgang (1980): Glauben, Wissen und Wahrscheinlichkeit. Wien u. a.: Springer.
Radtke, Burkhard (2009): Wahrheit in der Moral: Ein Plädoyer für einen moderaten Moralischen Realismus. Paderborn: Mentis.
Nida-Rümelin, Julian (2002): Ethische Essays. Frankfurt am Main: Suhrkamp.
Runggaldier, Edmund (1985): Zeichen und Bezeichnetes. Grundlagen der Kommunikation und Kognition. Berlin: de Gruyter.

Sayre-McCord, Geoffrey (Hrsg.) (1988): Essays on Moral Realism. Ithaca: Cornell University Press.
Schnädelbach, Herbert (1977): Reflexion und Diskurs. Fragen einer Logik der Philosophie. Frankfurt am Main: Suhrkamp.
Shafer-Landau, Russ (2003): Moral Realism. A Defense. Oxford: Oxford University Press.
Siegwart, Geo (1997): Vorfragen zur Wahrheit. Ein Traktat über kognitive Sprache. München: Oldenbourg Wissenschaftsverlag.
Stelzner, Werner (1984): Epistemische Logik. Zur logischen Analyse von Akzeptationsformen. Berlin: Akademie Verlag.
Windelband, Wilhelm (1884): Was ist Philosophie. In: Präludien. Aufsätze und Reden zur Philosophie und ihrer Geschichte, Bd. 1. Freiburg im Br.: Mohr, 1–53.
Wittgenstein, Ludwig (1963): Philosophische Untersuchungen. In: Schriften. Frankfurt am Main: Suhrkamp, 279–544.

Tatjana Tarkian
Die Ethik – eine autonome Disziplin?

Die Frage nach dem Verhältnis zwischen den Wissenschaften und der Ethik ist in der Philosophie des 20. Jahrhunderts oft thematisiert worden. Darüber hinaus ist sie vereinzelt auch Gegenstand von Beiträgen jenseits der Grenzen des Fachs. Für die besondere Prominenz des Themas in der Philosophie hat das hohe Interesse an Grundlagenfragen der Ethik gesorgt. In ihrem Zentrum steht die Frage nach der Objektivität der Moral. Gemeint ist damit die Frage nach dem Status moralischer Sätze und Äußerungen, Argumente und Tatsachen. Sind moralische Sätze wahrheitsfähig? Kann es in moralischen Belangen Fortschritt und Wissen geben? Wie lassen sich moralische Urteile begründen, und inwiefern sind moralische Tatsachen – falls es solche gibt – objektiver Art? Es liegt auf der Hand, dass solche Statusfragen einen Vergleich zwischen Wissenschaften und Ethik nahelegen. Damit ist freilich nicht gesagt, dass sich die Ethik an irgendeiner plausiblen Konzeption der wissenschaftlichen Objektivität messen lassen müsste, um ihren Status als respektable Domäne zu behaupten.

Geht es um eine komparative Betrachtung, so finden sich einerseits Sichtweisen, die eher die Gemeinsamkeiten und Kontinuität, und andererseits solche, die deutliche Unterschiede zwischen Wissenschaften und Ethik in den Vordergrund rücken. Anhänger einer „Diskontinuitätssicht"[1], was den Vergleich zwischen Wissenschaften und Ethik betrifft, sprechen oft von der Ethik als einer „autonomen" Disziplin.[2] Sie können dabei meist mit schneller Zustimmung rechnen. Diese droht allerdings, wie ich finde, den Umstand zu verdecken, dass es verschiedene Thesen gibt, die mit der Rede von der Autonomie der Ethik gemeint sein können. Die geläufigste Lesart der Autonomiethese ist die These von der logischen Autonomie moralischer Sätze (vgl. dazu Abschnitt 4). Von ihr möchte ich in diesem Beitrag die These von der semantischen Autonomie des moralischen Vokabulars (Abschnitt 5) und die These von der epistemischen Autonomie der Ethik unterscheiden (Abschnitt 6). Weiter lässt sich die Rede von Autonomie auch im Sinne einer disziplinären Eigenständigkeit des normativen Begründungsdiskurses verstehen (Abschnitte 3 und 7).

Ziel des Beitrags ist es, die Beziehung zwischen den Wissenschaften und der Ethik im Licht der Frage zu untersuchen, ob und in welcher Hinsicht die Ethik eine

---

[1] Die Unterscheidung zwischen einer „Diskontinuitätssicht" und einer „Kontinuitätssicht" findet sich schon bei Darwall/Gibbard/Railton (1992).
[2] Vgl. etwa Broad (1946, 103) im Fahrwasser von Moore oder (titelgebend) Nagel (1978) sowie daran anschließend FitzPatrick (2012).

autonome Disziplin ist. Diese Frage wird von Nonnaturalisten und Naturalisten in der Ethik unterschiedlich beantwortet. Ich möchte hier für eine moderate naturalistische Position argumentieren, welche enge Beziehungen und eine Kontinuität zwischen Wissenschaften und Ethik betont, ohne offenkundige Unterschiede auszublenden. Naturalisten können die logische und semantische Autonomie der Ethik anerkennen. Die epistemologische Lesart der Autonomiethese allerdings steht im Zentrum des nonnaturalistischen moralischen Realismus, und sie stellt aus meiner Sicht den eigentlichen Kristallisationspunkt der Kontroverse zwischen Nonnaturalisten und Freunden des Naturalismus dar, wenn es um die Autonomie der Ethik geht (Abschnitt 6). Um verständlich zu machen, warum die These von der epistemischen Autonomie der Ethik aus naturalistischer Sicht inakzeptabel ist, ist es notwendig, zunächst allgemeine Bemerkungen zum Naturalismus in der Philosophie vorauszuschicken (Abschnitt 1). Anschließend soll der methodologische Naturalismus in der Ethik, der meiner Sicht zugrunde liegt, in Grundzügen charakterisiert werden (Abschnitt 2).

1 Naturalismus in der Philosophie

Die Sichtweise philosophischer Naturalisten hat in der letzten Zeit immer mehr Anhänger gefunden. Daniel Dennett fasste sie vor dreißig Jahren in wenigen programmatischen Worten zusammen:

> [S]ince we human beings are a part of nature – supremely complicated but unprivileged portions of the biosphere – philosophical accounts of our minds, our knowledge, our language must in the end be continuous with, and harmonious with, the natural sciences. (Dennett 1984, ix)

Verschiedene Naturalisten legen ihre Position unterschiedlich und auch auf miteinander unverträgliche Weise dar. Der Grund ist nicht schwer zu sehen: Der Naturalismus ist eine sehr breite Strömung. Manche meinen, wohl mit Recht, er sei in der englischsprachigen Philosophie mittlerweile zur Standardposition geworden (vgl. Kim 2003, 84; Papineau 2009). Es gibt zwar eine Reihe von Dissidenten, aber auch viele unterschiedliche Sichtweisen innerhalb des Lagers. Diese finden ihren Ausdruck nicht nur in unterschiedlichen Akzentsetzungen, sondern vor allem in Positionen unterschiedlicher Radikalität. Sehr grob gefasst, eint Naturalisten die Überzeugung, dass alles, was es gibt, natürlicher Art ist und dass wissenschaftliche Methoden den angemessenen Weg darstellen, um alle Aspekte der Wirklichkeit zu untersuchen. Die naturalistische Sicht hat mithin eine metaphysische und eine methodologische Komponente. Oft steht die Deutung und

Verteidigung der metaphysischen Doktrin im Zentrum des Interesses.³ Doch ebenfalls häufig – und, wie ich finde, richtig – wird die methodologische Doktrin als Kern des Naturalismus aufgefasst. Zentrales Kennzeichen des methodologischen Naturalismus ist die Zurückweisung des Projekts einer philosophischen Grundlagentheorie apriorischer Art (vgl. z. B. Quine 1981, 67; Quine 1995). Aus der Sicht seiner Anhänger zeichnet sich die Philosophie nicht durch eine besondere Methode aus, die sie von anderen Disziplinen deutlich abgrenzen würde. Entsprechend sei eine Orientierung an den empirischen Wissenschaften angeraten. So meint Brian Leiter:

> Naturalism in philosophy is always *first* a *methodological* view to the effect that philosophical theorizing should be continuous with empirical enquiry in the sciences. (Leiter 1998, 81)

Sicherlich gilt es, die Kontinuitätsthese weiter zu spezifizieren, die von Quine, Dennett, Leiter und vielen anderen ins Zentrum gerückt wird. Offen ist zunächst, welche Wissenschaften die maßgebliche Orientierung abgeben sollen. Sind es die Naturwissenschaften, namentlich die Physik, Biologie und Kognitionswissenschaft, wie es Dennett meint, oder sollten es die Naturwissenschaften unter Einschluss der angewandten Mathematik und der experimentellen Psychologie und zusätzlich die Geschichte und die empirischen Sozialwissenschaften sein (vgl. Quine 1995, 252)? Für Philip Kitcher stellt sogar „die Gesamtheit des von der ganzen Bandbreite der wissenschaftlichen Unternehmungen erzeugten wohlbegründeten Wissens" (Kitcher 2011a, 3) den maßgeblichen Bezugspunkt dar, wobei er dabei die Kunstgeschichte ausdrücklich einschließt. Durch welche Methoden zeichnen sich die empirischen Disziplinen aus? Wie restriktiv kann eine vernünftige Konzeption empirischer Wissensgebiete sein? Diese Fragen bieten natürlich den Anlass für viele Kontroversen im Detail. Je nach der Antwort und den Anforderungen, die an respektable empirische Disziplinen gestellt werden, unterscheiden sich restriktive und eher moderate Naturalisten. Wie die Antwort auch immer ausfällt, die Kontinuitätsthese bringt es mit sich, dass sich die Gegenstände der Philosophie aus der Sicht methodologischer Naturalisten von denen der empirischen Felder weniger durch ihre Natur als vielmehr durch einen höheren Grad an Allgemeinheit und Abstraktion unterscheiden.⁴

---

3 Vgl. dazu Kim (2003) und Papineau (2009).
4 Vgl. Railton (1989, 155 f.); Papineau (2009, Abschnitt 2.1).

Die methodologische Facette des Naturalismus betont auch Paul Thagard:

> Much philosophical research today is naturalistic, treating philosophical investigations as continuous with empirical work in fields such as psychology. From a naturalistic perspective, philosophy of mind is closely allied with theoretical and experimental work in cognitive science. Metaphysical conclusions about the nature of mind are to be reached, not by a priori speculation, but by informed reflection on scientific developments in fields such as psychology, neuroscience, and computer science. Similarly, epistemology is not a stand-alone conceptual exercise, but depends on and benefits from scientific findings concerning mental structures and learning procedures. Ethics can benefit by using greater understanding of the psychology of moral thinking to bear on ethical questions such as the nature of deliberations concerning right and wrong. (Thagard 2014, Abschnitt 5.1)

Es deutet sich hier an, dass sich die Kontinuitätsthese in einer wichtigen Hinsicht differenzieren lässt. Man kann sie im Sinne einer von methodologischen Naturalisten angestrebten Kontinuität philosophischer Theorien mit wissenschaftlichen *Ergebnissen* oder im Sinne einer Kontinuität in den *Methoden* philosophischer und wissenschaftlicher Arbeit verstehen. Entsprechend schlägt Leiter vor, zwischen „Ergebnis-" und „Methodenkontinuität" zu unterscheiden (vgl. Leiter 1998, 82 f.; 2014 und 2002, 3–5). Diese Unterscheidung ist sehr nützlich. Für beide Spielarten des methodologischen Naturalismus lassen sich in der aktuellen Diskussion und in der Philosophiegeschichte viele Beispiele finden. Was die Methodenkontinuität betrifft, reichen diese von Bacon über Hume und Nietzsche bis zu zeitgenössischen Anhängern der experimentellen Philosophie. Natürlich schließen Ergebnis- und Methodenkontinuität einander als Leitmotive nicht aus. Oft aber steht ein Kontinuitätsverständnis im Vordergrund, und heutzutage ist es vielleicht das der Ergebniskontinuität.

In letzter Zeit bekennen sich zahlreiche Autoren zum methodologischen Naturalismus in der Ethik.[5] Er und nicht die naturalistische Metaphysik soll im Folgenden im Vordergrund stehen.

2 Methodologischer Naturalismus in der Ethik

Seine jüngeren Wurzeln hat der Naturalismus in der amerikanischen Philosophie um die Jahrhundertmitte, mit Vertretern wie Roy Wood Sellars, John Dewey und Ernest Nagel, die der Suche nach Fundamenten in substanzieller apriorischer

---

[5] Entsprechend wird der Naturalismus in der Ethik vereinzelt nicht mehr vorrangig als metaphysische Doktrin dargestellt. Vgl. z. B. Harman (2012).

Erkenntnis eine deutliche Absage erteilten.⁶ Ein weiterer Bezugspunkt für manche, wenn auch sicherlich nicht alle methodologischen Naturalisten ist Quines Angriff auf die Unterscheidung zwischen analytischen und synthetischen Sätzen in *Two Dogmas of Empiricism*, welcher aus ihrer Sicht der Philosophie den Rückzug auf eine von den empirischen Feldern klar abgrenzbare Domäne der begrifflichen Analyse verwehrt (vgl. Quine 1951). Einigkeit besteht darin, dass sowohl die Ergebnisse als auch die Methoden reifer wissenschaftlicher Ansätze für erkenntnistheoretische wie auch für metaphysische Fragen eine Orientierungsfunktion haben (vgl. Rosenberg 2000, 9). Kritiker sprechen hier oft mit einem pejorativen Unterton von „Szientismus". Allerdings lässt sich der Begriff auch affirmativ wenden: Ob und inwiefern eine Orientierung der Philosophie an empirischen Disziplinen kritikwürdig ist, ist eigens zu zeigen. Quines Projekt einer naturalisierten Erkenntnistheorie, die Vision von einer Assimilation der Erkenntnistheorie durch die empirische Psychologie (vgl. Quine 1969; 1981/1999, 72), ist nicht an erster Stelle zu nennen, wenn es um gemeinsame Referenzpunkte von Naturalisten geht.⁷ Die umstrittene These von der Ersetzung erkenntnistheoretischer durch psychologische Fragen stellt vielmehr eine Radikalisierung dar. Unter Naturalisten in der Ethik kann diese Radikalisierung aktuell mit Sicherheit allerhöchstens eine deutliche Ausnahme darstellen, wie im weiteren Verlauf noch klar werden wird (vgl. Abschnitt 3).⁸

Die naturalistische Perspektive ist als solche umfassender Art. Entsprechend hat sie längst in der Sprachphilosophie, Erkenntnistheorie, Wissenschaftsphilosophie, Philosophie des Geistes und Ethik festen Fuß gefasst. Doch ist wohl bei näherer Betrachtung nicht ausgemacht, dass Naturalisten verpflichtet wären, ihre methodische Orientierung hinsichtlich aller Gegenstandsbereiche gleichermaßen oder in gleicher Weise für einschlägig zu halten. Vielleicht spricht nichts dagegen, begrenzte (vgl. Railton 1995, 86) oder mit Blick auf verschiedene Gegenstände spezifisch modifizierte Naturalisierungsprojekte zu verteidigen (vgl. Williams 2002, 22–27). Manche seiner Gegner neigen dazu, den Naturalismus als eine Art Dogma darzustellen. Es ist weitaus angemessener, ihn als ein Forschungsprogramm zu verstehen.

In der Ethik steht das naturalistische Integrationsprojekt unter dem Ziel, den zur Moral gehörenden Phänomenen einen Platz im Natürlichen zuzuweisen. Als

---

6 Vgl. dazu Rosenberg (2000), Kim (2003) und Papineau (2009).
7 Vgl. in diesem Sinne auch Kitcher (1992), Leiter (1998), Rosenberg (2000, 7), Kim (2003, 85) und Doris/Stich (2005, 115).
8 Prinz (2007, 3) bezieht sich in seinem Plädoyer für eine naturalistische Ethik auf Quines naturalisierte Erkenntnistheorie. Allerdings macht er sich, soweit ich sehe, diese radikale Form des Naturalismus letztlich nicht zu eigen.

das Natürliche kann das gelten, was durch empirische Wissenschaften beschrieben werden könnte. Es gilt also, in einer philosophischen Grundlagentheorie Antworten auf Fragen nach der Bedeutung, dem Ursprung, der Funktion, der Epistemologie und der Metaphysik des moralischen Diskurses und nach der Natur moralischen Handelns und moralischer Gefühle zu finden (vgl. Railton 1995, 82). Ganz im Sinne der Kontinuitätsthese sollen die Elemente der Grundlagentheorie bruchlos anschließen an Ergebnisse der besten Ansätze aus den relevanten angrenzenden empirischen Feldern: der Biologie und Anthropologie, der Geschichte, den Kognitions- und Sozialwissenschaften. Das betrifft also entsprechende Überlegungen aus der Sprachphilosophie, der philosophischen Psychologie, der Metaphysik und Epistemologie. Es handelt sich hier lediglich um eine Kohärenzforderung. Peter Railton spricht in diesem Zusammenhang von einer neuen Art des *Kompatibilismus:*

> [T]he moral compatibilist believes that moral life does not require human exemption from the laws of nature – if we act rightly or wrongly, for the good or the bad, we do so *within* the natural world we inhabit as empirical beings. If we are to be compatibilists, then any account of the domain of moral thought and practice must be compatible with what we know of the domain of human psychology, biology, and circumstance upon which it supervenes. (Railton 2004, 271)

Aus naturalistischer Sicht ist es angezeigt, dass sich die Ethik von Disziplinen informieren lässt, die sich mit zur Moral gehörenden Phänomenen in empirischer Absicht befassen. Mehr noch: Die Ethik sollte mit den besten Ergebnissen der empirischen Felder – der Biologie und Anthropologie, der Kognitions- und Sozialwissenschaften – in enger Verbindung stehen (vgl. Railton 1989, 157; 1995, 84; 2004, 270). John Doris und Stephen Stich sprechen daher alternativ auch von *empirisch informierter Ethik.* Unter „Naturalismus" verstehen sie „the view that *ethical theorizing should be an (in part) a posteriori inquiry richly informed by relevant empirical considerations"* (Doris/Stich 2005, 115). Es ist also die Ergebniskontinuität, die hier angestrebt wird. Was die Methoden der Ethik und ihren „zum Teil" aposteriorischen Charakter betrifft, so wird hier dem Umstand Rechnung getragen, dass durchaus nicht alle methodologischen Naturalisten auf begriffliche Analysen verzichten möchten.

Es ist nun klar, dass der methodologische Naturalismus wenig mit der semantischen Definition des ethischen Naturalismus zu tun hat, die wir aus dem ersten Kapitel der *Principia Ethica* kennen (vgl. Moore 1903; Broad 1946, 102; vgl. Abschnitt 5) und die insbesondere in deutschsprachigen Beiträgen noch sehr lange als prägend für den ethischen Naturalismus als solchen betrachtet wurde.[9] Methodologische Naturalisten sind nicht auf die Verteidigung eines naturalistischen moralischen Realismus festgelegt, der im Fokus der Kritik Moores stand. Simon Blackburn, Allan Gibbard, Gilbert Harman und Philip Kitcher sind methodologische Naturalisten und ethische Antirealisten. Peter Railton hingegen ist moralischer Realist. Wir dürfen die Kontroverse zwischen Realisten und Antirealisten in der Ethik weitgehend vernachlässigen, wenn es um die Frage nach der Autonomie der Ethik geht.

3 Thomas Nagel: Autonomie als disziplinäre Eigenständigkeit

Vor vierzig Jahren, 1975, erschien Edward O. Wilsons *Sociobiology* – ein Werk, in dessen letztem Kapitel das menschliche Sozialverhalten zum Erklärungsziel eines auf reproduktive Fitness abstellenden Ansatzes gemacht wird. Auch wenn positive Züge einer evolutionären Ethik hier kaum mehr als schemenhaft erkennbar blieben, zeigte sich Wilson zum Angriff auf die disziplinäre Eigenständigkeit der Ethik mehr als nur bereit:

> Scientists and humanists should consider together the possibility that the time has come for ethics to be removed temporarily from the hands of the philosophers and biologicized. (Wilson 1975, 562)

Wodurch war dieser Vorschlag motiviert? Philosophen begingen, so Wilson, allzu oft den Fehler, das Vermögen zum moralischen Urteilen und typische moralische Emotionen, aber auch den spezifischen Gehalt moralischer Urteile oder Normen als Gegebenheiten zu interpretieren, die nicht weiter der Erklärung bedürftig sind. Es sei allerdings erforderlich und sehr aufschlussreich, sie als Ergebnis der natürlichen Selektion und somit als biologische Anpassungsleistungen zu verstehen (vgl. Wilson 1975, Kapitel 1 und 563 f.). Die verschiedenen von Wilson in Verbindung mit dem soziobiologischen Programm erhobenen Ansprüche sind seither von fähigen Kritikern überzeugend kommentiert worden (vgl. zunächst Kitcher 1985, 1993). Es würde vom Ziel dieses Beitrags wegführen, sie hier auch nur kurz zu erläutern und überzogene Ambitionen zurückzuweisen.

Thomas Nagel war einer der ersten, die auf Wilsons Expansionsbestrebungen auf das Gebiet der Ethik kritisch reagierten. Eine Deutung der Rede von der Au-

---

9 Vgl. etwa Birnbacher (2003, 361 f.) über den „metaethischen" Naturalismus.

tonomie der Ethik geht auf seinen Vortrag *Ethics as an Autonomous Theoretical Subject* zurück, den er 1977 in Berlin auf einer Tagung mit dem Titel *Morality as a Biological Phenomenon* gehalten hatte.[10] In seinem Beitrag verteidigt Nagel die philosophische Domäne der Ethik gegen Territorialansprüche der Biologie. Die Ethik sei ein eigenständiges „theoretisches Fachgebiet" (Nagel 1979, 143) mit „internen Standards der Begründung und Kritik" (Nagel 1979, 142), die nicht durch die Methoden anderer Gebiete wie der Biologie, Psychologie und Soziologie ersetzt werden können. Die Fortschritte des Fachs würden durch die Anwendung, Kritik und Weiterentwicklung eben der disziplinspezifischen Standards erzielt (vgl. Nagel 1979, 145). Im Kontext von Wilsons Aufruf, die Ethik zu biologisieren, sind diese Hinweise leicht nachvollziehbar.

Die Überlegungen, die Nagel im Zusammenhang mit der Autonomie der Ethik vorbringt, bergen allerdings mehrheitlich kein besonderes Potenzial für Kontroversen und werden auch von Naturalisten nicht bestritten. Die Ethik stellt in der genannten Hinsicht auch keine Ausnahme dar – worauf Nagel selbst hinweist. Genauso wenig, wie sich die Entwicklung der Ethik als Gegenstand für adaptationistische Erklärungen anbietet, bietet sich der Fortschritt in der Physik für solche an (vgl. Nagel 1979, 145). Dasselbe gilt natürlich für die Biologie selbst. Die normative Ethik ist, wie er schreibt, das Ergebnis der

> menschlichen Fähigkeit, angeborene oder konditionierte präreflexive Motivations- und Verhaltensmuster der Kritik und Revision zu unterziehen und neue Verhaltensweisen hervorzubringen. Diese Fähigkeit hat vermutlich eine biologische Grundlage, und sei es nur als Nebenfolge anderer Entwicklungen. Aber die Geschichte der Ausübung dieser Fähigkeit und ihre unablässige Anwendung in der Kritik und Revision ihrer eigenen Ergebnisse ist kein Teil der Biologie. Vielleicht kann uns die Biologie etwas über die perzeptuellen und motivationalen Ausgangspunkte sagen, aber gegenwärtig hat sie wenig Bedeutung für den Denkprozess, mit welchem man diese Ausgangspunkte hinter sich lässt. (Nagel 1979, 146)

Sollte das alles sein, was mit der „Autonomie" der Ethik gemeint ist, so würden methodologische Naturalisten diese nicht bestreiten. Es wird nicht suggeriert, dass die Ethik in einer empirischen Disziplin *aufgehen* sollte. Niemand geht so weit zu behaupten, die normative Reflexion lasse sich durch die Ergründung empirischer Sachverhalte irgendeiner Art *ersetzen*, also zugunsten empirischer Gebiete eliminieren.[11] Vielleicht ist vierzig Jahre nach der Veröffentlichung von Wilsons

---

10 In gekürzter Form erschien der Beitrag aus dem Tagungsband (Nagel 1978) ein Jahr später unter dem Titel *Ethics without Biology* in *Mortal Questions* (Nagel 1979). Von der „Autonomie" der Ethik ist in dem kurzen Beitrag nicht mehr die Rede.
11 Nicht einmal Freunde der evolutionären Ethik wie Michael Ruse (1991) oder Scott James (2011) verteidigen die Ersetzungsthese.

Sociobiology der Enthusiasmus geschwunden, mit dem manche das Potenzial adaptationistischer Programme gefeiert haben. Eher käme nun die Kognitionswissenschaft als erste Kandidatin für eine Substitution normativer Fragen in Betracht. Doch es ist auch niemand bekannt, der angeregt hätte, moralische Fragen durch die Untersuchung kognitionswissenschaftlicher Fragen zu beantworten: Die Übertragung der Quine'schen Vision einer naturalisierten Erkenntnistheorie auf die Ethik, die „Abtretung der moralischen Bürde an die Psychologie"[12], steht nicht im Raum. Auch William FitzPatrick, der Nagels Rede von der Autonomie der moralischen Reflexion kürzlich aufgegriffen hat und selbst eine nonnaturalistische Position vertritt, weiß keinen zu benennen, der die Autonomie der normativen Reflexion in diesem Sinne bestreiten wollte (vgl. FitzPatrick 2012, Abschnitt 2.4). Methodologische Naturalisten sind nicht darauf festgelegt, auf die Elimination des Normativen zu zielen. Das Ziel prominenter Autoren in der gegenwärtigen Debatte ist eine aus naturalistischer Sicht unverdächtige Theorie des Normativen.

Angenommen, man möchte Abstand nehmen von der Empfehlung, normative durch empirische, beispielsweise psychologische Fragen zu ersetzen. Die Frage lautet: Sollte man die Ethik dann als *autonome* Disziplin ansehen? Das hängt davon ab, was genau unter der disziplinären Eigenständigkeit der Ethik zu verstehen ist. Nagel führt das in *Ethics as an Autonomous Theoretical Subject* nicht aus; die titelgebende Autonomie wird im Vortrag nicht genau bestimmt. Der Alternativtitel *Ethik ohne Biologie* legt es freilich nahe, dass die Ethik aus seiner Sicht auf biologische Erklärungen gut verzichten kann. Vor jeder weiteren Überlegung lässt sich aber wohl annehmen, dass sich die Möglichkeiten nicht in der Elimination und der disziplinären Autonomie des Normativen in einem starken Sinne erschöpfen (vgl. Abschnitt 7).

4 Logische Autonomie der Ethik

Gewöhnlich ist mit der Rede von der Autonomie der Ethik die logische Kluft zwischen Sein und Sollen gemeint (vgl. z. B. Fried 1978; Schmidt 2011). Aus einer Menge beliebiger nichtnormativer Sätze lassen sich keine moralischen Sollenssätze ableiten, wie Hume festgestellt hat (vgl. Hume 1739/40, III. i.1). Allgemeiner gefasst: Moralische Konklusionen können nicht aus nichtmoralischen Prämissen, normative Konklusionen nicht aus nichtnormativen Prämissen logisch abgeleitet

---

12 Hiermit ist natürlich auf die bekannte Phrase Quines (1969, 75) angespielt (in der deutschen Übersetzung: 2003, 91). Vgl. so auch Doris/Stich (2005, 115).

werden. Diese im Anschluss an Hare zuweilen als „Hume'sches Gesetz" bezeichnete Einsicht besagt, dass moralische Sätze in logischer Hinsicht autonom sind.

Die logische Autonomie der Ethik ist der Sache nach unumstritten. Auf sie wurde vielfach hingewiesen; sie ist eine notwendige Bedingung für die von Nagel beschriebene Eigenständigkeit der moralischen Reflexion. Dabei soll nicht verschwiegen werden, dass es nicht einfach ist, eine präzise Formulierung anzubieten, die nicht anfällig für Gegenbeispiele ist, auf die sich mit etwas Scharfsinn kommen lässt (vgl. z. B. Prior 1960 und dazu Kurtzman 1970 und Jackson 1974 sowie Kitcher 2011a, 254 f.). Wie die logische Autonomie am besten zu formulieren ist, ist eine interessante Frage, die aber lediglich von logischem Interesse ist. Dass die verschiedenen Einwände gegen übliche Formulierungen substanzielle moralische Erträge erhoffen ließen, haben nicht einmal diejenigen behauptet, die sie vorgetragen haben. Selbst wenn sich zeigen ließe, dass in bestimmten Einzelfällen korrekte Schlüsse von nichtmoralischen Prämissen auf moralische Konklusionen möglich sind, steht doch außer Frage, dass sich moralische Begründung und Reflexion grundsätzlich nicht durch ein Räsonieren über die Implikationen außermoralischer Sachverhalte ersetzen lässt.

Man darf daher daran festhalten, dass moralische Sätze in logischer Hinsicht autonom sind. Allerdings handelt es sich hierbei um keine Besonderheit der moralischen Domäne, sondern um eine ziemlich triviale Sache. Denn die logische Autonomie der Ethik ist nichts als ein Ausdruck des konservativen, d. h. nicht den Gehalt erweiternden Charakters logischer Schlüsse (vgl. Pigden 1989; 1991).

5 Semantische Autonomie des moralischen Vokabulars

Man kann die Ethik mit guten Gründen in einer weiteren Hinsicht als autonom bezeichnen. Moore hat argumentiert, dass moralische Prädikate – von fundamentaler Bedeutung war für ihn das Prädikat „gut" – keinen reduktiven Analysen zugänglich sind: Es lassen sich für sie keine nichtmoralischen Synonyme finden. Bedeuten moralische Ausdrücke nicht dasselbe wie irgendwelche nichtmoralischen Ausdrücke, so lässt sich von der semantischen Autonomie des moralischen Vokabulars sprechen (vgl. Moore 1903, Kapitel 1).

Mit seinem Frühwerk ist Moore zum Paten der Metaethik des 20. Jahrhunderts geworden. Seine Bedeutung wird nicht durch das Urteil angetastet, dass manche seiner semantischen Annahmen als überholt gelten dürfen. Das Argument der offenen Frage – die zentrale Überlegung, die Moore zugunsten der semantischen

Autonomie geltend machte – findet schon seit einiger Zeit kaum noch Zustimmung (vgl. Smith 1994, 35–39; Tarkian 2009, Kapitel 3; DeLapp 2013, 31–37). Entsprechend lässt sich auch seine Behauptung kritisch sehen, die Identifikation moralischer Eigenschaften mit natürlichen Eigenschaften beruhe auf einem „naturalistischen Irrtum". Nach Moores Darstellung ist die Ablehnung der semantischen Autonomie kennzeichnend für den ethischen Naturalismus. Den Naturalismus als eine reduktive semantische Doktrin zu verstehen, hat sich über Jahrzehnte als mehr oder weniger autoritativ erwiesen. Anlehnend an Moore schrieb C. D. Broad:

> Are moral predicates, such as *right*, *ought* and *good*, unique and peculiar; or can they be completely analysed and defined in terms of non-moral predicates? Theories which answer this question in the affirmative are called *naturalistic*; those which answer it in the negative are called *non-naturalistic*. (Broad 1946, 102)

Die Verengung der naturalistischen Position auf eine definitorische These erklärt sich durch den historischen Kontext der analytischen Tradition. Mittlerweile darf dieses Verständnis als überholt gelten. In sachlicher Hinsicht ist entscheidend, dass Moore annahm, zwei Ausdrücke könnten dann und nur dann dieselbe Extension haben, wenn sie dieselbe Intension haben. Das ist aber aus heutiger Sicht nicht der Fall. Falls sich diese Einsicht für das moralische Vokabular fruchtbar machen ließe, erzwingt die semantische Autonomie moralischer Ausdrücke auch unter realistischen Prämissen keineswegs eine Hinwendung zum Nonnaturalismus, so wie Moore es suggerierte. Die semantische Autonomie ist nach heutiger Auffassung mit einer naturalistischen und realistischen Grundlagentheorie vereinbar (vgl. in diesem Sinne auch Pigden 1991, 425). Naturalistische moralische Realisten wie Nicholas Sturgeon, Richard Boyd und David Brink haben entsprechende Konzeptionen vorgelegt. Ob der Naturalismus der „Cornell-Realisten" insgesamt überzeugen kann, will ich hier offen lassen.[13] Die Plausibilität metaethischer Konzeptionen lässt sich nur in der Gesamtschau im Vergleich zu konkurrierenden Konzeptionen beurteilen.

Ungeachtet der Schwächen in Moores Argumentation zugunsten der semantischen Autonomie liegt mir nichts daran zu bestreiten, dass moralische und nichtmoralische Ausdrücke nicht dieselbe Intension haben. Das moralische Vokabular darf in semantischer Hinsicht als autonom gelten. Der moralische Diskurs bedeutet nicht dasselbe wie etwas, was sich mit dem Vokabular anderer Diskursbereiche aussagen ließe, wie etwa dem der Psychologie oder Sozialwissenschaften.

---

[13] Ich habe an anderer Stelle für eine konstruktivistische Position argumentiert (vgl. Tarkian 2009).

6 Epistemische Autonomie der Ethik

Mit Bezug auf nonnaturalistische Konzeptionen wurde auch die Rede von einer ontologischen Autonomie der Ethik ins Spiel gebracht (vgl. Pigden 1989, 127; 1991, 425). Doch angesichts dessen, dass bereits Moore, Ross und Broad auf die Supervenienz moralischer Eigenschaften hingewiesen haben,[14] ist es aus meiner Sicht eher irreführend, Nonnaturalisten die Behauptung einer ontologischen *Autonomie* moralischer Eigenschaften zu unterstellen.[15] Viel wichtiger ist, dass Nonnaturalisten die Ethik in *epistemischer* Hinsicht für autonom halten. Es ist besonders die intuitionistische Epistemologie, die nonnaturalistische Positionen auszeichnet und bei Naturalisten Anstoß erregt.

Folgt man der Sicht von Intuitionisten, so gibt es moralische Überzeugungen, die *unmittelbar evident* sind. Unser Wissen um die Wahrheit dieser Überzeugungen sei intuitiver Art. Nun sind sich weder historische noch zeitgenössische Autoren einig darüber, was die Selbstevidenz von Intuitionen genau auszeichnet und welche Art von moralischen Überzeugungen diesen Status erlangen kann. Robert Audi hat einen kompakten Überblick zur Position der prominenten fünf britischen Intuitionisten des frühen 20. Jahrhunderts vorgelegt. Er widmet dabei der Sicht von W. D. Ross, an die er in *The Good in the Right* systematisch anknüpft, die meiste Aufmerksamkeit. Was Ross und Moore betrifft, seien diese nicht auf das Postulat eines speziellen moralischen Sinns oder Erkenntnisvermögens festgelegt gewesen (vgl. Audi 2004, 32–33). Wie auch andere zeitgenössische Intuitionisten macht er deutlich, dass die Annahme eines solchen Vermögens verzichtbar ist und, mehr noch, der Plausibilität entbehrt. Der epistemologische Strang von Mackies Absonderlichkeitseinwand, „[i]f we were aware of [objective values], it would have to be by some special faculty of moral perception or intuition, utterly different from our ordinary ways of knowing everthing else" (Mackie 1977, 38) verfehlt damit aus seiner Sicht sein Ziel (vgl. Audi 2004, 208, FN 36). Es ist ihm ebenfalls wichtig zu betonen, dass nicht behauptet werden sollte, selbstevidente Einsichten seien niemals der Korrektur bedürftig (vgl. Audi 2004, 32–33, passim); erneut seien weder Ross noch Moore auf eine solche Sicht verpflichtet gewesen (vgl. Audi 2004, 30–31). Die Unterstellung der Annahme eines besonderen Erkenntnisvermögens und der Unfehlbarkeit moralischer Intuitionen, so suggeriert Audi, führt letztlich dazu, dass Kritiker eine äußerst wenig plausible Version, wenn nicht sogar eine Karikatur des Intuitionismus attackieren. Was den Kern der intuitionistischen

---

14 Vgl. Moore in *The Conception of Intrinsic Value* (1922), wieder abgedruckt in *Principia Ethica* (1903, 292–293); Moore (1942, 588); Ross (1930, 33, 104–105, 121–123) und Broad (1946, 103).
15 Vgl. in diesem Sinne auch Audi (2004, 149–150).

Sicht ausmacht, ist die Behauptung, dass es moralische Überzeugungen gibt, die zu glauben auf unmittelbare, d. h. nicht-inferentielle Weise gerechtfertigt ist (vgl. Audi 2004, 33, 149, passim). Darüber gibt es keinen Disput (vgl. auch DeLapp 2013, 130). Audi spricht hier von der *Nicht-Inferentialität* oder *Direktheit* von Intuitionen. Wie auch Sidgwick legt er weiter Wert auf den Hinweis, dass die Wahrheit selbstevidenter Einsichten nicht *offenkundig* sein muss; vielmehr sei ein angemessenes Verständnis ihres Gehalts und damit, je nach ihrer Komplexität, ein gewisses Maß an Reflexion eine Bedingung für die Bildung einer Intuition (vgl. Audi 2004, 34–35). Unabhängig von Differenzen im Detail über die Natur der Selbstevidenz ist klar: Gibt es moralische Einsichten, die nicht-inferentiell gerechtfertigt sind, so sind diese in epistemischer Hinsicht autonom. Mit dem epistemologischen Fundamentalismus liegt die These von der disziplinären Eigenständigkeit der Ethik auf der Hand.

Auch wenn Intuitionisten mit guten Gründen vom Postulat eines spezifisch moralischen Erkenntnisvermögens, von der Infallibilität und Offenkundigkeit von Intuitionen abrücken: Eine Selbstevidenz moralischer Wahrheiten bleibt aus naturalistischer Sicht in mehrfacher Hinsicht problematisch. Geht es um substanzielle (d. h. nicht formale) Propositionen empirischer Wissensgebiete, so ist ein direkter, d. h. unmittelbarer und dabei nicht kausaler, über die Affektion von Sinnesorganen wirkender epistemischer Zugang unbekannt. Intuitionen mit substanziellem Gehalt widerstreiten der Kontinuitätsthese und sind somit aus Sicht von Naturalisten dubios. An dieser Stelle ist natürlich an Mackies Klage zu denken, der Intuitionist könne als Antwort auf die Frage nach dem epistemischen Zugang zu objektiven Werten oder moralischen Wahrheiten nichts Überzeugendes anbieten:

> When we ask the awkward question, how we can be aware of this authoritative prescriptivity [...], none of our ordinary accounts of sensory perception or introspection or the framing and confirming of explanatory hypotheses or inference or logical construction or conceptual analysis, or any combination of these, will provide a satisfactory answer; "a special sort of intuition" is a lame answer, but it is the one to which the clearheaded objectivist is compelled to resort. (Mackie 1977, 38–39)

Mackies Absonderlichkeitseinwand zielt, recht verstanden, nicht auf die Merkwürdigkeit eines speziellen *moralischen* Erkenntnisvermögens, sondern darauf, dass der Appell an rationale Intuitionen *im Allgemeinen* aus Sicht des Empiristen inakzeptabel ist. Die Kraft des Einwands ist freilich begrenzt – schließlich steht letztlich gerade die Plausibilität der naturalistischen Perspektive zur Debatte. Folgerichtig rät Mackie dem Nonnaturalisten, seine „schwache Antwort" durch den Hinweis auf andere Gegenstände zu verstärken, die augenscheinlich ebenfalls einen intuitiven rationalen Zugang erfordern und einer naturalistischen Deutung widerstreiten: logische, mathematische und metaphysische Wahrheiten, Modalität und Kausalität. Ein rationaler Intuitionist wie Audi geht genau diesen Weg (freilich ohne hier auf Ratschläge angewiesen zu sein): Es sei unser allgemeines rationales Vermögen, das uns befähigt, logische und (reine) mathematische Wahrheiten direkt zu erfassen, genauso wie andere Wahrheiten, darunter solche moralischer Art (vgl. Audi 2004, 33). Die Debatte weitet sich damit unter anderem auf die Philosophie der Logik und Mathematik aus – auf Felder, die hier aus verschiedenen Gründen nicht betreten werden können.[16]

Wichtiger ist an dieser Stelle anderes. Aus Sicht von Intuitionisten wie Ross oder Audi ist es die individuelle Reflexion moralischer Akteure, die ihnen den direkten Zugang zu bestimmten moralischen Wahrheiten verschaffen kann. Kandidaten für solche Wahrheiten sind Prima-facie-Prinzipien (vgl. Ross 1930, 29) oder etwa die Einsicht, dass das Wohlergehen eines Individuums nicht mehr zählt als das Wohlergehen eines jeden anderen, sofern kein Grund für die Annahme vorliegt, dass wahrscheinlich in einem Fall mehr Gutes bewirkt wird als in anderen (vgl. Sidgwick 1907, 382). Mir scheint unstrittig, dass Menschen mit einem gewöhnlichen moralischen Empfinden den Eindruck haben dürften, dass die Wahrheit solcher Sätze unmittelbar einleuchtet, ja, dass sie sich bei angemessenem Verständnis förmlich aufdrängt, ohne von anderen Überlegungen abgeleitet oder gestützt zu sein, und dass solche Überzeugungen keiner weiteren Rechtfertigung bedürfen. Der Anschein der Selbstevidenz ist uns sicherlich bekannt – die fundamentalistische Epistemologie orientiert sich mithin eng an der Phänomenologie der moralischen Erfahrung. Nichtsdestotrotz ist sehr fraglich, ob solche Erfahrungen als basale Momente moralischer Erkenntnis geadelt werden sollten. Der Fundamentalismus fokussiert auf das erkennende Subjekt in Isolation von historischen Kontexten und sozialen Lernprozessen. Die individualistische Perspektive blendet aus, was nicht nur hinsichtlich moralischer Erkenntnisprozesse, aber ganz besonders hinsichtlich dieser von besonderer Bedeutung ist: den sozialen und historischen Hintergrund, vor dem sich die Wahrheitssuche des Einzelnen abspielt. Eine überzeugende Erkenntnistheorie sollte uns epistemische Prozesse verständlich machen und Orientierungen geben, wie Erkenntnisfortschritte erzielt werden können. Geht es um Fortschritte im Bereich der Moral, stellt eine rein individualistische Perspektive eine Verengung dar – immerhin werden moralische Regeln, Werte und Tugenden in langjährigen Prozessen sozial vermittelt und sind durch lokale und historische Vielfalt gekennzeichnet. Mit Blick auf das Individuum lautet die zentrale Frage, wie es ihm gelingt, die in der moralischen Erziehung und Sozialisation erworbenen moralischen Überzeugungen

---

16 Für eine interessante naturalistische Sicht auf mathematische Wahrheiten vgl. Kitcher (2011b).

auf den Prüfstand zu stellen. Moralische Vorstellungen unterliegen historischem Wandel. In sozialer Perspektive ist die entscheidende Frage, wie der Wandel gestaltet werden kann und zu gestalten ist. Es gibt, so denke ich, gute Gründe zu meinen, dass die soziale Perspektive nicht vollständig auf die individuelle Perspektive der Rechtfertigung und Überzeugungsrevision reduziert werden kann. Hier lässt sich an vergleichbare Debatten und Überlegungen aus der sozialen Erkenntnistheorie anknüpfen.

Entsprechend haben bereits zwei Naturalisten im Geist von Kuhns Untersuchung wissenschaftlicher Revolutionen einzelne interessante Episoden moralischen Fortschritts rekonstruierend in den Blick genommen. K. Anthony Appiah erzählt in seinem lesenswerten Buch *The Honor Code* eine Geschichte des Abschieds von der Duellpraxis in England im 19. Jahrhundert, der Abschaffung der tausendjährigen Tradition des Füßebindens in China innerhalb von nur ungefähr drei Jahrzehnten (zwischen 1890 und 1920) sowie der britischen Bestrebungen zur Abschaffung der Sklaverei. Angeregt wurde seine historische Betrachtung durch die naheliegende Frage, „was wir durch die Erforschung moralischer Revolutionen über die Moral lernen können" (Appiah 2011, 9). Philip Kitcher greift unter anderem amerikanische Apologien der Sklavenhaltung und die frühe Opposition des Quäkers und moralischen Reformers John Woolman, den Kampf um die Gleichstellung der Frau und die zunehmende Anerkennung homosexueller Liebesbeziehungen als gleichberechtigter Form der Lebensgestaltung auf (vgl. Kitcher 2011a, 145–164). Bezeichnend ist, dass deutliche, eloquente und überzeugende Kritik an überkommenen Haltungen und Praktiken meist früh geäußert, aber von Zeitgenossen beiseite gewischt oder belächelt wurde, immer wieder auch von Geistesgrößen, von denen dies überrascht. Es ist selten der Mangel an guten Argumenten, der Menschen an kritikwürdigen Haltungen festhalten lässt. Was halbwegs gut dokumentierte individuelle Bewusstseinsprozesse betrifft, so stellt Kitcher mit Hinweis auf die Tagebücher Woolmans (vgl. Woolman 1923) fest, dass sich hier kein Anzeichen einer konkreten Episode der moralischen Einsicht in die Verwerflichkeit der Sklaverei dingfest machen lässt, die beispielhaften Erkenntnismomenten aus der Wissenschaftsgeschichte ähnelte (vgl. Kitcher 2011a, 159, 161). Es war offenbar ein längerer gedanklicher Prozess, durch den er zu dem Ergebnis kam, dass die Sklavenhaltung nicht mit christlichen Überzeugungen in Übereinstimmung zu bringen sei. Dabei nahm die Sorge um die Tugenden und das Seelenheil der Sklavenhalter in seinen Überlegungen gegenüber dem Wohl der Versklavten offenbar einen nicht unbeträchtlichen Raum ein (vgl. Kitcher 2011a, 160). Aus meiner Sicht unterstreichen Appiahs und Kitchers Darstellungen, dass es maßgeblich soziale, technische und ökonomische Transformationen sowie sozialpsychologische und zuweilen auch politische Faktoren sind, welche den Boden für moralischen Wandel bereiten, auf dem dann nach und nach geeignete

Argumente bei entscheidenden – durch Größe oder Einfluss bedeutenden – gesellschaftlichen Gruppen ihre Überzeugungskraft entfalten können. Die Dynamik moralischen Wandels ist, so möchte ich behaupten, deutlich moralexterner Natur. Jedenfalls sind moralische Argumente wohl nur im Ausnahmefall der treibende Motor für moralischen Fortschritt.

Die Würdigung der Rolle moralexterner Faktoren in der Erklärung moralischen Wandels dürfte nun zu dem Einwand einladen, dass damit der Anspruch der Moral auf Objektivität in Gefahr gerät. Muss dann nicht die Rede von richtigen und falschen moralischen Sichtweisen aufgegeben werden, die nicht durch konkrete soziale und historische Konstellationen festgelegt werden? Mündet die sozialgeschichtliche Perspektive nicht in den Relativismus oder in moralische Skepsis? Ich denke nicht, kann aber auf diese Sorge hier nicht eingehen.[17] Es ging mir darum zu motivieren, dass der Intuitionismus neben dem fragwürdigen Prozess der rationalen Intuition auch an der individualistischen Perspektive krankt – der Ausblendung der Genese und sozialen Vermittlungspraktiken von Moral. So betrachtet, ist der epistemologische Fundamentalismus eine sehr eindimensionale, der Komplexität moralischer Erkenntnisprozesse nicht angemessen Rechnung tragende theoretische Option. Moralische Einsichten, die manchen selbstevident scheinen, sind das Sediment langer historischer und sozialer Lernprozesse. Der Anschein der Apriorizität dürfte sich aus der zentralen Position, die solche Überzeugungen in unserem Überzeugungssystem einnehmen, in Verbindung mit ihrem nicht exklusiv empirischen Gehalt ergeben. Geht es freilich um besondere Intuitionen wie die Moores, dass das Vergnügen am freundschaftlichen Umgang und Austausch und die Freude an schönen Dingen an sich gut sind und nichts anderes einen annähernd so hohen Wert hat (vgl. Moore 1903, 237), so ist der Naturalist ganz besonders geneigt, dafür eine entlarvende psychosoziale Erklärung anzubieten: Dass ein britischer Philosoph und Cambridge-Absolvent im Umfeld der Bloomsbury-Gruppe am *Fin de siècle* so denkt, ist nicht weiter erstaunlich (vgl. ähnlich Kitcher 2011a, 206). Hier an ein synthetisches Apriori zu denken, wäre verfehlt.

---

17 Ich habe anderswo eine antirealistische und nicht relativistische Konzeption moralischer Wahrheit verteidigt (vgl. Tarkian 2008).

7 Inwiefern kann von der disziplinären Autonomie der Ethik gesprochen werden?

Die Fähigkeit zum moralischen Urteilen und Handeln ist ein natürliches Vermögen des Menschen; das moralische Urteilen ist ein bedeutender Aspekt der sozialen Kognition. Entsprechend habe ich (in Abschnitt 2) signalisiert, dass die Grundlagentheorie der Moral an Ergebnisse relevanter empirischer Wissensgebiete anschließen sollte. Es ist deutlich geworden, dass hier nicht nur an die Biologie, Anthropologie und Kognitionswissenschaft, sondern auch an die Sozialwissenschaften zu denken ist.

Mithin ist zuletzt auf die Frage zurückzukommen, ob die normative Ethik – oder allgemeiner: der moralische Begründungsdiskurs – als autonomer Gegenstandsbereich verstanden werden sollte. Es wurde bereits (in Abschnitt 3) herausgestellt, dass der moralische Diskurs ein eigenständiger Diskursbereich mit domänenspezifischen Begründungsstandards ist, die nicht durch die Begründungsnormen anderer Diskursbereiche (etwa die einer empirischen Disziplin) *ersetzt* werden können. Fortschritt wird im moralischen Diskurs, wie Nagel festgestellt hat, durch eine Verbesserung moralischer Begründungen und Begründungsnormen erzielt. Es muss dementsprechend die Frage gestellt werden, ob solche Verbesserungen *nur* mit exklusiv domänenspezifischen Mitteln erzielt werden können. Anders gefasst: Sind moralische Begründungen und Begründungsnormen autonom in dem starken Sinne, dass bei ihrer Beurteilung, Kritik und Verbesserung nicht auf andere Disziplinen rekurriert werden kann – wie beispielsweise auf die Biologie (um auf das Beispiel zurückzukommen, das Nagel zum Einspruch anregte) oder die Psychologie?

Es liegt wohl auf der Hand, dass die Behauptung einer solch starken Form der disziplinären Eigenständigkeit nicht plausibel ist. Es gibt vielfältige inferentielle Beziehungen zwischen dem moralischen Diskurs und empirischen Begründungsdomänen. Es spricht daher grundsätzlich nichts für eine theoretische Isolation der Ethik von empirischen Wissensgebieten. Wo sich ein Spannungsverhältnis zwischen moralischen Überzeugungen und Überzeugungen anderer Wissensgebiete auftut, ist es aus Gründen der Kohärenz geboten, dieses, wenn möglich, aufzulösen (vgl. auch Nida-Rümelin 2002; Daniels 1979). Das sieht auch Thomas Scanlon, der mit seiner „domänenbezogenen Sichtweise" einen liberalen Naturalismus verteidigt, nicht anders:

> [My] domain-centered view does not hold that first-order domains are entirely autonomous, and that nothing beyond the (evolving) standards of a domain can be relevant to the truth of statements within it. Even pure statements in one domain can entail or presuppose

claims in some other domain, and when this happens these claims need to be reconciled, and some of them modified or given up. (Scanlon 2014, 21)

Auf die Beziehungen des moralischen Diskurses zu empirischen Diskursbereichen grundsätzlich hinzuweisen, ist das eine – den überzeugenden Nachweis einer in moraltheoretischer Hinsicht nicht-trivialen Spannung zwischen moralischen Urteilen und empirischen Überzeugungen vorzulegen, ist etwas anderes. In den letzten Jahren wurden besonders zwei Fälle kontrovers diskutiert, in denen empirische Forschung, so die Behauptung, bestimmte nicht-triviale Implikationen für die Moraltheorie haben soll.

Der situationistische Einwand gegen die Tugendethik: Tugendethische Ansätze beruhen auf Annahmen über die zeitliche Stabilität von Charaktermerkmalen und ihre Eigentümlichkeit, nicht an spezifische situative Kontexte gebunden zu sein – man kann hier von der *Robustheit* von Charaktermerkmalen sprechen. Weiter wird seit Aristoteles angenommen, dass jemand, der sich durch eine bestimmte Tugend (z. B. Ehrlichkeit) auszeichnet, wahrscheinlich auch andere Tugenden (etwa Mut oder Freigiebigkeit) besitzt – dies sei jedenfalls eher der Fall, als dass der Unehrliche mutig und freigiebig ist. John Doris hat ausführlich argumentiert, dass die in diesen Annahmen zutage tretende *globalistische Konzeption des Charakters* im Licht der Ergebnisse einer langen Tradition persönlichkeits- und sozialpsychologischer Forschungen nicht plausibel ist. Er stützt sich hier besonders auf die Beiträge Walter Mischels, die Situationismusforschung und die bekannten Experimente Stanley Milgrams zur Autoritätshörigkeit. Doris konturiert daher eine alternative Sichtweise, die unter dem Stichwort der „Fragmentierung des Charakters" steht und die er in psychologischer Hinsicht für realistischer hält; weiter prüft er verschiedene Konsequenzen, welche die Anerkennung dieser Konzeption für unsere Praxis der Verantwortungszuschreibung und der moralischen Erziehung hätte (vgl. Doris 2002). Wie triftig der situationistische Einwand gegen die Tugendethik ist, den zuvor auch Gilbert Harman erhoben hat, ist umstritten. Eine Beurteilung muss hier entfallen (für eine Kritik vgl. Halbig 2013). Dass aber gerade die Tugendethik, als einer deren Vorzüge oft gerade ihr psychologisches Detail angeführt wurde, grundsätzlich anfällig für Einwände von empirischer Seite ist, liegt auf der Hand.

Die Entlarvung „charakteristisch deontologischer" Intuitionen in Trolley-Szenarien: Der Rekurs auf moralische Intuitionen ist in der normativen Ethik weit verbreitet. Sie spielen besonders in der Diskussion von Trolley-Gedankenexperimenten eine wichtige Rolle, die von einem beiläufigen Beispiel Philippa Foots inspiriert und maßgeblich von Judith Jarvis Thomson und Frances Kamm weitergeführt wurden. Joshua Greene hat auf der Grundlage zweier neurowissenschaftlicher Studien (vgl. Greene et al. 2001; 2004) und einer Reaktionszeit-Studie (vgl. Greene et al. 2008) für eine Zwei-Prozess-Theorie des moralischen Urteilens argumentiert, für die er auch in anderen jüngeren moralpsychologischen Studien eine Stütze sieht (vgl. Greene 2009). Die empirischen Befunde hält er für normativ relevant. Die Zwei-Prozess-Theorie gebe uns in Verbindung mit einer evolutionären Erklärung der unterschiedlichen Natur und Funktion der zwei Verarbeitungsprozesse gute Gründe, die Vertrauenswürdigkeit der von ihm so genannten „charakteristisch deontologischen" moralischen Intuitionen zu bezweifeln, welche die meisten von uns angesichts bestimmter moralischer Problemsituationen haben. Dazu zählt insbesondere eine bekannte Variante des Trolley-Gedankenexperiments – das Fußgängerbrückenszenario. Darüber hinaus zieht Greene eine skeptische Schlussfolgerung grundsätzlicher Art hinsichtlich der Rechtfertigung deontologischer Moraltheorien (vgl. Greene 2008). Ob die „Entlarvung" bestimmter Intuitionen als Ergebnis des intuitiven, schnellen Verarbeitungsprozesses geeignet ist, Greenes normative Schlussfolgerungen zu stützen, ist wiederum sehr umstritten. Ich vermute, dass die kognitive Neurowissenschaft des moralischen Urteilens eher für die Grundlagentheorie des moralischen Urteilens fruchtbar gemacht werden kann. Darüber hinaus wären bei einer Aufklärung der Funktion der moralischen Kognition (und ihrer Fehlfunktionen) natürlich Konsequenzen für unsere Praxis der Verantwortungszuschreibung denkbar.

Fazit

Es lassen sich verschiedene Lesarten der Autonomiethese unterscheiden. Die *logische* Autonomie moralischer Sätze wird nicht grundsätzlich in Frage gestellt und die *semantische* Autonomie der Ethik aktuell nur von wenigen bestritten. Es steht Naturalisten offen, die logische und semantische Autonomie der Ethik zu verteidigen. Anfechtbar ist aus naturalistischer Sicht zuallererst die von Nonnaturalisten behauptete *epistemische* Autonomie der Ethik: die These der nicht-inferentiellen Rechtfertigung substanzieller moralischer Prinzipien. Die Ethik ist keine apriorische Disziplin.[18]

Der moralische Diskurs ist ein eigenständiger Diskursbereich mit diskursspezifischen Begründungsstandards. Doch die normative Ethik kann nicht sinnvoll von empirischen Gebieten isoliert werden, insbesondere nicht von der Mo-

---

18 Für eine energische Gegenrede vgl. Shafer-Landau (2006).

ralpsychologie. Daher kann letztlich auch von einer *disziplinären Autonomie* der Ethik in einem starken Sinne nicht die Rede sein.[19]

Bibliographie

Appiah, Kwame Anthony (2011): Eine Frage der Ehre oder Wie es zu moralischen Revolutionen kommt. München: Beck.

Audi, Robert (2004): The Good in the Right: A Theory of Intuition and Intrinsic Value. Princeton: Princeton University Press.

Birnbacher, Dieter (2003): Analytische Einführung in die Ethik. Berlin: de Gruyter.

Broad, C. D. (1946): Some of the Main Problems of Ethics. In: Philosophy 21 (79), 99–117.

Daniels, Norman (1979): Wide Reflective Equilibrium and Theory Acceptance in Ethics. In: The Journal of Philosophy 76 (5), 256–282.

Darwall, Stephen, Allan Gibbard, Peter Railton (1992): Toward Fin-de-siècle Ethics: Some Trends. In: The Philosophical Review 101 (1), 115–189. Wieder abgedruckt in: Stephan Darwall/Allan Gibbard/Peter Railton (Hrsg.): Moral Discourse and Practice: Some Philosophical Approaches. New York, Oxford: Oxford University Press, 1997, 3–47.

Dennett, Daniel (1984): Foreword. In: Ruth Garrett Millikan: Language, Thought, and Other Biological Categories: New Foundations for Realism. Cambridge, Mass.: MIT Press, ix-x.

Doris, John (2002): Lack of Character: Personality and Moral Behavior. Cambridge: Cambridge University Press.

Doris, John M./Stich, Stephen P. (2005): As a Matter of Fact: Empirical Perspectives on Ethics. In: Frank Jackson/Michael Smith (Hrsg.): The Oxford Handbook of Contemporary Philosophy. Oxford: Oxford University Press, 114–152.

FitzPatrick, William (2012): Morality and Evolutionary Biology. In: Edward N. Zalta (Hrsg.): The Stanford Encyclopedia of Philosophy (Summer 2012 Edition). URL: http://plato.stanford.edu/archives/sum2012/entries/morality-biology.

Fried, Charles (1978): Biology and Ethics: Normative Implications. In: Gunther Siegmund Stent (Hrsg.): Morality as a Biological Phenomenon: The Presuppositions of Sociobiological Research. Berkeley, Los Angeles: University of California Press, 186–195.

Greene, Joshua D. (2008): The Secret Joke of Kant's Soul. In: Walter Sinnott-Armstrong (Hrsg.): Moral Psychology, Bd. 3. The Neuroscience of Morality: Emotion, Brain Disorders, and Development. Cambridge, Mass., London: MIT Press, 35–79.

Greene, Joshua D. (2009): The Cognitive Neuroscience of Moral Judgment. In: Michael S. Gazzaniga (Hrsg.): The Cognitive Neurosciences. 4. Aufl. Cambridge, Mass., London: MIT Press, 987–999.

Greene, Joshua D./Sommerville, R. Brian/Nystrom, Leigh E./Darley, John M./Cohen, Jonathan D. (2001): An fMRI Investigation of Emotional Engagement in Moral Judgment. In: Science 293, 2105–2108.

---

19 Die Arbeit an diesem Beitrag wurde durch meinen Aufenthalt als *Junior Fellow* am Alfried Krupp Wissenschaftskolleg Greifswald im Jahr 2013 ermöglicht. Ich danke Mario Brandhorst für kritische Kommentare und Einwände, von denen manche im Text, sicherlich zu seinem Nachteil, nicht mehr berücksichtigt werden konnten.

Greene, Joshua D./Nystrom, Leigh E./Engell, Andrew D./Darley, John M./Cohen, Jonathan D. (2004): The Neural Bases of Cognitive Conflict and Control in Moral Judgment. In: Neuron 44, 389–400.

Greene, Joshua D./Morelli, Sylvia A./Lowenberg, Kelly/Nystrom, Leigh E./Cohen, Jonathan D. (2008): Cognitive Load Selectively Interferes With Utilitarian Moral Judgment. In: Cognition 107, 1144–1154.

Halbig, Christoph (2013): Der Begriff der Tugend und die Grenzen der Tugendethik. Berlin: Suhrkamp.

Harman, Gilbert (2012): Naturalism in Moral Philosophy. In: Susana Nuccetelli/Gary Seay (Hrsg.): Ethical Naturalism: Current Debates. Cambridge: Cambridge University Press, 8–23.

Hume, David (1739/40): A Treatise of Human Nature. Hrsg. von L. A. Selby-Bigge, P. H. Nidditch. Oxford 1978: Clarendon Press.

Jackson, Frank (1974): Defining the Autonomy of Ethics. In: The Philosophical Review 83 (1), 88–96.

James, Scott (2011): An Introduction to Evolutionary Ethics. Malden, Oxford: Wiley-Blackwell.

Kim, Jaegwon (2003): The American Origins of Philosophical Naturalism. In: Journal of Philosophical Research, APA Centennial Volume: Philosophy in America at the Turn of the Century, 83–98.

Kitcher, Philip (1985): Vaulting Ambition: Sociobiology and the Quest for Human Nature. Cambridge, Mass.: MIT Press.

Kitcher, Philip (1992): The Naturalists Return. In: The Philosophical Review 101 (1), 53–114.

Kitcher, Philip (1993): Vier Arten, die Ethik zu „biologisieren". In: Kurt Bayertz (Hrsg.): Evolution und Ethik. Stuttgart: Reclam, 221–242.

Kitcher, Philip (2011a): The Ethical Project. Cambridge, Mass.: Harvard University Press.

Kitcher, Philip (2011b): Epistemology Without History Is Blind. In: Erkenntnis 75, 505–524.

Kurtzman, David R. (1970): 'Is,' 'Ought,' and the Autonomy of Ethics. In: The Philosophical Review 79, 493–509.

Leiter, Brian (1998): Naturalism and Naturalized Jurisprudence. In: Brian Bix (Hrsg.): Analyzing Law: New Essays in Legal Theory. Oxford: Clarendon, 79–104.

Leiter, Brian (2002): Nietzsche on Morality. New York: Routledge.

Leiter, Brian (2014): Naturalism in Legal Philosophy. In: Edward N. Zalta (Hrsg.): The Stanford Encyclopedia of Philosophy (Fall 2014 Edition). URL: http://plato.stanford.edu/archives/fall2014/entries/lawphil-naturalism.

Mackie, John L. (1977): Ethics: Inventing Right and Wrong. London: Penguin.

Moore, George E. (1903): Principia Ethica. Hrsg. von Thomas Baldwin. Cambridge 1993: Cambridge University Press.

Moore, George E. (1942): A Reply to My Critics. In: Paul Arthur Schilpp (Hrsg.): The Philosophy of G. E. Moore. Evanston, Chicago: Northwestern University Press, 533–677.

Nagel, Thomas (1978): Ethics as an Autonomous Theoretical Subject. In: Gunther Siegmund Stent (Hrsg.): Morality as a Biological Phenomenon: The Presuppositions of Sociobiological Research. Berkeley, Los Angeles: University of California Press, 196–205.

Nagel, Thomas (1979): Ethics without Biology. In: Thomas Nagel: Mortal Questions. Cambridge: Cambridge University Press, 142–146. Übersetzung: Ethik ohne Biologie. In: Thomas Nagel (1996): Letzte Fragen. Bodenheim: Philo, 201–206.

Nida-Rümelin, Julian (2002): Zur Reichweite theoretischer Vernunft in der Ethik. In: Julian Nida-Rümelin: Ethische Essays. Frankfurt am Main: Suhrkamp, 11–31.

Papineau, David (2009): Naturalism. In: Edward N. Zalta (Hrsg.): The Stanford Encyclopedia of Philosophy (Spring 2009 Edition). URL: http://plato.stanford.edu/archives/spr2009/entries/naturalism.
Pigden, Charles R. (1989): Logic and the Autonomy of Ethics. In: Australasian Journal of Philosophy 67 (2), 127–151.
Pigden, Charles R. (1991): Naturalism. In: Peter Singer (Hrsg.): A Companion to Ethics. Oxford: Blackwell, 421–431.
Prinz, Jesse J. (2007): The Emotional Construction of Morals. Oxford: Oxford University Press.
Prior, Arthur N. (1960): The Autonomy of Ethics. In: Australasian Journal of Philosophy 38 (3), 199–206.
Quine, W. V. O. (1951): Two Dogmas of Empiricism. In: The Philosophical Review 60 (1), 20–43.
Quine, W. V. O. (1969): Epistemology Naturalized. In: W. V. O. Quine: Ontological Relativity and Other Essays. New York: Columbia University Press, 69–90. Übersetzung: Naturalisierte Erkenntnistheorie. In: W. V. O. Quine (2003): Ontologische Relativität und andere Schriften. Übers. Wolfgang Spohn. Frankfurt am Main: Klostermann, 85–106.
Quine, W. V. O. (1981): Five Milestones of Empiricism. In: W. V. O. Quine: Theories and Things. 7. Aufl. Cambridge, Mass., 1999: Harvard University Press, 67–72.
Quine, W. V. O. (1995): Naturalism; Or, Living Within One's Means. In: Dialectica 49 (2–4), 251–261.
Railton, Peter (1989): Naturalism and Prescriptivity. In: Social Philosophy and Policy 7 (1), 151–174.
Railton, Peter (1995): Made in the Shade: Moral Compatibilism and the Aims of Moral Theory. In: On the Relevance of Metaethics. Canadian Journal of Philosophy, Supplementary Vol. 21, 79–106.
Railton, Peter (2004): Toward an Ethics that Inhabits the World. In: Brian Leiter (Hrsg.): The Future for Philosophy. Oxford: Clarendon Press, 265–284.
Rosenberg, Alexander (2000): A Field Guide to Recent Species of Naturalism. In: Alexander Rosenberg: Darwinism in Philosophy, Social Science and Policy. Cambridge: Cambridge University Press, 6–33.
Ross, W. D. (1930): The Right and the Good. Hrsg. von Philip Stratton-Lake. Oxford 2002: Oxford University Press.
Ruse, Michael (1991): The Significance of Evolution. In: Peter Singer (Hrsg.): A Companion to Ethics. Oxford: Blackwell, 500–510.
Scanlon, T. M. (2014): Being Realistic About Reasons. Oxford: Oxford University Press.
Shafer-Landau, Russ (2006): Ethics as Philosophy: A Defence of Non-Naturalism. In: Terry Horgan/Mark Timmons (Hrsg.): Metaethics After Moore. Oxford: Oxford University Press, 209–232.
Sidgwick, Henry (1907): The Methods of Ethics. Unveränderte Reproduktion der siebten Auflage. Indianapolis 1981: Hackett.
Schmidt, Thomas (2011): Evolutionäre Erklärungen von Moral und die Autonomie der Ethik. In: Thomas Schmidt/Tatjana Tarkian (Hrsg.): Naturalismus in der Ethik: Perspektiven und Grenzen. Paderborn: Mentis, 87–109.
Smith, Michael (1994): The Moral Problem. Oxford: Blackwell.
Tarkian, Tatjana (2008): Moralische Wahrheit als stabile gerechtfertigte Behauptbarkeit. In: Zeitschrift für philosophische Forschung 62 (3), 385–414.
Tarkian, Tatjana (2009): Moral, Normativität und Wahrheit. Paderborn: Mentis.

Thagard, Paul (2014): Cognitive Science. In: Edward N. Zalta (Hrsg.): The Stanford Encyclopedia of Philosophy (Fall 2014 Edition). URL: http://plato.stanford.edu/archives/fall2014/entries/cognitive-science.
Williams, Bernard (2002): Truth and Truthfulness: An Essay in Genealogy. Princeton, Oxford: Princeton University Press.
Wilson, Edward O. (1975): Sociobiology: The New Synthesis. Cambridge, Mass., 2000: Harvard University Press.
Woolman, John (1923): Die Aufzeichnungen von John Woolman aus der Zeit der Sklavenbefreiung. Hrsg. von Alfons Paquet. Berlin: Quäkerverlag.

Lorraine Daston
Die moralisierten Objektivitäten der Wissenschaft[1]

Einleitung

Bezieht sich Objektivität auf Zustände der Welt oder Zustände des Geistes? Es scheint auf flagrante Weise ironisch zu sein, eine solche Frage überhaupt zu stellen, da die Kluft zwischen Welt und Geist normalerweise gerade durch den Gegensatz von Objektivität und Subjektivität aufgezeigt wird. Dennoch beabsichtige ich, mit dieser Frage weder Paradoxe zu fingieren noch vertraute Gegenüberstellungen als eigennützige Ideologie zu demaskieren. Vielmehr will ich damit auf Ambiguitäten innerhalb unserer gegenwärtigen Auffassung wissenschaftlicher Objektivität aufmerksam machen, sodass diese uns als Hinweise über die Herkunft unserer Auffassung von Objektivität und der dazugehörenden Praktiken und Personae dienen können.

Der gewöhnliche Gebrauch erlaubt es uns, ohne Schwierigkeiten zwischen verschiedenen Bedeutungen von Objektivität, die entweder ontologisch, epistemologisch, methodologisch oder moralisch sind, zu wechseln. Dennoch hängen diese verschiedenen Bedeutungen von Objektivität weder vom Grundsatz her noch praktisch zusammen. „Objective knowledge", verstanden als „a systematized theoretical account of how the world really is" (Williams 1984, 211), nähert sich so sehr der Wahrheit an, wie es unsere ängstliche Metaphysik[2] zulässt. Aber auch der eifrigste Befürworter „objektiver Methoden" in den Wissenschaften – seien das statistische, mechanische, numerische oder sonstige – würde nur zögerlich behaupten, dass diese Methoden die Wahrheit der resultierenden Erkenntnis ga-

---

[1] Originalbeitrag: *Daston, Lorraine (1999): The Moralized Objectivities of Science*. In: Wolfgang Carl/Lorraine Daston (Hrsg.): *Wahrheit und Geschichte. Ein Kolloquium zu Ehren des 60. Geburtstages von Lorenz Krüger.* Göttingen: Vandenhoeck & Ruprecht, 78–100. Übersetzung aus dem Englischen von Moritz Dittmeyer.
[2] Diejenigen, die zu vorsichtig sind, sich auf „wirklich, wirklich" zu berufen, mögen es zwar vorziehen, lieber von „Stabilität" oder „Verlässlichkeit" als von „Wahrheit" zu sprechen, in jedem Fall bezieht sich „objektiv" auf den höchsten verfügbaren Grad des Wissens. Siehe zum Beispiel Richard Rortys anti-fundationalistische, aber bejahende Definition von Objektivität als „a property of theories which, having been thoroughly discussed, are chosen by a consensus of rational discussants" (Rorty 1979, 338).

rantierten.³ Objektivität wird manchmal als Verständnismethode aufgefasst, das ist der Fall, wenn Epistemologen darüber nachdenken, wie das Vertrauen „on the specifics of the individual's makeup and position in the world, or on the character of the particular type of creature he is" (Nagel 1986, 5) unseren Blick auf die Welt verfälscht. Und manchmal bezieht sich Objektivität sogar auf eine Haltung oder eine ethische Einstellung, wo sie entweder die Grundlage für Lob, wegen gelassener Neutralität, oder für Tadel, wegen eisiger Unpersönlichkeit, bildet – als Beleg gegen „blind emotional excitement ... which in the end may lead to social disaster" (Pearson 1892, 11), oder als arrogante und betrügerische Täuschung, „the God trick" (Haraway 1988). Die aufgeregten Debatten in politischen, philosophischen und feministischen Kreisen über die Existenz und/oder die Erwünschtheit von Objektivität in den Wissenschaften nehmen diesen Übergang von einer metaphysischen Aussage über die Allgemeingültigkeit hin zu moralischen Indifferenzvorwürfen kurzerhand an, anstatt ihn näher zu analysieren.⁴

Das Netz an Assoziationen, welches den Begriff der Objektivität umspinnt, führt uns das herrschende begriffliche Durcheinander vor Augen – was genau hat beispielsweise die ontologische Grundlage der Welt mit der Unterdrückung von Emotionen zu tun? Ich bin jedoch weniger an der Aufklärung dieser Bedeutungsverwirrungen interessiert, sondern will lediglich versuchen aufzuzeigen, wie sie zustande kamen. Welcher historische Prozess dafür verantwortlich ist, dass Metaphysisches, Methodologisches und Moralisches miteinander verschmelzen konnten und mit dem Begriff der wissenschaftlichen Objektivität assoziiert wurden. Wie ist jeder einzelne Bestandteil dieses Amalgams entstanden, welche Ähnlichkeiten unter den Komponenten machte, deren Verschmelzung überhaupt denkbar und sodann anscheinend unvermeidbar? Es ist nicht genug, einfach zu sagen, dass die Geschichte dasjenige vereinigt hat, was die Logik auseinandergehalten hätte. Historische Vereinigungen mögen zwar weniger reglementiert sein als logische, aber auch die Geschichte kann nicht einfach zufällig Elemente kombinieren – sonst hätten wir allenfalls Schimären anstatt Begriffe. Die Ge-

---

3 Über den Zusammenhang von statistischen Methoden und Objektivität siehe Swijtink (1987) und Gigerenzer (1987); hinsichtlich der Verbindung mit Maschinen siehe Daston/Galison (1992); bezüglich der Assoziierung mit numerischen Methoden siehe Porter (1992a; 1992b).
4 Siehe zum Beispiel Vaclav Havel: „The world today is a world in which generality, objectivity, and universality are in crisis. ... Original ideas and actions, unique and, therefore, always risky, often lose their human ethos, and, therefore, de facto, their human spirit after they have gone through the mill of objective analysis and prognoses. Many of the traditional mechanisms of democracy created and developed and conserved in the modern era are so linked to the cult of objectivity and statistical average that they can annul human individuality." (Havel 1992, 12).

schichte der Objektivität muss erklären, warum einige unserer Ideen und Praktiken miteinander verschmolzen sind und andere nicht.

Dieser Aufsatz untersucht also, wie die epistemologische Komponente wissenschaftlicher Objektivität mit der moralischen verschmelzen konnte, wie es in den mittleren Dekaden des 19. Jahrhunderts geschehen ist. Im Folgenden werde ich zwei Thesen vertreten: Erstens, die wissenschaftliche Objektivität, die in der Mitte des 19. Jahrhunderts entstanden ist, bestand ursprünglich aus zwei verschiedenen Idealen, die ich mechanische Objektivität und kommunitaristische Objektivität nenne und die jeweils aufgeführt wurden, um unterschiedliche Bedrohungen zu bekämpfen, und die jeweils zu verschiedenen Praktiken führten. Zweites, diese beiden Versionen wissenschaftlicher Objektivität wichen deutlich von den epistemologischen Reflexionen der Philosophen des 17. Jahrhunderts ab, indem sie sowohl nach einer moralischen als auch nach einer methodologischen Sicherung des Wissens suchten. Zum Abschluss dieses Aufsatzes werde ich einige Reflexionen und Spekulationen darüber anbieten, wie diese moralisierten Objektivitäten in der Mitte des 19. Jahrhunderts sowohl eine Persona als auch ein Ethos schaffen konnten, welches ein wissenschaftliches an die Stelle eines gestalterischen Selbst treten ließ.

1 Fotografie und Karte[5]

Die wissenschaftliche Objektivität wurde Mitte des 19. Jahrhunderts geboren, in der Tat wurde sie sogar zweimal geboren. Ein erstes Mal im Jahr 1878, als der französische Physiologe Etienne-Jules Marey die von selbstschreibenden Instrumenten aufgezeichneten Kurven „le langage des phénomènes eux-mêmes" (Marey 1878, iii–vi) nannte, und ein zweites Mal 1875, als der amerikanische Physiker und Philosoph Charles Sanders Peirce insistierte, dass die Gültigkeit wissenschaftlicher Schlussfolgerungen „inexorably requires that our own interests not stop at our own fate, but must embrace the whole community" (Peirce 1878, 284). Beides waren prägende Aussagen und bahnbrechende Methoden für zwei damals neue Auffassungen von Objektivität in der Naturwissenschaft – die mechanische Objektivität der Fotografie und die kommunitaristische Objektivität der Landkarte. Beide Formen der wissenschaftlichen Objektivität kamen auf, um einem spezifischen und jeweils anderen Defizit des wissenschaftlichen Personals entgegen-

---

5 Ein Großteil des folgenden Abschnitts geht zurück auf meine gemeinsame Forschungsarbeit mit Peter Galison. Siehe unsere Aufsätze *The Image of Objectivity* (Daston/Galison 1992) und *The Birth of Scientific Objectivities*, den wir auf einer Gemeinschaftstagung der History of Science Society und der American Historical Association im Dezember 1992 in Washington D.C. vorgestellt haben.

zuwirken und waren jeweils durch ein charakteristisches Ethos und ebenfalls durch charakteristische Methoden und Praktiken konstituiert. Ebenso signifikant waren die jeweils produzierten Bilder: die mechanisch reproduzierte Fotografie und die gemeinschaftlich erstellte Landkarte. Sowohl die mechanische als auch die kommunitaritische Objektivität waren zutiefst moralisiert und beeinflussten die Persona ebenso wie die Protokolle der Wissenschaftler und erlegten ihnen ein je unterschiedliches Ethos der Selbstdisziplin auf. Im Folgenden werde ich die beiden Formen der Objektivität hinsichtlich der zu lösenden epistemologischen Probleme, der generierten Praktiken und Bilder und der durch sie beförderten moralischen Normen kurz beschreiben.

1.1 Mechanische Objektivität

Die mechanische Objektivität wurde der Subjektivität der Projektion auf die Natur mitsamt wissenschaftlichem Urteil und ästhetischer Idealisierung entgegengehalten. Erst in der Mitte des 19. Jahrhunderts begannen Wissenschaftler diesen Eingriff als gefährlich subjektiv aufzufassen. Noch deren Vorgänger haben sich ganz offen und sogar stolz auf die individuelle persönliche Einsicht verlassen, um die Wahrheit der Natur aufzudecken und darzustellen. Die Anatomen, Botaniker, Astronomen und Geologen des 18. und frühen 19. Jahrhunderts haben noch im Dienste der Naturwahrheit höchst penibel ihre Beobachtungen bearbeitet und ihre Illustrationen verschönert. Für sie stand außer Frage, dass der flüchtige Blick, den wir auf die Natur haben, sei es die Position eines Kometen, die Proportionen eines menschlichen Skeletts oder die Form eines Blütenblatts einer Orchidee, zugleich vergänglich und stark variabel ist. Genau wie die einzelnen Objekte selbst strotzten die einzelnen Beobachter und Beobachtungen vor Eigentümlichkeiten, sodass nichts einander ähneln konnte. Der Göttinger Anatom Albrecht von Haller beispielsweise arbeitete beflissen daran, die Vielfalt der Arterien in einer einzigen allgemeinen Darstellung zu erfassen (siehe Haller 1756, sig. A2.r). Der Pariser Physiker Charles Dufay wiederholte und verwarf Experimente über das äußerst verwirrende Phänomen der Lumineszenz, weil die beobachteten Effekte weder stabil noch regelmäßig waren (Dufay 1732). Die exquisiten Illustrationen der griechischen Flora des Botanikers John Sibthorp aus Oxford wurden auf Grundlage von mehreren getrockneten sowie frischen Exemplaren der gleichen Gattung erstellt, um die Eigenart einer partikularen Pflanze auszugleichen (Sibthorp 1806). Weil die Naturwahrheiten als universell und fortdauernd und nicht als partikular und variabel angesehen wurden, galt nicht nur die Regel, sondern es war sogar die Pflicht eines Naturwissenschaftlers, seine Beobachtungen kritisch auf Inkonsistenzen zu überprüfen und einzelne Divergenzen zu beseitigen, um die wahre zugrundeliegende Systematik hinter der scheinbaren Diversität aufzudecken, wie Johann Wolfgang Goethe über seinen *Typus* des Skeletts eines Tieres schrieb:

> Deshalb geschieht hier ein Vorschlag zu einem anatomischen Typus, zu einem allgemeinen Bilde, worin die Gestalten sämtlicher Tiere, der Möglichkeit nach, enthalten wären, und wornach man jedes Tier in einer gewissen Ordnung beschriebe. Dieser Typus müßte so viel wie möglich in physiologischer Rücksicht aufgestellt sein. Schon aus der allgemeinen Idee eines Typus folgt, daß kein einzelnes Tier als ein solcher Vergleichungskanon aufgestellt werden könne; kein Einzelnes kann Muster des Ganzen sein. (Goethe 1798, 172)

Die Art, wie die zugrundeliegende Wahrheit beschaffen war und visuell dargestellt wurde, ließ mehrere Möglichkeiten zu – es wurde sich nicht nur auf das in Goethes Sinne Typische, sondern auch auf das Ideal, die Charakteristik und den Durchschnitt berufen, um die eigene Art und Weise des repräsentativen Abbilds zu rechtfertigen. Der Anatom Bernard Albinus aus Leyden zum Beispiel steckte extrem viel Mühe nicht nur in die Vorbereitung der zu zeichnenden Skelette, sondern auch in die Instruktion des Künstler Jan Wandelaar, von dem er verlangte, die aufwendig gereinigten und wieder neu zusammengesetzten Skelette durch ein speziell konstruiertes Doppelgitter zu betrachten (das an Albertis Anweisungen zum perspektivischen Zeichnen erinnerte), um die korrekten Proportionen sicherzustellen. Trotz dieser und anderer aufwendiger Maßnahmen, welche die Exaktheit garantieren sollten, waren die von Albinus erstellten Bildtafeln keine Abbildungen eines konkreten Skeletts, sondern die des Ideals des jeweiligen Skeletts. Die besten Vorlagen aus der Natur wurden so nachbearbeitet, dass sie noch bessere Bilder ergaben (vgl. Albinus 1747, sig. b.r). Im Gegensatz zu dieser ästhetischen Idealisierung zog es der französische Anatom Jean Cruveilhier vor, nur die sorgfältig ausgewählten „charakteristischen" Fälle in seinem Atlas der Pathologie darzustellen (Cruveilhier 1829–1835). Sein unter dem Einfluss des Statistikers Adolphe Quetelet stehender Kollege Gottlieb Gluge aus Brüssel wiederum errechnete das durchschnittliche Gewicht der Organe, um aus der individuellen Variabilität die gewünschte Regularität herzustellen (Gluge 1843–1850). Auch wenn die Berufung auf das Ideal, die Charakteristik und den Durchschnitt jeweils unterschiedliche Methoden und eine abweichende Metaphysik mit sich brachte, ging es doch stets darum, die wissenschaftlichen Objekte und nicht die wissenschaftlichen Subjekte zu standardisieren. Von den Wissenschaftlern wurde verlangt, aktiv zu intervenieren, um die jeweiligen Objekte auszuwählen beziehungsweise erst zu konstruieren.

Die Astronomen, die ihre Beobachtungen sorgfältig selektierten, die Anatomen, die ihre Skelette perfektionierten, und die Botaniker, die eine typische Orchidee aus einer Vielzahl von Stücken einzelner Blumen zusammensetzten, strebten alle nach Genauigkeit und nicht nach Objektivität. Bereitwillig ließen sie

Selektion, Beurteilung und Interpretation zu, um von dem partikularen Organ oder Organismus zu einem generellen Typus zu gelangen beziehungsweise von der unregelmäßigen Beobachtung zur glatten Kurve oder von der Unordnung der Erscheinungen zur geordneten Wahrheit. Sie waren akribische Empiristen, hielten es aber für ihre Pflicht, die Äußerungen der Natur zu bearbeiten, welche für sich genommen undeutlich vor sich hin stammelte. Der am meisten gefürchtete Fehler war die durch Unerfahrenheit und Unaufmerksamkeit bedingte Auswahl eines unrepräsentativen Beispiels und nicht die Angst davor, etwas überzuinterpretieren und in die Ergebnisse hineinzuprojizieren. Unter gefährlicher Subjektivität in der Wissenschaft wurde allenfalls fiebrige Imagination verstanden. Etwa als der französische Zoologe Georges Cuvier seinen Kollegen Jean-Baptiste de Lamarck tadelte, kein verantwortlicher Gelehrter dürfe zulassen, dass „conceptions fantastiques" und „vastes édifices sur des bases imaginaires [vaincraient] un esprit élevé et un jugement parfait" (Cuvier 1861, 180).

Im Jahr 1860 wurde allerdings nicht mehr nur Imagination, sondern auch die Beurteilung als eine die Wissenschaft gefährdende Form der Subjektivität verstanden, und nicht einmal dem erhabensten Geist war es erlaubt, die Ergebnisse zu interpretieren. In der Mitte des 19. Jahrhunderts wurde „Lasst die Natur für sich selbst sprechen!" zum Motto einer neuen wissenschaftlichen Objektivität,[6] die viele verschiedene Disziplinen umfasste. Der französische Physiologe Claude Bernard mahnte die Experimentatoren an, die Natur nicht zu bearbeiten, sondern ihr gehorsam zuzuhören:

> Oui, sans doute, l'expérimenteur doit forcer la nature à se dévoiler, en l'attaquant et en lui posant des questions dans tous les sens; mais il ne doit jamais répondre pour elle ni écouter incomplètement ses réponses en ne prenant dans l'expérience que la partie résultats qui favorisent ou confirme l'hypothèse. (Bernard 1865, 53)

Ebenso kritisierte der britische Paläontologe Johny Lycett diejenigen, „[who] made up the great imperfections of the type specimen with an ideal representation" (Lycett 1875, 134). Auch die deutschen Anatomen Carl Centus und Hermann Pagenstecher erwähnen eigens Folgendes: Der von ihnen verfasste Atlas des menschlichen Auges „ist völlig objektiv gehalten, beschreibt einfach die vorliegenden Verhältnisse und sucht die eigenen Anschauungen sowie den Einfluss der

---

6 Obwohl die Gegenüberstellung von „objektiv" und „subjektiv" bereits in der mittelalterlichen Scholastik ihren Ursprung fand und auch schon bei einigen Philosophen des 18. Jahrhunderts (vor allem den deutschen) zu finden ist, bekamen diese Worte im Englischen, Französischen und Deutschen erst um ca. 1840 ihre heute gängige Bedeutung. Für eine Auseinandersetzung mit der Bedeutungsgeschichte dieser beiden Begriffe siehe Daston (1992; 1994).

herrschenden Theorien möglichst auszuschließen" (Pagenstecher/Centus 1875, vii–viii). Und der französische Astronom Crépaux dachte, dass der Hauptvorteil der neuen Farbfotografie in den Wissenschaften, im Gegensatz zu den bisherigen Abbildungsmethoden, in der Unmöglichkeit des Retuschierens lag: „la science, qui cherche la vérité, ne s'en plaindra pas, au contraire; mais la coquetterie y trouvera moins son compte" (Crépaux 1893, 340).

Ohne Weiteres kann noch eine Vielzahl von Aussagen dieser Art gefunden werden, die in den verschiedenen Disziplinen von Astronomie bis Paläontologie anzutreffen sind. Sie können als Anzeichen dafür genommen werden, dass ein aufkeimendes Unbehagen entstand mit der Tendenz der Wissenschaftler, an die zu erforschenden Phänomene Hand anzulegen. Jede Intervention, so wurde nun gemutmaßt, barg die Gefahr der Verzerrung der Natur, sei es durch Anthropomorphismus, ästhetisierende Idealisierung oder Auferlegung der eigenen Lieblingstheorie. Beurteilung blieb zwar notwendig, um das Typische vom Anomalen, das Normale vom Pathologischen und das Universelle vom Idiosynkratischen zu unterscheiden, verursachte aber Vorbehalte und Beunruhigung bei Wissenschaftlern, die jeder Form der Interpretation der Phänomene misstrauisch gegenüberstanden. Die nun mehr durch den Ungehorsam der Beobachter als durch den der Beobachtungen selbst beunruhigten Wissenschaftler machten „Hände weg!" zu ihrem Grundsatz, Authentizität zu ihrem Kredo und formten damit ein neues Ethos der Objektivität.

Diese neue Form der Objektivität war, was die Metaphysik betrifft, nominalistisch, was die Methoden betrifft, mechanisch und, was die Moral betrifft, selbstzurückhaltend. Wissenschaftliche Bilder und Beschreibungen handelten nicht mehr von Typen, Idealen, Normen oder dem Durchschnitt, sondern eher von konkreten Einzelfällen, von denen ausgehend die Leser selbst generalisieren mussten. Wo möglich wurden Abbildungen und Verfahren mechanisch erstellt. Selbstschreibende Instrumente und Versuchsapparaturen, wie der Kymograph des deutschen Physiologen Carl Ludwig, der den Pulsschlag von Arterien automatisch auf Papier aufzeichnete,[7] und Mareys sogenanntes *fusil photographique* – das, weil es sehr schnell, quasi in Filmgeschwindigkeit, Fotografien erstellen konnte, benutzt wurde, um Tierbewegungen zu dokumentieren (siehe Marey 1878 und Dagognet/Marey 1987) – ersetzten menschliche Beobachter. Ebenso wurden Improvisation und das eigene Ermessen der Wissenschaftler durch stark routinierte Beobachtungs- und Messmethoden ersetzt, wie etwa die strikt durchorga-

---

[7] Bezüglich des Kymographen und anderer selbstschreibender Instrumente und Apparaturen in der Medizin und Physiologie des 19. Jahrhunderts siehe Reiser (1978, Kapitel 5) und Rabinbach (1990, 92–97).

nisierte Arbeitsteilung, die der britische Astronom G. B. Airy seinen Beobachtern und sogenannten menschlichen Computern am Greenwich Observatorium auferlegt hatte (vgl. Schaffer 1988), sowie die Ausbreitung statistischer Methoden zur Datenreduzierung in der Geodäsie (vgl. Swijtink 1987).

Die technischen Sicherheitsvorkehrungen allein waren aber unzureichend, um die Natur vor dem Hineinprojizieren der Wissenschaftler zu schützen: Interpretation, Selektion und Schöpfertum mussten von innen bekämpft und die eigenartigen Versuchungen der Wissenschaftler durch heroische Selbstbeherrschung kontrolliert werden. Der britische Physiker Michael Faraday gab diesem Ethos des eisernen Willens und der zusammengebissenen Zähne eine Stimme:

> The world little knows how many of the thoughts and theories which have passed through the mind of a scientific investigator have been crushed in silence and secrecy by his own severe criticism and adverse examination. (zitiert in Pearson 1892, 38)

In Worten, die an die christliche Enthaltsamkeitslehre erinnern, pries der französische Modernist Ernest Renan die „oeuvre pénible, humble, laborieuse" an, Monographien zu schreiben; ebenso wie die dafür nötige „vertu scientifique profonde [...] pour s'arrêter sur cette pente fatale et s'interdire la précipitation, quand la nature humaine tout entière réclame la solution définitive" (Renan 1890, 235). Den ernsten Tonfall der Selbstverleugnung und Demut widerhallend verliehen diese Aufforderungen der mechanischen Objektivität einen starken moralischen Beigeschmack, sodass sie schließlich als Triumph des Willens bzw. der Apparaturen und Verfahren verehrt wurde.

Ohne diese moralische Dimension der mechanischen Objektivität bleibt es schwer zu verstehen, wie die Fotografie gleichzeitig deren Inhalt und Symbol ausmachen konnte. Sogar die klarste Fotografie ist überhäuft mit Details, die dem je individuellen Objekt oder der konkreten Situation anhaften, die fotografiert wurde. Es ist stets die Aufgabe des Betrachters, die abgebildeten Muster zu erkennen und zu verallgemeinern und somit die repräsentierte Klasse an Objekten oder Phänomenen zu konstituieren. Auch wenn Treue zu dem, was zu sehen ist, und nicht Übereinstimmung mit der Natur im Sinne der frühen Naturalisten das Ziel war, stellte eine ausgefeilte Zeichnung öfter eine plausible Wiedergabe der Wirklichkeit dar als ein unscharfes, aus einem schiefen Winkel fotografiertes Bild, insbesondere vor dem Aufkommen der Farbfotografie. Dennoch hielten die Wissenschaftler im späten 19. Jahrhundert an der Fotografie als Mimesis fest, obwohl ihnen die Defizite selbst bewusst waren. Sie taten dies folglich nicht der Genauigkeit, sondern der Authentizität wegen. Es war die unmittelbare und automatische Qualität einer Fotografie, die den Eindruck machte, die Natur würde sich selbst zeichnen, welche dafür verantwortlich war, dass sie von den sich vor sich selbst fürchtenden Wissenschaftlern befürwortet wurde. „Unberührt von menschlichen Händen!" war der Slogan, mit dem für die mechanischen Bilder geworben wurde, und manchmal wurden sogar stark mängelbehaftete Fotografien gezeigt, um die Rechtschaffenheit der Wissenschaftler zu demonstrieren und „um zugleich mit grösster Objektivität auch die Grenzen des Verfahrens zu zeigen" (Christeller 1927, 19). Wie hinsichtlich aller Versionen von Objektivität war das erste Desiderat weder Wahrheit noch Gewissheit, sondern eher Freiheit eines gewissen Aspekts der Subjektivität – in diesem Fall die Subjektivität der Interpretation und Projektion.

1.2 Kommunitaristische Objektivität

Die kommunitaristische Objektivität sollte der Subjektivität durch Idiosynkrasie und Provinzialismus entgegenwirken, und zwar nicht nur der einzelner Wissenschaftler, sondern auch der ganzer Forschungsgruppen.

Wie die mechanische Objektivität entstand die kommunitaristische Objektivität in der Mitte des 19. Jahrhunderts, und zwar als Antwort auf eine neue Art und Weise der wissenschaftlichen Forschung: die nachhaltige internationale Kooperation. Im 18. Jahrhundert gab es zwar bereits einige internationale Kooperationen, namentlich die Beobachtung des Transits der Venus in den Jahren 1761 bis 1769, woran Franzosen, Schweden, Briten, Deutsche, Niederländer, Italiener, Russen, Dänen und Portugiesen beteiligt waren. Diese Kooperationsbemühungen waren allerdings nur klein und episodisch und ohne verbindliche Konsequenzen für die Teilnehmer (vgl. Woolf 1959; McClellan III 1985). Im Gegensatz dazu stand die längerfristige Orientierung und quasi-vertragliche Regelung der gemeinsamen Unternehmungen in der zweiten Hälfte des 19. Jahrhunderts, wie zum Beispiel das Projekt *Gradmessung* und die Standardisierung elektrischer Einheiten (siehe Verhandlungen der europäischen Gradmessung 1881; Schaffer 1992; Smith/Wise 1989, 694–698). Die Teilnehmer wurden unter anderem dazu verpflichtet, ihre Methoden und Techniken zu reformieren. Verbesserte Transport- und Kommunikationsmittel waren zwar die Voraussetzung, jedoch nicht die Ursache des entstandenen Netzwerks von Wissenschaftlern. Es war vielmehr ein neues Bewusstsein bezüglich der Naturphänomene, das menschliche Zeit- und Raumskalen in den Schatten stellte, welches die Entstehung überwältigender Beobachtungssysteme mit standardisierten Messmethoden und Apparaturen veranlasste. Die Gestalt und die Fortbewegung eines Sturmes (bezüglich der Auseinandersetzung mit Stürmen und Beobachtungssystemen siehe Fleming 1990, Kap. 2, 4, 6), das Profil einer Isotherme (siehe Cannon 1978, Kap. 3), die Physiognomie einer Landschaft (Nicolson 1990), die geografische Verteilung einer

Spezies (Cemerini, 1987) – das alles waren Phänomene, deren Regularitäten oder sogar deren Existenz denjenigen Beobachtern verschlossen blieben, die zu sehr im Hier und Jetzt verhaftet waren und deren Weltsicht durch den limitierten menschlichen Horizont einer speziellen Region oder einer menschlichen Lebensdauer beschränkt wurde.

Die mechanische und die kommunitaristische Objektivität adressierten verschiedene epistemologische Probleme in der Wissenschaft. Verfechter der mechanischen Objektivität waren besorgt darüber, dass menschliche Intervention Naturphänomene verzerren könnte und Vertreter der kommunitaristischen Objektivität waren darüber beunruhigt, dass anthropozentrische Zeit- und Raumskalen es unmöglich machten, gewisse Phänomene überhaupt zu erkennen. Auch die jeweilige Metaphysik wich entsprechend voneinander ab. Diejenigen Wissenschaftler, die von einer möglichen menschlichen Intervention am meisten beunruhigt waren, fokussierten sich auf das einzelne Phänomen in seiner Konkretheit und betrachteten das Zusammengesetzte mit Argwohn. Diejenigen, die den Provinzialismus am meisten fürchteten, bezeichneten die einzelnen Phänomene als irreführend und brachten ihre oft unsichtbaren Objekte dadurch zum Vorschein, dass sie diverse Beobachtungen von der ganzen Welt und über Dekaden hinweg vereinigten. Mechanische und kommunitaristische Objektivität bestimmten leicht unterschiedliche Auffassungen von wissenschaftlicher Moralität: Jede hatte das Ziel, eine andere Eigenschaft des Selbst zu unterdrücken. Während die mechanische Objektivität ihre Repräsentanten zum Zwecke der Wahrung von Authentizität zu strenger Selbstbeschränkung in der Beurteilung und Interpretation ermahnte, verlangte die kommunitaristische Objektivität, ebenfalls schwerwiegend, auf die Wahl individueller und/oder lokaler Forschungsapparaturen, Methoden und sogar Forschungsthemen zu verzichten, um die Solidarität untereinander zu wahren.

Wenn das Emblem der mechanischen Objektivität die unretuschierte Fotografie war, dann war das Emblem der kommunitaristischen Objektivität die globale Karte – sei es der ganzen Welt oder sogar der ganzen Himmelskuppel –, die wie ein Mosaik zusammengesetzt wurde, von einer Gemeinschaft weit verstreuter Beobachter, die jeweils ihren Teil dazu beitrugen. In der ambitioniertesten der wissenschaftlichen Kooperationen des 19. Jahrhunderts fanden die Fotografie und die Karte ihre Vereinigung: die fotografische Kartografierung des Himmels, bekannt als *Carte du Ciel* oder *Great Star Map*. Im April 1887 trafen sich 58 Astronomen aus sechzehn verschiedenen Ländern und drei Kolonien auf Einladung des Admirals E. B. Mouchez, Direktor des Pariser Observatoriums und der Pariser *Académie des sciences*, in Paris, um zu planen, was ein Zeitgenosse damals „das grossartigste Unternehmen, welches bisher auf astronomischen Gebiete unternommen worden ist" (Scheiner 1897, 311), nannte, nämlich eine vollständige fotografische Himmelskarte, die alle Sterne bis zur 14. Größenklasse enthalten sollte.[8] Als das größte und längste Projekt, das am Ende des 19. Jahrhundert begonnen wurde, ließ die Kollaboration *Carte du Ciel* die charakteristischen Ideale und Praktiken der kommunitaristischen Objektivität deutlich hervortreten.

Nur vereinte und anhaltende Bemühungen von fast zwanzig Observatorien in der nördlichen und südlichen Hemisphäre konnten das schaffen, was die Förderer als ewiges Monument freudig begrüßten, und durch das „la science du dix-neuvième siècle léguera à la posterité un état irrécusable et impérissable du ciel sidéral, qui, dans les siècles futures, servira de base certaine pour la solution du grand problème de la constitution générale de l'univers" (Flammarion 1887, 169). Das Ausmaß dieses Projekts war in der Tat in jederlei Hinsicht monumental: Achtzehn über die ganze Welt verteilte Observatorien, von Helsingfors (Helsinki) bei 60,9 Grad geografischer Breite bis Melbourne bei −37,5 Grad Breite,[9] arbeiteten über Jahrzehnte daran – die Veröffentlichung des Katalogs wurde erst 1964 abgeschlossen[10] –, die im Jahr 1912 geplanten Schaubilder zusammenzutragen, die aufeinandergestapelt 32 Fuß hoch und 4.000 Pfund schwer waren.[11] Dank dieser Momentaufnahme der Himmelskuppel waren circa 1.900 zukünftige Astronomen in der Lage, Änderungen zu erfassen, die sich auf einer zu großen Zeitskala entwickelten, um innerhalb eines im Vergleich sehr kurzen Menschenlebens erkannt zu werden – die Entstehung neuer Sterne, Nebel und Kometen; die verdächtige Bewegung bisher unentdeckter Planeten; die ausgedehnten Perioden der Wandelsterne; die inkrementelle Eigenbewegung der Fixsterne.[12] Durch die Vereinigung von Astronomen aus der ganzen Welt und über Generationen hinweg wurde mit der *Carte du Ciel* etwas erschaffen, das dem kolossalen Ausmaß der Natur selbst entgegenstrebte.

Obwohl die Fotografie das gigantische Projekt erst denkbar machte und obwohl dessen Anhänger sich bisweilen auf die Ideale der mechanischen Objekti-

---

8 Ebenfalls sollte im Rahmen des *Carte du Ciel*-Projekts ein Sternverzeichnis der Sterne bis zur elften Größenklassen erstellt werden. Über die Geschichte der Astrofotografie des 19. Jahrhunderts allgemein siehe Norman (1938), Hoffleit (1950) und Lankford (1984). Über die *Carte du Ciel* im Speziellen siehe Institut de France/Académie des sciences (1887), Winterhalter (1889), Mouchez (1887), Turner, H. (1912), Débarat et al. (1988) und Weimer (1987).
9 Die geografischen Koordinaten der teilnehmenden Observatorien sind zu finden in O'Hora (1988, 136). Für eine Auflistung der endgültigen Ausgaben siehe Lankford (1984, 30).
10 Die Kommission 23 der *Internationalen Astronomischen Union*, die 1919 gegründet wurde, um die *Carte du Ciel* zu leiten, wurde 1970 aufgelöst. Siehe Weimer (1988, 30).
11 Siehe Turner, H. (1912, 145). Insgesamt wurden im Laufe des Projekts rund 22.000 Abbildungen produziert (Lankford 1984, 30).
12 Zu den erwarteten Vorteilen der Himmelskarte siehe Mouchez (1887, Kap. 3, 4).

vität beriefen,[13] waren es die Ideale der kommunitaristischen Objektivität, also das Ethos einer von vielen Händen gemeinsam angefertigten Landkarte, welches die Herstellung der *Carte du Ciel* leitete. Die Astrofotografie allein versprach zwar Geschwindigkeit, Beständigkeit und Authentizität, aber nicht Globalität und Uniformität. Wie die Überlegungen des Internationalen Kongresses 1887 und die folgenden Versammlungen (1889, 1891, 1896, 1900, 1909) verdeutlichten,[14] waren die aufwendige Koordination von Teleskopen, Fotoplatten, mikrometrischen Messungen und die unzähligen anderen Details essentiell dafür, die Kommensurabilität der verschiedenen Teile der Karte sicherzustellen. Für die Kommensurabilität war es wiederum notwendig, dass alle Beteiligten nicht nur auf die Kontrolle hinsichtlich der zu verwendenden Apparaturen, Instrumente und Methoden, sondern auch auf die Wahl des eigenen Forschungsgebietes für die kommenden Jahre verzichteten.

Die Debatte darüber, welches Teleskop für die Fotografien im Rahmen der *Carte du Ciel* verwendet werden sollte, zeigt, wie teuer Uniformität und Globalität teilweise erkauft wurden. Obwohl die britischen Astronomen, wie etwa Andrew Ainslie Common und Isaac Roberts, stellare Fotografie mittels Spiegelteleskopen vorangetrieben hatten[15] und obwohl im Gegensatz zu Linsenfernrohren Spiegelteleskope sowohl für die visuelle Beobachtung als auch für die Fotografie verwendet werden konnten, waren es trotzdem gerade Common und Roberts, die empfahlen, „the reflector should yield to the refractor in a work to be undertaken in concert". Common pries zwar das Spiegelteleskop als das für die Himmelsfotografie in jeder Hinsicht beste Instrument an, räumte aber ein, dass dessen richtiger Gebrauch langwierige und sorgfältige Experimente verlangte, im Gegensatz zum Linsenfernrohr, dessen Handhabung einfach zu erlernen war. Roberts pflichtete ihm bei und betonte, das Spiegelteleskop „required the exercise of great care and patience, and a thorough personal interest on the part of the observer using it. In the hands of such a person it yielded excellent results, but in other hands it might be a bad instrument". Weil weder Common noch Roberts zuversichtlich waren, dass alle Beobachter in solch einem großen und internationalen Unterfangen die nötigen Fertigkeiten und ausreichend Geduld aufbringen

---

13 Es gab Verweise auf eine Karte bestehend aus „photography alone and without the intervention of any human errors" und auf den Austausch der „personality of the observer by the impersonality of the plates" (Winterhalter 1889, 59; Flammarion 1887, 163).
14 Siehe Winterhalter (1889); Institut de France/Académie des Sciences (1887) sowie das unregelmäßig veröffentlichte *Bulletin du Comité Permanent International pour l'Exécution Photographique de la Carte du Ciel.*
15 Bezüglich Commons und Roberts' fotografischer Arbeiten mit Spiegelteleskopen siehe Lankford (1981).

würden, und „for the sake of securing uniformity in the operations of a large number of astronomers" sprachen sie sich dafür aus, diejenigen Linsenfernrohre einzusetzen, die von den Brüdern Prosper und Paul Henry am Pariser Observatorium verwendet wurden (Winterhalter 1889, 18).

Was hier eingespart wurde, waren nicht nur die Kosten der Entwicklung eines neuen Teleskops gemäß den Angaben des Internationalen Kongresses.[16] Es ging auch nicht darum, den Stolz der Briten auf ihre berühmte Tradition des Spiegelteleskops, welches einst von Newton erfunden wurde, zu unterbinden. Auf dem Spiel standen ebenfalls die technische Expertise und die damit einhergehende Genauigkeit. Expertise in der Handhabung von Spiegelteleskopen zum Fotografieren war eine lokale Spezialität, die zu individuell war, um sie sicher standardisieren zu können. Wo fast zwanzig Observatorien und Hunderte von Beobachtern ihre Methoden und Ergebnisse nahtlos vereinen sollten, blieb kein Raum für Idiosynkrasie, auch nicht die der verbesserten Genauigkeit.[17]

Auch hinsichtlich der Präzision bei der Vermessung der Fotoplatten für die Bestimmung stellarer Positionen kam der Uniformitätsdruck zur Geltung. Indem er schlecht bezahlte Schuljungen und gänzlich unbezahlte, freiwillige Helfer anstellte, konnte es der Astronom H. H. Turner aus Oxford zwar schaffen, denjenigen Teil des astronomischen Katalogs fertigzustellen, mit dem er vom Internationalen Kongress beauftragt wurde. Trotz des Beitrags aus Oxford wurde die anvisierte fotografische Kartierung allerdings niemals fertiggestellt (O'Hora 1988, 137). Ungeduldig mit den Observatorien, die mit ihrem Teil für die *Carte du Ciel* im Verzug waren, tadelte er die Kollegen an diesen Observatorien wegen ihres, seiner Meinung nach, Präzisionsexzesses, dem sie bezüglich ihrer Messungen der Fotoplatten anheimgefallen seien. Das ganze Projekt der *Carte du Ciel* lief Gefahr, zu

---

16 Der Preis eines Teleskops wurde auf 40.000 Franc geschätzt, hinzu kamen weitere 21.000 Franc für die Kuppel und die Messapparatur (Flammarion 1887, 167 f.). Der Großteil der im Rahmen der *Carte du Ciel* verwendeten Linsenfernrohre wurde entweder von Grubb in Dublin (sieben) oder von Gautier in Paris (neun) hergestellt (O'Hora 1988, 136; Wayman 1988).
17 Immer wieder kam es auf dem Kongress 1887 zu Spannungen zwischen denjenigen, die „perfekte Gleichheit" verlangten, und denjenigen, die die fortschrittlicheren Instrumente und Methoden verteidigten. Zum Beispiel plädierten Folie, der Direktor des Observatoriums in Brüssel, und Janssen, der Präsident der Pariser *Académie des Sciences*, dafür, dass leistungsstärkere, aber nicht standardisierte Instrumente wie etwa das Meudon-Teleskop für die Kartierung zugelassen werden; Janssen mahnte außerdem an, dass es im Konflikt mit einer langjährigen Praxis stehen würde, den Instrumentenbauern aus den verschiedenen Ländern, die an der *Carte du Ciel* mitwirkten, Standards aufzuerlegen: „lorsque l'on s'adresse a des artistes de talent, on leur laisse habituellement une grande latitude pour les détails de la construction" (Institut de France/ Académie des Sciences 1887, 26, 46).

scheitern; der Arbeitsaufwand, der im günstigsten Fall zwanzig Jahre betragen hätte, drohte nun, sich mindestens vierzig Jahre hinzuziehen:

> The fact is that the necessity for strenuous economy has not been sufficiently realized: some of the larger observatories strained at an accuracy scarcely possible even for them; and their weaker brethren, in attempting to copy their example, have been left far behind. Moderation and self-denial are just necessary in astronomical work as in other walks of life. (Turner, H. 1912, 75)

Turners strikter Appell zur „Selbstverleugnung", um mit der *Carte du Ciel* voranzukommen, war von anderer Art als die Selbstbeherrschung, die von Verfechtern der mechanischen Objektivität gepredigt wurde, wenngleich der Ton nicht weniger moralisiert war. Die einzelnen Wissenschaftler sollten sich bezüglich der Beurteilung und Interpretation selbst beherrschen, damit ihre Stimmen nicht die der Natur übertönten. Im Gegensatz dazu wurden die einzelnen oder sogar öfter ganze Forschungsgruppen angewiesen, sich bei der Wahl der Instrumente und Methoden selbst zu verleugnen, damit lokale Besonderheiten nicht die gemeinsamen Bemühungen, die Natur als Ganzes zu erfassen, gefährdeten.

Die Stufen der Aufopferung, welche die kommunitaristische Objektivität verlangte, waren unterschiedlich: der zeitliche und monetäre Aufwand zum Zwecke der Umschulung und der Anschaffung neuer Instrumente; der Verzicht nicht nur auf bereits erprobte und mögliche, sondern mitunter gar auf nachweislich genauere Forschungsmethoden; der Austausch gewissenhafter Präzision durch Effizienz; die Monopolisierung von Ressourcen und Personal zum Zwecke langfristiger routinierter Arbeit; ein ständiges Widerstehen der Versuchung, die gemeinschaftlichen Verpflichtungen zu vernachlässigen, wenn just eine neue spannende Entdeckung gemacht wurde. Dieses Opfer war vor allem für die kleineren an der *Carte du Ciel* beteiligten Observatorien schwer zu tragen: Die australischen Observatorien in Sydney, Perth, Melbourne und Adelaide brauchten zum Beispiel achtzig Jahre, um die ihnen aufgetragenen Beobachtungen fertigzustellen (die ihnen zugeteilte Zone entsprach 18 Prozent des gesamten Himmels). Dies erforderte das Zurückstellen anderer Untersuchungen, etwa auf dem von Erfolg gekrönten Feld der Astrophysik und der Spektroskopie.[18] Unter diesen Umständen war es nicht verwunderlich, dass die Astronomen ihre Beteiligung an diesem Projekt auffassten als „the deep sense of duty imposed upon us", eine

---

[18] Siehe White (1988, 48) und Lankford (1984, 32) bezüglich der Vorteile, welche die amerikanischen Observatorien hatten, die sich nicht an der *Carte du Ciel* beteiligten.

komplette Himmelskarte zu überliefern „to the astronomers of the year 3000 at least".[19]

Es ist ebenfalls nicht verwunderlich, dass die Philosophen, die ausgehend von den Pflichten der kommunitaristischen Objektivität moralische Normen aussprachen, selbst Knotenpunkte im Netzwerk astronomischer und geodätischer Beobachter in der Mitte des 19. Jahrhunderts waren (Lenzen 1964; 1965; 1972). Charles Sanders Peirce beschäftigte sich sowohl in seiner philosophischen als auch in seiner sonstigen wissenschaftlichen Arbeit mit der Notwendigkeit der Einzelnen, sich zu einer Gemeinschaft zusammenzuschließen, um die Natur richtig zu verstehen:

> The real, then, is that which, sooner or later, information or reasoning would finally result in and which is therefore independent of the vagaries of me and you. Thus the very origin of the conception reality shows that this conception essentially involves the notion of a community, without definite limits, and capable of an indefinite increase of knowledge. (Peirce 1868, 239)

Diese philosophische Ausrichtung lag in Peirces Teilnahme an internationalen Kollaborationen als Delegierter der *United States Coast* und des *Geodetic Survey* begründet. Sogar in seinen stark technischen wissenschaftlichen Arbeiten berief er sich auf die Ideale der kommunitaristischen Objektivität im Rahmen spezifischer Experimente und wissenschaftlicher Strategien. In einer auf 1879 datierten Schrift anlässlich der Erinnerung an die Messung der Erdanziehungskraft an verschiedenen Punkten auf der Erdoberfläche betonte Peirce beispielsweise, „[that] the value of gravity-determinations depends upon their being bound together, each with all the others which have been made anywhere upon the earth". Um solche globalen Phänomene zu erfassen, müssen die beteiligten Wissenschaftler bereit sein, „to sacrifice [...] forms of action based on national exclusiveness [as] the solution of a great problem [...] absolutely depends on international solidarity" (Peirce 1879, 81).[20]

Hier finden sich all die Elemente, welche die kommunitaristische Objektivität konstituieren, wieder: ein globales Phänomen, das nur von einem Netzwerk von Beobachtern mit standardisierten Methoden untersucht werden kann, welche wiederum den pflichtbewussten Verzicht auf lokale Interessen für die Verwirkli-

---

19 Siehe die Briefe von David Gill, dem Direktor des Observatoriums am Kap der Guten Hoffnung an E. B. Mouchez am 01. Mai 1886 und von E. B. Mouchez an David Gill am 10. Mai 1886 (Archives de l'Observatoire de Paris, IV. A, carton 7).
20 Mit „forms of action based on national exclusiveness" bezieht sich Peirce auf eine Delegation von Wissenschaftlern, die sich weigerten, ihre Pendel im Berliner Eichungsamt zu standardisieren, und somit die Uniformität der weltweiten Gravitationsmessungen gefährdeten.

chung des gemeinsamen Ziels erfordern. Peirce scheute sich nicht davor, den Provinzialismus mit Eigennützigkeit zu identifizieren und allein seine Existenz der „Objektivität des Wissens" gegenüberzustellen (vgl. Peirce 1869, 271). Genau wie Renan verwendete Peirce selbstbewusst den christlich geprägten Ausdruck der Selbstverleugnung, um die wissenschaftliche Moral der Objektivität zu predigen. Es wurde dazu aufgerufen, sich zu oberster Gehorsamkeit bezüglich der Gesellschaft zu verpflichten, weil darin die Gewährleistung aller wissenschaftlichen Schlussfolgerung gesehen wurde: „He who would not sacrifice his soul to save the whole world is, as it seems to me, illogical in all his inferences collectively" (Peirce 1878, 284).

2 Philosophische Epistemologie versus wissenschaftliche Objektivität

Sowohl die mechanische als auch die kommunitaristische Form der Objektivität waren anfänglich epistemologische Feststellungen: Projektion kann die Phänomene verzerren; Provinzialismus kann sie verdecken. Dennoch brachten die vorgeschriebenen metaphysischen, methodologischen und moralischen Therapien neue epistemologische Probleme mit sich. Mechanische Objektivität wurde oft auf Kosten der Generalisierung und der Repräsentativität sowie manchmal sogar der Genauigkeit umgesetzt. Regeln bezüglich der Datenverarbeitung, wie etwa die Methode der kleinsten Quadrate, oder bezüglich der Darstellung von Phänomenen, wie etwa die Verwendung der Fotografie oder anderer mechanischer Reproduktionsmethoden, führten nicht immer zu den plausibelsten Werten oder Bildern. Auf analoge Weise fiel bei der kommunitaristischen Objektivität die Genauigkeit der Uniformität zum Opfer. Jegliche Form der Besonderheit, auch wenn sie auf die Überlegenheit der Geräteausstattung, die Präzision der Messungen oder auf die vorhandene Expertise bezogen war, konnte in einer Kollaboration, die auf die vollständige Kommensurabilität der Ergebnisse angewiesen war, nicht toleriert werden. Mechanische und kommunitaristische Objektivität konnten zwar einige Hindernisse bezüglich der wissenschaftlichen Erkenntnis aus dem Weg räumen, diese wurden jedoch durch neue Probleme ersetzt.

Wie konnten diese beiden Formen der wissenschaftlichen Objektivität, trotz erklärter epistemischer Absichten, von den Geboten einer gründlichen Epistemologie abweichen? Wie kam es dazu, dass das sekundäre Anliegen dieser beiden Formen der wissenschaftlichen Objektivität, nämlich die Authentizität oder Uniformität sicherzustellen, die ursprüngliche Sorge um Genauigkeit übermannte? Um zu verstehen, wie die Mittel den Zweck dominieren konnten, müssen wir zuerst den Unterschied zwischen wissenschaftlicher Objektivität und philosophischer Epistemologie herausarbeiten. Obwohl jede Form der wissenschaftlichen Objektivität ihren Ursprung in epistemischer Besorgnis bezüglich Verzerrung und Blindheit fand, musste sie auch praktisch umgesetzt werden. Mechanische Objektivität nahm nicht nur die Gestalt von Ermahnungen, die Phänomene unvoreingenommen darzustellen, an, sondern auch die von gewissen Verfahren, die diese Warnungen auch durchsetzen sollten. Wissenschaftler setzten auf selbstschreibende Instrumente, Fotografie und die Regeln statistischer Schlussfolgerung, um die Beobachtung, die Repräsentation und die Argumentation zu mechanisieren. Analog dazu führten die Mitglieder der Forschungsnetzwerke die Standardisierung und Rationalisierung von Maßeinheiten, Instrumenten und Versuchsprotokollen ein, um die Ideale der kommunitaristischen Objektivität zu sichern.

Weil sich die Grundsätze mechanischer und kommunitaristischer Objektivität unterschieden, ist es nicht verwunderlich, dass die korrespondierenden Praktiken mitunter in Konflikt gerieten. Beispielsweise standen die Initiatoren der *Carte du Ciel* der persönlichen Beurteilung prinzipiell unkritisch gegenüber, solange sie die Uniformität nicht gefährdete, verhinderten aber den Einsatz sensitiver Fotoemulsionen, weil diese Beschichtungstechnik nicht standardisiert werden konnte (Winterhalter 1889, 27, 70). Ein Verfechter der mechanischen Objektivität hätte beide Entscheidungen umgekehrt getroffen, im Glauben, damit der Wahrheit besser dienen zu können.

Aber sogar innerhalb einer Auffassung von Objektivität gab es Spannungen zwischen den Grundsätzen und ihrer Anwendung. Hierbei handelt es sich jedoch um eine unumgängliche Differenz: Kein Grundsatz kann perfekt in die Tat umgesetzt werden, genau wie keine Verhaltensregel alle konkreten Fälle umfasst, auf die sie angewendet werden kann. Deshalb blieben die wissenschaftlichen Praktiken der Objektivität nicht immer ihrer epistemologischen Inspiration treu. Verrauschte Schwarz-Weiß-Fotografien wurden detaillierten Zeichnungen im Namen der Authentizität vorgezogen; weniger präzise Messungen verdrängten präzisere im Namen der Solidarität. Einmal etabliert, entwickelten die Praktiken eine Eigendynamik, die durch Ausbildung, Gewohnheit und wohl vor allem durch moralische Tabuisierung, die jedem Regelbruch anhaftet, weiter verstärkt wurde.

Zutiefst verinnerlichte moralische Ideale und tief verwurzelte Praktiken führten zu einer Abspaltung von wissenschaftlicher Objektivität und philosophischer Epistemologie. Trägheit allein kann die Rigidität gewisser Praktiken wissenschaftlicher Objektivität nicht erklären, weil es sich um eine im höchsten Maße selektive Rigidität handelte. *Per se* wurden weder durch die mechanische noch durch die kommunitaristische Objektivität konservative Praktiken vorgeschrieben. Beispielsweise war die Verwendung der Fotografie in der Wissenschaft im späten 19. und frühen 20. Jahrhundert stark von Improvisation und Innovation geprägt. Langfristige Projekte, wie etwa die *Carte du Ciel*, wurden durch die ursprüngliche Wahl der Methoden und Instrumente handlungsunfähig gemacht, kürzere Kooperationen hätten und haben tatsächlich vom Fortschritt in beider Hinsicht profitiert.

Nur diejenigen Praktiken, die dem moralischen Kern der jeweiligen Form der Objektivität am nächsten standen, wurden durch Verbote und deshalb gleichzeitig auch durch Unterdrückung geschützt. Ohne die moralische Dimension der wissenschaftlichen Objektivität gäbe es keinen Grund, Praktiken nicht zu korrigieren, die *ad hoc* epistemologische Zielsetzungen verrieten. Aber wegen der moralischen Dimension der Authentizität und Solidarität wäre ein solches Herumbasteln als Verfälschung angesehen worden, mit der Absicht, die Ergebnisse und Verfahren so zu arrangieren, dass sie dem wissenschaftlichen Eigeninteresse dienten. Die Versuchung, ein Experiment so zu gestalten, dass die eigene Lieblingshypothese bestätigt wird, oder eine wissenschaftliche Kollaboration zu vernachlässigen, um eine vielversprechende neue Entdeckung eigenmächtig weiterzuverfolgen, war nicht zu leugnen, weshalb strikte Vorkehrungen dagegen getroffen wurden. Wie in allen moralischen Normensystemen war eine innere Überwachung weitaus effektiver als eine äußere und das Aufkommen von Redlichkeit genauso wichtig wie die Normen selbst. Genau wie das Ethos der rationalen Bürokratie, das jede Verdrehung einer Regel als willkürlich und korrupt tadelte, auch wenn die Regel selbst noch so unpassend für die konkrete Situation war, wies das Ethos der wissenschaftlichen Objektivität jede Verdrehung einer Praktik als gefährlich subjektiv zurück. Weit davon entfernt, als heilige Pietät dazustehen, bestimmten die moralischen Grundsätze der wissenschaftlichen Objektivität nicht nur die Wahl der Praktiken, sondern auch die Loyalität ihnen gegenüber.

In ihrer Essenz ist die Objektivität ein negatives Konzept, welches in Abgrenzung an das ihm gegenüberstehende Konzept der Subjektivität definiert wird, das weitaus deutlicher und energischer zutage tritt. Deshalb steht ihre Äußerung mit Angst anstatt mit Hoffnung in Verbindung: die Angst vor der Verzerrung im Fall der mechanischen Objektivität und die Angst vor der Abtrünnigkeit im Fall der kommunitaristischen Objektivität. Die einseitige Aufmerksamkeit auf diese „innere[n] Feinde", wie Goethe sie einst nannte (Goethe 1792, 14), führte dazu, dass die schlussendlichen epistemologischen Ziele der Objektivität manchmal aus den Augen verloren wurden. Auf die Anweisung, sich zwischen Genauigkeit und Authentizität im Fall von mechanischer Objektivität oder zwischen Genauigkeit und Uniformität im Fall von kommunitaristischer Objektivität zu entscheiden, wählten die Wissenschaftler meist die Authentizität der Fotografie und die Uniformität der Weltkarte anstatt der Wirklichkeitsnähe, Geschicklichkeit und Präzision.

Es ist also hauptsächlich die moralische Komponente, die für den Unterschied von wissenschaftlicher Objektivität und philosophischer Epistemologie verantwortlich ist. Eben weil diese moralische Komponente bei den klassischen Epistemologen des 17. Jahrhunderts nicht zu finden war, ist es irreführend, die Äußerungen von Francis Bacon und René Descartes als Vorboten der wissenschaftlichen Objektivität aufzufassen. Obwohl sie und die Verfechter der wissenschaftlichen Objektivität im 19. Jahrhundert oft (aber nicht immer) hinsichtlich ihrer epistemologischen Diagnosen übereinstimmten, unterschieden sich die verordneten Therapien signifikant. Deutlich wird das vor allem bezüglich der Abhilfemaßnahmen, die von den Philosophen des 17. Jahrhunderts propagiert wurden: Weder stiegen sie in den Bereich des Moralischen hinauf noch stiegen sie in den Bereich der konkreten Praktiken hinab. Ihre Loyalität hinsichtlich der epistemologischen Ziele, welche durchaus unterschiedlich aufgefasst wurden, blieb gelassen – und wurde nicht in ein wissenschaftliches Ethos überführt.

Siehe zum Beispiel Francis Bacons berühmte Darstellung der vier „Idole" in seinem Werk *Novum organum*. Die „Idole" behindern den menschlichen Geist in seinen Versuchen, die Geheimnisse der Natur zu ergründen. Auf den ersten Blick scheinen diese Passagen voller Antizipationen des Credos der mechanischen Objektivität im 19. Jahrhundert zu sein. Auch seiner Meinung nach grassieren Bilder der Verzerrung. Wiederholt beklagt Bacon diesen Zustand: „Der menschliche Verstand gleicht ja einem Spiegel, der die strahlenden Dinge nicht aus ebener Fläche zurückwirft, sondern seine Natur mit der der Dinge vermischt, sie entstellt und schändet" (Bacon 1620, 101/A.41). „Der menschliche Verstand ist kein reines Licht, sondern er erleidet einen Einfluß vom Willen und von den Gefühlen; dieses erzeugt jene Wissenschaft für das, was man will" (ebd., 111/A.49). Die Idole des Stammes, der Höhle, des Marktes und des Theaters deformieren die „wahren Kennzeichen und Merkmale, wie sie an den Schöpfungswerken in der Natur aufgefunden werden" (ebd., 91/A.23): unsere Sinne sind getrübt und inkompetent (vgl. ebd., 113/A.50); unsere Worte sind „verworren, schlecht abgegrenzt und voreilig und unangemessen von den Dingen abstrahiert" (ebd., 123/A.60); unsere Theorien sind verunreinigt durch die Sophisterei der Logik, die Unklarheit simpler Experimente und die Phantasien des Aberglaubens (vgl. ebd., 125–145/A.61–67). Solange sie sich auf die Epistemologie beschränkten, hätten die Vertreter der mechanischen Objektivität sicher ein Epigramm von Bacon aufnehmen können.

Wenn wir jedoch von Klagen über unbeabsichtigte Verzerrung hin zum Vorwurf der absichtlichen Komplizenschaft und Verschlimmerung gehen, verstummt das Bacon'sche Echo in den Aufrufen zur wissenschaftlichen Objektivität im 19. Jahrhundert. Obwohl Bacon die epistemologischen Fehler sowohl auf moralische als auch auf natürliche Versäumnisse zurückführte, waren Ungeduld und Verzweiflung, nicht Überheblichkeit und Ehrgeiz, die Kardinalsünden seines philosophischen Katechismus. Er warf den Naturphilosophen zwar „Anmaßung und Stolz" vor, dafür, dass sie ihre Originalität mehr schätzten als die Wahrheit (ebd., 191–195/A.88), weitaus öfter und eindringlicher jedoch rügte er sie, der philosophischen Verzweiflung angesichts der Dunkelheit der Natur, der Kürze des Lebens, der Täuschung durch die Sinne und der Urteilsschwäche zu erliegen (vgl. ebd., 159–163/A.75).

Noch öfter und noch heftiger beklagte er die Unbesonnenheit des menschlichen Verstandes, welcher aus „einer flüchtigen und auf der Hand liegenden Erfahrung" Axiome ableitet (ebd., 93/A.25), mit „übereiltem Eifer" vom Experiment auf die Praxis schließt (ebd., 147/A.70) und das Wesen der Natur antizipiert, anstatt es zu interpretieren (vgl. ebd., 93–95/A.26–28). Es war nicht die metaphysische Arroganz oder der *esprit de système*, sondern die geistige Unruhe, die Bacon als den schlimmsten „inneren Feind" einer reformierten Naturphilosophie fürchtete.

Die Divergenz zwischen Bacons Ansatz und dem der Verfechter der wissenschaftlichen Objektivität im 19. Jahrhundert tritt am deutlichsten zutage, wenn die jeweiligen Lösungsansätze der geteilten epistemologischen Probleme gegenübergestellt werden. Während die Wissenschaftler im 19. Jahrhundert auf eine Mischung aus Methoden und moralischen Normen setzten, schlug Bacon lediglich *eine* Methode vor, welche weder durch ein Ethos empfohlen noch erzwungen wurde. Er verstand seine umfangreiche Sammlung von Tafeln des Wesens und der Gegenwart, der Abweichung und der Abwesenheit, der Grade und der Vergleichung etc. als eine „mechanische Hilfe" für den Geist, als genauso unabhängig von den persönlichen Fähigkeiten des Nutzers wie ein Hebel oder ein Flaschenzug. Bacons „Verfahren nun, die Wissenschaften aufzuspüren, ist so, daß dem Scharfsinn und der Stärke des Geistes nicht viel zu tun bleibt; sondern gleicht die Begabungen und Anlagen fast aus" (ebd., 127/A.61). Obwohl geistige Ungeduld ein moralisches Versäumnis sein mag, konnte Geduld allein, nach Bacons Auffassung, die Fehler nicht korrigieren:

> Der sich selbst überlassene Geist versucht bei einem nüchternen und abgewogenen und ernsten Charakter (besonders, falls er von den überlieferten Lehrmeinungen nicht gehemmt wird) oft jenen zweiten Weg, welcher der rechte, aber mühevollere ist. Denn der Verstand ist, sofern er nicht geleitet und unterstützt wird, ein unausgeglichenes Ding und unfähig, in die Dunkelheit der Dinge Licht zu bringen. (ebd., 91/A.21)

Nur Methoden, nicht moralische Normen, wären in der Lage, die Sinne zu schärfen, die Wörter den Dingen anzupassen und die „wahren Formen" der partikularen Naturerscheinungen zu enthüllen.

Dies soll jedoch nicht den zutiefst moralischen und sogar religiösen Antrieb leugnen, welcher seine Auffassung einer reformierten Naturphilosophie beseelte, die, seiner Meinung nach, ganz im Dienst der christlichen Nächstenliebe stehe und die Menschheit mit nützlichen Erfindungen beschenkt habe. Hierbei handelt es sich allerdings nur um die Moralität des Ziels des Projekts und nicht um die der Mittel. Obwohl Bacon seine Methode in Analogie zu einem mechanischen Verfahren verstanden hatte, sah er die Aufgabe des Mechanischen darin, die Sinne und das Naturverständnis zu perfektionieren, genau wie Lineal und Zirkel die Aufgabe haben, eine Handzeichnung zu verbessern (ebd., 127/A.61). Es ging nicht darum, den Willen zu zügeln. Die „Interpretation der Natur" sollte den Geist lediglich disziplinieren[21] und nicht gewissenhaft machen.

Weitgehend dasselbe kann, *mutatis mutandis*, weil es sich bekanntermaßen um eine andere Diagnose epistemologischer Missstände handelt, über die Kartesische Methode gesagt werden. Wenn überhaupt, dann war Descartes noch sparsamer mit moralisierten Epitheta als Bacon. Es war zwar verrückt, aber nicht verwerflich, den ungefilterten Sinneseindrücken Glauben zu schenken; es war ein schlimmer epistemologischer, aber kein moralischer Fehler, eine Idee für wahr zu halten, die nicht klar und deutlich war. Die „moralischen Regeln", die er aus seiner Methode ableitete – zum Beispiel die Übereinstimmung mit den Gesetzen und Bräuchen seines Landes oder die Aufforderung im Sinne der Stoa, den Wunsch nach jedweden äußeren Gütern zu tilgen – waren erklärtermaßen provisorisch und gedacht als ein vorsichtiger Test für die möglicherweise subversiven Folgen der Methode des radikalen Zweifels.[22] Sie waren weder Voraussetzungen für die Anwendung der Methode noch stellten sie die erwünschten Ergebnisse sicher.

Obwohl Descartes in der zeitgenössischen philosophischen Literatur stets dafür gelobt oder getadelt wird, die moderne Auffassung von Objektivität ins Leben gerufen zu haben,[23] lässt sich aus den *Meditationes* bei einer strikten Lesart nichts zutage fördern, was nur im entferntesten Sinne etwas mit unserer heutigen Auffassung wissenschaftlicher Objektivität zu tun hätte. Im Gegensatz zu Bacon verwendete Descartes zwar in der Tat die lateinische bzw. französische Entsprechung des Wortes „Objektivität", aber in einem so stark scholastisch gefärbten Sinne, dass die Verwendungsweise einem zeitgenössischen Leser geradezu wi-

---

21 Sogar diese Disziplin scheint eine zeitliche Angelegenheit zu sein, denn obwohl Bacon den heranwachsenden Naturphilosophen vorschrieb, „den Geist von den allgemeinsten und ihnen am nächsten liegenden Grundsätzen zur Zeit noch fernzuhalten", ging er davon aus, dass die Anwendung seiner Methode bald natürlich werde: „Sind diese Hindernisse entfernt, dann ist die Interpretation das wahre und natürliche Werk des Geistes" (Bacon 1620, 273–275/A.130).
22 Siehe Descartes' *Discours de la méthode* (1637), Teil III. Die Stelle, an der Descartes einer Diskussion der emotionalen Aspekte der Kognition am nächsten kam, sind seine Bemerkungen bezüglich Wundern in *Les Passions de l'âme* (1649). Trotz ihrer Hauptbeschäftigung mit anderen Aspekten der Subjektivität teilten einige wenige Verfechter der wissenschaftlichen Objektivität des 19. und 20. Jahrhunderts Descartes' Sorgen bezüglich Wundern.
23 Siehe zum Beispiel Williams (1978, 69–70); Nagel (1986, 15); Harries (1973).

dersprüchlich vorkommt. Deutlich wird das vor allem in der Dritten Meditation, wo er auf die scholastische Verwendung von „objektiver" und „formaler" Realität zurückgreift, um davon zu sprechen, wie Ideen „participent par representation à plus de degrez d'estre ou de perfection", und Ideen mit etwas korrespondieren, das außerhalb unseres Geistes wirklich existiert. Wie Descartes klar und deutlich sagt, ist die objektive Realität eine Eigenschaft der Ideen allein, und obwohl die Ursache der Idee „[contient] moins autant de realité formelle que cette idée contient de realité objective" (Descartes 1641/1647, 31–33/III), impliziert das alleine nicht, dass die objektiv reale Idee ihrer Ursache ähnlich sei oder mit einem externen Objekt korrespondiert.[24] Das bedeutet, dass Descartes' Begriff der „objektiven Realität" ausschließlich zum Bereich des Geistigen gehört und demnach zu dem, was seit der Mitte des 19. Jahrhunderts als „subjektiv" bezeichnet wird.

So viel zum Begriff „Objektivität". Wenn wir unsere Aufmerksamkeit dagegen auf das Ding richten, lässt sich bei Descartes mehr Material finden, um einige der epistemologischen Sorgen zu antizipieren, die den verschiedenen Formen wissenschaftlicher Objektivität im 19. Jahrhundert zugrunde lagen, obwohl auch hier die Ähnlichkeiten nur partiell gültig sind. Genau wie die Anhänger der mechanischen Objektivität war auch Descartes von der Furcht getrieben, sich die Welt lediglich einzubilden, d. h. seine verrückten Phantasien als Realität aufzufassen (Descartes 1641, 17–18/I). Doch handelt es sich hierbei um eine hypertrophierte und albtraumhafte Version der Angst eines heutigen Wissenschaftlers davor, etwas in seine Messdaten hineinzuprojizieren. Ein solcher wäre gar nicht in der Lage, sich eine so radikale Therapie wie die des Kartesischen radikalen Zweifels zu eigen zu machen, was nämlich bedeuten würde, dass er all sein sensorisches Beweismaterial verwerfen müsste. Während die einen nur die Gefahr der Voreingenommenheit hinsichtlich ihrer Lieblingstheorie sahen, fürchteten sich die anderen vor ungebändigter schöpferischer Einbildungskraft und gar vor dämonischer Irreführung. Es ist sogar schwierig, bloß die These aufrechtzuerhalten, dass es Descartes' Ziel war, die Subjektivität zurückzuweisen, vor allem insofern sich der Begriff auf den Geist und nicht auf den Körper bezieht. In der Sechsten Meditation argumentiert Descartes, dass nur das „Ich" ein Kandidat für Gewissheit sein könne und dass dieses „Ich" vom Körper verschieden sei. Aus diesem Grund war das reine Denken schon an sich vertrauenswürdiger als die Imagination und *a fortiori* als Sinneswahrnehmungen, weil sich das „Ich" dort am unverfälschtesten abbildet (ebd., 57–59/VI). In der Kartesischen Tradition war es das Subjektive,

---

24 Ich habe hier die erweiterte französische Übersetzung von 1647 (das lateinische Original stammt aus dem Jahre 1641) zugrunde gelegt, in welcher Descartes näher auf die Bedeutung seiner scholastischen Terminologie eingeht. Das ist vielleicht von Vorteil für die nicht-akademischen Leser.

nicht das im modernen Sinne Objektive, dem die Hoffnung der sicheren Erkenntnis galt.

Noch auffälliger ist die unterschiedliche Rolle, die der Wille in der Kartesischen Epistemologie und in der mechanischen Objektivität einnimmt. Descartes war der Meinung, dass der Wille ganz natürlich das Gute und das Wahre ins Auge fasst; je klarer und deutlicher es erkennbar ist, desto freier wähle ich es. Nur in Fällen der Indifferenz, in denen der Verstand keine hinreichende Klarheit verschaffen kann, neigt der Wille dazu, sich zu irren (Vierte Meditation). In solchen Fällen wäre die epistemologisch korrekte Verhaltensweise, auf ein Urteil zu verzichten, aber Descartes glaubte nicht, dass es der Selbstbeherrschung bedürfe, einen bereits indifferenten Willen zu zügeln. Während die wissenschaftliche Objektivität des 19. Jahrhunderts die Notwendigkeit wachsamer und energischer Selbstdisziplin predigte verlangte die Kartesische Epistemologie keine Einschränkung des Willens. Ganz im Gegenteil, je vehementer der Impuls des Willens war, desto mehr kam das der Wahrheit zugute. All das, was einer „particuliere contention d'esprit" bedurfte – zum Beispiel, sich ein Dreieck einzubilden, anstatt sich ein Chiliagonum zu denken –, stand im Konflikt zur Reinheit des „Ichs" und war daher epistemologisch unseriös für Descartes (ebd., 57–58/VI). Allenfalls erforderte die Kartesische Methode der Prüfung von Begriffen, Bildern und Wahrnehmungen Sorgfalt und Vorsicht, und nicht fromme Selbstbeherrschung.

In meinem Vergleich der philosophischen Epistemologie des 17. Jahrhunderts mit der wissenschaftlichen Objektivität des 19. Jahrhunderts habe ich mich hauptsächlich auf die vermeintlichen Antizipationen der mechanischen Objektivität berufen, weil diese *prima facie* plausibler erscheinen. Ich habe dafür argumentiert, dass diese Antizipationen, wenn sie überhaupt existierten, nur die Diagnose der Probleme, aber nicht ihre Abhilfe betrafen und dass die moralische Komponente der sogenannten Heilmethoden des 19. Jahrhunderts bei den im 17. Jahrhundert vorgeschlagenen Methoden beinahe vollständig fehlt. Im Fall der kommunitaristischen Objektivität fallen die Antizipationen im 17. Jahrhundert noch schwächer aus. In Bacons unvollendeter Utopie *The New Atlantis* hüten sich die *Lichtkäufer* aus dem Hause Salomons, die in fremde Länder aufgebrochen sind, um Informationen bezüglich neuer Erfindungen und Entdeckungen zu sammeln, sogar davor, die Existenz ihres Heimatlandes preiszugeben, indem sie „nach der Landung unter dem Deckmantel einer anderen Nationalität verborgen bleiben" (Bacon 1627, 29). Internationale Kollaborationen mit allen den sie begleitenden Problemen wurden weder begrüßt noch angestrebt. Zwar verlief die Forschungsarbeit innerhalb des Hauses Salomons durchaus kooperativ, aber die Arbeitsteilung war hierarchisch so strikt durchorganisiert – von den niedrigeren Rängen der *Lichtkäufer*, den *Ausbeutern* und *Jägern* hin zu den erhabenen *Erklärern der Natur* (ebd., 54–56) –, dass Fragen bezüglich der Standardisierung und

Selbstaufopferung, die in den Beobachternetzwerken im 19. Jahrhundert stark diskutiert wurden, kaum aufkamen.

Auch Descartes stellte sich die Form der Kollaboration hierarchisch von oben nach unten durchorganisiert vor. Obwohl er in Teil VI des *Discours de la méthode* die Weisung erteilte, andere mögen Experimente durchführen und ihm ihre Ergebnisse mitteilen, vertraute er nur den Experimenten, die unter seiner Aufsicht durchgeführt wurden, weil die von anderen oft „mal expliquées, ou mesme si fausses, a cause que ceux qui les ont faites se sont efforcez de les faire paroistre coformes leuer principes" (Descartes 1637, 72) waren.[25] Nur in einer Kollaboration auf Augenhöhe würde Selbstbeherrschung an die Stelle von Befehlen von oben treten, eine solche wurde aber weder von Bacon noch von Descartes ins Auge gefasst.

Auch stellten sie sich nichts vor, was der wissenschaftlichen Objektivität des 19. Jahrhunderts entsprochen hätte. Eben weil es sich bei ihren Theorien um epistemologische Visionen anstatt eines Rahmens für die wissenschaftliche Praxis handelte, unterschieden sie sich grundsätzlich von den praktischen Verfahren, welche die wissenschaftliche Objektivität konstituierten. Auch insofern die Epistemologen des 17. Jahrhunderts Methoden bestimmten, seien es mechanische oder nicht, um die Hindernisse auf dem Weg zum Wissen zu überwinden, beinhalteten diese Methoden keine moralischen Ermahnungen, die ein zentrales Merkmal der wissenschaftlichen Objektivität darstellen. Die Beherrschung des eigenen Willens war weder wirksam noch notwendig, um die Naturphilosophie auf ein sicheres Fundament zu stellen. Sowohl Bacon als auch Descartes vertrauten gelassen darauf, dass, mit ein wenig Übung, sowohl der Wille als auch der Verstand ihre Methoden ohne Anstrengung fänden, die im Grunde nichts weiter als der freie Ausdruck ihrer natürlichen Veranlagung waren. Das, was natürlich ist, kann jedoch schwerlich den Ausgangspunkt von moralischen Normen darstellen. Der Unterschied zum andauernden Appell zu Selbstbeherrschung und Selbstaufopferung der mechanischen und kommunitaristischen Objektivität tritt hier deutlich zutage. Die Epistemologie des 17. Jahrhunderts trachtete nach dem göttlichen Wissen, die Objektivität des 19. Jahrhunderts trachtete nach den Tugenden eines Heiligen. Die wissenschaftliche Objektivität mag in der Epistemologie ihren Anfang gehabt haben, jedoch blieb sie nicht auf dieser Stufe stehen. Verfahren und Tabus, Praktiken und Vorschriften überführten epistemologische Betrachtungen in eine eigenständige kulturelle Praxis, die Kohärenz forderte und eine Eigendynamik entwickelte. Kultur wird nicht nur durch die Handlungswei-

---

[25] Bezüglich der Auseinandersetzung, inwiefern die Laboranten des 17. Jahrhunderts lediglich Bedienstete waren, siehe Shapin (1989).

sen, die sie uns anerzieht, und die Gegenstände, die sie hervorbringt, sondern auch durch die Werte und Bedeutungen, die den Handlungsweisen und Gegenständen beigemessen werden, konstituiert. Die Verfahren und Gegenstände der Objektivität – zum Beispiel die statistische Datenanalyse oder die Weltkarte – wurden auf ähnliche Weise saturiert. Sobald deren Durchdringung eine gewisse Stärke erreicht hatte, stellten diese Verfahren und Gegenstände nicht länger bloße epistemologische Ziele dar, sondern wurden zu Symbolen, die moralische Bedeutung ausstrahlen. Obwohl sie größtenteils in der philosophischen Epistemologie keine Rolle spielten, waren es die ausgeprägten moralischen Grundsätze der Selbstbeherrschung und Selbstverleugnung, die die wissenschaftliche Objektivität formten und ihr Nachdruck verliehen.

3 Konklusion: die wissenschaftliche Persona

Es ist von zentraler Bedeutung für meine These, dass die moralische Dimension der wissenschaftlichen Objektivität des 19. Jahrhunderts nicht nur neu, sondern auch wesentlich für das Wesen der wissenschaftlichen Objektivität war. Es war weder eine bloße Pose noch eine Mystifikation, sondern ein Ethos mit Gehalt und manchmal auch schmerzlichen Konsequenzen. Die Wahl der Instrumente, die Wahl der Repräsentationsmittel, die Publikation von Hypothesen und Ergebnissen – all diese wichtigen Entscheidungen waren beeinflusst vom Ethos der mechanischen und kommunitaristischen Objektivität. Weder gab es da ein „bloß", wenn es um die Authentizitätssymbolik ging, welche die Anatomen dazu brachte, Schwarz-Weiß-Fotografien anstatt kolorierter Zeichnungen kartesischer Klarheit und Deutlichkeit zu publizieren. Noch handelte es sich um eine leere Geste der Solidarität, als die britischen Astronomen ihre Spiegelteleskope durch Linsenfernrohre ersetzten, um ihre Ergebnisse zum Wohle der internationalen Forschungsgemeinschaft zu standardisieren. Ohne diese moralischen Grundsätze wäre die Objektivität genauso unfruchtbar für wissenschaftliche Angelegenheiten gewesen wie die Epistemologie.

Das soll jedoch nicht heißen, dass die moralischen Grundsätze der wissenschaftlichen Objektivität notwendigerweise lobenswert waren, oder dass die Wissenschaftler diese immer eingehalten hätten. Selbstbeherrschung, wenn sie für die Verwirklichung jedweder Ziele, mögen diese noch so bizarr sein, zum Einsatz kommt, verdient zwar unseren Respekt, wohl aber nicht notwendigerweise unsere Bewunderung: Adam Smith etwa bestaunte die heroische und unüberwindliche Standhaftigkeit Wilder, die gefoltert wurden, zögerte aber, sie wegen ihrer Tapferkeit allein als tugendhaft zu bezeichnen (vgl. Smith 1759, 207). Jede Tugend bedarf der Selbstbeherrschung, aber nicht jede Form der Selbstbeherrschung ist an sich tugendhaft. Ferner kann es sich um eine esoterische Art der Tugend handeln, die zwar von denjenigen innerhalb der moralischen Gemeinschaft gepriesen wird, aber von denjenigen außerhalb nicht, welche diese Form der Selbstverleugnung gar als seltsam oder verwerflich erachten. Peter Brown hat zum Beispiel den Abscheu vieler ehrenhafter Römer angesichts der sexuellen Enthaltsamkeit einiger früher Christen herausgearbeitet, deren Keuschheit im Konflikt stand mit der Familie und ihren Pflichten (vgl. Brown 1988). So rief auch die spezifische Art der Enthaltsamkeit der wissenschaftlichen Objektivität Kritiker auf den Plan, die die „gross impertinence of this act of detached observation" anprangerten (Roszak 1968, 222). Ob nun lobenswert oder nicht, die wissenschaftliche Objektivität war in der Lage, die Autorität eines gestandenen moralischen Grundsatzes auszuüben.

Die Autorität sollte weder übertrieben noch geschmälert werden. Kein Ethos ist in der Lage, vollständigen und universellen Gehorsam zu erreichen; Befolgung ist immer partiell und Verstöße sind zahlreich. Mechanische Objektivität eliminierte nicht das Urteil und die Interpretation; die kommunitaristische Objektivität verhinderte nicht die Konkurrenz verschiedener Forschungsgruppen und Staaten. Dennoch bleibt ein Ethos auch nicht effektlos: Auch ein Ideal, das öfter übertreten als eingehalten wird, bleibt ein Ideal, und es gibt einen deutlichen Unterschied zwischen einer Gesellschaft, die ihren Idealen nicht treu bleibt, wie ausgefallen auch immer diese sein mögen, und einer Gesellschaft, die gar keine Ideale hat. Die moralischen Grundsätze der wissenschaftlichen Objektivität hatten genauso bedeutende und konkrete Konsequenzen wie der Polygraf und andere selbstschreibende Instrumente und Apparaturen oder wie die Pendel, die extra von Washington und Wien in das Berliner Eichungsamt gebracht wurden. Außerdem konnten die Doktrinen der wissenschaftlichen Objektivität, genau wie alle moralischen Grundsätze, internalisiert werden und verursachten somit unter Umständen akribische Selbstprüfung und präventive Schuldgefühle. Durch Selbststeuerung konnten sie die Persona sowie das Verhalten der Wissenschaftler beeinflussen.

Es ist wichtig zu beachten, dass, obwohl diese kollektive wissenschaftliche Persona verschiedenste Formen der Selbstdisziplin beabsichtigte, sie, zumindest was die mechanische und kommunitaristische Objektivität betrifft, nicht auf die Selbstauslöschung abzielte. Im Gegenteil, Selbstkontrolle konnte, insbesondere wenn im Namen einer illustren Pflicht angewendet, genauso ein Mittel zur Selbstverherrlichung darstellen. Ein Sieg des Willens führte selten dazu, das Ego zu verkleinern oder die Person in den Schatten zu stellen. Wissenschaftler am Ende des 19. Jahrhunderts wie Peirce und Populisten wie Renan scheuten sich nicht davor, die Wissenschaft als die neue Priesterwürde anzupreisen, ein Spitzenamt, das genauso viel Selbstverleugnung bedarf wie das altehrwürdige

Priesteramt.²⁶ Viel wurde aus dem Niedergang der 1. Person Singular und dem Aufkommen des Passivs in der wissenschaftlichen Prosa gemacht (siehe zum Beispiel Bazerman 1988), diese Lokution war jedoch weder spezifisch für die Wissenschaft noch von unmissverständlicher Bedeutung. Ihre Allgegenwärtigkeit in bürokratischen Schriften deutet stark auf eine Zerstreuung der Verantwortung und/oder auf unanfechtbare Autoritätsansprüche als alternative Motivation hin. Ausgewählte Aspekte der Subjektivität im Dienst der Authentizität oder Solidarität zurückzuhalten, bedarf keineswegs der Selbstauslöschung. Wenn zum Beispiel Dr. Watson erschaffen wurde, um deutlich zu machen, wie der fiktionale Held der Objektivität, Sherlock Holmes, seine „softer passions" aus „his own delicate and finely adjusted temperament" soweit verbannt hat wie „grit in a sensitive instrument", dann wird dadurch die Einzigartigkeit von Holmes' Persönlichkeit kein bisschen geschmälert (Doyle 1893, 10).

Dennoch scheint der Mythos des sich selbst verleugnenden Wissenschaftlers sehr wohl seinen Ursprung in der Mitte des 19. Jahrhunderts zu haben – allerdings eher in der Literatur der romantischen Kunstkritik als in der wissenschaftlichen Objektivität. Wenn Charles Baudelaire sich über sklavisch detailgetreue, naturalistische Landschaftsbilder und die noch sklavischere Kunstfotografie echauffiert, dann hat er seine spitzen Bemerkungen für eine Kunstrichtung zurückgehalten, der es so deutlich an Selbstrespekt mangelt, dass sie „se prosterne devant la réalité extérieure" (Baudelaire 1859, 319). Die Natur zu kopieren, bedeutete nicht nur, die Imagination, sondern auch die Individualität aufzugeben, die Baudelaire und andere romantische Kritiker als essentiellen Bestandteil großer Kunst betrachteten:

> L'artiste, le vrai artiste, le vrai poète, ne doit peindre que selon qu'il voit et qu'il sent. Il doit être *réellement* fidéle à sa propre nature. Il doit éviter comme la mort d'emprunter les yeux et les sentiments d'un autre homme, si grand qu'il soit; car alors les productions qu'ils donneraient seraient, relativement à lui, des mensonges, et non réalités. (ebd., 320–321, hervorg. im Original)

In seinem Zeitungsporträt des Künstlers Constantin Guys bezeichnete Baudelaire letzteren bloß als „M. C. G.", er hielt ihn für einen Mann, der so unverkennbar er selbst war, dass er es gar nicht nötig hatte, seine Zeichnungen zu signieren: „Mais tous ses ouvrages son signés de son âme éclatante, et les amateurs qui les on vus et apréciés les reconnaîtront facilement à la description que j'en veux faire"

---

26 Über die Versuche britischer Wissenschaftler, sich als Nachfolger des Klerus zu beschreiben, siehe Turner, F. (1974).

(Baudelaire 1863, 459).[27] Hier wird ein Authentizitätsideal deutlich, welches dem Selbst und nicht der Natur die signifikante Rolle zuwies und die untilgbare und einzigartige Personalität des Künstlers ins Zentrum seiner Persona rückte.

Es sind auch Baudelaires Schriften, wo wir ein ebenso eindrucksvolles Porträt eines ausgelöschten Selbst finden, aber in Gestalt eines minderwertigen Künstlers und nicht eines Wissenschaftlers. Schließlich ist es ein Maler von übermäßig exakten Landschaftsbildern, dem folgende Bemerkung Baudelaires gilt: „I want to paint things just as they are, or rather as they would be, on the supposition that I did not exist. The universe without man" (ebd., 329). Und es sind ebenfalls die Landschaftsmaler, die Baudelaire beschuldigt, es als Triumph anzusehen, ihre eigene Persönlichkeit nicht zu zeigen (vgl. ebd., 326). Es handelt sich hierbei aber um die widersprüchliche Auffassung zweier Typen von Malerei und nicht um den Unterschied zwischen Künstler und Wissenschaftler. Baudelaire selbst insistierte, dass Wissenschaftler – allerdings auch Diplomaten und Soldaten –, genau wie Künstler, phantasievolle Geistesblitze benötigen. Indem er aber die Irrlehre der Selbstauslöschung künstlerischen „Positivismus" nannte, scheint er der Assoziation des sich selbst auslöschenden Wissenschaftlers, der seine eigene Personalität verleugnete, um die Natur besser abbilden zu können, mit dem selbstbeherrschten Wissenschaftler, der seinen Willen aus den gleichen Gründen zügelte, den Weg bereitet zu haben. Es ist auf spekulative, aber erheiternde Art ironisch, sich vorzustellen, dass der Mythos des sich selbst auslöschenden Wissenschaftlers durch einen gescheiterten Künstler in die Welt kam.

Übersetzung: Moritz Dittmeyer

Bibliographie

Albinus, Bernhard (1747): Tables of the Skeleton of the Human Body. London 1749: John and Paul Knapton.
Bacon, Francis (1620): Neues Organon. Hamburg 1990: Meiner.
Bacon, Francis (1627): Neu-Atlantis. Stuttgart 2003: Reclam.
Baudelaire, Charles (1859): Salon de 1859. In: Henri Lemaître (Hrsg.): Curiosités esthétiques. L'art romantique et autres oeuvres critiques. Paris 1962: Edition Garnier.
Baudelaire, Charles (1863): La peintre de la vie moderne. In: Henri Lemaître (Hrsg.): Curiosités esthétiques. L'art romantique et autres oeuvres critiques. Paris 1962: Edition Garnier.

---

27 Siehe Seigel (1986) bezüglich der bohemischen und bourgeoisen Varianten des „vague but magnetic image of the artist devoted to his own imagination and self-development" (Seigel 1986, 25 f.).

Bazerman, Charles (1988): Shaping Written Knowledge. The Genre and Activity of the Experimental Article in Science. Madison: University of Wisconsin Press.
Bernard, Claude (1865): Introduction à l'étude de la medicine expérimentale. Paris 1966: Garnier-Flammarion.
Brown, Peter (1988): The Body and Society. Men, Women and Sexual Renunciation in the Early Christianity. New York: Columbia University Press.
Camerini, Jane Rouder (1987): Darwin, Wallace, and Maps. Ph.D. Thesis: University of Wisconsin-Madison.
Cannon, Susan Faye (1978): Science in Culture. The Early Victorian Period. New York: Dawson and Science History Publications.
Christeller, Erwin (1927): Atlas der Histrographie gesunder und erkrankter Organe. Leipzig: Georg Thieme.
Crépaux (1893): La photographie en couleurs. In: L'Astronomie 12, 335–340.
Cruveilhier, Jean (1829–1835): Anatomie pathologique du corps humain, Bd. 2. Paris: J. B. Baillière.
Cuvier, Georges (1861): Recueil des éloges historiques lus dans les séances publiques de l'Institut de France 1819–1827, Bd. 3. Paris: Firmin Didot Frères, Fils.
Dagognet, François/Marey, Etienne-Jules (1987): La passion de la trace. Paris: Hazan.
Daston, Lorraine (1992): Objectivity and the Escape from Perspective. In: Social Studies of Science 22, 597–618.
Daston, Lorraine (1994): How Probabilities Came to Be Objective and Subjective. In: Historia Mathematica 21, 330–344.
Daston, Lorraine/Galison, Peter (1992): The Image of Objectivity. In: Répresentations 40, 81–128.
Débarat, S. et al. (1988): Mapping the Sky. Past Heritage and Future Directions. Proceedings of the 133rd Symposium of the International Astrophysical Union. Dodrecht/Boston: Kluwer.
Descartes, René (1637): Discours de la méthode. In: Charles Adam/Paul Tannery (Hrsg.): Oeuvres de Descartes, Bd. VI. Paris 1897–1910: Léopold Cerf.
Descartes, René (1641/1647): Meditationes. In: Charles Adam/Paul Tannery (Hrsg.): Oeuvres de Descartes, Bd. IX. Paris 1897–1910: Léopold Cerf.
Doyle, Arthur Conan (1893): The Adventure of the Scandal in Bohemia. In: Ders.: The Adventures of Sherlock Holmes. Leipzig: Bernhard Tauchnitz.
Dufay, Charles François (1732): Mémoire sur un grand nombre de phosphores nouveaux. In: Mémoires de l'Académie Royale des Sciences. Année 1730. Paris: Imprimerie Royale, 524–535.
Flammarion, Camille (1887): Le congress astronomique pour la photographie du ciel. In: L'Astronomie 6, 161–169.
Fleming, James Rodger (1990): Meteorology in America 1800–1870. Baltimore/London: Johns Hopkins University Press.
Gigerenzer, Gerd (1987): Probabilistic Thinking and the Fight against Subjectivity. In: Lorenz Krüger et al. (Hrsg.): The Probalistic Revolution, Bd. 2. Cambridge, MA: MIT Press, 11–34.
Gluge, Gottlieb (1843–1850): Atlas of Pathological Histology, übersetzt von Joseph Leidy. Philadelphia 1853: Blanchard and Lea.
Goethe, Johann Wolfgang (1792): Der Versuch als Vermittler von Objekt und Subjekt. In: Dorothea Kuhn/Rike Wankmüller (Hrsg.): Goethes Werke, Bd. 14. München 1975: C. H. Beck.

Goethe, Johann Wolfgang (1798): Ester Entwurf einer allgemeinen Einleitung in die vergleichende Anatomie, ausgehend von der Osteologie. In: Dorothea Kuhn/Rike Wankmüller (Hrsg.): Goethes Werke, Bd. 14. München 1975: C. H. Beck.
Haller, Albrecht von (1756): Icones anatomica. Göttingen: B. Abram.
Haraway, Donna (1988): Situated Knowledges. The Science Question in Feminism and the Privilege of Partial Perspective. In: Feminist Studies 14, 575–599.
Harries, Karsten (1973): Descartes, Perspective, and the Angelic Eye. In: Yale French Studies 49, 28–42.
Havel, Vaclav (1992): Politics and the World Itself. In: Kettering Review (Summer), 8–13.
Hoffleit, Dorrit (1950): Firsts in Astronomical Photography. Cambridge, MA: Harvard College Observatory.
Institut de France/Académie des Sciences (1887): Congress astrophotographique international tenu à l'Observatoire de Paris pour la Carte du Ciel. Paris: Gauthier-Villars.
Lankford, John (1981): Amateurs and Astrophysics. A Neglected Aspect in the Development of a Scientific Specialty. In: Social Studies of Science 11, 275–303.
Lankford, John (1984): The Impact of Photography on Astronomy. In: Owen Gingerich (Hrsg.): Astrophysics and Twentieth-Century Astronomy to 1950. Cambridge/New York: Cambridge University Press, 16–39.
Lenzen, Victor F. (1964): Charles Peirce as Astronomer. In: E. C. Moore/R. Robin (Hrsg.): Studies in the Philosophy of Charles Sanders Peirce. Amherst: University of Massachusetts Press, 33–50.
Lenzen, Victor F. (1965): The Contributions of Charles S. Peirce to Metrology. In: Proceedings of the American Philosophical Society 109, 29–46.
Lenzen, Victor F. (1972): Charles S. Peirce as Mathematical Geodist. In: Transactions of the Charles S. Peirce Society 8, 90–105.
Lycett, John (1875): A Monograph of the British Fossil Trigoniae. London: Paleographical Society.
Marey, Etienne-Jules (1878): La méthode graphique dans les sciences expérimentales et particulièrement en physiologie et en médicine. Paris: G. Masson.
McClellan III, James E. (1985): Science Reorganized. Scientific Societies in the Eighteenth Century. New York: Columbia University Press.
Mouchez, E. B. (1887): La Photographie astronomique à l'Observatoire de Paris et la Carte du Ciel. Paris: Gauthier-Villars.
Nagel, Thomas (1986): The View from Nowhere. Oxford: Oxford University Press.
Nicolson, Malcom (1990): Alexander von Humboldt and the Geography of Vegetation. In: Andrew Cunningham/Nicholas Jardin (Hrsg.): Romanticism and the Sciences. Cambridge: Cambridge University Press.
Norman, Daniel (1938): The Development of Astrophotography. In: Osiris 5, 560–594.
O'Hora, Nathy P. (1988): Astrographic Catalogues of British Observatories. In: S. Débarat et al. (Hrsg.): Mapping the Sky. Past Heritage and Future Directions. Proceedings of the 133rd Symposium of the International Astrophysical Union. Dodrecht/Boston: Kluwer, 135–138.
Pagenstecher, Hermann/Centus, Carl (1875): Atlas der pathologischen Anatomie des Augapfels. Wiesbaden: C. W. Kreidel.
Pearson, Karl (1892): The Grammar of Science. London: Walter Scott.
Peirce, Charles Sanders (1868): Consequences of Four Incapacities. In: Christian J. W. Kloesel et al. (Hrsg.): Writings of Charles S. Peirce. A Chronological Edition, Bd. 2. Bloomington 1982–1986: Indiana University Press, 211–241.

Peirce, Charles Sanders (1869): Grounds of Validity. In: Christian J. W. Kloesel et al. (Hrsg.): Writings of Charles S. Peirce. A Chronological Edition, Bd. 2. Bloomington 1982–1986: Indiana University Press, 242–272.
Peirce, Charles Sanders (1878): The Doctrine of Chances. In: Christian J. W. Kloesel et al. (Hrsg.): Writings of Charles S. Peirce. A Chronological Edition, Bd. 3. Bloomington 1982–1986: Indiana University Press, 276–289.
Peirce, Charles Sanders (1879): Measurements of Gravity at Initial Stations in America and Europe. In: Christian J. W. Kloesel et al. (Hrsg.): Writings of Charles S. Peirce. A Chronological Edition, Bd. 4. Bloomington 1982–1986: Indiana University Press, 79–144.
Porter, Theodore M. (1992a): Objectivity as Standardization. The Rhetoric of Impersonality in Measurement, Statistics, and Cost-Benefit Analysis. In: Annals of Scholarship 9, 19–60.
Porter, Theodore M. (1992b): The Accounting Ideal in Science. In: Social Studies of Science 22, 632–651.
Rabinbach, Anson (1990): The Human Motor. Energy, Fatigue, and the Origins of Modernity. Berkley/Los Angeles: University of California Press.
Reiser, Stanely Joel (1978): Medicine and the Reign of Technology. Cambridge: Cambridge University Press.
Renan, Ernest (1890): L'avenir de la science. Paris: Calmann-Lévy.
Rorty, Richard (1979): Philosophy and the Mirror of Nature. Princeton: Princeton University Press.
Roszak, Theodore (1968): The Making of Counterculture. Garden City, New York: Doubleday.
Schaffer, Simon (1988): Astronomers Mark Time. Discipline and the Personal Equation. In: Science in Context 2, 115–145.
Schaffer, Simon (1992): Late Victorian Metrology and its Instrumentation. A Manufactory of Ohms. In: Robert Budd/Susan E. Cozzens (Hrsg.): Invisible Connections. Instruments, Institutions, and Science. Bellingham, WA: SPIE Press, 23–56.
Scheiner, J. (1897): Die Photographie der Gestirne. Leipzig: Wilhelm Engelmann.
Seigel, Jerrold (1986): Bohemian Paris. Culture, Politics, and the Boundaries of Bourgeois Life 1830–1930. Harmondsworth: Penguin.
Shapin, Steven (1989): The Invisible Technician. In: American Scientist 77, 554–563.
Sibthrop, Johannes (1806): Flora Graeca. Sive plantarum rariorum historia, quas in provinciis aut insulis graeciae, Bd. 1. London: Richard Taylor, iv–vi.
Smith, Adam (1759): The Theory of Moral Sentiments. Oxford 1976: Oxford University Press.
Smith, Crosbie/Wise, M. Norton (1989): Energy and Empire. A Biographical Study of Lord Kelvin. Cambridge: Cambridge University Press.
Swijtink, Zeno (1987): The Objectification of Observation. Measurement and Statistical Methods in the Nineteenth Century. In: Lorenz Krüger et al. (Hrsg.): The Probalistic Revolution, Bd. 1. Cambridge, MA: MIT Press, 261–286.
Turner, Frank M. (1974): Between Science and Religion. The Reaction to Scientific Naturalism in Late Victorian England. New Haven/London: Yale University Press.
Turner, H. H. (1912): The Great Star Map. New York: E. P. Dutton.
Verhandlungen der europäischen Gradmessung (1881). Berlin: Georg Reimer.
Wayman, P. A. (1988): The Grubb Astrographic Telescopes. In: S. Débarat et al. (Hrsg.): Mapping the Sky. Past Heritage and Future Directions. Proceedings of the 133rd Symposium of the International Astrophysical Union. Dodrecht/Boston: Kluwer, 139–142.
Weimer, Théo (1987): Brève histoire de la Carte du Ciel en France. Paris: Observatoire de Paris.

Weimer, Théo (1988): Naissance et développement de la Carte du Ciel. In: S. Débarat et al. (Hrsg.): Mapping the Sky. Past Heritage and Future Directions. Proceedings of the 133rd Symposium of the International Astrophysical Union. Dodrecht/Boston: Kluwer, 29–32.

White, Graeme L. (1988): The Carte du Ciel. The Australian Connection. In: S. Débarat et al. (Hrsg.): Mapping the Sky. Past Heritage and Future Directions. Proceedings of the 133rd Symposium of the International Astrophysical Union. Dodrecht/Boston: Kluwer, 45–51.

Williams, Bernard (1978): Descartes. The Project of Pure Enquiry. Hassocks, Sussex: Harvester Press.

Williams, Bernard (1984): The Scientific and the Ethical. In: S. C. Brown (Hrsg.): Objectivity and Cultural Divergence. Cambridge: Cambridge University Press, 209–228.

Winterhalter, Albert G. (1889): The International Astrophotographical Congress and a Visit to Certain European Observatories and Other Institutions. Report to the Superintendent. Washington, DC: Government Printing Office.

Woolf, Hary (1959): The Transits of Venus. A Study of Eighteenth-Century Science. Princeton: Princeton University Press.

Thomas Schmidt
Die Herausforderung des ethischen Relativismus*

Über die Frage, wie intensiv man sich mit dem ethischen Relativismus auseinandersetzen sollte, herrscht in der Philosophie keine Einigkeit. In einer spitzen Bemerkung über eine einflussreiche Form des Relativismus schreibt Bernard Williams, es handele sich bei dieser Position um „the anthropologist's heresy, possibly the most absurd view to have been advanced even in moral philosophy" (Williams 1972, 34). Obwohl Williams' harsches Urteil sicherlich nicht auf alle Spielarten des ethischen Relativismus zutrifft, schätzen viele das inhaltliche Potential relativistischer Positionen offenbar so gering ein, dass sie es kaum für nötig halten, sie ernsthaft zu diskutieren. Und viele derjenigen Philosophen, die der Diskussion des ethischen Relativismus dennoch Bedeutung zumessen, halten diesen geradezu für eine gefährliche Position, der kraftvoll entgegengetreten werden muss. Der Anteil bekennender Relativisten ist in weiten Kreisen der Moralphilosophie bemerkenswert gering.[1]

Außerhalb der akademischen Philosophie ist dies anders. Hier hat der ethische Relativismus zahlreiche Anhänger, und man ist regelmäßig überrascht darüber, dass Philosophen häufig eine antirelativistische Sichtweise vertreten. Tatsächlich gibt es – abgesehen vielleicht von dem Problem der Willensfreiheit – kaum ein Thema, bei dem sich die innerhalb und außerhalb philosophischer Fachkreise vertretenen Ansichten, jedenfalls der Rhetorik nach, derart weitgehend voneinander unterscheiden wie beim ethischen Relativismus.

Die in der Philosophie vorgetragenen Argumente gegen den ethischen Relativismus beeindrucken Außenstehende meist wenig. Ein Grund hierfür mag eine

---

* Wiederabdruck des gleichnamigen Beitrags in Ernst, Gerhard (Hrsg.) (2009): Moralischer Relativismus. Paderborn: mentis, 117–137.
1 Als ein Beispiel für die vielen, die der Ansicht sind, dass mit dem ethischen Relativismus unattraktive, ja bedenkliche Auffassungen einhergehen, kann James Rachels genannt werden, der in seinem Buch *The Elements of Moral Philosophy* eine Reihe von problematischen Konsequenzen benennt, die anzuerkennen man sich verpflichte, akzeptierte man in der Ethik eine relativistische Position (siehe Rachels 1986, 21–23). Zu der Frage, wie denn der häufig anzutreffende heftige Widerstand gegen den ethischen Relativismus zu erklären ist, bietet Scanlon eine umsichtige Diskussion (Scanlon 1998, 330–333). Scanlon selbst ist an der Möglichkeit eines „gutartigen Relativismus" (*benign relativism*) interessiert, der nicht mit unerwünschten theoretischen Folgen einhergeht (siehe Scanlon 1998, 333–349). – In der Philosophie werden relativistische Positionen gegenwärtig unter anderem von Harman (1985, 1996), Wong (1984) und Dreier (1990) vertreten.

gewisse Nonchalance sein, mit der relativistische Positionen von einigen ihrer philosophischen Gegner gleichsam zwanglos und schlicht als falsch hingestellt werden. Es ist nachvollziehbar, dass sich mancher, der relativistische Neigungen hat, hiermit nicht zufrieden gibt. Für viele ist der Relativismus in der Ethik auch Ausdruck eines Unbehagens angesichts des ethischen Objektivismus. Dieses Unbehagen bleibt von Argumenten, die die Falschheit des Relativismus erweisen sollen, unbeschadet, und es verlangt auch jenseits solcher Argumente danach, philosophisch aufgenommen zu werden. Wer dies nicht tut, der nimmt dem, was häufig als Herausforderung des Relativismus empfunden wird, auf eine Weise die Spitze, die sachlich nicht tief genug ansetzt, und insofern macht er es sich bei seiner Auseinandersetzung mit dem Relativismus zu leicht.

In dieser Hinsicht mehr zu leisten, ist das Anliegen dieses Aufsatzes. Nach einigen allgemeinen begrifflichen Klärungen werden zunächst Überlegungen vorgetragen, die zeigen, dass relativistische Entwürfe keineswegs ohne theoretische Bringschuld aufgeboten werden können, sondern vielmehr von Anfang an mit erheblichen theoretischen Hypotheken belastet sind: Anhänger relativistischer Positionen stehen vor theoretischen Schwierigkeiten, von denen fraglich ist, ob ihnen begegnet werden kann. Im Anschluss hieran wird der Versuch unternommen, auch im Rahmen des ethischen Objektivismus einen Platz für den sachlichen Kern derjenigen Unruhe zu finden, die im Hintergrund der Anziehungskraft steht, die der ethische Relativismus auf viele ausübt. Erst wenn diese Unruhe auf eine Weise interpretiert ist, die mit einer objektivistischen Theorie kompatibel ist, bestehen Aussichten darauf, der Herausforderung des ethischen Relativismus angemessen begegnen zu können. Diese Unruhe, so soll plausibel gemacht werden, hängt mit dem drängenden Charakter gewisser inhaltlicher moralischer Fragen zusammen, die zu beantworten nicht leicht ist.

1 Deskriptiver und ethischer Relativismus

Nicht alle Thesen, die man mit dem Relativismus in der Ethik in Verbindung bringen kann, sind kontrovers. So wird kaum jemand bestreiten, dass es zwischen Angehörigen unterschiedlicher Gruppen, Gesellschaften und Kulturen *de facto* mitunter erhebliche Divergenzen in den je vertretenen moralischen Auffassungen gibt. Dieser Umstand kann schon deswegen nicht der Gegenstand der Relativismusdiskussion in der Ethik sein, weil es erhebliche Meinungsunterschiede auch in nichtmoralischen Angelegenheiten gibt – und insbesondere in Bereichen wie etwa den empirischen Wissenschaften, im Hinblick auf die nach verbreiteter Auffassung eine relativistische Auffassung deutlich weniger Anfangsplausibilität hat als in der Moral.

Etwas weiter geht die These, die in der Literatur mitunter *deskriptiver Relativismus* genannt wird und die ihrem Anspruch nach empirisch zu verifizieren ist. Sie besagt, dass im Bereich der Moral häufig besonders fundamentale Uneinigkeiten vorkommen, wobei der Terminus *Kulturrelativismus* meist verwendet wird, um auszudrücken, dass solche Uneinigkeiten typischerweise zwischen Angehörigen unterschiedlicher Kulturen bestehen. Unter einer „fundamentalen" moralischen Uneinigkeit wird hierbei meist ein moralischer Dissens verstanden, der auch dann bestehen bleibt, wenn über die relevanten nichtmoralischen Fakten Einigkeit besteht. Hiermit soll der Gedanke erfasst werden, dass die für den Relativismus einschlägigen moralischen Uneinigkeiten solche über grundlegende Normen und Werte sind. Dies wäre nicht der Fall, wären die Uneinigkeiten der Tatsache zu verdanken, dass ein und dieselbe fundamentale Norm aufgrund von Unterschieden in den relevanten faktischen Bedingungen (etwa unterschiedlichen Lebensumständen) oder in metaphysischen Vorstellungen (etwa über ein mögliches Weiterleben nach dem Tode) zu inhaltlich verschiedenen moralischen Verdikten führen kann.

Übrigens ist es durchaus fraglich, wie verbreitet fundamentale moralische Uneinigkeiten dieser Art tatsächlich sind. Empirische Untersuchungen sind in dieser Frage deutlich weniger aussagekräftig, als häufig angenommen wird. Dies dürfte auch daran liegen, dass sich die These von der Existenz und der Verbreitung fundamentaler moralischer Uneinigkeiten der unmittelbaren empirischen Überprüfung entzieht. Schon die Tatsache, dass in dieser These auf die in der Realität wohl praktisch nie vorkommende vollständige Einigkeit über die relevanten nichtmoralischen Fakten verwiesen wird, zeigt, dass die Bestätigung des deskriptiven Relativismus ein erhebliches Maß an Interpretation des empirisch erhobenen Materials erfordert.[2]

---

[2] Ebenso, wie es oben vorgeschlagen wurde, wird der Begriff des deskriptiven Relativismus bei Brandt eingeführt (Brandt 1976, 75). – Einige illustrative Beispiele für moralische Uneinigkeiten, die sich bei näherem Hinsehen als nicht fundamental erweisen lassen, werden bei Patzig genannt (Patzig 1968, 25–31). Die Frage, inwieweit trotz kulturell unterschiedlicher Moralvorstellungen faktisch geteilte „moralische Universalien" angegeben werden können, wird anhand der Analyse einiger Fallbeispiele bei Rippe diskutiert (Rippe 1993, 129–162). – Schwierigkeiten, die These des deskriptiven Relativismus empirisch zu prüfen, werden etwa bei Moody-Adams besprochen, die, unter der Voraussetzung eines etwas eigenwilligen Begriffs des deskriptiven Relativismus, dafür argumentiert, dass „[d]escriptive cultural relativism [...] is anything *but* a ‚neutral' account of the facts of cultural diversity" (Moody-Adams 1997, 29). – Am Rande sei darauf hingewiesen, dass man bezweifeln kann, ob der deskriptive Relativismus überhaupt Aussichten darauf hat, eine für die Moral spezifische These zu formulieren. Immerhin ist es nicht unwahrscheinlich, dass beispielsweise auch mathematische Uneinigkeiten, solche über Farburteile oder auch über psychi-

Der deskriptive Relativismus hat es mit *de facto* existierenden Einstellungen zu moralischen Fragen zu tun, von denen er konstatiert, dass sie mehr oder weniger tief greifend divergieren. Grundsätzlicher setzt die These des *ethischen Relativismus* an. Dieser ist deutlich kontroverser als der deskriptive Relativismus und der primäre Gegenstand der Relativismusdiskussion in der Ethik. Dem ethischen Relativismus zufolge gibt es keine objektiv wahren bzw. objektiv begründbaren moralischen Urteile. Die Wahrheit bzw. die Rechtfertigung moralischer Urteile sei vielmehr stets relativ zu Standards, die durchaus unterschiedlich sein und insbesondere von Kultur zu Kultur variieren können. Der ethische Relativismus ist eine „These zweiter Ordnung", die keine inhaltlichen moralischen Aussagen macht, sondern etwas über den Status der Moral behauptet. Vom ethischen Relativismus (der manchmal auch *metaethischer Relativismus* genannt wird) wird häufig der *normative Relativismus* unterschieden, der eine Position „erster Ordnung" ist, mit der durchaus inhaltliche moralische Behauptungen einhergehen.

Die negative These, dass es keine objektiv wahren moralischen Urteile gibt, teilen ethische Relativisten mit den *ethischen Nihilisten*. Nihilisten sind der Auffassung, dass unsere moralische Praxis insgesamt als grundlegend defizitär anzusehen sei, insofern sie auf der falschen Voraussetzung beruhe, dass es objektive moralische Tatsachen gibt. Dem entgegen ist es integraler Bestandteil der relativistischen Position, moralische Wahrheit und Rechtfertigung relativ zu gewissen Standards als durchaus sinnvolle Begriffe anzusehen. Nur mit Blick auf die fraglichen Standards selbst sei der Begriff der Wahrheit nicht mehr einschlägig, und auch die Frage danach, welcher zweier unterschiedlicher Standards als besser begründet gelten darf, kann der relativistischen Auffassung zufolge nicht sinnvoll gestellt werden.

Dementsprechend kann man die Pointe der relativistischen Position darin sehen, einer Skepsis gegenüber dem Begriff objektiver moralischer Wahrheit theoretischen Raum zu verschaffen, ohne sich damit von der Idee moralischer Wahrheit gänzlich zu verabschieden. James Dreier, dessen Konzept des ethischen Relativismus dem oben eingeführten Verständnis dieses Begriffs entspricht, bringt diese Art der Positionierung der relativistischen Sichtweise auf eine treffende Beschreibung:

> Relativism can [...] be seen as a tactical retreat made by common sense in the face of the nihilist threat. Persuaded that absolute morality is a pipe dream, a relativist suggests that we might still salvage much of moral practice, moral thought, and moral talk by relativiz-

---

sche Zustände von Personen dann bestehen bleiben, wenn Einigkeit in allen nichtmathematischen, nicht farbbezogenen bzw. nichtpsychischen Angelegenheiten hergestellt ist.

ing. Relative morality may be less than common sense could hope for, but it is better than nihilism's nothing. (Dreier 2006, 241)³

Manchmal werden deskriptiver und ethischer Relativismus nicht sauber auseinandergehalten. Dies kann man dadurch erklären, dass relativistische Positionen dem ersten Anschein nach auf einen kleinsten gemeinsamen Nenner gebracht werden können: auf die These, dass moralischen Bewertungen Standards zugrunde liegen, die sehr verschieden sein können. Der Anschein, dass es sich hierbei um eine ihrem Inhalt nach von deskriptiven und von ethischen Relativisten geteilte Überzeugung handelt, trügt jedoch. Deskriptive Relativisten wollen die genannte These so verstanden wissen, dass sie etwas über faktisch gefällte Moralurteile und tatsächlich geteilte Standards besagt. Ethische Relativisten hingegen beanspruchen, etwas über die Wahrheit und die Begründbarkeit moralischer Urteile zu sagen.

Der Umstand, dass es möglich ist, den deskriptiven und den ethischen Relativismus auf ein und dieselbe allgemeine Formulierung zu bringen – auch wenn deren Gehalt ganz unterschiedlich interpretiert werden muss –, mag erklären, warum viele bedenkenlos von der einen zur anderen Behauptung übergehen, ohne zu erkennen, dass es sich hier um zwei verschiedene Thesen handelt und dass dieser Übergang ohne zusätzliches Argument unbegründet ist. Aus der Vielfalt moralischer Einstellungen und Haltungen und daraus, dass es fundamentale moralische Uneinigkeiten gibt, folgt, jedenfalls ohne substantielle weitere Voraussetzungen, nicht, dass es auf moralische Fragen keine objektiv richtigen bzw. objektiv begründbaren Antworten gibt.

Auch das von John L. Mackie vorgeschlagene, viel diskutierte „Argument aus der Relativität" (*argument from relativity*) ist nicht ohne weiteres in der Lage, diese argumentative Lücke zu schließen. Bei diesem Argument handelt es sich um einen sog. Schluss auf die beste Erklärung, dessen Pointe Mackie so formuliert:

---

3 Die oben vorgenommene Abgrenzung zwischen Relativismus und Nihilismus entspricht der bei Dreier vorgeschlagenen Terminologie (Dreier 2006, 240). Das Verhältnis zwischen Relativismus, Nihilismus und moralischem *common sense* ist vielschichtig und interessant. Der Nihilismus (die bekannteste Exposition dieser Position findet sich bei Mackie (1977, Kap. 1)) involviert insofern eine radikalere Abkehr vom *common sense*, als er dessen Voraussetzung bestreitet, dass es objektiv zutreffende Antworten auf moralische Fragen gibt. Der Relativist hingegen räumt der Idee moralischer Wahrheit durchaus eine gewisse Berechtigung ein. Jedoch können Nihilisten wie Mackie dem moralischen *common sense* seinen objektivistischen Anspruch zugestehen und ihn unangetastet lassen, während ethische Relativisten Versuchen, in Situationen konfligierender fundamentaler moralischer Standards die Wahrheits- und/oder Begründbarkeitsfrage zu stellen, von vorneherein den Sinn absprechen. Ausführlicher wird das Verhältnis von Relativismus und Nihilismus bei Dreier diskutiert (Dreier 2006, 260–262).

> [T]he actual variations in the moral codes are more readily explained by the hypothesis that they reflect ways of life than by the hypothesis that they express perceptions, most of them seriously inadequate and badly distorted, of objective values. (Mackie 1977, 37)

Die Überzeugungskraft dieses Arguments ist umstritten, da auch Objektivisten theoretische Ressourcen haben, die Unterschiede in moralischen Auffassungen zu erklären. Sie können etwa darauf verweisen, dass sich die moralische Vielfalt der verbreiteten Neigung verdankt, unreflektiert einfach die moralischen Auffassungen des Umfelds zu übernehmen, in dem man aufwächst. Sicherlich wird eine solche Erklärung Relativisten nicht dazu bringen, den Objektivismus für attraktiv zu halten. Jedoch sind Relativisten, die das „Argument aus der Relativität" für sich in Anspruch nehmen wollen, angesichts der Möglichkeit objektivistischer Erklärungen moralischer Diversität gefordert zu begründen, warum die relativistische Erklärung *besser* ist als die objektivistische. Ein überzeugendes und hinreichend theorieneutrales Argument hierfür ist nicht in Sicht.

Der Tatsache, dass verschiedene relativistische Thesen ihrem Gehalt und damit auch ihrem argumentativen Zusammenhang nach weiter auseinander liegen, als oft gemeint wird, korrespondiert der Umstand, dass sie sich auch hinsichtlich des Grades ihrer empirischen Überprüfbarkeit unterscheiden. Die Behauptung, dass es viele divergierende moralische Auffassungen gibt, ist empirisch gut zu unterstützen. Für die Kernaussage des deskriptiven Relativismus, nach der es fundamentale moralische Uneinigkeiten gibt, gilt dies, wie wir gesehen haben, in deutlich geringerem Maße. Und der ethische Relativismus schließlich ist eine gar nicht empirisch überprüfbare Theorie. Je interessanter und kontroverser eine relativistische These im Hinblick auf die Moral ist, desto geringer ist der Grad ihrer empirischen Überprüfbarkeit.

2 Probleme des Relativismus

In scharfem Gegensatz zum ethischen Relativismus steht der *ethische Objektivismus*, dem zufolge es sehr wohl objektiv wahre bzw. objektiv begründbare Antworten auf moralische Fragen gibt – Antworten also, deren Wahrheit bzw. Begründbarkeit nicht bloß relativ zu gewissen Standards besteht. Vielen Nichtphilosophen erscheint die Position des ethischen Relativismus und insbesondere deren vermeintliche Überlegenheit gegenüber dem ethischen Objektivismus selbstverständlich. Die philosophische Diskussion hat jedoch gezeigt, dass hiervon nicht ausgegangen werden kann. Ganz im Gegenteil lässt sich der ethische Relativismus durch einige kompakte Argumente in große theoretische Bedrängnis bringen. Die wichtigsten der in diesem Zusammenhang einschlägigen, in erster Linie sprachphilosophischen Überlegungen werden in diesem Abschnitt knapp vorgestellt.

Die semantische Kritik am ethischen Relativismus bezieht sich auf die relativistische These, dass moralische Urteile nicht objektiv, sondern nur relativ zu gewissen Standards wahr sein können. Welche Standards sind hier gemeint? David Lyons hat vorgeschlagen, Formen des Relativismus, die auf Standards des Handelnden (bzw. der Gruppe des Handelnden) verweisen, von solchen zu unterscheiden, die Standards der urteilenden Person (bzw. deren Gruppe) im Blick haben.[4] Da es sich hierbei um unterschiedliche Arten handelt, die Position des ethischen Relativismus zu präzisieren, der sich nicht als normative Moraltheorie erster Ordnung versteht, sollten beide Bestimmungen nicht als inhaltliche moralische Thesen verstanden werden. Sie werden vielmehr meist als Behauptungen über die Semantik moralischer Aussagen vertreten.[5]

Jede dieser beiden Formen des Relativismus führt in ihre eigenen Probleme. Wer moralische Urteile ihrem Gehalt nach auf die Standards der Gruppe des Handelnden relativiert, vertritt eine naturalistische Semantik, der zufolge moralische Urteile letztlich dasselbe besagen wie gewisse im Prinzip der empirischen Überprüfung zugängliche Urteile. Ein Beispiel ist die von dem bekannten Sozialwissenschaftler William G. Sumner in seinem Buch *Folkways* (1906) vertretene Auffassung: „,immoral' never means anything but contrary to the mores of the

---

4 Dem *agent's-group relativism* zufolge gilt: „an act is right if, and only if, it accords with the norms of the agent's group" (Lyons 1976, 129), und im Kern des *appraiser's-group relativism* steht die These: „a moral judgment is valid if, and only if, it accords with the norms of the appraiser's social group" (Lyons 1976, 129).
5 Die von Lyons vorgeschlagene Unterscheidung und die im Anschluss an diese entwickelte Argumentation setzen tiefer an als eine kritische Anfrage, mit der ethische Relativisten immer wieder konfrontiert werden. Relativisten seien, so wird manchmal behauptet, durch die Struktur ihrer Position dazu gezwungen, hinreichend klare Grenzen anzugeben, innerhalb derer sich über moralische Fragen mit Sinn diskutieren ließe, während die Rede von moralischer Wahrheit und Begründbarkeit jenseits dieser Grenzen fehl am Platze wäre. Behauptet der Relativist beispielsweise, dass die fraglichen Standards von Kultur zu Kultur verschieden sind, so scheint er gefordert, einigermaßen handhabbare Kriterien dafür anzugeben, wo eine Kultur aufhört und eine andere beginnt, und Analoges würde für andere Formen des Relativismus gelten. – Dieser Einwand trägt jedoch nicht sehr weit. Der Relativist kann sich der Angabe klarer Grenzen unter Hinweis darauf verweigern, dass er eine metatheoretische Aussage über den Status moralischer Urteile macht, die als solche auch dann Bestand haben kann, wenn sie nicht um eine These über den konkreten Gehalt der fraglichen Standards ergänzt wird. Aus demselben Grunde fordert einen ethischen Relativisten, der primär eine metaethische These ansteuert, Gordon Grahams berechtigter Hinweis darauf nicht heraus, dass der ethische Relativismus im Kontext von Überlegungen darüber, was zu tun man Grund hat, irrelevant ist (siehe Graham 1996, 236).

time and place" (Sumner 1906, § 439).⁶ Eine solche Analyse moralischer Urteile wird auch von der Anthropologin Ruth Benedict vertreten: „morality differs in every society, and is a convenient term for socially approved habits. Mankind has always preferred to say, ‚It is morally good,‘ rather than ‚It is habitual,‘ [...]" (Benedict 1934, 87).

Gegen diese Vorschläge zur semantischen Analyse moralischer Aussagen ist jedoch geltend zu machen, dass es auch für Mitglieder einer Gemeinschaft keineswegs, und schon gar nicht aus semantischen Gründen, ausgeschlossen ist, den in dieser Gemeinschaft vorherrschenden moralischen Ansichten zu widersprechen. Wer aber „moralisch richtig" als synonym zu „den in der Gemeinschaft des Handelnden verbreiteten Moralvorstellungen entsprechend" auffasst, der ist zu der Ansicht gezwungen, dass etwa der Satz „Zwar entspricht mein Handeln nicht den in meiner Gemeinschaft verbreiteten Moralvorstellungen, doch halte ich es für moralisch vollkommen unbedenklich" als analytisch falsch anzusehen ist, d. h. als falsch alleine aufgrund der Bedeutung der in ihm vorkommenden Ausdrücke. Das wäre ausgesprochen unplausibel, nicht zuletzt, weil moralische Reformer, die Kritik an den bestehenden moralischen Verhältnissen üben und deren moralische Urteile keineswegs darin aufgehen, über verbreitete Moralvorstellungen zu berichten, dann aus begrifflichen Gründen unmöglich wären.⁷

Wird die relativistische These im Sinne der ersten der beiden unterschiedenen Formen des Relativismus aufgefasst, so führt sie zu einer Analyse des moralischen Vokabulars, von der recht schnell gezeigt werden kann, dass sie unangemessen ist. Wohl auch aus diesem Grunde wird diese Form des Relativismus gegenwärtig kaum mehr vertreten.

---

6 Ähnlich, wenn auch nicht ganz so pointiert: „In the folkways, whatever is, is right" (Sumner 1906, § 31); „[f]or the people of a time and place, their own mores are always good, or rather [...] for them there can be no question of the goodness or badness of their mores" (Sumner 1906, § 65).
7 Mit dieser Problematik hängt das bekannte, von G. E. Moore formulierte „Argument der offenen Frage" zusammen (siehe Moore 1903, Kap. 1, insbesondere § 13): Mit Bezug auf jede naturalistische Analyse etwa des Ausdrucks „gut" (für „moralisch richtig" etc. gilt Entsprechendes) der Form „gut ist synonym zu F", wobei F eine natürliche Eigenschaft bezeichnet, kann sinnvoll gefragt werden: „X ist F – aber ist X wirklich gut?" Wären „F" und „gut" wirklich synonym, so wäre diese Frage nicht offen (man vergleiche „Ist ein Junggeselle wirklich ein unverheirateter Mann im heiratsfähigen Alter?"). – Es ist weitgehend unstrittig, dass naturalistische Analysen wie die, die Sumner und Benedict vorgeschlagen haben, die Semantik moralischer Aussagen aus dem oben genannten Grund nicht angemessen erfassen. Die philosophische Leistungsfähigkeit des Arguments der offenen Frage, das ja nicht nur eine bestimmte, sondern *jede* naturalistische Analyse moralischer Urteile zu Fall bringen soll, ist deutlich kontroverser. Für einen Überblick über die diesbezügliche Diskussion siehe Miller (2003, Kap. 2), und Schmidt (2005, Abschn. 5.4).

Die sachlich wichtigste und in der Philosophie prominenteste neuere relativistische Analyse ist ein Beispiel für die zweite der beiden unterschiedenen Formen des Relativismus, der zufolge die Standards des Beurteilenden (bzw. der Gruppe des Beurteilenden) für die relativistische Interpretation moralischer Urteile einschlägig sind. Dieser Analyse zufolge gilt, dass es insofern keine objektiven moralischen Wahrheiten gibt, als Sätze wie etwa „Diese Handlung ist moralisch falsch" für sich genommen keine eindeutigen Wahrheitsbedingungen haben. Feste Wahrheitsbedingungen bekommt ein Satz dieser Art erst durch den Kontext seiner Äußerung. Ob jemand Recht darin tut, eine bestimmte Handlung auf eine bestimmte Weise moralisch zu beurteilen, hängt dieser Analyse zufolge von seinen Standards oder, um ein beliebtes und hier auch hilfreiches Bild zu verwenden, von seiner Perspektive ab.

Dieser Variante des ethischen Relativismus zufolge gibt es eine interessante Parallele zwischen Sätzen wie „Diese Handlung ist moralisch falsch" einerseits und „Das Bodemuseum liegt hinter dem Pergamonmuseum" andererseits. Beide Sätze enthalten eine versteckte Bezugnahme auf den Kontext, was deutlich wird, wenn man sie geeignet analysiert. Der erste ist zu interpretieren als „Diese Handlung ist relativ zu *meinen* moralischen Standards (bzw. denen meiner Gruppe) falsch" und der zweite etwa als „Von *hier* aus gesehen liegt das Bodemuseum hinter dem Pergamonmuseum". Dass die Wahrheitsbedingungen der Sätze nicht feststehen, lässt sich an den in ihnen hervorgehobenen sog. indexikalischen Ausdrücken erkennen, die erst durch einen Äußerungskontext einen eindeutigen Bezug erhalten. Diese sog. *indexikalische Analyse* moralischer Urteile hat eine Reihe von Eigenschaften, die sie zu einer grundsätzlich attraktiven theoretischen Option machen.[8]

Das zentrale Problem der indexikalischen Analyse besteht darin, dass sie keine Ressourcen hat, um die Tatsache zu erklären, dass wir zwei gegeneinanderstehende moralische Urteile, von denen das eine die moralische Richtigkeit einer Handlung behauptet und das andere dies verneint, als widersprüchlich empfinden. Die indexikalische Analyse scheint uns vielmehr zu der Ansicht zu zwingen, dass in der fraglichen Angelegenheit, will man es genau nehmen, gar kein Dissens vorliegt: Ihr zufolge behauptet der eine, dass die Handlung relativ zu

---

[8] Der bedeutendste Vertreter dieser Form des Relativismus ist Gilbert Harman (siehe etwa Harman 1996, 43). Einige Charakteristika der indexikalischen Variante des Relativismus werden bei Dreier (2006, 252–253), und bei Ernst (2006, 343–344), behandelt. Die nachfolgende Diskussion dieser Form des Relativismus verdankt der Arbeit von Ernst wichtige Anregungen auch dort, wo dies nicht explizit vermerkt ist. – Kölbel verteidigt eine Form des Relativismus, die der indexikalischen Analyse in gewisser Hinsicht ähnlich ist, der zufolge aber nicht der Inhalt moralischer Aussagen relativistisch zu interpretieren ist, sondern das Wahrheitsprädikat selbst (Kölbel 2002, 2003).

seinen Standards (bzw. denen seiner Gruppe) moralisch richtig ist, und der andere behauptet, dass die Handlung relativ zu seinen Standards, die von denen des Erstgenannten verschieden sind, moralisch falsch ist – beides kann zutreffen, und worin hier ein Grund für einen Dissens liegen sollte, ist nicht zu sehen. (Die Situation wäre analog zu einer, bei der sich herausstellt, dass sich die Sätze „Das Bodemuseum ist hinter dem Pergamonmuseum" und „Das Bodemuseum ist vor dem Pergamonmuseum" nicht widersprechen, weil sie von Sprechern geäußert werden, die aus unterschiedlichen Richtungen über die Berliner Museumsinsel blicken.)

Es ist weitgehend unstrittig, dass die indexikalische Analyse aus dem genannten Grunde der Semantik unserer moralischen Sprache nicht unmittelbar Rechnung tragen kann. Manche Relativisten sehen hierin jedoch kein grundsätzliches Problem, sondern neigen zu einer revisionären Konzeption: In dem Maße, in dem unsere moralische Sprache objektivistische Züge trägt, die durch die indexikalische Analyse nicht erfasst werden können, bedürfe sie einer Revision im Sinne des Relativismus. Wer etwa zwei Urteile der oben genannten Art als einander widersprechend empfindet, der solle längerfristig aufhören, dies so zu sehen. Genau hierin würde der „taktische Rückzug" bestehen, den der Relativismus, der oben zitierten Passage bei Dreier gemäß, darstellt.

Dieses relativistische Manöver kann als der Versuch beschrieben werden, dem Nihilismus ein bestimmtes, aber begrenztes Terrain zuzugestehen, außerhalb dessen die Rede von – relativistisch verstandener – moralischer Wahrheit sinnvoll ist. Was aber stoppt den nihilistischen Zugriff, sobald ihm einmal die Türe geöffnet ist? Versteht man den Relativismus nicht revisionär, so könnte man geltend machen, dass die Idee der relativen Wahrheit, die dem Nihilismus Grenzen setzt, ein Versuch ist, das Alltagsverständnis moralischer Urteile zumindest bedingt aufzunehmen. Wenn aber der Relativismus ohnehin als revisionäre Theorie auftritt, spielt dieses Alltagsverständnis keine tragende Rolle mehr. Dann wirkt die Absicht, dem Nihilismus durch eine relativistische Semantik Grenzen zu setzen, theoretisch halbherzig, und ein durchgängiger Nihilismus wäre die konsequentere Option.

Um einen Revisionismus zu vermeiden und um die indexikalische Analyse auf das Alltagsverständnis moralischer Urteile beziehen zu können, wird gelegentlich der Versuch unternommen, diese Analyse um Elemente einer nonkognitivistischen Position anzureichern. Der Kerngedanke ist, dass, wer eine moralische Stellungnahme abgibt, nicht bloß etwas sagt, was – relativ zu den einschlägigen Standards – wahr oder falsch ist. Obendrein bringt er eine nonkognitive Haltung der Handlung gegenüber zum Ausdruck. Was uns als Widerspruch erscheint, kann dann als Konflikt nonkognitiver Haltungen unterschiedlicher Personen, beispielsweise als Interessen- oder Wunschkonflikt, aufgefasst werden: Der Dissens würde demnach nicht darin bestehen, dass zwei Personen unterschiedliche Überzeugungen haben, die nicht beide *wahr* sein können, sondern darin, dass sie unterschiedliche Interessen oder Wünsche haben, die nicht zugleich *erfüllt* werden können.[9]

Jedoch steht es um die Erfolgsaussichten des Versuchs, die spezifische „Härte" eines Widerspruchs auf der Basis konfligierender nonkognitiver Haltungen zu erklären, nach verbreiteter Ansicht nicht zum Besten.[10] Und selbst wenn dieses Vorhaben letztlich erfolgreich wäre, so müsste sich der Relativist die Frage gefallen lassen, warum er diesen Weg nur für die semantische Erklärung moralischer Konflikte zwischen Angehörigen von in relevanter Hinsicht hinreichend unterschiedlichen Gruppen (bzw. Kulturen) ins Auge fasst und nicht auch für die Erklärung moralischer Uneinigkeit überhaupt. Vertritt der Relativist eine „gemischte" Semantik, die der Idee moralischer Wahrheit einen im Sinne der indexikalischen Analyse begrenzten Anwendungsbereich zugesteht, moralische Konflikte jedoch im Prinzip auch auf der Grundlage einer nonkognitivistischen Semantik für erfassbar hält, so resultiert dies, wie es scheint, in einer eigentümlichen Instabilität der relativistischen Position.[11]

Im Übrigen wären die Probleme des Relativismus nicht gelöst, gelänge es ihm, eine Semantik vorzulegen, die es ihm erlaubt, moralische Dissense als echte Widersprüche zu beschreiben. Da dem Relativisten gerade daran gelegen ist, unterschiedliche und miteinander inkompatible moralische Urteile gleichermaßen aufrechterhalten zu können, ließe seine Theorie in diesem Fall die Möglichkeit der Wahrheit zweier zueinander im Widerspruch stehender moralischer Urteile zu. Sie wäre damit inkonsistent und drohte an elementaren logischen Standards zu scheitern.[12]

Tritt man einen Schritt hinter die Details der somit entwickelten Argumentation zurück, so offenbart sich ein Dilemma. Folgt man, einerseits, der indexikalischen Analyse, so verschwindet der Anschein des Widerspruchs zwischen zwei gegeneinanderstehenden Moralurteilen, die sich unterschiedlichen Perspektiven verdanken, sobald man sich die semantischen Verhältnisse klar gemacht hat. Dann aber ist offen, inwieweit es eine mit der relativistischen Grundidee kompatible Theorie gibt, die die Tatsache zu erklären vermag, dass wir

---

[9] In eine solche Richtung geht etwa Harman (1996, 32–44).
[10] Eine ganze Reihe solcher Versuche hat Simon Blackburn unternommen (siehe etwa Blackburn 1998, Kap. 3, insbes. 68–77); eine knappe Übersicht über wichtige Beiträge zu der einschlägigen Diskussion bietet Miller (2003, 58–73).
[11] Zu dieser Kritik siehe auch Darwall (1998) und Ernst (2006, 348–349).
[12] Von diesem Problem ist der *agent's-group relativism* weniger stark betroffen als der *appraiser's-group relativism*; siehe oben Anm. 4 sowie Lyons (1976, 129–130).

die gegeneinanderstehenden Urteile gleichwohl als einander widersprechend empfinden. Andererseits: Gäbe es eine mit dem Relativismus vereinbare Möglichkeit, zwei gegeneinanderstehende Moralurteile als einander widersprechend aufzufassen, so ließe es der ethische Relativismus zu, dass zwei miteinander im offenen Widerspruch stehende Urteile zugleich Bestand haben können. Dann aber impliziert er eine logische Inkonsistenz.

Diese Problematik ist nicht etwa auf eine leicht zu vermeidende Eigenschaft einer spezifischen relativistischen Theorie zurückzuführen. Vielmehr hängt sie unmittelbar mit dem Kern der relativistischen Denkweise zusammen. Relativisten sind – im Allgemeinen – geneigt, fundamentale moralische Uneinigkeiten als echte Uneinigkeiten zu beschreiben. Dies aber setzt voraus, dass man eine Situation gegeneinanderstehender moralischer Urteile so auffassen kann, dass hier unterschiedliche Antworten auf dieselbe Frage vorliegen. Wäre dem nicht so, so läge kein echter Dissens vor – denn ein solcher setzt voraus, dass es etwas Gemeinsames gibt, *worüber* er besteht. Da aber der Relativismus keinen Wahrheitsbegriff bereitstellt, der erklärlich machen könnte, in welchem Sinne hier unterschiedliche Antworten vorliegen, scheint einzig der Versuch, moralische Dissense als Konflikte zwischen nonkognitiven Haltungen zu beschreiben, ein im Rahmen des Relativismus gangbarer Weg zu sein. Der Nonkognitivismus ist aber seiner Natur nach keine relativistische Position.[13] Würde er es ermöglichen, moralische Uneinigkeiten angemessen zu erfassen, so ist nicht zu sehen, warum er dann noch mit einer relativistischen Position verbunden werden sollte.

Die in diesem Abschnitt angestellten Überlegungen haben gezeigt, dass es nicht ohne weiteres möglich ist, eine der relativistischen Grundidee treue, kohärente Semantik moralischer Sätze zu entwickeln. Unabhängig davon, wie man im Lichte dieser Schwierigkeiten die Erfolgsaussichten einer relativistischen Theorie einschätzt, kommt man nicht darum herum anzuerkennen, dass die Formulierung einer tragfähigen relativistischen Position schon aus semantischen Gründen zu erheblichen Problemen führt.

3 Ethischer Relativismus als Herausforderung?

Sofern man dem ethischen Relativismus deutlich mehr theoretische Anfangsplausibilität zugesteht als dem ethischen Objektivismus, könnte einen das skeptische Resultat der semantischen Überlegungen des letzten Abschnitts verwundern. Selbst wenn sich der Relativismus aus semantischen Gründen als falsch oder

---

13 Für eine detaillierte Argumentation zugunsten dieser These siehe Blackburn (2000).

jedenfalls als vergleichsweise unplausible Theorie erweisen lässt und man dies als indirektes Argument für den Objektivismus wertet, muss man sich fragen, wie es denn um die Herausforderung steht, mit der der Relativismus den Objektivismus nach verbreiteter Meinung konfrontiert. Viele halten eine relativistische Position in der Ethik nicht zuletzt deswegen für attraktiv, weil der Relativismus eine bestimmte Form der Bringschuld nicht habe, der der Objektivismus jedoch unterliege. Im Lichte dieses Umstands kann der ethische Relativismus als Ausdruck einer gewissen Unruhe angesichts des Objektivismus aufgefasst werden. Diese bliebe auch dann bestehen, wenn man die semantischen Einwände gegen den Relativismus überzeugend findet, da die semantische Kritik des Relativismus nicht aufzeigt, wie die angenommene Bringschuld des Objektivismus eingelöst werden kann. Eine angemessene Auseinandersetzung mit dem Relativismus kommt daher nicht umhin, der genannten Unruhe auf eine Weise Rechnung zu tragen, die auch dann Bestand hat, wenn sich der ethische Relativismus aus semantischen Gründen als inkohärente Position erweisen lässt.

Dem klaren Erfassen des Kerns dieser Unruhe steht die Tatsache im Wege, dass objektivistische Theorien einigen verbreiteten Missverständnissen ausgesetzt sind. So werden ethische Objektivisten immer wieder mit der Aufforderung konfrontiert, ihrer Sichtweise Gehalt zu geben, indem sie die These von der Existenz objektiv wahrer bzw. objektiv begründbarer Antworten auf moralische Fragen um eine Auskunft darüber ergänzen, was denn Beispiele für solche Antworten seien. Kommt ein Objektivist diesem Wunsch nach, so wird er nicht selten in eine inhaltliche moralische Auseinandersetzung verwickelt, die die Frage zum Gegenstand hat, ob er mit seiner (moralischen) Überzeugung wirklich richtig liegt. Die Möglichkeit solcher Auseinandersetzungen wird regelmäßig als Beleg für die Unplausibilität des Objektivismus gewertet.

Hierzu ist zunächst zu sagen, dass ein Objektivist, indem er moralische Stellungnahmen abgibt, nicht etwa seinem Objektivismus Gehalt gibt. Wer dies anders sieht, missversteht den Status der objektivistischen These. Ebenso wie der ethische Relativismus ist auch der Objektivismus eine Theorie zweiter Ordnung, die nicht mit inhaltlichen moralischen Stellungnahmen einhergeht, sondern Aussagen *über* die Moral macht. Behauptet der Objektivist, dass von zweien sich widersprechenden moralischen Urteilen nur eines zutreffen kann, so sagt er damit nichts darüber, welches der beiden Urteile zutrifft.

Ganz abwegig ist die Auffassung, schon die Tatsache, dass von Objektivisten artikulierte moralische Überzeugungen häufig strittig sind, zeige, dass mit der objektivistischen Position etwas nicht stimmen kann. Mit der These, dass es objektiv zutreffende Antworten auf moralische Fragen gibt, geht keineswegs die Auffassung einher, dass es stets möglich ist, sichere und unbezweifelbare Antworten auf moralische Fragen zu geben. Natürlich erkennt der Objektivist an, dass es kontroverse moralische Fragen gibt. *Gerade weil* es der objektivistischen These zufolge objektiv zutreffende Antworten auf moralische Fragen gibt, bietet der Objektivismus Raum für die Idee moralischer Fehlbarkeit: Man kann sich darüber, was die richtige Antwort ist, im Moralischen genauso irren wie in anderen Angelegenheiten auch.

Auch muss der verbreiteten Auffassung entgegengetreten werden, dass Objektivisten der Natur ihrer Position nach intolerant seien. Daraus, dass man – ungeachtet der Möglichkeit der eigenen Fehlbarkeit – eine bestimmte moralische Auffassung hat, folgt keineswegs, dass es nicht gute Gründe geben kann und häufig auch gibt, andere moralische Ansichten zu tolerieren. Tatsächlich spricht einiges dafür, dass die Anerkennung des Wertes der Toleranz mit einer objektivistischen Theorie deutlich besser vereinbar ist als mit einer relativistischen.[14]

Und schließlich ist auf die Meinung einzugehen, dass, wer den ethischen Relativismus ablehnt, die Existenz absolut gültiger moralischer Prinzipien annehmen müsse, die es gleichsam stur und ohne Rücksicht auf die Besonderheiten des u. U. sehr spezifischen Handlungskontextes anzuwenden gelte. Im Lichte dieser Ansicht werden Objektivisten gelegentlich als unflexible Prinzipienethiker porträtiert, die nicht in der Lage seien, mit der erforderlichen moralischen Sensibilität den Charakteristika der jeweiligen Situation gerecht zu werden.

In der Tat ist es durchaus fraglich, ob man sich bei der Suche nach allgemeinen und ausnahmslos gültigen moralischen Prinzipien Hoffnung auf reichen Ertrag machen sollte. Doch ist die Relativismus/Objektivismus-Kontroverse hiervon unabhängig. Daraus, dass es auf moralische Fragen objektiv wahre bzw. objektiv begründbare Antworten gibt, folgt nicht, dass es möglich ist, diese Antworten in Prinzipien zu kodifizieren.[15] Daher sind Objektivisten nicht auf die manchmal unter der Bezeichnung *moralischer Absolutismus* verhandelte These verpflichtet, dass es solche Prinzipien gibt. Ihnen steht etwa die Möglichkeit offen, Ausnahmen zu moralischen Prinzipien zuzulassen. Oder sie können sich gänzlich von der Idee einer Prinzipienethik verabschieden. Die Kontexte moralischen Handelns könnten so unterschiedlich sein, dass sich keine zwei verschiedenen Handlungssituationen in allen moralisch relevanten Hinsichten gleichen. Dann aber gäbe es keine gehaltvollen moralischen Prinzipien.

Diese Überlegungen sollten geeignet sein, dem Objektivismus einiges von dem Anschein der Unattraktivität zu nehmen, den er für viele hat. Es hat sich gezeigt, dass die relativistische Herausforderung an den Objektivismus nicht in der For-

---

14 Ausführlicher hierzu Graham (1996).
15 In diesem Zusammenhang sind, was Positionen der gegenwärtigen Debatte angeht, etwa objektivistische Tugendethiken (v. a. Martha Nussbaums Neoaristotelismus, siehe etwa Nussbaum (1993)) und der vor allem von Jonathan Dancy (2004) vertretene Partikularismus zu nennen.

derung bestehen kann, der Objektivist möge unkontroverse Antworten auf moralische Fragen geben bzw. ein Verfahren angeben, das einem moralische Einsichten verschafft, die über jeden vernünftigen Zweifel erhaben sind. Auch kann sie nicht darin bestehen, dem Wert der Toleranz Rechnung zu tragen – denn es ist nicht zu sehen, warum der Objektivist dies nicht problemlos vermöchte. Und schließlich ist der Objektivist kraft seiner Position nicht auf die Annahme der Existenz ausnahmslos gültiger moralischer Prinzipien verpflichtet, so dass er auch solche anzugeben nicht verpflichtet werden kann.

Die genannten Missverständnisse der objektivistischen Position sind mit dafür verantwortlich, dass vielen eine relativistische Position als einzig gangbarer Weg in der Ethik erscheint. Selbst wenn diese Missverständnisse ausgeräumt sind, dürfte jedoch der wesentliche Teil des Unbehagens, das Relativisten vor dem Objektivismus zurückschrecken lässt, bestehen bleiben. Entsprechend ist die Frage nach einer philosophisch tragfähigen Diagnose seines Kerns noch offen.

Der wohl aussichtsreichste Kandidat für eine solche Diagnose setzt an der Behauptung an, dass es unauflösbare moralische Konflikte gibt. Diese wird häufig für eine spezifisch relativistische These gehalten, und viele – nicht nur Relativisten – meinen, dass Objektivisten gefordert sind, den Nachweis zu erbringen, dass alle moralischen Konflikte grundsätzlich auflösbar sind. Um einschätzen zu können, ob hierin tatsächlich der sachliche Kern der relativistischen Herausforderung gesehen werden kann, ist zu klären, wie die These von der Existenz unauflösbarer moralischer Konflikte – nachfolgend: *Unauflösbarkeitsthese* – aufzufassen ist.[16]

Eine erste von mehreren Lesarten der Unauflösbarkeitsthese besagt, es seien Situationen moralischer Uneinigkeit möglich, von denen *de facto* nicht zu erwarten ist, dass sie verschwinden werden. Dass dem so ist, kann wohl kaum vernünftig bestritten werden. Jedoch lässt sich so keine interessante und für die Moral spezifische Einsicht erfassen. Vielmehr wird es in vielen, wenn nicht gar in allen Bereichen, in denen Leute verschiedener Meinung sein können, Uneinigkeiten geben, von denen es wahrscheinlich ist, dass sie andauern werden – etwa, um zwei besonders drastische Arten von Fällen zu nennen, weil einige der Beteiligten dogmatisch auf bestimmten Annahmen beharren oder nicht in der Lage sind, bestimmten Erwägungen der Gegenseite überhaupt folgen zu können. Eine in besonderer Weise für die Moral einschlägige These, die es rechtfertigen würde,

---

[16] Während sich die im 2. Abschnitt diskutierte semantische Kritik am ethischen Relativismus vor allem gegen die relativistische Ansicht richtet, dass moralische Urteile nur relativ zu gewissen Standards *wahr* sein können, wird die Unauflösbarkeitsthese gelegentlich als Ausdruck der relativistischen Auffassung angesehen, dass moralische Urteile nicht objektiv, sondern ebenfalls nur relativ zu gewissen Standards *begründet* werden können.

gerade den Bereich der Ethik einer relativistischen Herausforderung ausgesetzt zu sehen, ist hier nicht in Sicht.

Einem zweiten, in der Diskussion um den ethischen Relativismus recht verbreiteten Verständnis der Unauflösbarkeitsthese zufolge besagt sie, dass es moralische Uneinigkeiten gibt, die nicht dadurch, dass Einigkeit über die relevanten nichtmoralischen Fakten hergestellt wird und logische Fehler eliminiert werden, zum Verschwinden gebracht werden können.[17] Und tatsächlich werden manche objektivistischen Ansätze regelmäßig als Versuch gelesen, substantielle moralische Folgerungen aus der Kombination nichtmoralischen Faktenwissens und den Regeln der Logik zu gewinnen.

Jedoch überrascht die Tatsache, dass immer wieder gemeint wird, hierin sei ein zentrales Element der Herausforderung des Relativismus zu sehen. Zum einen läuft die Unauflösbarkeitsthese diesem Verständnis zufolge auf die These von der Existenz einer Sein-Sollen-Schranke hinaus – die These, dass sich aus bloß nichtmoralischen Fakten unter Verwendung der Regeln der Logik keine inhaltlichen moralischen Aussagen gewinnen lassen. Diese These aber wird von vielen Objektivisten zwanglos akzeptiert, ohne dass sie hierdurch sogleich dem Relativismus in die Hände gespielt hätten. Zum anderen gilt, dass die Unauflösbarkeitsthese auch unter der zweiten Lesart nicht nur auf den Bereich der Moral zutrifft. So gilt sie etwa, um das wohl drastischste Beispiel herauszugreifen, auch für die Mathematik. Entgegen einer sich hartnäckig haltenden Überzeugung ist es falsch, dass sich mathematische Uneinigkeiten auf solche über nichtmathematische Fakten oder auf logische Fehler zurückführen lassen. Zu verlangen, dass sich moralische Uneinigkeiten auf solche über nichtmoralische Fakten und auf logische Fehler zurückführen lassen, liefe also darauf hinaus, in Sachen Objektivität in der Ethik etwas zu erwarten, was wir der Art nach *nicht einmal* in der Mathematik verlangen können.[18]

---

17 Zur Diskussion siehe etwa Gowans (2004, Abschn. 4).
18 Ein Beispiel für eine Uneinigkeit über eine fundamentale mathematische Frage, die nicht unter Rückgriff auf die Logik (und sowieso nicht unter Bezugnahme auf nichtmathematische Tatsachen) entschieden werden kann, ist die Auseinandersetzung um das sog. Auswahlaxiom (für eine historisch orientierte Darstellung siehe Moore (1982)). – Die Pointe des Verweises auf die Mathematik als Messlatte in Sachen Objektivität besteht natürlich nicht in der Behauptung, dass die Moral in allen wichtigen Hinsichten der Mathematik analog ist – das wäre eine offenkundig absurde These. Jedoch sollte man der Moral nicht aus einem Grund Objektivität absprechen, der es, wäre er einschlägig, auch erforderlich machen würde, die Mathematik als nicht objektiv anzusehen. Sowohl in der Mathematik als auch in der Moral bedarf es, um zu einer sachangemessenen Einigung in mathematischen bzw. moralischen Angelegenheiten zu kommen, auch anderer Fähigkeiten als bloß der zur logisch richtigen Deduktion.

Drittens schließlich könnte man den Gehalt der Unauflösbarkeitsthese dahingehend verstehen, dass es Situationen moralischer Uneinigkeit gibt, in denen man mit dem ernsthaften Bemühen um eine vernünftige Einigung nicht weiterkommt. Situationen dieser Art wird jeder kennen. Man denke etwa an einen tief greifenden moralischen Dissens mit einem Freund, dessen moralisches Urteil man an und für sich schätzt und mit dem man sich in wichtigen moralischen Angelegenheiten bislang stets einig wusste. Nun aber gibt es einen moralischen Dissens, der auch durch eine lange und besonnene Diskussion nicht auszuräumen ist. Sollte man dann seine eigene Meinung dennoch aufrechterhalten? Oder ist nicht vielleicht doch die Position des anderen besser begründet, und man sollte sich seiner Sichtweise anschließen? Oder sind die Begründungen beider Positionen gleich gut, so dass man sich des Urteils vielleicht besser enthält? Und wenn man sich nicht einigen kann oder sich des Urteils enthält – was sollte man dann *tun*? Entsprechende Fragen stellen sich auch in charakteristischen Situationen interkultureller moralischer Konflikte, die Relativisten häufig vor Augen haben.

Jedoch ergeben sich Fragen dieser Art auch in Situationen der Uneinigkeit über nichtmoralische Fragen, in denen wir mit unserem argumentativen Latein am Ende sind. Beispiele für Fälle tief greifender Uneinigkeiten, die trotz intensiver argumentativer Bemühungen anhalten, bietet etwa die Wissenschaftsgeschichte zuhauf. Auch in solchen Situationen muss man sich fragen, ob die andere Seite bessere Argumente hat als man selbst. Auch hier gilt, dass man sich, wenn beide Begründungen gleich gut sind, des Urteils bis auf weiteres wohl eher enthalten oder zumindest dazu stehen sollte, dass man (noch) nicht in der Lage ist, die eigene Position zureichend zu stützen. In all diesen Hinsichten sind strukturelle Unterschiede zu den Fällen unauflösbarer moralischer Uneinigkeit nicht zu erkennen. Daher scheint mit der Unauflösbarkeitsthese auch unter ihrer dritten Lesart keine für die Moral spezifische Behauptung formuliert.[19]

In Situationen anhaltender moralischer Uneinigkeit rückt zunächst die Frage in den Vordergrund, ob man von seiner eigenen Position abrücken sollte oder nicht. Behalten beide ihre unvereinbaren Positionen bei, so wird die Frage virulent, ob man den anderen, auch wenn man seine Meinung nicht teilt, gewähren lassen sollte, oder ob es eher angebracht ist, einzugreifen – und, gegebenenfalls, auf welche Weise. Entscheidend ist nun die Einsicht, dass es sich bei diesen

---

19 Wichtig ist hierbei, dass es nicht darum geht, was geschehen würde, würde man beliebig lange weiterdiskutieren. Vielmehr geht es – in den Wissenschaften wie in der Moral – um Fragen, die sich stellen, wenn man in begrenzter Zeit nicht auf vernünftige Weise Einigkeit hat erzielen können. – Ein moderner *locus classicus* für die der oben vertretenen Auffassung entgegengesetzte Position, dass es im Hinblick auf das Problem unauflösbarer Konflikte profunde Unterschiede zwischen den Wissenschaften und der Ethik gibt, ist Williams (1985, Kap. 8).

Fragen um inhaltliche moralische Fragen handelt. Ihre Wichtigkeit und ihr drängender Charakter legen es nahe, die „relativistische Herausforderung" als Aufforderung dazu aufzufassen, überzeugende Antworten auf sie zu geben.

Hiermit ist ein plausibler Kern der von Relativisten empfundenen philosophischen Unruhe benannt. Jedoch hat die „Herausforderung des ethischen Relativismus" dieser Deutung zufolge mit dem Relativismus eigentlich nichts mehr zu tun. Fragen der genannten Art formulieren nicht eine fundamentale Herausforderung an den Objektivismus, der der Relativismus nicht unterliegt. Vielmehr handelt es sich erstens um eine Vielzahl einzelner Herausforderungen, vor denen wir in einzelnen Situationen immer wieder stehen werden und für die es keine einheitliche Patentlösung gibt. Zweitens verweisen diese Fragen nicht auf eine spezifische Bringschuld des ethischen Objektivismus, da es sich um inhaltliche moralische Fragen handelt, die von metatheoretischen Positionen, wie sie Objektivismus und Relativismus darstellen, weitgehend unabhängig sind. Jeder, ob Objektivist oder Relativist, ist gut beraten, diese Fragen gleichermaßen ernst zu nehmen und sich um Antworten auf sie zu bemühen.

Es könnte nun so scheinen, als wäre bei diesem Umgang mit der vermeintlichen „Herausforderung des Relativismus" ein wesentliches Merkmal des Relativismus verloren gegangen, da er unauflösbare moralische Uneinigkeiten der Art der Unauflösbarkeit nach nicht grundsätzlich von hartnäckigen Dissensen in anderen Bereichen unterscheidet. Relativisten aber sind im Allgemeinen geneigt, unauflösbare Uneinigkeiten über Fragen der Moral als besonders dramatisch und für die Moral spezifisch anzusehen. Hierin wird dann nicht selten ein Grund für eine Unruhe gesehen, die in relativistischen Theorieentwürfen ihren Ausdruck findet.

Es ist nicht zu bestreiten, dass uns unauflösbare moralische Konflikte häufig dramatischer erscheinen als beispielsweise unauflösbare Uneinigkeiten über Fragen der Etikette, der Ästhetik oder auch der Mathematik. Wie lässt sich vor dem Hintergrund des hier unterbreiteten Vorschlags verständlich machen, dass sich diese Art von Unruhe gerade bei moralischen Uneinigkeiten besonders ausgeprägt bemerkbar macht? Warum erscheinen gerade Situationen unauflösbarer *moralischer* Konflikte in besonderer Weise bedeutsam und problematisch? Dies dürfte weniger mit der Art der Uneinigkeit oder Unauflösbarkeit zusammenhängen, sondern vielmehr mit dem besonderen Charakter moralischer Fragen und der besonderen Bedeutung dessen, was bei moralischen Entscheidungen oft auf dem Spiel steht.

Relativistisches Denken nimmt seinen Ausgang häufig von Kontexten, in denen tief greifend divergierende moralische Vorstellungen aufeinandertreffen. Gerade in solchen Kontexten sind moralische Fragen oftmals besonders drängend, wichtig und schwer zu beantworten. Dies liegt nicht zuletzt daran, dass sie nicht selten Entscheidungen betreffen, die eine existentielle Dimension aufweisen, und Fragen berühren, die von fundamentaler Bedeutung für unser Selbstverständnis und das Verhältnis zu unseren Mitmenschen sind. Diese besondere Bedeutung moralischer Fragen – und nicht etwa eine spezifische Art der Unauflösbarkeit des Konflikts – steht im Hintergrund der Tatsache, dass wir die Schwierigkeiten, die im Zusammenhang mit unauflösbaren Uneinigkeiten entstehen, gerade im Bereich der Moral besonders intensiv wahrnehmen. Es gibt keinen Anlass, in diesen Schwierigkeiten einen Grund dafür zu sehen, sich dem ethischen Relativismus anzuschließen.[20]

Bibliographie

Benedict, Ruth F. (1934): Anthropology and the Abnormal. In: The Journal of General Psychology 10, 59–82; zitiert nach dem Wiederabdruck in: Moser/Carson (2001), 80–89.
Blackburn, Simon (1998): Ruling Passions. A Theory of Practical Reasoning. Oxford: Oxford University Press.
Blackburn, Simon (2000): Relativism. In: Hugh LaFollette (Hrsg.): The Blackwell Guide to Ethical Theory. Oxford: Blackwell, 38–52.
Brandt, Richard B. (1967): Ethical Relativism. In: Paul Edwards (Hrsg.): The Encyclopedia of Philosophy, Bd. 3. New York: Macmillan, 75–78.
Dancy, Jonathan (2004): Ethics Without Principles. Oxford: Oxford University Press.
Darwall, Stephen L. (1998): Expressivist Relativism. In: Philosophy and Phenomenological Research 58, 183–188.
Dreier, James (1990): Internalism and Speaker Relativism. In: Ethics 101, 6–26.
Dreier, James (2006): Moral Relativism and Moral Nihilism. In: David Copp (Hrsg.): The Oxford Handbook of Ethical Theory. Oxford/New York: Oxford University Press, 240–264.
Ernst, Gerhard (2006): Das semantische Problem des moralischen Relativisten. In: Zeitschrift für philosophische Forschung 60, 337–357.
Gowans, Christopher W. (2004): Moral Relativism. In: Edward N. Zalta (Hrsg.): The Stanford Encyclopedia of Philosophy (Spring 2004 Edition). http://plato.stanford.edu/entries/moral-relativism/ (Stand: 20.08.2014).
Graham, Gordon (1996): Tolerance, Pluralism, and Relativism. In: David Heyd (Hrsg.): Toleration: An Elusive Virtue. Princeton: Princeton University Press, 44–59; zitiert nach dem Wiederabdruck in: Moser/Carson (2001), 226–240.

---

[20] Die in dieser Arbeit dargestellten Überlegungen wurden in Vorträgen am Institut für Philosophie der Universität Potsdam (April 2006), auf der von der Jungen Akademie veranstalteten Tagung *Moralischer Relativismus* (München, September 2006), im Rahmen der Ringvorlesung *Orientierungswissen und praktische Rationalität* an der Humboldt-Universität zu Berlin (Dezember 2007) sowie im Rahmen der Akademievorlesung *Moral, Wissenschaft und Wahrheit* der Berlin-Brandenburgischen Akademie der Wissenschaften (Mai 2013) vorgestellt. Den Diskussionen dieser Vorträge verdanke ich wertvolle Anregungen. Darüber hinaus danke ich Jan Gertken und Benjamin Kiesewetter für detaillierte Hinweise zu einer früheren Fassung dieses Texts.

Harman, Gilbert (1985): Is There a Single True Morality? In: David Copp/David Zimmermann (Hrsg.): Morality, Reason, and Truth. New Essays on the Foundations of Ethics. Totowa, N. J.: Rowman & Allanheld, 27–48.
Harman, Gilbert (1996): Moral Relativism. In: Gilbert Harman/Judith J. Thomson: Moral Relativism and Moral Objectivity. Malden, Mass./Oxford: Blackwell, 1–64.
Kölbel, Max (2002): Truth Without Objectivity. London/New York: Routledge.
Kölbel, Max (2003): Faultless Disagreement. In: Proceedings of the Aristotelian Society 104, 53–73.
Lyons, David (1976): Ethical Relativism and the Problem of Incoherence. In: Ethics 86, 107–121; zitiert nach dem Wiederabdruck in: Moser/Carson (2001), 127–141.
Mackie, John L. (1977): Ethics. Inventing Right and Wrong. Harmondsworth: Penguin.
Miller, Alexander (2003): An Introduction to Contemporary Metaethics. Cambridge: Polity Press.
Moody-Adams, Michele M. (1997): Fieldwork in Familiar Places. Morality, Culture, and Philosophy. Cambridge, Mass./London: Harvard University Press.
Moore, George E. (1903): Principia Ethica. Überarbeitete Auflage, Thomas Baldwin (Hrsg.). Cambridge: Cambridge University Press 1993.
Moore, Gregory H. (1982): Zermelo's Axiom of Choice: Its Origins, Development, and Influence. New York/Heidelberg/Berlin: Springer.
Moser, Paul K./Carson, Thomas L. (Hrsg.) (2001): Moral Relativism. A Reader. New York/Oxford: Oxford University Press.
Nussbaum, Martha (1993): Non-Relative Virtues: An Aristotelian Approach. In: Dies./Amartya Sen (Hrsg.): The Quality of Life. Oxford: Oxford University Press, 242–269.
Patzig, Günther (1968): Relativismus und Objektivität moralischer Normen. In: Ders.: Gesammelte Schriften. Bd. I: Grundlagen der Ethik. Göttingen 1994: Wallstein, 9–43.
Rachels, James (1986): The Elements of Moral Philosophy. Fünfte Auflage. Co-Autor dieser Auflage: Stuart Rachels. New York 2007: McGraw-Hill.
Rippe, Klaus P. (1993): Ethischer Relativismus. Seine Grenzen, seine Geltung. Paderborn etc.: Schöningh.
Scanlon, Thomas M. (1998): What We Owe to Each Other. Cambridge, Mass./London: Harvard University Press.
Schmidt, Thomas (2005): Moral begründen, Moral verstehen. Zum Objektivitätsproblem in der gegenwärtigen Moralphilosophie. Habilitationsschrift, Universität Göttingen.
Sumner, William G. (1906): Folkways. Boston: Ginn.
Williams, Bernard (1972): Morality. An Introduction to Ethics. Cambridge/New York: Cambridge University Press.
Williams, Bernard (1985): Ethics and the Limits of Philosophy. London: Fontana.
Wong, David B. (1984): Moral Relativity. Berkeley: University of California Press.

Volker Gerhardt
Der Wert der Wahrheit wächst[1]

1 Keine Wissenschaft ohne Wahrheit

Vor etwa zwölf Jahren wurde ich vom damaligen Vizepräsidenten der *Freien Universität* zu einem Vier-Augen-Gespräch mit der Bitte eingeladen, ihn über die Schwerpunkte zu orientieren, die ich als Vorsitzender der „Leitbild"-Kommission der *Humboldt-Universität* zu setzen gedächte. Der Kollege, ein Geisteswissenschaftler mit hoher fachlicher Reputation, überlegte, ob die FU, wie es damals Mode war, sich ebenfalls öffentlich ihrer *corporate identity* versichern solle, hatte aber das Problem, dass seine Universität bereits auf ein zwar knappes, letztlich aber unüberbietbares Leitbild verpflichtet war. Es lautete kurz und bündig: *libertas, veritas, iustitia*.

Libertas, so meinte der mir schon aus Studienzeiten vertraute Kollege, könne nicht ersetzt werden, denn seine Universität trage die *Freiheit* in ihrem Namen; *iustitia* sei ebenfalls ein unverzichtbares Ziel, vor allem wenn man es mit „sozialer Gerechtigkeit" übersetze. Aber *veritas* – also „Wahrheit" – sei ein spätestens durch die Postmoderne überwundener Begriff, den man heute nicht mehr verwenden könne. Mit ihm sei vielfach politischer Missbrauch getrieben worden; überdies sei er metaphysisch vorbelastet. Das wisse ich als Nietzsche-Kenner ja am besten.

Doch ich sah mich genötigt, ihm zu widersprechen. Nietzsches Versuch, die Wahrheit zu verabschieden, sei die Folge eines schweren Missverständnisses, bei dem die Metaphysik mit der Logik verwechselt und die Logik ihrerseits mit der Realität gleichgesetzt werde. Und Missbrauch könne man nur mit etwas treiben, das zu etwas gut ist.

Ich weiß nicht, ob ich den Kollegen im Gespräch überzeugen konnte. Aber es ist weder zu einem neuen Leitbild der *FU* noch zu einer Korrektur von *veritas* im Dreiklang der großen Ideale gekommen, und so bilde ich mir ein, mit meinem Einspruch einen kleinen Anteil daran zu haben, dass es, zumindest an der Schwesteruniversität, beim unverzichtbaren Anspruch auf *Wahrheit* geblieben ist.[2]

---

[1] Der vorliegende Beitrag basiert auf einem Vortrag bei der Berlin-Brandenburgischen Akademie der Wissenschaften am 6. Juni 2013.
[2] Die Freie Universität Berlin hat auf die Formulierung eines Leitbildes verzichtet. Sie verleiht aber seit 2007 einen *Freiheitspreis* (Preisträger: Kim Dae-jung, 2007; Wladyslaw Bartoszewsky, 2008, Bischof Tutu, 2009; Mary Robinson, 2010) und beruft sich dabei ausdrücklich auf die drei Gründungsideen der *libertas, veritas* und *iustitia*.

Man stelle sich vor, die *Freie Universität* hätte auch nur eines ihrer hohen Ziele geändert, in deren Zeichen sie 1948 als wissenschaftliche Gegeninstanz zur alten Berliner Universität gegründet worden war! Im Jahr darauf wurde die *Friedrich-Wilhelms-Universität* Unter den Linden in *Humboldt-Universität* umbenannt. Das geschah nicht primär, um die monarchische Vergangenheit vergessen zu machen; dazu hätte es schlecht gepasst, sich gleich auf zwei Vertreter des preußischen Adels, auf Alexander und Wilhelm von Humboldt, zu berufen. Mit dem für die Gründung ideell verantwortlichen *Kant*, mit dem Verfasser einer flammenden Gründungsschrift und ersten Rektor *Fichte* oder mit *Hegel* als dem größten Denker des 19. Jahrhunderts, von dem Marx seine wichtigsten methodologischen Anregungen bezogen hat, hätten auch klingende bürgerliche Namen zur Verfügung gestanden.

Dem sowjetischen Stadtkommandanten und der gerade unter Zwang gegründeten SED kam es vielmehr darauf an, von der *Parteilichkeit der Wissenschaft* abzulenken, die künftig hier betrieben werden sollte. Deshalb musste der Name her, der zum Synonym für die Freiheit von Forschung und Lehre geworden war.

Doch erst nach der Wende von 1989 war es möglich, den Namen der Humboldts wirklich ernst zu nehmen. Wenn aber ausgerechnet jetzt die *Freie Universität* die Ziele aufgab, in der nunmehr endlich auch wieder im Ostteil der Stadt wissenschaftlich gearbeitet werden konnte, wäre das ein abwegiges Signal gewesen. Denn man muss wissen, dass die *Wahrheit*, ohne die weder *Recht* noch *Gerechtigkeit* zu haben sind, das innere Regulativ der *Freiheit* ist.

2 Irritation durch Komplexität

Die Zeiten der Postmoderne sind längst vorbei, und doch hat sich der Vorbehalt gegenüber der Wahrheit gehalten. Machte man eine repräsentative Umfrage in den Geistes- und Sozialwissenschaften der westlichen Welt, würde sich zeigen, dass viele Vertreter aus Soziologie, Politologie, Sprach-, Literatur- und Kunstwissenschaften bis heute der Ansicht sind, dass es *keine Wahrheit* gibt. Allenthalben kann man Schriftstellern, Journalisten oder Politikern begegnen, die nur milde lächeln, wenn tatsächlich jemand noch so naiv ist, die Wahrheit im Munde zu führen.

Will ich nach einem philosophischen Vortrag dem Publikum den Einstieg in die Diskussion erleichtern, brauche ich nur irgendwo den ausdrücklichen Anspruch auf Wahrheit zu erheben und kann sicher sein, dass mir jemand aus dem Auditorium unter Berufung auf Nietzsche, Derrida, Foucault oder Richard Rorty widerspricht. Ich reagiere dann mit der Gegenfrage, ob der Fragesteller denn zu einem Vortrag kommt, um etwas zu hören, was gar nicht stimmt? Das in der Regel eintretende betretene Schweigen bestätigt mir jedes Mal, dass viele tatsächlich der Ansicht sind, es gebe die Wahrheit nicht. Aber sie wissen nicht, auf was sie eigentlich verzichten. Wir haben hier einen auch theologisch nicht uninteressanten Fall von Unglauben, der sich durch den tatsächlich fortbestehenden Glauben nicht irritieren lässt.

Ehe man die Inkonsequenz beklagt, muss man auf die Gründe achten, die der verbreiteten Auffassung offenbar Plausibilität verleihen. Die Gründe haben wesentlich mit der Befindlichkeit unter den Konditionen der modernen Lebenswelt zu tun: Wenn es keine alle Menschen gleichermaßen tragenden Überzeugungen über den Zustand und die Verfassung der Welt mehr gibt, scheint der Kosmos des Wissens in viele Einzelteile auseinanderzufallen. Da kann auch dem Einzelnen nichts anderes übrig bleiben, als sich in *seine* Perspektive und auf *seine* Ansicht zurückzuziehen. Wenn heute mit guten Gründen in Zweifel gezogen wird, ob es noch „Universalgelehrte" geben kann, entfällt auch die Berufung auf das, was ein solcher Gelehrter zur Geltung bringt, nämlich die „wahre" Auffassung von der Vielfalt der Dinge.

Die nachhaltigsten Zweifel an der Geltung der Wahrheit stammen aus dem *Historismus* des 19. Jahrhunderts. Denn mit dem angeblichen Zerfall einer universalhistorischen Perspektive ging auch der Anspruch auf eine *geschichtliche Wahrheit* verloren. Jede Epoche scheint in ihrem begrenzten Horizont befangen. Dass allein diese Diagnose einen Erkenntnisanspruch mit sich führt, der ohne Wahrheitserwartung nicht einmal zu denken ist, wurde in den meisten den Historismus fortführenden Theoriekonstruktionen einfach beiseite gesetzt.

Die *Ideologiekritik*, um nur ein Beispiel zu nennen, führte alle auf Verbindlichkeit angelegten Aussagen auf die (meist uneingestandene) Beziehung zwischen *Interessen* und *Propositionen* zurück; dass sie selbst, um mit ihren Einsichten überzeugen zu können, nicht auf bloßer Parteilichkeit beruhen könne, wurde geflissentlich übersehen. Dasselbe gilt für den *Ethnozentrismus* und den *Kulturalismus* des 20. Jahrhunderts sowie für die *Totalisierung* der mit Blick auf einzelne Spezies natürlich höchst produktiven *Umwelthypothese*. Wann immer aber ein Biologe die These äußert, alles Leben benötige eine ihm entsprechende Umwelt, muss er sich im Klaren sein, dass er diese Aussage als ein Lebewesen tut, dem es irgendwie gelingt, seine spezifische *Umwelt* als *Welt* zu verstehen, von der nur unter der Voraussetzung die Rede sein kann, dass es in ihr wahre und falsche Aussagen gibt.

Dass es die Wissenschaftler aushalten, im Selbstwiderspruch zwischen ihren auf Wahrheit angelegten Prämissen und ihren relativistischen, angeblich die Wahrheit außer Kraft setzenden Theorien zu leben, zeigt an, wie groß die Irritation in ihrer Lebenswelt ist. Offenbar haben sie das Gefühl, dass *alles unsicher* geworden ist; und anstatt wenigstens daraus, dass an dieser Einsicht etwas Wahres dran sein muss, eine Ermutigung zu ziehen, verzichten sie ohne Not auf das Minimum an Sicherheit, das sie in ihrer Erkenntnis haben.

Darin werden die hochzivilisierten Weltbürger der Moderne durch einen prominenten politikwissenschaftlichen Kurzschluss bestärkt: Wenn es in der Nachfolge der immer noch für das Nonplusultra gehaltenen modernen Vertragslehren heißt, dass es in der Politik keine *Wahrheit*, sondern nur *Meinungen* gibt,[3] scheint die Wahrheit selbst im Zusammenleben der Menschen verzichtbar.

Doch das Gegenteil ist der Fall: Wir könnten uns an keinem Ort und zu keiner *Zeit* verabreden, wenn die Wahrheitsfähigkeit unseres Denkens, Sprechens und Handelns dies nicht möglich gemacht hätte. Jede durch sprachliche Zeichen oder gar durch bloßes Nachdenken veranlasste soziale Kooperation müsste scheitern, wenn das, was die Worte und Begriffe bedeuten, nicht einen wahrheitsfähigen Realbezug zum gemeinsamen Dasein hätte. Die Welt mag noch so vielfältig, gegensätzlich, im Ganzen unberechenbar und sowohl an ihren Rändern wie auch in ihren inneren Vorgängen unerkannt sein: Aus der Tatsache, dass zahllosen hochdifferenten Individuen und Organisationen zuweilen *ein und dasselbe* gelingt, es mag sich um eine Tagung, eine Resolution, den Aufbau einer Interessenvertretung, einer Universität oder einer Rechtsordnung, ja, selbst um einen erbittert geführten Streik oder eine Kriegsvorbereitung handeln: In jedem Fall wird Wahrheit benötigt. Ohne sie käme niemand bei eben *der Sache* an, die er *meint* und von der er, trotz aller Unsicherheit, ein *Wissen* haben muss, um sich mit seinesgleichen halbwegs verlässlich *verständigen* zu können.

3 Korrespondenz, Konsens, Kohärenz

Wenn dieser so einfache wie offenkundige Sachverhalt in der modernen Lebenswelt aus den Augen verloren wird, dann hat das auch mit der Schwierigkeit zu tun, ihn begrifflich zu fassen. Schon Platon hat gezeigt, wie abgründig es ist, die Wahrheit zu definieren, und Kant hält lakonisch fest, die seit Aristoteles immer wieder zu hörende Formel von der Wahrheit als einer *Übereinstimmung zwischen Begriff und* Gegenstand sei „geschenkt". Denn man brauche in jedem Fall ein Kriterium für diese Übereinstimmung; das aber müsse selbst schon auf eine Übereinstimmung zwischen Begriff und Gegenstand gegründet sein. Und so verliere man sich bei der Definition der Wahrheit in endlosen Wiederholungen.

---

3 Ich verweise auf die frühe Demokratietheorie von Hans Kelsen, auf das Lebenswerk von Hannah Arendt und auf einen Vortrag von Peter Graf Kielmansegg, der den Wahrheitsverzicht zur Norm der modernen Politikwissenschaft erklärt: Demokratie und Wahrheit, Vortrag a.d. Internationalen Symposion: Die deutsche Tradition der Universalwissenschaft, Tokio, 29.10.2005 (Typskript).

Die moderne Logik hat 150 Jahre nach Kant den Eindruck zu erwecken versucht, sie habe das von ihm vermisste Kriterium gefunden. Doch ob die von vielen für genial gehaltene Formel Alfred Tarskis (Tarski 1936) wirklich überzeugen kann, ist umstritten: Sie lautet, in die Alltagssprache übersetzt, dass eine Behauptung dann und nur dann wahr ist, wenn es wahr ist, was sie behauptet. Kant, so fürchte ich, würde sagen, dass man sich auch diese Definition „schenken" kann, obgleich nicht zu bestreiten ist, dass sie *logisch formalisierbar* ist, hohe Ansprüche an die *Prüfung des Einzelfalls* stellt und schon dadurch große Erwartungen in die *Ernsthaftigkeit einer Aussage* investiert. Das ist ein Gewinn. Es muss schon um etwas gehen, wenn man genötigt ist, zu prüfen, dass f(x) dann und nur dann wahr ist, wenn x tatsächlich der Fall ist.

Doch der philosophische Umgang mit der Wahrheit wird dadurch nicht leichter. Das zeigt sich schon darin, dass neben dem von Tarski bekräftigten Kriterium der *Korrespondenz* zwischen Gegenstand und Begriff noch zwei weitere Definitionskriterien zu Ansehen gekommen sind.

Das eine setzt auf den erkennbaren *Konsens* zwischen verschiedenen Sprechern und hat damit eine gewisse, wenn auch nicht für alle Fälle gültige Tauglichkeit. Selbst wenn alle Hörer einer Vorlesung der Überzeugung sind, dass es draußen nicht regnet, muss das nicht der Wahrheit entsprechen, denn die ersten Tropfen könnten schon gefallen sein. Prekärer ist es, wenn alle Menschen die Ansicht vertreten, dass die Erde eine Scheibe sei, oder wenn alle Physiker der Meinung sein sollten, die Mechanik sei die einzige Wirkungsweise der Natur. In solchen Fällen kann der Konsens lückenlos sein und dennoch wissen wir, dass er der Wahrheit nicht entspricht.

Deshalb ist es gut, noch über ein weiteres Kriterium zu verfügen, das in der *Kohärenz* sowohl der verwendeten Begriffe wie auch der zum Kontext gehörenden anderen Aussagen besteht. Eine Behauptung kann nur dann „wahr" genannt werden, wenn sie sich den Gesetzen der Logik fügt, den Regeln der Grammatik folgt, der Beschreibung umgebender Sachverhalte nicht widerspricht und der Situation angemessen ist. Einen Hilfeschrei auf der Opernbühne beurteilen wir anders als einen im Publikum – es sei denn, wir durchschauen sofort, dass sich ein Schauspieler in die Menge eingeschlichen hat und einer Regieanweisung folgt. Wenn einer aber mit schweren Verletzungen am Straßenrand liegt, haben wir Grund, seiner Behauptung, es gehe ihm gut, zu misstrauen; dann will er vielleicht von einem Verbrechen ablenken, in das er selbst verwickelt ist. Und wenn uns das Kind nach der Schule mit der Erkenntnis verblüfft, die Fläche eines Kreises lasse sich berechnen, indem man mit dem Daumen multipliziert, werden wir das nicht für eine mathematische Wahrheit halten, so richtig die Wortfolge einer Aussage des Lehrers auch wiedergegeben sein mag.

Die Trivialität der Beispiele darf die Bedeutung der Probleme nicht verdecken: Es gibt bei Übersetzungen von einer in eine andere Sprache, im Bemühen um Verständigung bei massiven Interessengegensätzen oder in der Bewertung erster oder letzter Fragen, von denen die Lebensführung ganzer Gesellschaften abhängen kann, tatsächlich große Schwierigkeiten, auf das f(x) zu stoßen, von dem alle Beteiligten sagen, dass es wirklich der Fall ist.

Man braucht sich nur zu vergegenwärtigen, wie schwer es im Einzelfall (unter zunehmend komplexen Lebensbedingungen, mit unübersichtlichen technischen und ökonomischen Bedingungen, umgeben von einer Vielzahl kulturell und religiös verschiedener Menschen) sein kann, die Wahrheit mit *korrespondierendem Sachbezug zugleich konsensuell* und *kohärent* zum Ausdruck zu bringen – und schon kann man den Impuls verstehen, den Wahrheitsanspruch hinter sich zu lassen.

Und wenn einer gar meint, *Begriffe* seien nicht mehr als abgenutzte Metaphern, Konsens sei nur eine Erfindung der Schwachen, die sich die Übermacht der Stärkeren durch List und Tücke vom Leibe halten, und *Kohärenz* sei die Erfindung von sinnlich kraftlos gewordenen Menschen, die aus der von lebendigen Impulsen erfüllten, leibhaftig gegenwärtigen „Vorderwelt" in die aus bloßen Begriffen gezimmerte „Hinterwelt" flüchten, haben wir auch das mächtige Motiv benannt, durch das sich Nietzsche berechtigt glaubt, die Wahrheit als *metaphysisches Konstrukt* zu verwerfen. Nach dem „Tod Gottes", so lautete die gängige Formel, habe auch die Wahrheit ausgedient.

4 Der wachsende Wert der Wahrheit

Gleichwohl gilt: Alle begrifflichen Schwierigkeiten, in die uns die Wahrheit bringt – ihre *Situations-* und *Kontextabhängigkeit*, ihre *Resistenz* gegenüber eindeutigen *Definitionen* und die mitlaufende Suggestion, sie müsse uns auch *letzte Wahrheiten* verbürgen – rechtfertigen nicht den Verzicht auf sie. Im Gegenteil: Die massiven Zweifel an ihrer Geltung, an ihrer alle Zeiten überspannenden Verlässlichkeit wie auch an ihrer Reichweite haben vielmehr überhaupt erst deutlich werden lassen, wie unverzichtbar sie trotz allem ist. Deshalb kommt es darauf an, zu sagen, was sie denn *tatsächlich leistet* und was wir ihr *verdanken*. Und mit dieser nicht länger über angebliche Verluste klagenden, sondern auf die gegenwärtigen Fragen konzentrierten Stellung des Wahrheitsproblems sind wir *mitten in der von erfahrenen und erlittenen Gegensätzen zerrissenen Welt*.

Ich kann auch weniger dramatisch von der *pluralen Weltgesellschaft* sprechen. In ihr ist die Wahrheit so wichtig wie das tägliche Brot. Wenn es in der globalisierten Welt eine menschenwürdige Zukunft geben soll, dann brauchen wir die

Wahrheit als die wichtigste Ressource, ohne die es noch nicht einmal möglich ist, das Schwinden aller anderen Ressourcen zu erkennen – von deren Schonung, Sicherung, alternativer Entlastung und gerechter Verteilung ganz zu schweigen.

Wissenschaftlern müsste diese dem *Zeitgeist* zuwiderlaufende Behauptung eigentlich ganz selbstverständlich sein. Denn das, was hier von der Wahrheit behauptet wird, dürfte ihnen aus der alltäglichen Arbeit schon deshalb bekannt sein, weil sie es im Geschäft des Erkennens *aktiv vollziehen:* Sie verstehen nämlich die Welt, ganz gleich, ob sie ihnen als *Natur* oder *Kultur*, in ihrem *geschichtlichen Aufbau* oder in ihrer *technischen Bewältigung* in Medizin, Ökologie oder Politik wichtig ist, als eine *Tatsache*, die sie in *Sachverhalten* zu begreifen suchen. Und wenn sich die Sachverhalte als zutreffend erfasst bestätigen lassen, haben sie den Status der Verbindlichkeit.

Diesen verbindlichen Sachbezug nennen wir *Erkenntnis*, die ihren Zusammenhang im *Wissen* hat. Sie ist die bislang nur beim Menschen auffällig gewordene Fähigkeit, einen *Sachverhalt* als *solchen* auszuzeichnen und ihm, wenn er sich nicht ändern lässt, Vorrang vor gegenläufigen Ansichten zu geben.

Darin liegt die Leistung der völlig zu Unrecht in Misskredit geratenen *Objektivität*, die wir nur schätzen können, weil jeder für sich selbst über *Subjektivität* verfügt. Die hat ihrerseits aber nur Sinn, wenn sie sich von der im Wissen eines jeden Einzelnen mit seiner Welt verbindenden *Objektivität* absetzen kann. Deren Wert aber liegt darin, dass sie höchst verschiedenen Individuen (in unterschiedlichen Lagen und selbst zu unterschiedlichen Zeiten) die Verständigung über *exakt dasselbe* ermöglicht.

Im strikten Sinn „dasselbe" gibt es nur im *Wissen* und somit nur unter der Voraussetzung der *Wahrheit*. Und nur in der Anerkennung unabhängiger Sachverhalte, also nur unter den *Konditionen der Objektivität*, haben wir das, was wir als die uns *gemeinsame Welt*, als *Sein* oder *Wirklichkeit* begreifen. Schließlich ist es erst die im Akt des Erkennens auf gleiche Distanz gebrachte Realität, die es uns erlaubt, gemeinsame Probleme zu haben.

Das ist, wie jeder zugeben wird, die erste Voraussetzung für die Arbeit an Lösungen, die auch anderen, möglicherweise sogar allen, zugutekommen. Wenn dabei konkurrierende Auffassungen auftreten, Meinungsgegensätze ausgetragen und immer wieder neu entstehende Zweifel ernst genommen werden müssen, dann versteht sich das – allein angesichts des Generationenwechsels – nicht nur von selbst, sondern wir begreifen es heute (übrigens nach einer Einsicht, die wir wesentlich Wilhelm von Humboldt verdanken) als Bedingung einer produktiven Lösung. Es ist die von Humboldt singulär betonte Individualität, die uns ständig nötigt, der Wahrheit eine uns und anderen zugängliche Fassung zu geben. Sie kann jeden Einzelnen veranlassen, seinen eigenen Weg zur Wahrheit zu suchen, und bleibt dennoch als Wahrheit das, was er in der mit allen anderen geteilten Welt als das allen Gemeinsame festzustellen sucht.[4]

Was dabei immer wieder neu gesucht und vergewissert werden muss, das nennen wir „Wahrheit" als die von Menschen benötigte Übereinstimmung mit der Welt, mit ihresgleichen und mit sich selbst. Hier liegen die drei Kriterien von *Korrespondenz, Konsens* und *Kohärenz* nahe beieinander. Und *Wahrheit* ist das Medium, in dem wir als selbstbewusste Individuen gemeinsam wahrnehmungs-, erlebnis- und handlungsfähig sind.

Es ist somit nicht zu viel gesagt, wenn ich behaupte, *dass der Wert der Wahrheit wächst*. Die Ausbreitung der Weltzivilisation erzeugt einen ständig zunehmenden Bedarf an Wahrheit. Je größer die wahrgenommenen *Differenzen*, je stärker die opponierenden *Interessen*, je wichtiger der Erhalt der *Vielfalt der Kulturen* und je mehr die Gesellschaften auf die produktiv gemachte *Subjektivität* der Individuen angewiesen sind, umso größer wird das Gewicht der wissenschaftlich ermittelten Erkenntnis für die Regelung der Fragen, die nunmehr die Menschheit unter den Bedingungen eines gemeinsamen Wissens angehen muss. Umso stärker sind wir auch auf die Verlässlichkeit der Mitteilungen angewiesen, die wir in unserem globalisierten Alltag ins Netz eingeben oder aus dem Netz beziehen.

5 Parteilichkeit für die Welt

In diesem hier nur in wenigen Punkten angedeuteten Prozess fallen der *Wissenschaft* eminente, ständig an Bedeutung zunehmende Aufgaben zu. Das ist offenkundig, aber leider nicht überall bekannt. Nur deshalb füge ich den Hinweis an, dass es zu kurz gegriffen ist, erst die moderne Zivilisation als Wissensgesellschaft zu bezeichnen. Denn *Wissensgesellschaften* sind die menschlichen Gemeinschaften von Anfang an. Vom *homo sapiens* kann man nämlich erst sprechen, wenn eine Verständigung im Medium des sachbezogenen Wissens gelingt, sodass es möglich wird, arbeitsteilig gefertigte Werkzeuge arbeitsteilig zu gebrauchen und die Fähigkeit dazu über Generationen hinweg arbeitsteilig zu vermitteln.

Spätestens mit der Erfindung der Schrift, vermutlich aber schon mit der ästhetischen Gestaltung der Gebrauchsgegenstände, mit dem Schmuck der Körper,

---

[4] In Jurek Beckers *Amanda herzlos* (Becker 1992) gibt es ein von größtem Misstrauen und unüberbrückbarem Gegensatz überschattetes, letztlich scheiterndes Gespräch zwischen dem aus dem Westen kommenden Ich-Erzähler und einem Stasi-Offizier. Bevor ihre auf offener Straße stattfindende Unterredung beginnt, heißt es: „Er schaute sich um nach einer attraktiven Frau, die an uns vorüber gegangen war. Wir leben in einer gemeinsamen Welt."

erst recht mit der Höhlenmalerei, erlangt das Wissen auch einen eigenen medialen Status, durch den der Umgang mit der Wahrheit – der *Gegeninstanz zum Irrtum und zur Lüge* – eine unverzichtbare, wenn auch im Einzelnen stets umstrittene Rolle spielt. Obgleich der Mensch gut daran tut, die Wahrheit als „göttlich" zu bezeichnen, so hat sie ihren Ursprung doch in nichts anderem als in seiner Fehlbarkeit, die er selbst – mit zunehmendem kulturtechnischem Aufwand – zu korrigieren sucht.

In der globalen Weltzivilisation wird aus der Wissensgesellschaft eine Wissenschaftsgesellschaft. In ihr wird die Wahrheit zum *Bestandteil der Methode* und somit zum *disziplinären Regulativ*, das keineswegs bloß über die Reputation Einzelner entscheidet. Denn mit dem Aufstieg der Wissenschaften ist die Wahrheit zu einer mundanen Lebensnotwendigkeit geworden, an der das Schicksal der Menschheit hängt.

Wem die Rede vom Schicksal verdächtig erscheint, der mag auf seine Weise sagen, wie er die Bedrohung durch *Epidemien*, durch die Probleme der *Reaktorsicherheit* und der *Endlagerung* oder auch nur durch Politiker einschätzt, denen der Unterschied zwischen Wahrheit und Täuschung gleichgültig ist – solange er nur die Politik betrifft.

Deshalb ist es zu begrüßen, dass Wissenschaftsorganisationen Ethik-Kommissionen zum Schutz der Wahrheit einrichten und Resolutionen zum gemeinschaftlichen Schutz der Wahrheitssuche verabschieden.[5] Zwar kommt es in den Fragen der Wahrheit vor allem auf die persönliche Verantwortung an. Für Kant war die *Wahrhaftigkeit* die oberste aller Tugenden; tatsächlich kann sie immer nur ein *individueller Vorzug* sein. Beachten wir jedoch den gesellschaftlichen Rang der Wissenschaft, haben auch die sie tragenden Institutionen eine korporative Verantwortung. Zu ihr gehört, dass sie diejenigen einbindet, die mit den erworbenen wissenschaftlichen Abschlüssen auch oberhalb der Position eines wissenschaftlichen Mitarbeiters, etwa als Minister, tätig sind.[6]

Eine Ende März 2012 verabschiedete Resolution fasst die Einsicht in die Unverzichtbarkeit der Wahrheit in die Forderung nach der *Unparteilichkeit der*

---

[5] Um nur ein Beispiel zu geben: Denkschrift der DFG zur Sicherung guter wissenschaftlicher Praxis, Empfehlungen der Kommission Selbstkontrolle in der Wissenschaft, Weinheim 1998. Die darauf gründende Einrichtung einen *Ombudsmanns für die DFG* wurde 2010 in *Ombudsmann für die Wissenschaft* umbenannt.

[6] Ich erinnere an das Wort der Kanzlerin Angela Merkel, die angesichts der gegen das Wahrheitsgebot verstoßenden Verfehlungen von Freiherr Karl-Theodor zu Guttenberg verlauten ließ, sie habe keinen wissenschaftlichen Mitarbeiter, sondern einen Minister eingestellt.

Wissenschaft.[7] Die Formulierung zieht eine Lehre aus der durch politische und ökonomische Macht sowie durch religiöse Intoleranz und weltanschauliche Verblendung erzeugte Abhängigkeit der Wissenschaft, von der bis in die jüngsten Erfahrungen hinein niemand annehmen kann, dass sie sich von selbst verflüchtige. Es genügt offenkundig auch nicht, die Freiheit der Wissenschaft grundrechtlich zu sichern; vielmehr haben sich die wissenschaftlich arbeitenden Personen und Institutionen selbst vor Missbrauch zu schützen – auch vor dem, der aus ihren eigenen Reihen kommt. Deshalb ist es gut, das Selbstverständnis der Wissenschaft zu kodifizieren und dafür zu sorgen, dass es dort vergewissert und verteidigt werden kann, wo es in der Sache gefährdet ist. Mit dem Begriff der „Unparteilichkeit" gibt es allerdings ein Problem.

Man muss es als symptomatisch ansehen, dass es der Politischen Philosophie der Gegenwart nicht gelingt, die Unparteilichkeit der Entscheidung für eine politische Grundordnung zu begründen, ohne über die Bürger einen „Schleier des Nichtwissens" (in direkter Übersetzung: einen „Schleier der Ignoranz") zu verhängen. Damit ist die Auffassung verbunden, der Einzelne könne nur in Unkenntnis seiner eigenen Lage das tun, was für alle das Richtige sein soll (Rawls 1974). Das halte ich für einen Skandal:[8] Wenn man dem selbstbewussten Menschen nicht zutraut, sich kritisch zu sich selbst zu verhalten und zu sich selbst auf Distanz zu gehen, kann man ihn auch nicht für mündig erklären.

Das Problem, mit dem sich John Rawls und seine Anhänger abmühen, hat damit zu tun, dass die „Unparteilichkeit" lediglich eine *Negation* verlangt, wo wir eine *Position*, ein aktives Eintreten für ein Ziel benötigen, das alle gleichermaßen verbindet. Das kann als schwierig angesehen werden, obgleich uns die Funktion des Richters, insbesondere die des im Sport benötigten Schiedsrichters, vor Augen führt, dass die Rolle eines auf Gesetz und Regel verpflichteten Neutralen sehr wohl mit eigenständigen Motiven verbunden sein kann.

Doch gesetzt, wir brauchen das *positive Ziel*, dann haben wir es – auf die Wissenschaft übertragen – in nichts Geringerem als in der *Wahrheit*. Die Wahrheit stammt nämlich nicht aus der Unparteilichkeit, sondern aus der *Parteilichkeit für den Sachverhalt*. In ihr macht sich der Mensch zum Anwalt der erkannten Sache. Hier überwindet er das eingeschränkte persönliche Interesse und nimmt aktiv Stellung in einem Zusammenhang, zu dem er freilich selbst gehört.

Gewiss, die Parteinahme für etwas, das man erkannt hat, kann sich als borniertes Behaupten äußern. Aber in der Konsequenz der Fähigkeit, sich auf etwas

---

[7] Verabschiedet auf dem 62. Verbandstag des Deutschen Hochschulverbandes am 20. März 2012 in Hannover.
[8] Zusammenfassend in Gerhardt (2007).

einzulassen, das man für tatsächlich gegeben, für „wahr" oder „richtig" hält, liegt nicht nur die Übereinstimmung mit dem Wissen, das man sonst noch hat, sondern auch die Bereitschaft, sich der *Prüfung durch andere* zu stellen. Und sobald man dies zugesteht, stellt man sich auf die Seite des revidierbaren *Wissens*, in dem man nicht nur mit *seinesgleichen*, sondern auch mit der *Welt* verbunden ist.

Also ist es die *Wahrheit*, mit der man Partei für eine Welt ergreift, von der man keineswegs nur abhängig ist, sondern der man in skeptisch-kritischer und nicht selten auch abwehrender Anteilnahme zugehört. Es ist dies eine Welt, auf die man selbst- und zielbewusst Einfluss nehmen kann, sobald man sie im Medium des Wissens erkennt – und damit auch anerkennt.

6 Das Tier, das Wahrheit braucht

Die Parteilichkeit für Wissen und Wahrheit ist eine singuläre Eigenart des Menschen, die sich bei keiner anderen Spezies lebendiger Wesen findet. Mit ihr löst sich der Mensch von seiner rein biologischen Existenzform ab und vertraut sich einer selbstgeschaffenen kulturellen Lebensweise an, in der er sich überall dort, wo etwas problematisch ist, *öffentlich* auf die gemeinsam erschlossene Realität zu beziehen hat. Darin verliert sich der Speziesismus eines Umweltbezugs, der die anderen Lebewesen einschränkt, von dem sich der Mensch jedoch durch Technik, Wissen und selbstbestimmtes Handeln befreit. Der Mensch hat sich selbst als Teil seiner Welt zu begreifen, für die er zwar nicht im Ganzen, aber in zunehmend größeren und wichtiger werdenden Teilen zuständig ist.

So lässt sich die Verantwortung des Menschen für sich und seine Welt bereits aus seiner Fähigkeit zum Wissen begründen. Da man Wissen nicht erzwingen kann, gehört auch die Freiheit dazu. Und da man sie anderen, auf die man im Wissen allemal angewiesen ist, nicht verweigern darf, schließt sie auch die Verpflichtung zur Gerechtigkeit ein. Das Trio aus *libertas, iustitia* und *veritas* ist somit nicht überbietbar.

Dazu gäbe es viel zu sagen.[9] Auf knappem Raum beschränke ich mich auf die summarische Girlande, dass die Parteilichkeit für Wahrheit und Wissenschaft die Parteilichkeit für eine Welt ist, als deren Teil sich der Mensch begreifen muss, wenn er sich in ihr die Lebenschance erhalten will, die er sich in ihr eröffnet hat. Das war nicht ohne das auf Wahrheit verpflichtete Wissen möglich, und es wird auch nicht ohne die sich selbst auf Wahrheit verpflichtende Wissenschaft möglich sein. Im Vergleich zu den zahllosen Interessengruppen in der Gesellschaft hat sie

---

9 Mehr dazu in Gerhardt (2012).

überparteilich zu sein. Das wird ihr dadurch erleichtert, dass sie als Anwalt der Wahrheit zu wirken hat. Damit sucht sie die Vertretung der erkennbaren Wirklichkeit zu sein, der alle gleichermaßen zugehören. Dieser emphatische Realismus einer konsequenten Erkenntnis fällt mit dem Humanismus einer fortgesetzten Aufklärung zusammen.

7 Der Absolutismus der Wahrheit

Man kommt am Ende nicht umhin, ein Problem ernster zu nehmen, das am Anfang beiläufig Erwähnung fand, als vom eigenständigen und urteilsfähigen Umgang mit der Wahrheit die Rede war: Auch ein noch so gut begründetes Lügenverbot kann uns nicht dazu verpflichten, in jeder Lage die Wahrheit zu sagen. Selbst für Kant, der mit größtem Nachdruck darauf bestanden hat, dass uns noch nicht einmal die „Menschenliebe" eine Lizenz zur Lüge erteilen kann (Kant 1797), steht außer Zweifel, dass wir nicht immer alles sagen müssen.

Wir sind es gewöhnt, den freien Umgang mit der Wahrheit auf die alltäglichen Engpässe und Zwangslagen zu beziehen, in denen wir niemanden verletzen und auch keinem schaden wollen – uns selbst natürlich eingeschlossen. Ein Arzt kann und muss dem Patienten nicht die volle Wahrheit sagen. Wir gestehen dem Staatsanwalt zu, dass er zum Stand der Ermittlungen in einem laufenden Verfahren schweigt. Auch ein Politiker ist nicht in jedem Fall verpflichtet, seinen Befürchtungen über den Ausgang von Tarifverhandlungen, über die Risiken einer internationalen Rettungsaktion oder ein Kriegsgeschehen Ausdruck zu geben. Aber dass auch ein Wissenschaftler, der sich weder mit Kernenergie noch mit Epidemiologie noch Klimaschutz oder Kreditwirtschaft befasst, sondern der als Geisteswissenschaftler mit historischen Fragen beschäftigt ist, sich den Vorwurf gefallen lassen muss, dass er seine Einsichten nicht für sich behalten hat, löst doch Verwunderung aus.

Im unpublizierten Nachlass von Hans Blumenberg gibt es einen vermutlich in den späten Achtzigerjahren des vergangenen Jahrhunderts geschriebenen Text, in dem er Sigmund Freud schwere Vorhaltungen macht, seine Untersuchung über den *Mann Moses* publiziert zu haben. Der Vorwurf stützt sich vor allem auf das Jahr der Publikation des Buches, das 1939 als letztes Werk Freuds in London abgeschlossen wurde und in Amsterdam erschien.[10] Hätte Freud, so Blumenberg, seine Mutmaßung, Moses sei ein Spross aus der Familie des Pharao und somit gar kein

---

10 Freud (1939). Aus der Menge der in den letzten Jahrzehnten zu dem Buch erschienenen Literatur seien nur erwähnt: Assmann (2004), Schäfer (2003), dazu Meyer (2014).

Jude, zehn Jahre früher veröffentlicht, wäre das vielleicht nicht mehr als ein Akt bewusster narzisstischer Kränkung zur Einleitung eines kollektiven Therapieversuchs gewesen. Aber in der Stunde der größten weltgeschichtlichen Bedrängnis, im Jahr der Kristallnacht und des Beginns der systematischen Ausrottung der Juden ihnen den Stammvater abzusprechen, hält Blumenberg für eine Ungeheuerlichkeit.

Der Vorwurf ist nicht darauf gegründet, dass es keine wirklich verlässlichen Quellen für Freuds Behauptung gibt; auch nicht darauf, dass Freud selbst dies sehr wohl wusste; wie anders hätte er den Text als „historischen Roman" oder als „Halbroman" bezeichnen können?[11] Die Ungeheuerlichkeit bleibt bestehen, selbst wenn es bei Freud nicht den geringsten Zweifel und die sichere Überzeugung gegeben hätte, dass er eine erwiesene Wahrheit hält. Entscheidend ist für Blumenberg, dass Freud „auf dem Höhepunkt von Hitlers Macht und der Erbärmlichkeit seines Volkes" keine Rücksichten nimmt und alles auf den „Absolutismus der Wahrheit" setzt.

Der Angriff gegen Freud ist nur die Einleitung zu einer vernichtenden Kritik an Hannah Arendts Bericht über den Eichmann-Prozess in Jerusalem. Auch Hannah Arendt gebe vor, nur die Wahrheit über Eichmann und seine jüdischen Helfer sagen zu wollen. Aber in ihrem abstrakten Wahrheitsverlangen, gehe sie an allem vorbei, was für das Schicksal der Juden von Bedeutung sei: Sie missachte die Bedeutung, die Eichmann mit seinen Verbrechen für die Gründung des Staates Israel habe. Ihr moralistischer Wahrheitsanspruch verkenne das Legitimationsbedürfnis einer historischen Institution. Ihr fehle der Sinn sowohl für die „Ausnahme", in der sich Israel befinde, wie auch für den mythischen Impuls, dem es seine Staatlichkeit verdanke. So konvergieren „moralischer Rigorismus und apolitischer Soziologismus" in der von den historischen und politischen Bedingungen abgekoppelten Behauptung der Wahrheit. „Der Rigorismus der Hannah Arendt ist dem des Sigmund Freud sehr ähnlich. Sie glaubt an die Wahrheit – dass es ihre Wahrheit ist, kann sie nicht ändern und nicht verhindern. Niemand hat Einsicht in dieses Verhältnis zu dem, was für ihn Wahrheit ist, und von niemand kann es verlangt werden, sie zu haben."

Den Spott wird jeder verstehen. Gleichwohl muss man die Kritik Blumenbergs an Freud und Arendt nicht teilen. Denn an erster Stelle hat die Genugtuung zu stehen, dass einer überhaupt seine Wahrheit öffentlich sagen kann und von sei-

---

[11] Im Briefwechsel mit Arnold Zweig begründet Freud, warum er das seit 1934 vorliegende, dann aber noch mehrfach bearbeitete Manuskript angesichts der „katholischen Strenggläubigkeit" im damaligen Österreich nicht veröffentlichen will: Er befürchtet, dass durch seinen Angriff auf den Monotheismus auch der christlichen Religion die Ausübung der Psychoanalyse in Wien verboten werden könnte. Das ist ein Punkt, der Blumenbergs Erbitterung mit Recht verstärkt.

nem Recht Gebrauch macht. Überdies ist mit jeder Wahrheitsschelte die Sorge verbunden, was daraus folgt, wenn es Kräfte gibt, die andere daran hindern können, ihre Wahrheit öffentlich werden zu lassen. Nur wenn die Freiheit nicht infrage steht, kann man daran erinnern, dass die Wahrheit kein für sich bestehendes Absolutes, sondern Ausdruck einer Beziehung zwischen Menschen ist, in der es immer auch Irrtum geben kann.

Diese Beziehung stellt sie durch den begrifflichen Bezug auf Sachverhalte her, die es ermöglichen, ein Wissen von der gemeinsamen Welt zu haben. Für sie ergreifen wir Partei, wenn wir über die Wahrheit einer Aussage streiten. Diese Parteilichkeit beruht auf der Erwartung, dass es für den Menschen allemal besser ist, zu wissen, unter welchen Konditionen er lebt. Somit gibt es keinen Grund, das Wohl der Menschen zu vergessen, wenn man den Wert der Wahrheit zu verteidigen sucht. Das ist heute dringlicher als je zuvor. Denn, um es noch einmal zu sagen, der Wert der Wahrheit wächst mit der bewussten Vielfalt und mit den erfahrenen Gegensätzen, mit denen die Menschheit ausdrücklich umzugehen hat.

Bibliographie

Assmann, Jan (2004): Moses der Ägypter: Entzifferung einer Gedächtnisspur. 5. Auflage. Frankfurt am Main: Fischer.
Becker, Jurek (1992): Amanda herzlos. Frankfurt am Main: Suhrkamp.
Freud, Sigmund (1939): Der Mann Moses und die monotheistische Religion. Drei Abhandlungen. Amsterdam: De Lange.
Gerhardt, Volker (2007): Partizipation. Das Prinzip der Politik. München: C.H. Beck.
Gerhardt, Volker (2012): Öffentlichkeit. Die politische Form des Bewusstseins. München: C.H. Beck.
Kant, Immanuel (1797): Über ein vermeintes Recht aus Menschenliebe zu lügen. Berlin 1902 ff.: Reimer (Akad. Ausg. Bd. 8), 423–430.
Meyer, Ahlrich (2014): Ein Feind und die Notwendigkeit des Mythos. In: NZZ 1.3.2014, 50, 28 f.
Rawls, John (1974): Eine Theorie der Gerechtigkeit. Frankfurt am Main: Suhrkamp.
Schäfer, Peter (2003): Der Triumph der reinen Geistigkeit: Sigmund Freuds „Der Mann Moses und die monotheistische Religion". Berlin: Philo Verlag.
Tarski, Alfred (1936): Der Wahrheitsbegriff in den formalisierten Sprachen. In: Studia philosophica, Bd. 1, 261–405. (Nachdruck in: Berka, Karel/Kreiser, Lothar (Hrsg.) (1983): Logik-Texte. Kommentierte Auswahl zur Geschichte der modernen Logik. Berlin: Akademie Verlag, 445–546).

Jan-Christoph Heilinger
Konflikte in der Ethik

Anmerkungen aus pragmatistischer Perspektive

> "There is a fact which from all the evidence is an integral part of moral action which has not received the attention it deserves in moral theory: that is the element of uncertainty and of conflict in any situation which can properly be called moral."
>
> (Dewey 1930, 315)

Konflikte und Dilemmata in der Ethik sollten, entgegen einer verbreiteten Meinung, nicht als problematische Anomalie von Moraltheorien verstanden werden. Stattdessen stellen sie gewissermaßen das schlagende Herz der Ethik dar und sind als solches weder zu bedauern noch zu vermeiden. Sie sind ein wichtiger, geradezu integraler Bestandteil der Ethik, sie sind Ausdruck ethischer Dynamik und sie sind der Ort ethischer (Neu-)Orientierung und Weiterentwicklung. Diese These möchte ich in vorliegendem Essay aus pragmatistischer Perspektive erläutern.

Mein Essay ist in drei Abschnitte unterteilt. Der erste Abschnitt liefert eine Annäherung an das Problem ethischer Konflikte. Der zweite Abschnitt untersucht das Verständnis solcher Konflikte als Anomalie. Im dritten Abschnitt wird ein alternatives, pragmatistisches Verständnis ethischer Konflikte vorgestellt. Insgesamt blicke ich einerseits „von außen" auf das Phänomen ethischer Konflikte, um die Rolle zu verstehen, die Konflikte in der Ethik spielen. Andererseits berücksichtige ich in meiner Auseinandersetzung auch die „Innenperspektive" der lebensweltlichen Erfahrung konflikthafter Situationen – als Belastung, Herausforderung oder Chance, als tragisch oder als befreiend.[1]

1 Konflikte

Eine erste Annäherung an das Problem des Verständnisses der Rolle ethischer Konflikte kann von der definitorischen Frage ausgehen: *Was ist überhaupt ein*

---

[1] Ich danke Christine Bratu und Fabian Newger für hilfreiche Kommentare zu einer früheren Version dieses Beitrags.

Konflikt? Damit ist noch nicht gefragt, was einen genuinen *ethischen*[2] Konflikt auszeichnet. „Was ist"-Fragen und die Suche nach eindeutigen Definitionen haben in der Philosophie lange Zeit – von den platonischen Dialogen bis hin zu den Definitionen von Grundbegriffen in der frühen analytischen Philosophie – eine zentrale Rolle gespielt. Dabei ist aber klar geworden, dass eine abschließende Definition einer Entität eher am Ende einer gründlichen Auseinandersetzung mit ihr steht und nicht an ihrem Anfang. Uneinigkeit über die angemessene Definition sollte somit als Indiz dafür verstanden werden, dass eine sachliche Unklarheit vorliegt, die eine weitere Beschäftigung mit dem Thema rechtfertigt. So gibt es im Fall des „Konflikts" in der Forschungsliteratur auch keine einheitliche, allgemein anerkannte Definition. Je nach disziplinärem Kontext ist es sogar unklar, ob es sich bei einem Konflikt um eine Situation, einen Prozess oder um eine Verhaltensweise handelt (vgl. Rahim 2010, 15–16). Ich richte – ausgehend von einem moralphilosophischen Erkenntnisinteresse – meine Aufmerksamkeit im Folgenden auf *Handlungen* von Menschen und betrachte Konflikte alleine in diesem Kontext. Es lassen sich mindestens vier Fragen identifizieren, deren Beantwortung Aufschluss über die Struktur und die verschiedenen Dimensionen von Konflikten liefern kann.

Wer ist involviert? Die erste Frage betrifft die involvierten Personen. Konflikte können innerhalb einer Person, zwischen zwei oder mehr Personen, innerhalb einer Gruppe oder zwischen zwei oder mehreren Gruppen auftreten. Ein paradigmatischer Fall für einen intrapersonalen Konflikt ist der Rollenkonflikt, wenn etwa die professionellen und privaten Anforderungen an eine Person in ein Spannungsverhältnis treten; paradigmatische Fälle für Konflikte zwischen mehreren Personen bzw. innerhalb einer Gruppe sind der Rechtsstreit oder Konflikte darüber, wie ein bestimmtes Gut verteilt werden soll; ein paradigmatischer Fall für einen Konflikt zwischen Gruppen kann in Konflikten zwischen ethnischen Gruppen innerhalb eines Staates oder im internationalen politischen Streit über hegemoniale Machtverteilung gesehen werden.

Was ist der Gegenstand des Konflikts? Unter dem Gegenstand eines Konflikts können diejenigen Entitäten verstanden werden, über die ein Konflikt ausgetragen wird. Je nach Kontext kann es sich dabei u. a. um Erwartungen, Ansprüche, Interessen, Werte, Vorteile, aber auch um konkrete Ressourcen wie Geld, Bodenschätze oder Land oder um politische Hegemonie handeln.

---

[2] Im Folgenden werden die Begriffe *ethisch* und *moralisch* weitgehend synonym gebraucht. Auf Unterschiede zwischen einem kulturvariablen Bereich praktischer Handlungsregeln und einer reflektierten Moraltheorie wird ggf. explizit hingewiesen, um begrifflichen Missverständnissen vorzubeugen.

Was ist die „Natur" des Konflikts? Konflikte können unterschiedlicher Art sein. So können etwa, je nachdem, was der Gegenstand des Konflikts ist, einander wechselseitig *ausschließende* Interessen oder Ansprüche miteinander konfligieren. Angesichts der Frage, ob Kunstwerke wie die Nofretete oder die Elgin Marbles nach Berlin bzw. London oder nach Kairo bzw. Athen gehören, stehen exklusive Besitzansprüche einander gegenüber. In anderen Fällen besteht ein Konflikt zwischen inkommensurablen Werten oder Interessen. Innerhalb einer Person kann beispielsweise ein Konflikt zwischen den Anforderungen eines integren und denen eines erfolgreichen Wissenschaftlers entstehen; oder ein Land kann vor einer konflikthaften Entscheidung stehen, zwischen Energiesicherheit und Gesundheitsrisiken für die Bevölkerung abwägen zu müssen. In solchen Fällen ist es bisweilen gänzlich unklar, wie die unterschiedlichen konfligierenden Entitäten aufgrund ihrer Andersartigkeit überhaupt miteinander verrechnet werden können.

Was ist die „Erscheinungsform" des Konflikts? Konflikte können unterschiedlich in Erscheinung treten. Hinter einem offenkundigen Konflikt, der über einen konkreten Gegenstand ausgetragen wird, verbirgt sich bisweilen ein anderer, tiefer liegender Konflikt: Der politische Streit um eine kleine Inselgruppe kann etwa Ausdruck eines Konflikts über regionale oder globale Hegemonie sein. Streit um einen zu vererbenden Ring kann Ausdruck ungeklärter Konflikte innerhalb der Familie sein. Konflikte über richtige Handlungen oder über konkurrierende Ansprüche in einem konkreten Fall können damit auch tiefer greifenden Dissens über fundamentale Werte anzeigen.

Was aber kennzeichnet die *ethischen* Konflikte im engeren Sinne? Mit Blick auf die Frage nach den involvierten Personen können auch in ethischen Konflikten sowohl einzelne Menschen als auch eine oder mehrere Gruppen an einem Konflikt teilhaben. Der Standardfall für die Ethik, die sich mit der Frage nach der moralischen Bewertung menschlicher Handlungen auseinandersetzt, ist jedoch die individuelle menschliche Handlung. Zudem werde ich besonderes Augenmerk auf den *intrapersonalen ethischen Konflikt* legen, der moralischen Entscheidungen und Handlungen häufig vorausgeht. Damit aber wird der ethische Konflikt primär als ein Konflikt zwischen *Positionen* und nicht als ein Konflikt zwischen Personen verstanden.

Ethische Konflikte sind somit durch das Aufeinandertreffen von – oftmals inkommensurablen und hierarchisch nicht eindeutig zu ordnenden – Normen und Werten, Interessen, Rechten und Ansprüchen gekennzeichnet. Konflikte ergeben sich, wenn unklar ist, wie eine akzeptable umfassende Lösung eines Problems überhaupt aussehen kann. Die Probleme, die in diesem ethischen Zusammenhang von besonderer Bedeutung sind, können dabei *epistemischer* Natur (unvollständiges Wissen über die betreffende Situation, die einschlägigen Werte und Normen oder die zu erwartenden Folgen möglicher Entscheidungen), *substanzieller* Natur (inkommensurable Normen und Werte) oder *methodischer* Natur (Schwierigkeiten, zwischen konfligierenden Normen und Werten in einem konkreten Kontext zu vermitteln) sein. Oftmals vermischen sich die verschiedenen Problemebenen, zum Beispiel wenn im Kontext einer Entscheidung über assistierten Suizid keine sicheren Voraussagen über den zukünftigen Krankheitsverlauf getroffen werden können; wenn Dissens darüber besteht, ob die Selbsttötung und die Hilfe dazu möglicherweise in einem unüberbrückbaren Gegensatz zum Wert des menschlichen Lebens stehen; oder wenn unklar ist, wie man den angenommenen intrinsischen Wert menschlichen Lebens mit dem Wert der Selbstbestimmung von Menschen „verrechnen" soll.

Die miteinander in Konflikt tretenden Positionen können in ganz unterschiedlichen moralischen Theorien begründet sein. In einem konkreten moralischen Konflikt über konkrete Ressourcen oder Güter wie Geld oder ein Erbe kann dieser Konflikt auf die zugrunde liegende Ebene von Werten, Rechten etc. zurückgeführt werden. Diese haben ihrerseits eine bestimmte moraltheoretische Begründung und dadurch erhält der Konflikt sein distinktes ethisches Profil. Die jeweiligen moraltheoretischen Grundierungen – etwa von Nutzenkalkülen, Rechtsansprüchen, Verpflichtungen etc. – sind somit ein wichtiger Bestandteil der Analyse der Struktur moralischer Konflikte.

Auf dieser Grundlage lassen sich verschiedene *Typen* von ethischen Konflikten unterscheiden (vgl. Boshammer 2008; Sellmaier 2008). Der *erste* Typ besteht darin, dass ein Konflikt hinsichtlich der Frage besteht, ob man überhaupt moralisch handeln soll (vgl. Wittwer 2010). Der *zweite* Typ kann als ethischer *Dissens* oder als Konflikt über Moral bezeichnet werden. Hier ist unklar, welche Handlungsoption moralisch geboten ist, wobei dieser Dissens zumeist in einem tiefer liegenden Dissens über die zur Anwendung kommende Moraltheorie oder die jeweils bevorzugt zu berücksichtigenden moralischen Werte begründet ist. Konstitutiv für einen solchen ethischen Dissens ist nach Sellmaier das Zusammentreffen verschiedener Theorien, die in bestimmten Entscheidungssituationen unterschiedliche Resultate generieren. Dies setzt voraus, dass es mehr als eine plausible Moraltheorie geben kann, bzw. dass plurale Vorstellungen von Moral legitim sind.[3] Ethischer Dissens kann sowohl intrapersonal als auch zwischen Individuen und zwischen Gruppen auftreten, wenn die auf unterschiedlicher theoretischer Grundlage generierten Werte und Normen oder auch Handlungsgründe miteinander konfligieren (Sellmaier 2008, 11–12). Ethische *Dilemmata* konstituieren den *dritten* Typ ethischer Konflikte. Diese ergeben sich nach Sell-

---

3 Zum ethischen Pluralismus vgl. etwa Birnbacher (2009).

maier immer „theorieimmanent" (ibd.) oder im Rahmen eines einzigen Wertesystems. Damit haben moralische Dilemmata eine spezifische normative „Einfärbung", je nachdem, in welchem Kontext sie auftreten. So kann es beispielsweise konsequentialistische und deontologische moralische Dilemmata, aber auch Dilemmata hinsichtlich eines innerhalb einer Gesellschaft oder eines Kulturraums geltenden Ethos geben. Konstitutiv für ein Dilemma ist, dass zwei einander wechselseitige ausschließende moralische Handlungen gleichermaßen als geboten erscheinen.

Hier soll nicht diskutiert werden, ob moralische Dilemmata tatsächlich immer nur theorieimmanent auftreten. Je nachdem, wie stark man „normative Theorie" versteht, werden hier unterschiedliche Ansichten plausibel sein. Auch werde ich nicht diskutieren, ob moralischer Dissens tatsächlich vor allem durch ein Zusammentreffen verschiedener Theorien eintritt. Auch unterschiedliche Gewichtungen von Werten innerhalb einer Theorie scheinen mir als Anlass für Dissens infrage zu kommen. Stattdessen werde ich in den beiden folgenden Abschnitten fragen, wie die Rolle ethischer Konflikte (in ihren verschiedenen Erscheinungsformen) zu verstehen ist. Dabei soll die Ansicht, dass es sich bei ethischen Konflikten um eine zu vermeidende oder aufzulösende Anomalie der Moraltheorien handelt, mit der pragmatistischen Alternativannahme kontrastiert werden, dass – auch ungelöste und unlösbare – Konflikte ein integraler Bestandteil ethischen Denkens und Handelns sind, die Gelegenheit zu moralischem Fortschritt bieten.

2 Ethische Konflikte als Anomalie

Ein ethischer Konflikt wird wegen des mit Unklarheit und Unsicherheit verbundenen Zusammentreffens widerstreitender Werte oder Imperative oftmals als problematische Herausforderung erfahren, die es zu überwinden gilt. Ideal scheint dann eine Auflösung des Konflikts, die eine eindeutige Entscheidung erlaubt, sodass Unklarheit und Unsicherheit verschwinden.

Ein viel diskutiertes Beispiel für einen ethischen Konflikt stammt von Richard Hare:

> For example, [a person] may have made a promise, and circumstances may have intervened, by no fault of his, such that he has an urgent duty to perform which precludes his fulfilling the promise. [...] I have promised to take my children for a picnic on the river at Oxford, and then a lifelong friend turns up from Australia and is in Oxford for the afternoon, and wants to be shown round the colleges with his wife. Clearly I ought to show them the colleges, and clearly I ought to keep my promise to my children. Not only do I think these things, but in some sense I am clearly right. (Hare 1981, 26–27)

In diesem Beispiel treffen zwei moralische Anforderungen aufeinander: Einerseits ist es moralisch geboten, das den Kindern gegebene Versprechen zu halten, andererseits ist es moralisch geboten, einem weit gereisten Freund Gastfreundschaft zu erweisen. Wie soll in einem solchen Fall, in dem zwei moralische Prinzipien miteinander in Konflikt treten, eine Entscheidung getroffen werden? Schließlich handelt es sich um inkommensurable Werte, von denen keiner absoluten Vorrang beanspruchen kann und die nicht gegeneinander verrechnet werden können: Das Halten von Versprechen und die Gastfreundschaft sind je eigenständig moralisch wertvoll. Hares Lösung zur Vermeidung solcher Konflikte besteht darin, dass es im Rahmen der von ihm vertretenen Moraltheorie möglich ist, höherstufige Prinzipien zu konstruieren, die genau auf den jeweiligen Fall zutreffen und eine eindeutige Handlungsanweisung erteilen. Hare nimmt dabei in Kauf, dass die Prinzipien, die er im Gegensatz zu den simpleren Prima-facie-Prinzipien („Halte deine Versprechen!", „Sei gastfreundlich!") als „critical principles" bezeichnet, möglicherweise sehr lang und sehr komplex werden. Das ist der Preis, den er zu zahlen bereit ist, um zu ermöglichen, dass auch in solchen vermeintlichen Konfliktfällen die Moral eine klare Antwort in Form von „universal prescriptions" zu geben vermag, was zu tun und was zu unterlassen ist (Hare 1981, Kap. 2).

Moralische Konflikte erscheinen in diesem Licht als irritierende Anomalie einer „reinen" Moral, die sich auf einer niederen Stufe moralischer Reflexion ergibt. Durch eine Steigerung der Komplexität der zur Anwendung kommenden Prinzipien kann die Moral ihre „Reinheit" bewahren und Unklarheit und Unsicherheit durch Verweis auf entsprechende Prinzipien auflösen. Für diese Prinzipien gilt, dass sie strikt in allen vergleichbaren Fällen zur Anwendung kommen können müssen – selbst wenn es aufgrund ihrer Feinkörnigkeit möglicherweise keine in jeder Einzelheit vergleichbaren Fälle geben mag (Hare 1981, 42). Für Hare gilt also: „if you have conflicting duties, one of them isn't your duty" (Hare 1981, 26).[4]

Ist aber eine solche, prinzipienfokussierte Auflösung des Konflikts, die davon ausgeht, dass es tatsächlich solche klaren Lösungen gibt, überzeugend? Sicherlich befriedigt sie das verständliche Bedürfnis, eine Entscheidung für eine von mehreren Handlungsoptionen zu rechtfertigen. Ein wichtiger Einwand ist aber, dass Menschen, die sich in konflikthaften Situationen nach moralischer Überlegung für eine Handlung entschieden und diese ausgeführt haben, weil sie der Überzeugung sind, dass es sich dabei um die moralisch richtige Handlung handelt, *dennoch*

---

[4] Auch Kant versucht, Konflikte schlichtweg zu eliminieren, indem er etwa in der *Metaphysik der Sitten* das Prinzip verteidigt: „obligationes non colliduntur" (Kant AA VI, 224).

residuale moralische Gefühle wie Bedauern empfinden.[5] Ist wirklich davon auszugehen, dass die moralische Komplexität unserer Lebenswelt in Form von Prinzipien gebändigt werden kann, die immer eindeutige Urteile fällen können? Ist es außerdem sicher, dass wir als moralische Akteure allen moralischen Anforderungen, denen wir ausgesetzt sind, nachkommen können (Heilinger 2015)? Mir scheint, dass das Problem ethischer Konflikte zu einem wirklichen Problemfall wird, wenn die *Auf*lösung der Konflikte als einzige akzeptable Lösung angesehen wird.

Der von Hare vertretenen Ansicht, die sich in ähnlicher Form in vielen Moraltheorien finden lässt, liegt ein problematisches, idealisiertes und dabei simplifizierendes Verständnis von Moral zugrunde. Dieses wird auch von Isaiah Berlin diagnostiziert und kritisiert:

> At some point I realized that what all these views had in common was a Platonic ideal: in the first place that, as in the sciences, all genuine question must have one true answer and one only, all the rest being necessarily errors; in the second place that there must be a dependable path towards the discovery of these truths; in the third place that the true answers, when found, must necessarily be compatible with one another and form a single whole, for one truth cannot be incompatible with another – that we knew a priori. This kind of omniscience was the solution of the cosmic jigsaw puzzle. In the case of morals, we could then conceive what perfect life must be, founded as it would be on a correct understanding of the rules that governed the universe. (Berlin 1997, 5)

Hugh LaFollette listet vier Merkmale auf, die ein solches Modell „kriterialer" und prinzipiengeleiteter Moraltheorien kennzeichnen: „the theories hold, at least in some attenuated form, that the relevant criteria are (a) logically prior, (b) fixed, (c) complete, and (d) directly applicable" (LaFollette 2000, 401). Dies lässt sich besonders gut am Beispiel des – zugegebenermaßen etwas holzschnittartig dargestellten – klassischen Utilitarismus erläutern. Das Nutzenprinzip gilt unabhängig von der Erfahrung, es ist logisch vorrangig. Mithilfe des Nutzenprinzips, das seinerseits unverändert bleibt, lassen sich Urteile in allen moralisch einschlägigen Situation zu allen Zeiten fällen. Was moralisch ist, ist damit keiner Veränderung oder Entwicklung unterworfen. Das utilitaristische Nutzenprinzip liefert eine vollständige Beschreibung des Gehalts der moralischen Theorie, die keiner weiteren Ergänzungen bedarf. Zudem erlaubt es eine direkte Anwendung auf gegebene Situationen, in denen ein moralisches Urteil gefällt oder eine moralische Entscheidung getroffen werden muss. Im Rahmen eines solchen idealisierten

---

5 Hare weist diesen Einwand zurück, indem er die Gefühle auf das „intuitive level" der Moral verweist, die im rationalen „critical level" seiner Theorie eine untergeordnete Rolle spielen. Vgl. auch Betzler (2000).

Modells, das vielen moralischen Theorien zugrunde liegt und auch im common sense verbreitet zu sein scheint, erscheinen Konflikte als störende Anomalie. Diese Annahme aber, dass es sich bei ethischen Konflikten um eine zu überwindende Anomalie einer ansonsten klaren und eindeutigen Moral handele, ist unter anderem aus pragmatistischer Perspektive kritisiert worden.

3 Ein pragmatistisches Verständnis ethischer Konflikte

Der pragmatistische Philosoph John Dewey steht kriterialen, prinzipienorientierten Ansätzen in der Ethik kritisch gegenüber. Statt Ethik als das Aufstellen einzelner, vermeintlich feststehender moralischer Prinzipien zu verstehen, die dann nur noch auf ein bestimmtes moralisches Problem angewendet werden, argumentiert Dewey für ein Verständnis von Ethik als einer mehrschrittigen Methode, die einen „intelligenten" Umgang mit moralischen Herausforderungen erlaubt und dazu verschiedene bestehende moraltheoretische Ansätze gewissermaßen als Werkzeuge berücksichtigt. Gemäß einem pragmatistischen Wahrheitsverständnis wäre die Bewährung der Methode in der Praxis – etwa dadurch, dass sie überzeugende Lösungen für jeweilige Probleme liefert – das entscheidende Kriterium dafür, dass sie (in einem noch näher zu bestimmenden Sinne) „wahr" ist.

Konflikte stellen in einer pragmatistischen Moralkonzeption keine Anomalie oder unangenehme Nebenwirkung ethischer Pluralität dar, sondern sind vielmehr der eigentliche Anlass und Ausgangspunkt allen ethischen Nachdenkens und Handelns. Emphatisch gesprochen sind Konflikte das schlagende Herz der Ethik und sind als solches weder zu bedauern noch zu vermeiden. Konflikte sind ein wichtiger, geradezu integraler Bestandteil der Ethik, sie sind Ausdruck ethischer Dynamik und sie sind der Ort ethischer (Neu-)Orientierung und Weiterentwicklung.

John Dewey hat diese Einsicht nachdrücklich formuliert und den Konflikt als Voraussetzung für das Erscheinen moralischer Theorie überhaupt angesehen:

> Moral theory cannot emerge when there is positive belief as to what is right and what is wrong, for then there is no occasion for reflection. It emerges when men are confronted with situations in which different desires promise opposed goods and in which incompatible courses of action seem to be morally justified. Only such a conflict of good ends and of standards and rules of right and wrong calls forth personal inquiry into the bases of morals. (Dewey/Tufts 1932, 164)

Eine solche „personal inquiry into the bases of morals" wird allererst durch die Erfahrung des Konflikts veranlasst. In Fällen, in denen keine Konflikte vorliegen, in denen Akteure routiniert handeln, besteht keine Notwendigkeit für Moral in dem engeren Sinne Deweys. Das routinierte helfende Handeln eines Arztes oder das alltägliche seelsorgerische Gespräch eines Geistlichen sind somit bereits habitualisiert und deswegen, aus pragmatistischer Sicht, nicht im engeren Sinne Teil der Ethik; auch wenn diese Handlungen natürlich zweifelsohne moralisch hochwertig sind. Moral im engeren Sinne tritt eben nur dann auf den Plan, wenn die habitualisierten Handlungsroutinen gestört sind, wenn etablierte Praktiken sich als unzureichend oder nicht mehr zielführend erweisen. In diesen Situationen des Konflikts ist ethisches Nachdenken gefragt, das in einer Neubewertung und Neuorientierung besteht, und im Erfolgsfall einen Umgang für das Problem empfehlen kann, der seinerseits in eine verbesserte habitualisierte Handlungsroutine übergehen kann.

Weiter schlägt Dewey vor, moralische Probleme in Analogie zu wissenschaftlichen Problemen zu verstehen. Auch wenn Dewey dabei ein unzureichend problematisiertes, sehr optimistisches Bild der Wissenschaften zeichnet, ist dieser Vergleich aufschlussreich. Ethik verhandelt gemäß diesem Verständnis nicht primär abstrakte Wahrheitsfragen, sondern sucht Lösungen für Herausforderungen, um menschliche Handlungen in der Absicht zu orientieren, ein gelingendes Zusammenleben von Menschen zu ermöglichen. In den Worten Philipp Kitchers, für den die grundlegende Aufgabe der Ethik darin besteht, Konflikte und Probleme zu lösen, die sich aus der immer wieder auftretenden Unfähigkeit oder Unwilligkeit von Akteuren ergibt, die Perspektive der anderen einzubeziehen, gilt entsprechend: „The ethical project is a social technology, one that originated against that problem background" (Kitcher 2012, 10).[6] Wie eine neue Technologie zum Erreichen bestimmter Zwecke Veränderungen und Verbesserungen des Bestehenden vornimmt – manchmal in kleineren, manchmal in größeren Schritten –, so besteht die Aufgabe der Ethik auch darin, systematisch auf eine Anpassung und Entwicklung des ethischen Handlungsrepertoires hinzuwirken. Diese Notwendigkeit wird deutlich, wenn die routinierten Handlungsmuster („habits"), denen Akteure alltäglich folgen, sich in konflikthaften Situationen als unzulänglich erweisen.

Ziel solcher Veränderungen ist moralischer Fortschritt, der aber als Verbesserung des Bestehenden und nicht als Annäherung an ein feststehendes Ideal

---

6 Vgl. ausführlicher dazu Kitcher (2011, Kap. 6).

verstanden wird.[7] Vor diesem Hintergrund lässt sich auch erklären, wie der Begriff moralischer Wahrheit verstanden werden kann: Wahrheit ist nicht etwas einmal Erreichtes, ewig Feststehendes, sondern vielmehr die nachträglich zugesprochene Eigenschaft derjenigen ethischen Regeln, Prinzipien oder Handlungsmuster, die sich immer wieder in konflikthaften Situationen als tauglich erweisen, einen guten Umgang mit dem aufgeworfenen Problem zu ermöglichen.[8] Schrittweiser moralischer Fortschritt geht also der Zuschreibung von Wahrheit voraus.

Für Dewey sind vermeintlich sichere, positive Überzeugungen häufig sogar ein Hindernis für die Moral, wenn sie eine Illusion aufrechterhalten und unangebrachte Sicherheit suggerieren. Erst die Anerkennung der unvermeidlichen Konflikthaftigkeit unserer moralischen Erfahrungswelt und die Bereitschaft, die eigenen Überzeugungen zumindest dann zu hinterfragen, wenn ihre Anwendung Konflikte generiert, eröffnet die Möglichkeit einer angemessenen ethischen Auseinandersetzung. Im pragmatistischen Modell wird diese Vorstellung, dass Konflikte den Anlass für moralisches Nachdenken und Handeln geben, mit einem von den Naturwissenschaften inspirierten Fortschrittsmodell kombiniert.

John Dewey hat eine fünfschrittige Methode für den Umgang mit Konflikten entwickelt. Diese Methode beschreibt sowohl das geordnete Vorgehen wissenschaftlicher Untersuchungen als auch das Vorgehen ethischer Untersuchungen.[9] Mit diesem Vorschlag einer Konzentration auf die *Methode* vermeidet Dewey die Notwendigkeit, feststehende ethische Kriterien aufstellen zu müssen. Damit besteht Raum für plausible Pluralität, die für die Auseinandersetzung mit ethischen Problemen und Konflikten herangezogen werden kann.

Dewey vertritt eine dezidiert naturalistische Position, die ethische Phänomene als natürliche Phänomene betrachtet. Damit rechtfertigt er ein paralleles methodisches Vorgehen in den Wissenschaften und der Ethik. Im Gegensatz zu anderen Naturalisten vertritt Dewey jedoch keinen moralischen Realismus, der behaupten würde, dass es natürliche moralische „facts and properties" gebe, die den feststehenden Gegenstand einer naturalistischen Ethik bilden würden. Das zentrale natürliche Phänomen der Ethik ist für Dewey die menschliche *Erfahrung*,

---

7 Analog dazu verläuft etwa die Unterscheidung von Sen zwischen komparativen und transzendentalen Theorien der Gerechtigkeit (Sen 2009).
8 Kitcher schreibt: „Ethical truths are the descriptive counterparts of prescriptions that would be stable under progressive transitions" (Kitcher 2012, 12).
9 Während in der Forschungsliteratur zu Deweys Ethik dieser Transfer von der wissenschaftlichen „method of inquiry" auf den Bereich der Ethik weitgehend unkontrovers geleistet wird und ganz im Sinne Deweys zu sein scheint, ist es doch bemerkenswert, dass Dewey selbst nicht ausdrücklich eine solche systematische Ausarbeitung dieser Methode für die Ethik vorgenommen hat (Grimm 2010, Kap. 4). Vgl. auch den Bezug auf Dewey in Nida-Rümelin (2016, 17).

oder konkreter: die moralischen Erfahrungen, die Menschen in konflikthaften Situationen, in denen sie zwischen verschiedenen Handlungsoptionen entscheiden müssen, machen.[10]

In *methodischer Hinsicht* – also wenn es darum geht, im konkreten Konfliktfall moralische Entscheidungen zu treffen – empfiehlt Dewey ebenfalls ein naturalistisches Vorgehen: So sollen sich die in naturwissenschaftlichen Kontexten erprobten Strategien der Problemlösung auch in der Ethik erfolgreich anwenden lassen, wenn geklärt werden muss, was jemand tun soll. Ethik, verstanden als intelligente und experimentelle Praxis des Problemlösens, verfährt nach einer geordneten Methode (Dewey 1929, 178 – 202; 1938, 105 – 122; Hildebrand 2008, 53 – 58).

1. Deweys Methode beginnt damit, dass in einer noch unbestimmten Situation diffus eine Irritation, eine Schwierigkeit erfahren wird. Gewohnte Handlungsmuster, die Akteure ansonsten automatisch-habituell ausführen, stoßen hier an Grenzen und machen es notwendig, sich direkt mit der Situation auseinanderzusetzen und die habituellen Handlungsmuster zu überdenken. Diese Irritation wird durch Veränderungen in der Interaktion zwischen Handelndem und der Umwelt hervorgerufen.
2. Ausgehend von dieser als unsicher und uneindeutig erfahrenen Situation wird in einem zweiten Schritt der Versuch unternommen, das zugrunde liegende Problem genau zu lokalisieren. Damit soll die diffus gefühlte Schwierigkeit als Problem konkretisiert werden. Dieser Schritt ist für Dewey „experimentell", das heißt explorativ und tentativ. Schließlich ist es oftmals unklar, wo genau ein Problem liegt – das Erkennen von Problemen hängt ja häufig von variablen Hintergrundannahmen ab –, und entsprechend oft müssen im Nachhinein bei der Definition des Problems Korrekturen vorgenommen werden.

Mit Blick auf die ethischen Konflikte konkretisiert Dewey diesen Schritt seiner Methode dadurch, dass er ethische Probleme vor allem als Konflikte zwischen verschiedenen *Werten* ansieht.

Dazu ein Beispiel: Die Frage, ob man etwa Unschuldige foltern darf, ist für Dewey überhaupt keine ethische Frage, da es unter einigermaßen normalen

---

10 Eine pointierte Klassifizierung von Deweys Position im Vokabular der gegenwärtigen Moralphilosophie lässt sich auch über seinen anti-realistischen Naturalismus weitertreiben: So vertritt er offenkundig eine *kognitivistische* Position, auch wenn seine Bestimmung wahrer und falscher moralischer Aussagen auf einem spezifisch pragmatistischen Wahrheitsbegriff basiert. Mit Blick auf das Motivationsproblem vertritt Dewey – als Kognitivist – eine *externalistische* Position. Und mit Blick auf die normative Theorie, die im Kern seiner nach außen dezidiert pluralistisch auftretenden Ethik liegt, vertritt Dewey vorrangig (wenn auch nicht ausschließlich) einen *wohlfahrtsorientierten Konsequentialismus* (Bohman 2010; Welchman 1995).

Umständen keine Möglichkeit gibt, im Foltern Unschuldiger einen *Wert* zu erkennen, der als Wert in Konflikt mit einem anderen Wert stehen könnte. In bestimmten Fällen aber kann die Möglichkeit, zu foltern, als ethischer Konflikt erscheinen, nämlich wenn der Wunsch, das Leben zahlreicher Unschuldiger zu *retten*, mit dem Respekt vor der Integrität eines Menschen, auch eines Terroristen, konfligiert (vgl. etwa Allhoff 2012). Hier treffen zwei Werte aufeinander: einerseits die Wahrung der körperlichen Unversehrtheit von Menschen, auch von Verbrechern, und andererseits die Rettung Unschuldiger. In solchen dilemmatischen Szenarien mit einem lokalisierbaren Konflikt zeigt sich die ethische Dimension menschlicher Handlungen.

3. Drittens wird es nötig, einen tentativen Lösungsvorschlag zu machen, der die Hypothese einer möglichen Lösung der als problematisch wahrgenommenen Situation beinhaltet. Hier wird eine Handlungsoption als ein möglicher Schritt zum Erreichen eines bestimmten Ziels verstanden. Kantisch gesprochen (auch wenn Kant sich Deweys Vorschlag inhaltlich nicht anschließen würde) wird hier der Versuch unternommen, einen *hypothetischen Imperativ* aufzustellen: „Wenn ich *diese* Lösung des Problems anziele, sollte ich vielleicht diese Handlung wählen." Dieser Vorgang kann gegebenenfalls wiederholt werden, sodass verschiedene, alternative Optionen aufgezeigt werden können.

4. Das experimentelle, intelligente und imaginierte Durchspielen verschiedener Handlungsoptionen stellt nun den vierten Schritt einer Methode für den Umgang mit Konflikten dar. In diesem Schritt werden auch die Implikationen der Handlungsoptionen berücksichtigt – es wird gefragt: „Was würde es bedeuten, diese Handlung auszuführen?" –, womit verschiedene Handlungsoptionen relativ zueinander bewertet werden können. In der Ethik kommen somit mehrere moralisch relevante „Faktoren" ins Spiel: einerseits die zu erwartenden Folgen, aber auch die Auswirkungen und Implikationen für den Charakter eines solcherart Handelnden sowie die gesellschaftliche Bewertung einer solchen Handlung. Dewey spricht hier von einem „dramatic rehearsal", also einem reichen Durchspielen und gedanklichen Probehandeln mit Blick auf möglichst viele Dimensionen der möglichen Handlung (Fesmire 2003). Die moralischen „Faktoren", die bei der Evaluation von Optionen berücksichtigt werden, sind vielfältig. Dewey verfährt wieder naturalistisch: Die Quellen der normativen Theorien, die hier pluralistisch berücksichtigt werden sollen, werden ihrerseits als dezidiert *natürliche* Phänomene verstanden. Im zweiten Teil seiner Ethik von 1932 listet Dewey – gewissermaßen als Heuristik – vier verschiedene und grundsätzlich gleichwertige Quellen normativer Beurteilungsparameter auf, die zur Auseinandersetzung mit Konflikten herangezogen werden sollen (Dewey/Tufts 1932, 178–180): (a) Die moralischen Codes und etablierten Praktiken. Dewey versteht damit die Geschichte ver-

gangener Versuche, Probleme zu lösen, als ein „storehouse of information and possible indications of what is now right and good". (b) Ausgearbeitetes Material aus der Rechtsgeschichte, die eine lange experimentelle Entwicklung von Steuerungsversuchen menschlichen Verhaltens abbildet. (c) Die Naturwissenschaften, insbesondere die Biologie und die Physiologie. Als Beispiel führt Dewey aus, dass die „conditions and the consequences of health of body, personal and public, [open a] body of moral interests and responsibilities". (d) Schließlich behandelt Dewey auch die Moraltheorien selbst – also die Versuche, feste Kriterien für moralische Urteile anzugeben – als natürliche moralische Phänomene, die als Quelle für Beurteilungsparameter in der Ethik herangezogen werden können. Mit dieser naturalistischen Lesart der Moralphilosophie integriert er gewissermaßen im Handstreich die inhaltlichen Errungenschaften der Geschichte der Moralphilosophie, ohne sich die Hintergrundschwierigkeiten einzuhandeln, die den Ursprung und die Rechtfertigung dieser Theorien betreffen.
5. Die in einem letzten, fünften Schritt tatsächlich ausgeführte Handlung basiert für Dewey nicht auf einer abschließenden, gesicherten Endbewertung, sondern ist selbst noch Teil der experimentellen Methode, weil nur durch die faktische Realisierung einer Handlungsoption geprüft werden kann, ob die zuvor angestellten Überlegungen sich in diesem Fall bewähren. Jede Handlung ist also immer sofort wieder Gegenstand von Überprüfungen und kann selbst im Erfolgsfall keine absolute präskriptive Autorität für andere Situationen beanspruchen.

Inquiry erscheint somit insgesamt als ein aktiver Prozess des methodisch geregelten Umgangs mit Problemen, der von Erfahrung ausgeht und abstrakte Analysen mit imaginierten und praktischen Experimenten kombiniert.

Für die Auseinandersetzung mit ethischen Konflikten ist der pragmatistisch-naturalistische Vorschlag der Konzentration auf eine *Methode statt auf feste Kriterien* besonders vielversprechend. Methodische Vorschläge sind ontologisch voraussetzungsarm, insofern sie nicht auf starken metaphysischen Annahmen beruhen. Sie sind pluralistisch und situativ, nicht auf ein einzelnes Kriterium festgelegt, und erlauben damit Anschlussfähigkeit und Offenheit, vielleicht auch zwischen ansonsten schwer vermittelbaren Positionen. Trotz der Pluralität legitimer ethischer Kriterien sind methodische Vorschläge durchaus hinreichend bestimmt und orientierungsgebend, da mit der Methode ein gewisses Maß an Struktur vorgegeben wird, wie Konflikte systematisch anzugehen sind.

Der pragmatistische Ansatz im Umgang mit Problemen und Konflikten – wissenschaftlicher wie ethischer Natur – ist hiermit noch nicht vollständig bestimmt. Es soll auch nicht behauptet werden, dass hiermit jeder Konflikt und jedes

Problem im Kontext der Ethik gelöst werden kann. Dennoch sind in dieser Methode Hinweise enthalten, die die eingangs aufgestellte These stützen, dass Konflikte nicht als Anomalien ethischer Theorien oder als bedauerlicher Ausdruck unvermeidlicher Inkommensurabilität konkurrierender Theorien verstanden werden sollen, sondern Anlass für ethisches Nachdenken und Handeln bieten und damit eine Chance für genuinen moralischen Fortschritt beinhalten.

Bibliographie

Allhoff, Fritz (2012): Terrorism, Ticking Time-Bombs, and Torture. A Philosophical Analysis. Chicago/London: Chicago University Press.
Berlin, Isaiah (1997): The Proper Study of Mankind. An Anthology of Essays. London: Chatto & Windus.
Betzler, Monika (2000): Moralische Dilemmata und die Rationalität residualer Gefühle. In: Studia philosophica. Jahrbuch der Schweizerischen Philosophischen Gesellschaft, 59, 195–224.
Birnbacher, Dieter (2009): Der ethische Pluralismus – ein gangbarer Weg? In: Gerhard Ernst (Hrsg.): Moralischer Relativismus. Paderborn: mentis, 257–73.
Bohman, James (2010): Ethics as moral inquiry. Dewey and the moral psychology of social reform. In: Molly Cochran (Hrsg.): The Cambridge Companion to John Dewey. Cambridge: Cambridge University Press, 187–210.
Boshammer, Susanne (2008): Von schmutzigen Händen und reinen Gewissen. Konflikte und Dilemmata als Problem der Ethik. In: Kurt Bayertz/Ludwig Siep/Johann S. Ach (Hrsg.): Grundkurs Ethik, Bd. 1: Grundlagen. Paderborn: mentis, 143–61.
Dewey, John (1929): The Quest for Certainty. In: The Later Works, vol. 4, ed. by Jo Ann Boydston. Carbondale 1984: Southern Illinois University Press.
—(1930): Three Independent Factors in Morals. In: Larry A. Hickman/Thomas M. Alexander (Hrsg.): The Essential Dewey, vol. 2, Ethics, Logic, Psychology. Bloomington: Indiana University Press, 315–20.
—(1938): Logic. The theory of inquiry. In: The later works, vol. 12, ed. by Jo Ann Boydston. Carbondale 1986: Southern Illinois University Press.
Dewey, John/Tufts, James (1932): Ethics (revised version from 1908). In: The Later Works, vol. 7, ed. by Jo Ann Boydston. Carbondale 1985: Southern Illinois University Press.
Grimm, Herwig (2010): Das moralphilosophische Experiment. John Deweys Methode empirischer Untersuchungen als Modell der problem- und anwendungsorientierten Tierethik. Tübingen: Mohr Siebeck.
Hare, Richard (1981): Moral Thinking. Oxford: Oxford University Press.
Heilinger, Jan-Christoph (2015): Mensch, Weltbürger. Über Anspruch und Umsetzbarkeit des moralischen Kosmopolitismus. In: Jan-Christoph Heilinger/Julian Nida-Rümelin (Hrsg.): Anthropologie und Ethik. Berlin/Boston: de Gruyter, 113–34.
Hildebrand, David (2008): Dewey. Oxford: Oneworld.
Kitcher, Philip (2011): The Ethical Project. Cambridge, MA: Harvard University Press.
—(2012): Précis of The Ethical Project. In: Analyse & Kritik 34, 1–19.

LaFollette, Hugh (2000): Pragmatic Ethics. In: Hugh LaFollette (Hrsg.): The Blackwell Guide to Ethical Theory. Oxford: Blackwell, 400–19.
Nida-Rümelin, Julian (2016): Moral, Wissenschaft und Wahrheit. In: Julian Nida-Rümelin/Jan-Christoph Heilinger (Hrsg.): Moral, Wissenschaft und Wahrheit. Berlin/Boston: de Gruyter, 1–21.
Sellmaier, Stephan (2008): Ethik der Konflikte. Über den moralisch angemessenen Umgang mit ethischem Dissens und moralischen Dilemmata. Stuttgart: Kohlhammer.
Sen, Amartya (2009): The Idea of Justice. London: Penguin.
Welchman, Jennifer (1995): Dewey's Ethical Thought. Ithaca/London: Cornell University Press.
Wittwer, Héctor (2010): Ist es vernünftig, moralisch zu handeln? Berlin/New York: de Gruyter.

Philip Kitcher
Pragmatismus und Realismus

Ein bescheidener Vorschlag[1]

1

Gemäß einer alten und bedeutenden Tradition in der Wissenschaftstheorie gibt es gute Gründe, den Lehrsätzen auch unserer erfolgreichsten wissenschaftlichen Theorien nicht vollends zu vertrauen. Diejenigen, die sich dieser Tradition verpflichtet fühlen, behaupten, es sei philosophisch angemessen, gegenüber der Existenz von Entitäten, die diese etablierten Theorien postulieren, agnostisch zu bleiben: Wir sollten daran zweifeln, dass die Welt Dinge wie Elektronen, Atome, Moleküle oder Gene enthält. Bescheiden sollten wir uns auf das Beobachtbare konzentrieren; den Behauptungen unserer besten Theorien über Beobachtbares – also über mittelgroße, mehr oder weniger trockene Dinge – beipflichten und die Anlagen, die diese Behauptungen hervorbringen, nutzen, ohne sie gänzlich ernst zu nehmen.

An anderer Stelle (Kitcher 2001a) habe ich für eine liberalere Einstellung argumentiert, die es erlaubt, die Behauptungen der erfolgreichsten Wissenschaften tatsächlich ernst zu nehmen. Der „Reale Realismus" ist ein eher unsystematischer Ansatz, der erkennt, dass es manchmal gute Gründe geben mag, diese Erlaubnis nicht zu nutzen. Er gründet in der Überzeugung, dass eine „Bootstrapping"-Strategie – gerechtfertigt durch Methoden, die Antirealisten zu Recht akzeptieren – existiert, die es ermöglicht, vom wissenschaftlichen Erfolg auf Annäherung zur Wahrheit zu schließen, und die jede Bedeutung der Grenze zwischen Beobachtbarem und Nicht-Beobachtbarem leugnet. Die Anerkennung der *Galileischen Strategie* überwindet das Unwohlsein der antirealistischen Tradition bei der Zustimmung zu Behauptungen der theoretischen Wissenschaften, selbst wenn diese Theorien sehr erfolgreich sind.

Doch selbst wenn die bekannten Sorgen überwunden sind, stellt sich die alte Frage des Pontius Pilatus: Was ist Wahrheit? Meine Antwort identifiziert Wahrheit in diesem Gebiet als Korrespondenzbeziehung. Genauer gesagt verstehe ich den

---

[1] Originalbeitrag: Kitcher, Philip (2012): Pragmatism and Realism. A Modest Proposal. In: Ders.: Preludes to Pragmatism: Toward a Reconstruction of Philosophy. New York: Oxford University Press, 128–144. Übersetzung aus dem Englischen von Jan-Christoph Heilinger.

Begriff Wahrheit ausgehend von Tarskis Reduktion von Wahrheit auf Referenz, wobei Referenz als Beziehung zwischen Zeichen (material oder mental) und Dingen, die typischerweise unabhängig vom Verwender der Zeichen sind, vorgestellt wird. Ich glaube nicht, dass diese Relation eine weitere (physikalistische) Reduktion erlaubt.[2]

Die Grundeinstellung des Realen Realismus ist pragmatisch: Seine leitende Idee besteht darin, die Rückschlüsse von Prämissen über Beobachtbares zu Behauptungen über Nicht-Beobachtbares in einem Kontinuum zu unseren alltäglichen Praktiken der Bildung von Überzeugungen zu verstehen. Sympathisanten des Pragmatismus werden sich allerdings fragen, warum der Reale Realismus sich in seiner Auseinandersetzung mit den Formen des Antirealismus so anstrengen muss. Haben die klassischen Pragmatisten uns nicht bereits gelehrt, wie solche kräftezehrenden Aktivitäten vermieden werden können? Warum nicht das Problem lösen wie sie, indem man die Wahrheit, insofern man überhaupt über sie sprechen möchte, an die unkontroverse Tatsache koppelt, dass die betreffenden Theorien erfolgreich sind?

Mein Ziel ist im Folgenden, auf diese Fragen zu antworten, indem ich zeige, dass der Pragmatismus mit dem von mir bevorzugten Wahrheitsverständnis glücklicher wäre.

2

Abgesehen von den Formulierungen des pragmatistischen Prinzips haben diejenigen Abschnitte von James' *Pragmatism*, die sich auf den Begriff der Wahrheit beziehen, die meiste philosophische Aufmerksamkeit hervorgerufen. Berühmt (und berüchtigt?) ist James' Definition der Wahrheit als das, „what works in the way of belief". Dieser einfache Slogan würde eine fast automatische Auflösung der zentralen Probleme erlauben, über die sich Realisten und Antirealisten streiten. Die Kampfparteien erschienen dann als umnachtete Anhänger einer Wahrheitskonzeption, die irgendwie von „working in the way of belief" geschieden wäre, die darüber diskutieren, ob man von Prämissen über Erfolg auf Behauptungen schließen sollte, die dieses Wahrheitsverständnis mit sich bringen. Wegen der gemeinsam geteilten falschen Vorannahmen irren Realisten und Antirealisten gleichermaßen, und der Konflikt löst sich auf, sobald dieser Fehler aufgedeckt und der unerlaubte Wahrheitsbegriff ersetzt ist.

---

2 Vgl. auch Kitcher (2002).

Dieser fröhliche Versöhnungsvorschlag ist in zweifacher Hinsicht problematisch. Erstens setzt er voraus, wie viele spätere Kommentatoren es getan haben, dass James überhaupt eine Wahrheitstheorie anbieten wollte, einen Rivalen zur Korrespondenztheorie. Zweitens und wichtiger wäre diese James zugeschriebene „Theorie" radikal ungenügend. Was zählt als „working in the way of belief"? Kann der Fundamentalist, der die Hauptthesen der Darwin'schen Evolutionstheorie bestreitet, behaupten, dass diese Thesen nicht „work in the way of belief" – oder zumindest nicht für ihn? Offensichtlich betrachtet die pragmatistische „Theorie" komfortable Falschheit als wahr.

Gegen diesen zweiten Einwand muss darauf hingewiesen werden, dass gerade James sich dieses Problems bewusst gewesen sein sollte. Jede Lesart seiner früheren Schriften und des *Pragmatism* im Kontext dieser Schriften sollte deutlich machen, dass er mächtig gegen die Schwierigkeiten ankämpft, die diese vermeintliche „Theorie" auf einen Schlag lösen würde. Die Diskussionen der Religion von *The Sentiment of Rationality* bis zu *Varieties of Religious Experience* sowie die Eröffnungsvorlesung des *Pragmatism* würden radikal verkürzt, wenn James die Annahme vertreten hätte, dass „religiöse Dogmen wie Meinungen funktionieren" und dass sich von „*S* funktioniert wie eine Meinung" auf „*S* ist wahr" schließen lasse. Der entscheidende Fehler sitzt tatsächlich tiefer. Nicht nur führt der kausale Slogan bei der Identifikation von James' bevorzugter Wahrheitstheorie, dem von ihm befürworteten Rivalen zur Korrespondenztheorie, in die Irre. Er ist vielmehr daran interessiert zu verstehen, was daran zutreffend sein mag. Und in Übereinstimmung mit seinen fundamentalen Zielen zielt er auch nicht auf eine vollständige Theorie der Wahrheit, lediglich auf ein hinreichendes Verständnis des Begriffs der Wahrheit, das es erlaubt, sich den wirklich wichtigen Fragen zuzuwenden (um den „ganzen Zweck der Philosophie" zu erfüllen).

Ein erster Schritt in Richtung eines besseren Verständnisses besteht darin, den (im Original kursivierten) Slogan in seinen ursprünglichen Kontext zurückzuversetzen:

'The true,' to put it very briefly, is only the expedient in the way of our thinking, just as 'the right' is only the expedient in the way of our behaving. (James 1987, 583)

Es ist wichtig, auch den folgenden Satz hinzuzufügen. „Expedient in almost any fashion; and expedient in the long run and on the whole of course: for what meets expediently all the experiences in sight won't necessarily meet all farther experiences equally satisfactorily." Dieser Satz spielt implizit auf ein Erfahrungssubjekt an, das seine Meinung im Licht zukünftiger Erfahrungen ändert. Indem James die Notwendigkeit betont, langfristig bedeutsam zu sein, muss er voraussetzen dass eine bestimmte Antwortstrategie nicht verfügbar ist, nämlich das Aufrechterhalten einmal etablierter Überzeugungen unter allen Umständen. Es bestehen also unausgesprochene psychologische Beschränkungen bezüglich der Frage, wie beurteilt werden soll, ob etwas „funktioniert"; und diese Beschränkungen können das „Funktionieren" komfortabler Falschheiten ausschließen. Und tatsächlich, im Licht der ersten Vorlesung aus *Pragmatism* sollten wir annehmen, dass die Beschränkungen den rein empfindsamen Ansatz ausschließen, eine Überzeugung aufgrund des Trostes, den sie bringt, aufrechtzuerhalten, selbst wenn die Erfahrung eine ernsthafte Herausforderung dafür darstellt.

Dies allerdings ist erst der erste Schritt zum Verständnis von James' Position. Sein Zugang zur Wahrheit wird als Antwort auf eine Gruppe von Gegnern vorgebracht, die er als „Intellektualisten" bezeichnet und deren positive Lehren nur sporadisch und unsystematisch in James' Argument auftauchen: Sie sind, anscheinend, von einer unerklärten Idee der Korrespondenz (oder „Übereinstimmung") mit der Wirklichkeit überzeugt, womöglich auch von einer Idee des Absoluten und der Realität als Quelle von Normen für menschliche Überzeugungen (James 1987, 572–573, 586, 589). James' Bedenken bezüglich der Begriffe Übereinstimmung und Realität, die in seiner ironischen Verwendung von Anführungszeichen und der Großschreibung („Truth", „Reality") offensichtlich sind, können Leser leicht dazu führen anzunehmen, dass er Wahrheit als Korrespondenz ablehne und der gewöhnlichen realistischen Redeweise misstrauisch gegenüberstehe. In späteren Entgegnungen auf seine Kritiker besteht er immer wieder darauf, dass er die Ansicht des gesunden Menschenverstandes über die Existenz von Objekten nicht bezweifelt: „both pragmatists and anti-pragmatists believe in existent objects, just as they believe in our ideas of them" (James 1987, 826).[3] Wie er in diesen Entgegnungen regelmäßig betont, hatte er die Diskussion über Wahrheit mit einer klaren Stellungnahme darüber begonnen, was *nicht* kontrovers war.

> Truth, as any dictionary will tell you, is a property of certain of our ideas. It means their 'agreement,' as falsity means their disagreement, with 'reality.' Pragmatists and intellectualists both accept this definition as a matter of course. They begin to quarrel only after the question is raised as to what may precisely be meant by the term 'agreement,' and what by the term 'reality,' when reality is taken as something for our ideas to agree with. (James 1987, 572)

James' Anregung besteht nicht in dem Vorschlag, die Wörterbuchdefinition von Wahrheit als Korrespondenz (oder Übereinstimmung) *aufzugeben*, sondern darin, sie *auszubuchstabieren*. Der Irrtum der Intellektualisten besteht entweder darin,

---

3 Vgl. auch James (1987, 865, 922–923, 943–944, 963).

dass sie nichts über die zentralen Begriffe sagen, die diese Idee voraussetzt, also die Begriffe *Übereinstimmung* und *Wahrheit*, oder, wenn sie etwas dazu sagen, dass sie den vagen Vorschlag machen: „ideas possess[ed] truth just in proportion as they approach to being copies of the Absolute's eternal way of thinking" (James 1987, 573).

Philosophen, die James als einen Verbündeten in ihrer Ablehnung *gegenwärtiger* Korrespondenztheorien der Wahrheit gewinnen möchten, müssen den besonderen Charakter derjenigen Positionen in Rechnung stellen, auf die James reagierte. Weder er noch die von ihm angesprochenen Idealisten konnten sich dem Begriff Wahrheit in einem Tarski'schen Rahmen nähern; entsprechend waren sie auch unfähig, die überzeugendste Formulierung der Korrespondenztheorie zu finden. Wo aber Tarskis System zur Verfügung steht, können wir James' Zugang zur Wahrheit eine klarere Formulierung verleihen, als sie von ihm selbst im *Pragmatism* erreicht wurde.

Tarski zeigt, wie man eine rekursive Wahrheitsdefinition für Sätze in einer Klasse formaler Sprachen liefern kann, wo die Grundsätze Referenzbeziehungen etablieren (zwischen Namen und Objekten, zwischen monadischen Prädikaten und Gruppen von Objekten etc.). Um James' pragmatische Herausforderung zu befriedigen, müssen wir den Begriff Referenz und den Status der Entitäten (Objekte, Gruppen von Objekten etc.) erklären, sodass die Unterschiede deutlich werden, die durch Aussagen semantischer Theorien gemacht werden. Soll diese Erklärung mit seinen eigenen Diskussionen übereinstimmen, müssen drei wichtige Bedingungen erfüllt sein.
1. Die Erklärung sollte mit dem „Commonsense"-Realismus kompatibel sein.
2. Die Erklärung sollte den Begriff der Referenz mit den praktischen Aktivitäten von Sprachnutzern verbinden.
3. Die Erklärung sollte James' häufige Zurückweisung der Ansicht respektieren, dass die Realität eine Agenda für menschliche Kognition setzt.

Es gibt eine Variante der Korrespondenztheorie, die alle drei Bedingungen erfüllt.

Wie bereits gesagt machen James' Entgegnungen auf die Kritiker deutlich, dass er dem „Commonsense"-Realismus zustimmt. Seine Art, den Begriff *Korrespondenz* oder *Übereinstimmung* zu verstehen, lässt sich in diesen Antworten auch leichter erkennen. *Pragmatism* sagt uns lediglich, und eher vage, Übereinstimmung sei „an affair of leading – leading that is useful because it is into quarters that contain objects that are important" (James 1987, 580). Die früheren Darstellungen weisen auf ein Navigationsprojekt hin, das in *The Meaning of Truth* viel sorgfältiger ausgearbeitet ist. Dort bedenkt James, wie sein Gebrauch des Begriffs *Memorial Hall* (oder, in der von ihm bevorzugten Formulierung, sein Bild der Memorial Hall) auf ein einzelnes, bestimmtes Objekt verweist. Er legt nahe, dass der Verweis für jemanden nicht funktionieren würde, der auf eine Anfrage nach dem intendierten Bezug nichts zu tun wüsste, und er kontrastiert diese Unfähigkeit, zu zeigen oder zu führen, mit ihrem erfolgreichen Gegenteil.

> On the other hand, if I can lead you to the hall, and tell you of its history and present uses; if in its presence I feel my idea, however imperfect it may have been, to have led hither and to be now *terminated*; if the associates of the image and of the felt hall run parallel, so that each term of the one context corresponds serially, as I walk, with an answering term of the other; why then my soul was prophetic, and my idea must be, and by common consent would be, called cognizant of reality. (James 1987, 882)

Auch wenn er etwas unbestimmt ist, ist James' Vorschlag prägnant – und dazu in der Lage, eine pragmatistische Erklärung des Begriffs *Referenz* zu liefern.

Die angenommene Referenzbeziehung (oder „Bedeutung") ist durch die Tatsache angezeigt, dass sie uns hilft, einen imaginierten Gang als einen Erfolg anzusehen. Das Beispiel können wir in einer stilisierteren Form entwickeln. Nehmen wir an, wir sähen eine Person, an der wir den Eingangstest bereits durchgeführt hätten: Sie hat uns durch die Memorial Hall geführt und die Bedeutung von „termination" zugestanden, auf die James anspielt; wir sind entsprechend zuversichtlich, dass diese Person mit *Memorial Hall* auf die Memorial Hall Bezug nimmt. Jetzt führen wir diese Person zu einem ihr unvertrauten Gebiet in der Umgebung, und bitten sie, uns zurück zur Memorial Hall zu führen. Wir stellen ihr eine Karte zur Verfügung und bitten sie, während sie davon Gebrauch macht, die Gedanken offenzulegen, die ihre Navigation leiten. So erfahren wir, wie die Person Symbole auf der Karte mit Elementen der Umgebung verbindet; wir sehen, wie sie bestimmte Elemente einer unabhängigen Wirklichkeit herausgreift (einer Wirklichkeit, die unabhängig von der Person ist[4]). Sie benutzt ihre Verbindungen zusammen mit der Karte, um ihre Bewegungen zu steuern, selbst wenn sie dabei permanent mit Dingen umgeht, die sie nie zuvor gesehen hat. Wenn es sich um eine brauchbare Karte handelt und wenn die Person gut Karten lesen kann, dann wird sie uns schließlich zur Memorial Hall führen. Dieser Erfolg hängt teilweise an einer Korrespondenz von Karte und Wirklichkeit: Weil die verschiedenen Symbole mit Teilen der Umgebung korrespondieren und weil die Beziehungen zwischen diesen Teilen in der Karte gut abgebildet sind, ist ihr kompetentes Lesen der Karte erfolgreich. (Hier findet sich die „serial correspondence",

---

4 Die meisten Dinge, die die Person identifiziert, werden von verschiedenen Arten menschlicher Aktivität abhängen, aber – es sei denn, es handelt sich um eine besonders außergewöhnliche Person – sie wird selbst nicht an diesen Aktivitäten beteiligt gewesen sein.

die James erwähnt.) Die Referenzbeziehungen spielen eine Rolle bei der Erklärung ihres Erfolgs.[5]

James scheint auf etwas Ähnliches wie diesen Punkt in einer Diskussion abzuzielen, die auf das Memorial-Hall-Beispiel folgt. Er schreibt:

> By experimenting on our ideas of reality, we may save ourselves the trouble of experimenting on the real experiences which they severally mean. The ideas form related systems, corresponding point for point to the systems which the realities form ... (James 1987, 884 f.)

Diese Idee verwandter Systeme, eines von Zeichen und eines von Dingen, die Punkt für Punkt korrespondieren, muss mit Inhalt gefüllt werden: Wir müssen erfahren, welchen Unterschied es für uns bedeuten würde, diese Idee zu akzeptieren. Die Geschichte, die James erzählt und die ich ausgeführt habe, bietet eine Antwort an. Der Gedanke der Korrespondenz kann dazu genutzt werden, Verhalten zu erklären, und, konkret, die Erfolge von durch Repräsentationen koordiniertem Verhalten zu verstehen.

Das stilisierte Szenario legt die verschiedenen Wege offen, auf denen Referenz in Handlung manifest ist. Unsere imaginierte Kartennutzerin setzt ihre fest verankerten Kategorien und kognitiven Verhaltensmuster ein, um ihre Erfahrung einer von ihr unabhängigen Realität zu gliedern.[6] Wenn wir ihren Handlungen folgen, gehen wir davon aus, dass sie zu einer Gliederung gelangt, die derjenigen gleicht, die auch wir annehmen würden. Wir können den generellen Zugang zur Referenz vom konkreten Kontext der Navigation befreien und uns verschiedene Arten von Aktivitäten vorstellen, die Referenz festschreiben – seinen Weg zu finden ist bloß ein anschauliches, aber kein notwendiges Beispiel.[7]

Dennoch könnte man denken, das bisher Gesagte stünde im Widerspruch mit einer grundlegenden Besonderheit von *Pragmatism*, nämlich der Zurückweisung einer jeden statischen Idee von Wahrheit zugunsten des Vorschlags: „Truth *happens* to an idea" (James 1987, 574). Hier möchte ich den dritten Aspekt von James' Diskussion entwickeln, seine Ablehnung der Ansicht, dass die Wirklichkeit die Agenda für die menschliche Kognition setze, sowie sein damit verbundenes Bekenntnis zu einem Pluralismus bezüglich der Kategorien, die wir gerechtfer-

---

5 Diesen Punkt diskutiere ich gründlicher in Kitcher (2002).
6 Anderswo habe ich dafür argumentiert, dass uns das erlaubt, den „Commonsense"-Realismus zu verteidigen. Vgl. Kitcher (2001a) und Kitcher (2001b).
7 Selbst wenn wir alle Handlungen einer Person betrachten, können Unbestimmtheiten hinsichtlich der Referenzrelationen bestehen, wie Quine bekannterweise behauptet hat. In einem pragmatistischen Verständnis stellen diese Unbestimmtheiten keinen Anlass zur Sorge dar, da sie äquivalente Beschreibungen der Wirklichkeit und unserer sprachgeleiteten Interaktionen mit ihr liefern.

tigterweise annehmen. *Pragmatism* greift eine Analogie auf, die James ursprünglich in *Principles of Psychology* eingeführt hatte: Selbst mit Blick auf Sinneswahrnehmungen spielt das Subjekt eine konstruktive Rolle, denn selbst wenn „[w]e receive [...] the block of marble, [...] we carve the statue ourselves"[8] (James 1987, 594). Die Welt erlaubt die Unterteilung in Objekte und Kategorien von Objekten auf viele verschiedene Weisen, und wir wählen diejenigen Grenzen und Beschränkungen der Klassen, die unseren Absichten entsprechen (James 1987, 596).[9] Übereinstimmung mit der Wirklichkeit folgt *nachträglich* auf diese anfängliche Entscheidung: Nach James nehmen wir „Additionen" zur sinnlichen Wirklichkeit vor, und wir können dies auf viele Arten tun, die mit ihr „übereinstimmen" (James 1987, 597). Er lehnt den Gedanken ab, dass es eine zu bevorzugende Strukturierung des von uns Unabhängigen in Objekte und Kategorien von Objekten gebe, der jede angemessene Sprache entsprechen müsse. Menschen mit unterschiedlichen Interessen – und, radikaler, andere kognitive Wesen mit andersartigen Fähigkeiten – würden auf dieselbe unabhängige Wirklichkeit auf unterschiedliche Art und Weise reagieren und alternative Ordnungssysteme hervorbringen. Richtig verstanden gäbe es keine Inkompatibilität zwischen den Aussagen, die von den Nutzern rivalisierender Systeme hervorgebracht und anerkannt werden, lediglich Unterschiede hinsichtlich der Leichtigkeit, mit der die Nutzer ihren jeweiligen Projekten nachgehen können.

Den Vorschlag „Truth happens to an idea" lese ich im Lichte eines solchen Pluralismus. Auf Grundlage des bescheidenen Korrespondenzansatzes, den ich James zugeschrieben habe, ist die Beziehung zwischen Urteilen und der Welt statisch. Wenn einmal eine bestimmte Sprache festgelegt wurde, greifen singuläre Terme und monadische Prädikate usw. bestimmte Elemente der unabhängigen Wirklichkeit heraus; die Wahrheit von Sätzen ist überzeitlich festgelegt durch Inklusionsverhältnisse in Verbindung mit Rekursionsregeln für Junktoren und Quantoren. In dieser Hinsicht gilt: „Truth *doesn't* happen to an idea." Aber, und darauf besteht James, das Erreichen dieser statischen Beziehung ist nicht der „wesentliche" Punkt – worauf es wirklich ankommt, ist, ob die Sätze, die wir billigen, weiterhin ihre anleitende Rolle spielen können (James 1987, 579). Deswegen schreibt er Sätzen, die in Sprachen abgefasst sind, die für unsere Zwecke

---

8 Vgl. auch James (1981, 274, 277). Diese Analogie ist kompliziert, da James hier zugestehen sollte, dass es im Marmor Verwerfungslinien gibt. Damit die Analogie trägt, müssen die Verwerfungslinien von uns abhängen.
9 Ein Beispiel von James ist die Gruppierung von Sternen in Sternbilder. Dies tritt auch in der späteren Debatte zwischen Nelson Goodman und Israel Scheffler auf – aus gutem Grund, denn Goodmans Ansichten in *Ways of Worldmaking* sind nah an denen, die James in diesem Abschnitt entwickelt.

nicht mehr adäquat sind, auch keine Wahrheit zu. In seinem strengeren Sinne gilt: Zu sagen, ein Satz sei wahr, beinhaltet die Affirmation, dass die Sprache, in der er abgefasst ist, immer noch für unsere Zwecke adäquat ist und dass die statische Beziehung zwischen diesem Satz und der Wirklichkeit in Kraft ist. Weil der erste Teil dieser Affirmation von unseren sich entwickelnden Zielen abhängig ist, ist die Wahrheitsrelation auch dynamisch und man muss vernünftigerweise sagen: „Truth happens to an idea."

3

Kehren wir nun zu dem Vorschlag zurück, der Streit zwischen Realisten und Antirealisten könne überwunden werden, indem man sich für dasjenige entscheidet, was alle Parteien eingestehen – nämlich dass manche wissenschaftlichen Hypothesen und Theorien sich als erfolgreich erweisen. Bisher bin ich mit dem Begriff Erfolg unkritisch umgegangen, ohne den Versuch, ihn gründlich zu prüfen oder zu erklären. Doch das menschliche kulturelle Schaffen kennt zwei sehr verschiedene Arten des Erfolgs. Einerseits gibt es *weltanpassenden* Erfolg (*„world-adjusting success"*), also Erfolg, der zu Systemen führt, die kraft der damit einhergehenden systematischen Interventionsmöglichkeiten Teile der Wirklichkeit repräsentieren – Graphen, Gleichungen, Karten, Diagramme sowie deskriptive Aussagen. Diese Art von Erfolg besteht darin, Ziele zu erreichen, die zuvor unerreichbar waren. Sie ist erkennbar im molekularbiologischen Labor, wo Wissenschaftler und ihre Laboranten Fliegen mit unterschiedlichem Gewebe erzeugen oder Bakterien, die wichtige Bestandteile von Medikamenten produzieren. Im Gegensatz dazu steht *kultureller* Erfolg (*„cultural success"*), der in weiter Verbreitung (kultureller Proliferation) offensichtlich wird. Erfolg dieser Art haben nicht nur populäre Meinungen, sondern auch Melodien, Kochrezepte und Kleidermoden. Niemand käme auf die Idee, vom kulturellen Erfolg auf Wahrheit zu schließen, da zahlreiche menschengeschaffene Entitäten, die nicht einmal Kandidaten für Wahrheit wären, großen Erfolg haben; und selbst für Lehren, die auf der ganzen Welt Verbreitung finden, gilt bekanntermaßen, dass auch Millionen von Menschen sich irren können. Diese banalen Punkte liegen der Einsicht zugrunde, dass James' einfacher Slogan keine befriedigende „pragmatistische Wahrheitskonzeption" artikulieren kann.

James' Betonung von Erfolg „in the long run and on the whole" zeigt seine Verpflichtung auf die *Verbesserung* von Überzeugungen an, eine Anerkennung der Möglichkeiten, unser Wissen voranzubringen, die er mit Peirce und Dewey teilt. Jede solche Idee würde verdorben, wenn kultureller Erfolg als hinreichend für Wahrheit angesehen würde. Warum aber ist dann der weltanpassende Erfolg so distinkt und wichtig? Die Antwort auf diese Frage, die sowohl von James als auch von Dewey akzeptiert wird, ist, dass wir Organismen in einer Umwelt sind, die zumindest teilweise unabhängig von uns ist, einer Umwelt, die uns herausfordert und nur selten die automatische Realisierung unserer Ziele gestattet. Wir entwickeln Methoden, diese Ziele zu erreichen, indem wir Aspekte dieser Umgebung repräsentieren, und das Herz des realistischen Schlusses vom Erfolg auf Wahrheit liegt darin, dass einige unserer Vorstellungen Hindernisse überwinden, die ansonsten unseren Ambitionen entgegenstünden.

Genauer gesagt: Systematischer weltanpassender Erfolg kann nicht als erwiesen angenommen werden, sondern muss erklärt werden. Forscher finden einen Weg zu den erstrebten Zielen, indem sie sich von Repräsentationen von Bruchstücken der Umwelt, in der sie sich bewegen, leiten lassen. Weltanpassender Erfolg drückt sich in durch Repräsentationen koordiniertem Verhalten aus, wenn etwa die Molekulargenetikerin ihr genetisches Kartenmaterial nutzt, um Bakterien, Würmer und Fliegen zu manipulieren. Weltanpassenden (aber nicht kulturellen) Erfolg mit Wahrheit in Verbindung zu setzen, beinhaltet somit die Anerkennung der Verbindung zwischen Elementen der Vorstellung und Teilen der Welt, die typischerweise unabhängig vom Vorstellenden ist. Der Gedanke, dass die Welt unabhängig von uns und unseren kognitiven Fähigkeiten ist, ergibt sich aus unserer alltäglichen Erfahrung, dass andere Menschen in eine von ihnen selbst unabhängige Welt ein- und austreten, in ihr verbleiben, auch wenn wir sie – temporär oder dauerhaft – nicht mehr wahrnehmen. Wir sind ihnen gleich, und deshalb ist der Schluss gerechtfertigt, dass – ebenso wie die von Unseresgleichen wahrgenommenen Dinge auch in ihrer Abwesenheit fortexistieren – die Dinge auch dann fortbestehen, wenn wir selbst nicht mehr da sind. Aus einer beobachtenden Außenperspektive würde man unsere Beziehung zur Umwelt ebenso verstehen, wie wir selbst sie für diejenigen verstehen, die wir beobachten. Ebenso wie wir den (weltanpassenden) Erfolg einer Kartenleserin als Ergebnis einer Korrespondenz zwischen Elementen auf der Karte und Teilen der Landschaft, durch die sie sich bewegt, verstehen, so würde eine genaue Prüfung unserer eigenen repräsentationsgeleiteten, weltanpassenden Erfolge diese auch als Ergebnis referentieller Beziehungen zwischen unseren Symbolen und Teilen der Natur verstehen. Entsprechend entsteht die Idee einer Korrespondenz zwischen Gedanken und einer Welt weitgehend unabhängig von uns allen, einer Korrespondenz, die sich in den weltanpassenden Erfolgen unserer Überzeugungen manifestiert. Damit unsere Überzeugungen funktionieren, anhaltend und insgesamt, braucht es diese Art von Korrespondenz, die in dem von mir vorgeschlagenen Verständnis von Wahrheit zentral ist.

Es ist allerdings wichtig, diese Schlussfolgerung nicht zu stark auszulegen, denn es ist leicht, das zentrale pragmatistische Motiv der Betonung des Pluralismus herunterzuspielen. Obwohl James und Dewey unerbittlich dafür argumentieren, dass es eine unabhängige Realität gibt, auf die unsere Gedanken und Handlungen ansprechen – der Vorwurf, dass er diese Unabhängigkeit leugne, hat Dewey tatsächlich zu einer für ihn ungewöhnlichen Irritation hingerissen (Dewey 1925, 24, note 3) –, bestehen sie darauf, dass diese unabhängige Wirklichkeit ihrerseits nicht *unabhängig strukturiert* sei: Sie ist keineswegs vor-eingeteilt in bevorzugte Objekte und Objektarten.

James und Dewey arbeiten diese Idee aus, indem beide auf die Analogie des Marmorblocks zu sprechen kommen. Das Beispiel stammt aus James' Zeiten als Psychologe:

> The mind, in short, works on the data it receives much as a sculptor works on his block of stone. In a sense the statue stood there from eternity. But there were a thousand different ones beside it, and the sculptor alone is to thank for having extricated this one from the rest. (James 1981, 277)

Angesichts der Tatsache, wie wir nun einmal sind und welche Interessen wir nun einmal haben, werden uns manche Ausarbeitungen von Objekten „natürlicher" als andere erscheinen – manche Statuen werden scheinbar einen privilegierten Status haben –, aber dieses Gefühl der Natürlichkeit muss als relativ bewertet werden. James bemerkt, dass wir die Sterne auf verschiedene Weisen in Sternbilder ordnen könnten, und er hätte weiter bemerken können, dass sogar die Grenzen des Sternenhimmels – ob räumlich, zeitlich, oder beides – anders hätten ausfallen können. Wenn wir auf die „unabhängige Wirklichkeit" reagieren, bestehen schwindelerregend viele Wahlmöglichkeiten für unsere Erkenntnis einer Welt von Objekten, die in Gruppen unterteilt werden können, auch wenn uns fast alle dieser Optionen bizarr oder „unnatürlich" erscheinen; gewissermaßen als Statuen, die es nicht wert sind, aus dem Stein geschlagen zu werden:

> A particular dust-wreath on a windy day is just as much of an individual thing, and just as much deserves an individual name, as my own body does. (James 1981, 274)

Die Anordnung von Staub ist allerdings nur der Anfang, denn diejenigen, die mit den Grundlagen der Mereologie vertraut sind, wissen, was für eigenartige mereologische Summen aus Teilen verschiedenster Entitäten geformt werden können, indem etwa Fragmente von Sternen und Menschen und Staubanordnungen und Bäume und alte Vasen und eine ganze Reihe anderer nicht zusammenpassender Bestandteile zusammengefügt werden.

So anschaulich die Analogie des Marmorblocks auch sein mag, so kann sie doch leicht in die Irre führen. Wenn man sich den Marmorblock als vollständig homogen vorstellt, wird man geneigt sein anzunehmen, dass – ohne die Bezugnahme zu einem Subjekt mit besonderen kognitiven Fähigkeiten oder besonderen Interessen – *jedwede* Einteilung in Objekte und Objektgruppen gleich gut wie jede andere sei. (Man wird wohl annehmen, dass dieser Punkt für das Subjekt und seine vermeintlichen Fähigkeiten und Interessen gilt!) Das aber ist weder meine Schlussfolgerung noch entspricht es meiner Meinung nach dem, was James sagen wollte. Angesichts bestimmter Fähigkeiten und bestimmter Interessen funktionieren manche Arten, die unabhängige Wirklichkeit einzuteilen, vielmehr besser als andere. Die Analogie könnte durch den Vorschlag weiter ausgearbeitet werden, dass es Verwerfungslinien im Marmorblock gibt – Linien, an denen der Meißel besser entlangarbeiten kann. Doch auch hier ist Sorgfalt geboten, da diese Linien ihrerseits vom Bildhauer abhängen, von der Art der ihm zur Verfügung stehenden Werkzeuge und seinen erworbenen Vorlieben. Die Mischung von Realismus und Konstruktivismus, auf die pragmatischer Pluralismus abzielt, macht es erforderlich, die Analogie in einem vorsichtig begrenzten Sinne zu verstehen.

Wir könnten die Schwierigkeiten bei der Charakterisierung dieser schwer fassbaren Mischung dadurch angehen, dass wir anhand verschiedener Sprachen und ihrer „Natürlichkeit" darüber nachdenken. Die strengste Spielart des Realismus nimmt an, dass es eine Sprache gibt – „diejenige der Natur" – die Objekte und Arten so identifiziert, wie sie wirklich und unabhängig existieren. Pragmatisten dahingegen wollen diese Vision korrigieren, indem sie die Idee von einer der Natur eigenen Sprache aufgeben. Ihr erster Schritt besteht darin anzuerkennen, dass es eine unendlich große Vielfalt von Sprachen gibt, innerhalb derer Wahrheiten über unabhängige Wirklichkeiten aufgezeichnet werden könnten, und von denen nur eine verschwindend kleine Untergruppe sich als wertvoll für Wesen mit bestimmten kognitiven Fähigkeiten und partikularen Interessen erweist. Indem diese These *aufgestellt* wird, setzen Pragmatisten allerdings eine bestimmte Sprache voraus, und zwar eine, die Fähigkeiten und Interessen identifiziert; ebenso setzen sie Eigenschaften einer unabhängigen Wirklichkeit voraus, die eine bestimmte Unterteilung bevorzugt, weil diese in Übereinstimmung mit solchen Fähigkeiten und Interessen steht. Prinzipiell könnte man auch gegenüber dieser Sprache denselben pluralistischen Einwand erheben, aber das Aufstellen einer These über die zahlreichen Arten, das zu verstehen, was wir gegenwärtig als menschliches Denken und Handeln bezeichnen, würde wiederum einer weiteren Sprache bedürfen sowie einer Auswahl privilegierter Objekte und Objektarten. Diese Sprache würde ihrerseits eine Wiederholung des pragmatischen Pluralismus herausfordern. So würde es immer weitergehen, solange wir eben willens sind, die Möglichkeit von Alternativen ins Auge zu fassen. Irgendwann aber müssen wir uns einfach einer beliebigen Redeweise fügen und die darin enthaltenen Unterscheidungen als erwiesen annehmen, selbst wenn wir sie benutzen, um die Entscheidungen offenzulegen, die bei der Annahme anderer Sprachen gemacht wurden.¹⁰ Pragmatischer Pluralismus fordert dazu auf, klar Stellung zu beziehen, indem man sich auf eine bestimmte Redeweise verpflichtet, während man zugleich anerkennt, dass die Verwendung dieser Sprache zur Anerkennung und Einschätzung anderer sprachlicher Optionen berechtigterweise eine entsprechend gründliche Prüfung und Einschätzung der vorausgesetzten Verpflichtungen hervorrufen könnte.

Die stilisierten Szenarios der vorhergehenden Überlegungen legen offen, wie der Sprachgebrauch sich auf etwas bezieht, was vom Sprecher unabhängig ist, auf etwas, das unabhängig vom Gebrauch durch den individuellen Sprachverwender fortbesteht und auf diese Weise die Idee der Korrespondenz stützt. Unsere imaginierte Kartennutzerin setzt ihre fest verwurzelten Kategorien und kognitiven Verhaltensmuster ein, um ihre Erfahrung einer von ihr unabhängigen Realität zu gliedern. Beobachter, die ihre Worte und Handlungen nachvollziehen, müssen ihrerseits eigene Kategorien voraussetzen, mit denen sie die Welt als „unabhängig von einem Beobachter" in eine Welt von Objekten und Objektarten gliedern. Beobachter auf einer solchen zweiten Ebene, die auf den Hauptakteur und die Beobachter erster Ebene fokussieren, die ihrerseits ihre Handlungen und Erfolge identifizieren, würden selbst eine Gliederung einer unabhängigen Wirklichkeit voraussetzen, auf die diejenigen, die sie beobachten – Akteur und Beobachter erster Ebene gleichermaßen – reagieren. Und immer so weiter. Außerdem gäbe es vermutlich Raum für Unbestimmtheit, obwohl auf jeder Ebene Beobachter wahrscheinlich einem Akteur eine Gliederung zuschreiben würden, die derjenigen ähnelt, die sie selbst bevorzugen: Wir können uns vorstellen, dass alternative Gliederungsmöglichkeiten ebenfalls passend wären.¹¹ Ich werde kurz dafür argumentieren, dass dies kein Anlass zur Beunruhigung für den Realen Realismus darstellt.

Zunächst jedoch eine letzte Warnung bezüglich der Analogie des Marmorblocks. James' Diskussion der latent im Stein verborgenen Statuen könnte einen leicht dazu verleiten, etwas zu behaupten, was James zuwiderläuft; nämlich dass es eine prä-existente Beziehung zwischen Symbolen (beispielsweise Zeichen auf einer Karte) und Teilen der unabhängigen Wirklichkeit gebe. Auf diese Art könnte man den Akteur so verstehen, dass er diese Beziehung während des Bemühens, den Weg zu finden, bloß wiederentdeckt. Doch was der Akteur wiederentdeckt, ist keine zeitlose Beziehung zwischen Zeichen und Wirklichkeit, sondern eine menschengemachte Korrespondenz. Landvermesser und Kartographen haben

---

10 Meine Formulierungen sind hier offensichtlich Quine und seinen Ansichten über ontologische Relativität verpflichtet. Vgl. Quine (1969).
11 Hier besteht wieder eine Verwandtschaft zu Einsichten von Quine. Vgl. Quine (1960, chap. 2) und Quine (1969).

sich in dieser Umgebung bewegt und ihre Messungen und Zeichnungen haben die Konstellation von Symbolen auf der Karte hervorgebracht. Von der Kartenleserin, die ihren Weg zur Memorial Hall findet, ließe sich sagen, dass sie *deren* Referenzen durch ihre eigene Erkenntnis ihrer Bewegungen wiederentdeckt. Was sie zu ihrem Erfolg benötigt, ist die gemeinsame Nutzung der Wahrnehmung von Ähnlichkeit, nicht etwa eine sprachunabhängige Gliederung der Wirklichkeit.

Wenn diese Überlegungen zutreffend sind, können wir den Begriff der Referenz entmystifizieren, ebenso wie, entsprechend, den Begriff der Korrespondenz. Pragmatisten können die Korrespondenztheorie akzeptieren, die James in seinem Wörterbuch fand; und sie können diese Theorie auf eine Art und Weise stützen, die erklärt, warum weltanpassender Erfolg und nicht lediglich kultureller Erfolg maßgeblich ist. Weiterhin, wie ich nun darlegen werde, können sie diese Wahrheitstheorie mit einer Wertschätzung der Pluralität verschiedener Arten der Weltgliederung in Objekte und Arten kombinieren.

4

Man denke an die Insel Manhattan. Einerseits ist sie Teil einer unabhängigen Wirklichkeit, auf keine Weise abhängig von uns und unseren Gedanken. Doch ist sie, andererseits, hochgradig abhängig von uns und unseren Konstruktionen. Denn *wie viel* von dem, was unabhängig von uns ist, soll als ein einzelner Gegenstand zählen? Das muss von uns entschieden werden. Die größten Schwierigkeiten in der Realismusdebatte entstehen aus der Legitimität dieser beiden Perspektiven. Pragmatismus und Realer Realismus fusionieren in der Absicht, die Integration von zunächst anscheinend unvereinbaren Ideen zu ermöglichen.

Wir ziehen die Grenzen von Manhattan. Welche Grenzen uns dabei auch normalerweise in den Sinn kommen, wir können uns vorstellen, dass andere sie anders ziehen würden, entweder weil sie andere Arten des sinnlichen Zugangs zur Wirklichkeit haben oder weil sie andere Interessen verfolgen. Und tatsächlich, mit Blick auf die zweite Spielart braucht es nicht viel Fantasie. Geologen, Wassersportler und begeisterte Spaziergänger werden die einschlägigen Grenzen an unterschiedlichen Stellen ziehen. Wenn eine dieser Aktivitäten das allgemeine Interesse dominieren würde, würde die entsprechend bevorzugte Grenze bevorzugt werden. Entsprechend könnten sich verschiedene Sprachgemeinschaften entwickeln, die alle den Begriff des Gebiets verwenden, sich aber hinsichtlich ihrer Einschätzung des Gebiets der Insel voneinander unterscheiden. Unter der Annahme, dass alle Landvermesser herangezogen hätten, die mit großer Sorgfalt ihr Geschäft verrichteten, lägen die Unterschiede wohl bloß in den Worten. Eine Gruppe behauptet, das Gebiet von Manhattan sei a_1, eine andere, es sei a_2, wobei a_1

≠ a_2. Die Idee, dass beide eine gemeinsame Welt teilen, über deren Eigenschaften sie übereinstimmen, ist dadurch leicht zu stützen, dass man Referenzrahmen zuweist, die den Ausdruck *Manhattan* mit unterschiedlichen Stücken einer eigenständigen Wirklichkeit verbinden. Sobald miteinander rivalisierende Gruppen ernsthaft miteinander diskutieren, können sie die angemessenen Referenzrahmen finden und zu einer Übereinstimmung gelangen. Außerdem können sie (und wir) feststellen, dass es unendlich viele Kandidaten für Manhattan gibt sowie viele verschiedene Sprachen, die den Ausdruck *Manhattan* in geringfügig unterschiedlicher Art und Weise verwenden, sodass es hilfreich sein könnte, falls Sprecher verschiedener (oder vieler) dieser Sprachen regelmäßig miteinander sprechen, den Ausdruck mit einem Index gemäß der verschiedenen Sprachgemeinschaften zu versehen. Nichts steht der Anerkennung jedes dieser vielen Manhattans entgegen, denn für jeden Index i enthält die Welt ein Manhattan$_i$. Trotz der Tatsache, dass wir *jede* dieser Wahlmöglichkeiten für zulässig halten, möchten wir dennoch nicht annehmen, dass *alle* gleichzeitig gemacht werden: Wir wollen nicht behaupten, dass es unendlich viele Manhattans gibt (es sei denn, wir meinen damit die einfache Anerkennung der Möglichkeit aller Optionen).

„Manhattan existiert" ist wahr, weil Manhattan existiert. Außerdem sind Sätze, die aus dieser Reihenfolge von Buchstaben bestehen, wahr, *egal auf welche Art* sie einer der vielen möglichen Sprachen zugewiesen werden. Es handelt sich lediglich um eine Art anzuerkennen, dass es ein Element der unabhängigen Wirklichkeit gibt, das mit jeder der rivalisierenden Konzeptionen von Manhattan übereinstimmt. Soviel zur realistischen Perspektive. Konstruktivismus erscheint als der Gedanke, dass, solange wir die Fähigkeiten und Interessen des Subjekts nicht identifiziert haben, keines dieser Elemente unabhängiger Wirklichkeit einen privilegierten Status beanspruchen kann. Für manche Fragenden wäre lediglich eine recht kleine Untergruppe von Sprachen angemessen, und entsprechend wären lediglich manche der Grenzen ernsthafte Kandidaten für die Abgrenzung von Objekten.

Wie wir Grenzen ziehen, hängt sowohl von unseren Interessen als auch von unseren kognitiven Fähigkeiten ab. Wir können die Möglichkeit zulassen, dass Wesen mit unterschiedlichen Sinnen die unabhängige Wirklichkeit auf verschiedene Art und Weise in Objekte gliedern würden, ohne dass wir dazu in der Lage sein müssen, diese Alternativen auszubuchstabieren. Mit Blick auf Interessen sieht es anders aus, da wir viel besser verstehen, wie die Konturen, die ein Geologe zeichnet, von denen abweichen können, die den Sportler interessieren.

Wir sprechen eine Sprache, in der wir Gedanken ausdrücken, die unser Verhalten beeinflussen; diese Verhaltensbeeinflussung ruft Referenzbeziehungen hervor, die unsere Worte mit bestimmten Teilen der Wirklichkeit verbinden. Diese Teile sind durch unsere Aktivitäten bestimmt, und wenn wir unsere Sprache gut angepasst haben, erlauben sie uns, erfolgreich denjenigen Unternehmungen nachzugehen, die uns wichtig sind. Die Gegenstände, auf die wir uns beziehen, sind Teile einer unabhängigen Wirklichkeit, selbst wenn die Tatsache, dass bestimmte Teile herausgegriffen wurden, von unserer Gemeinschaft abhängig ist, von den Fähigkeiten ihrer Mitglieder sowie ihren Zielen und Wertvorstellungen.

Doch, wie im vorhergehenden Abschnitt bereits anklang, ist eine Komplikation angezeigt. Vielleicht sind unsere Zeichen nicht mit einem einzigen Referenzsystem ausgestattet. Quines berühmtes „Gavagai"-Beispiel legt nahe, dass unsere Referenzen am besten als andauernde Objekte oder als Objekt-Stadien verstanden werden sollten (Quine 1960, chap. 2). Ebenso gilt, wenn wir über die Ziehung der Grenzen Manhattans (oder irgendeines anderen Objekts) nachdenken, dass es wahrscheinlich ist, dass unsere Gedanken und Verhaltensweisen auch eine unendliche Menge von Alternativen erlauben würden (dass tatsächlich eine davon besonders mächtig sei). Diese Unbestimmtheiten können anerkannt werden, ohne anzunehmen, dass es alternative, stark konfligierende Darstellungen der unabhängigen Wirklichkeit gebe, angesichts derer wir irgendwie unentschieden seien. Denn wenn sie untersucht werden, sehen wir, dass viele Möglichkeiten des ganzen Kontinuums unseren Zwecken dienen und uns äquivalente Mittel für weltangleichende Erfolge, die wir anstreben, zur Verfügung stellen – selbst wenn sie uns mit Welten von Objekten versorgen, die hinsichtlich ihrer für uns bedeutsamen Merkmale gleich sind.

Diese Redeweise eröffnet einen direkten Weg, die beiden Perspektiven miteinander zu versöhnen, die uns in Richtung Realismus und Konstruktivismus ziehen. Die Rede von „der Welt" kann darauf abzielen, was (weitgehend) unabhängig von uns und unseren Gedanken ist. In diesem Sinne ist es ein Allgemeinplatz zu behaupten, die Welt existiere unabhängig. Doch „die Welt" kann auch als Kurzform von „eine Welt der Objekte" oder von „eine Welt der in Arten unterteilten Objekte" verstanden werden. In diesem Sinn ist es angemessen zu behaupten, dass die Strukturierung durch uns vorgenommen wird sowie dass die Tatsache, dass just diese Teile als Objekte herausgegriffen sind und genau auf diese Weise in Arten unterteilt wurden, unseren Entscheidungen entspricht und damit letztlich auch unseren Fähigkeiten und Interessen. Wenn wir annehmen, „die Welt" sei eine Kurzform für die reichere Vorstellung, dann ist es vernünftig, wie Goodman von „vielen Welten", sogar von „vielen Welten, in denen wir leben" (Goodman 1987) zu reden und zu behaupten, dass diese Welten teilweise unserer eigenen konstruktiven Aktivität entspringen. Es könnte sogar angemessen sein, wie Kuhn zu behaupten, dass wissenschaftliche Revolutionen „die Welt verändern" (Kuhn 1962).

Ich möchte hervorheben, dass das von mir zur Illustration herangezogene Beispiel der Grenzziehung lediglich die allerlangweiligste Art und Weise darstellt, wie alternative Einteilungen der Wirklichkeit in Objekte erzeugt werden können. Obwohl unsere übliche Praxis raum-zeitliche Kontinuität der herausgegriffenen Objekte verlangt – oder, genauer gesagt, scheinbare raum-zeitliche Kontinuität –, befreien wir uns bisweilen von diesen Einschränkungen, wenn es um Organismen oder Artefakte geht. Es ist leicht zu sehen, dass wir bei manchen Projektarten viel häufiger so verfahren. Außerdem gibt es im Fall natürlicher Arten zahlreiche Beispiele tatsächlicher Alternativkonzeptionen. Wie ich an anderer Stelle ausführlich dargelegt habe, entsprechen unterschiedliche Spezieskonzeptionen den Interessen unterschiedlicher Untersuchungen: Das traditionelle biologische Speziesverständnis (und seine Verwandten) ist passend für die Naturgeschichte sexuell reproduzierender Organismen; kladistische Ansätze wurden entworfen, um bestimmte evolutionäre Fragen zu lösen; und strukturelle Theorien sind im Kontext medizinischer Studien von Pathogenen besonders nützlich.[12]

Der von mir skizzierte Pluralismus macht es offensichtlich leichter, den wissenschaftlichen Realismus zu verteidigen – da, so mag man annehmen, die liberale Einstellung gegenüber Objekten und Arten es wahrscheinlicher macht, dass erfolgreiche Teile der Wissenschaft in der Lage sein werden, ihre Ontologien innerhalb *einer* Welt von Objekten zu lokalisieren. Tatsächlich könnte man denken, der Realismus werde ein Gemeinplatz. Um diese Bedenken anzusprechen, lohnt es sich anzumerken, dass es viele von den Wissenschaften oder anderen Lehren behauptete Entitäten gibt, die keinen Platz in irgendeiner der Welten finden (oder in *der* Welt, verstanden als demjenigen, was unabhängig von uns existiert). So sehr man sich auch bemüht, wird man doch kein Element der Wirklichkeit finden, das als Jungbrunnen gilt, noch wird man jemals eine Substanz entdecken, die immer bei Verbrennungen entsteht. Selbst auf der Grundlage des von mir vertretenen Verständnisses von Wahrheit und Wirklichkeit werden die grundsätzlichen Behauptungen ontologischen Scheiterns, die von den Antirealisten erhoben werden, die eine pessimistische Lesart der Geschichte der Wissenschaft bevorzugen, aufrechterhalten. Deren Argumente müssen auf andere Weise beantwortet werden.[13]

Das bedeutet, dass ich – obwohl ich in einem bestimmten Sinn Kuhns provokative These über die Weltveränderung durch wissenschaftliche Revolutionen teilen kann – von seinem eigenen Verständnis der These abweichen muss. Erstens verändert sich die Welt, verstanden bloß als unstrukturierte, weitgehend unabhängige Wirklichkeit, auf die unsere Gedanken reagieren, nicht. Zweitens, wenn Objekte anders verstanden oder wenn taxonomische Kategorien angepasst wer-

---

12 Vgl. meinen Aufsatz *Species* (Kitcher 1984) sowie Dupré (1993).
13 Das versuche ich in Kapitel 5 von Kitcher (1993).

den, um neuen Fragen oder neuen Interessen zu entsprechen, dann verändert sich die Welt, untergliedert in Arten, durchaus. Drittens, da wissenschaftliche Revolutionen typischerweise eine solche Restrukturierung umfassen, wird die Welt der Objekte nach der Revolution sich von der Welt der Objekte vor der Revolution unterscheiden. Viertens, da wissenschaftliche Revolutionen auch die Zurückweisung einiger vorher aufgerufener Entitäten umfassen, die nicht mehr als Elemente einer unabhängigen Wirklichkeit gelten, nicht mehr als „Teile der Welt" im bloßen Sinn, sollten nicht alle Weltveränderungen, die Kuhn ins Auge gefasst hatte, als genuin gelten.

Das Beispiel der chemischen Revolution wird helfen, das klarer zu machen. Lavoisier unterteilt die unabhängige Wirklichkeit anders als seine dem Phlogiston anhängenden Gegner: Unterschiedliche Substanzen werden als rein angenommen; Proben werden auf neue Arten gegliedert; die Betrachtung von Sauerstoff und Säuren liefert eindeutige Beispiele. Gleichzeitig werden manche alten Entitäten zurückgewiesen. Es zeigt sich, dass Phlogiston, verstanden als die Substanz, die immer bei Verbrennungen freigesetzt wird, kein Teil der Wirklichkeit ist – es auch *niemals war*. Obwohl die chemische Revolution die Gemeinschaft der Chemiker in eine andere Welt bringt, eine andersartige *Welt von Substanzen und Arten*, ersetzt sie deswegen nicht eine Welt mit Phlogiston durch eine Welt mit Sauerstoff. Die Diskussionen über Kuhns Ansichten neigten dazu, die Idee einer kompletten ontologischen Ersetzung zurückzuweisen (etwa, dass die Welt einmal die Ontologie des Phlogiston hatte und nun die Ontologie von Lavoisier und den neuen Chemikern), zugunsten einer polar entgegengesetzten Vorstellung einer Welt, die sich überhaupt nicht verändert. Der Pragmatismus, verbündet mit dem Realen Realismus, zeigt einen Weg zwischen diesen beiden Polen auf.

5

Dieser Aufsatz versucht nicht, alle Probleme der Debatte über den wissenschaftlichen Realismus zu lösen. Stattdessen versucht er, auf einen bestimmten Einwand zu antworten: Wenn man die Einsichten der klassischen Pragmatisten wirklich anerkennt, bricht die ganze Debatte zusammen. Mein Ziel war, zu zeigen, dass ernsthafte Aufmerksamkeit für die Ideen von James und Dewey zu einem Bündel von Ideen über Wahrheit und Sprachen-Pluralismus führt, das klar ausgedrückt werden kann, das einen angemessenen Rahmen für die Realismus-Debatten zur Verfügung stellt und das einige Thesen erhellen kann, die in den jüngeren Diskussionen über wissenschaftlichen Wandel gemacht wurden. Dennoch lohnt es sich, zum Abschluss zu dem Prinzip zurückzukommen, von dem James behauptet, es von Peirce entlehnt zu haben, und zu fragen, welchen Unterschied die Anerkennung einer realistischen oder antirealistischen Doktrin denn machen soll.

Manchmal behaupten Antirealisten, dass ihre Vorschläge *keinen* Unterschied machten und dass sie die alltägliche wissenschaftliche Praxis unverändert ließen. Bisweilen möchte van Fraassen denjenigen, die wirklich glauben, sie *sähen* durch ein Teleskop oder Mikroskop, zugestehen, dass sie „in die Lebenswelt der Theorie eintauchen" (van Fraassen 1981). Wenn das das praktische Resultat des Antirealismus ist, dann ist die Debatte aus pragmatistischen Gründen eine, die wir James zufolge ignorieren sollten.[14] Reale Realisten denken, dass die Debatte notwendig ist, weil Antirealisten unter anderen Umständen eine schärfere Unterscheidung zwischen Entitäten „erster Klasse" und „zweiter Klasse" treffen und, noch wichtiger, weil sie denken, dass ein angemessenes Bild der Beziehungen zwischen unseren wissenschaftlichen Behauptungen und der Welt nötig ist, wenn man wichtige Aspekte der Rolle wissenschaftlicher Untersuchung im menschlichen Leben anspricht. Das Problem ist, dass das Fehlen eines passenden Bildes den Vertretern einer pragmatistischen Doktrin bloß Anlass bietet, die verwirrte Metaphysik eines starken Realismus (eine Metaphysik, die die Wirklichkeit als bereits in Objekte und Arten organisiert versteht) mit einer ebenso verwirrten Metaphysik des Konstruktivismus zu ersetzen. Solange diese Probleme nicht angegangen werden, werden Pragmatisten immer angesehen, als verfielen sie in eine Form des Subjektivismus.[15]

Der wichtigste – und weitgehend vernachlässigte – Aufgabenbereich der Wissenschaftsphilosophie liegt darin, die Stellung von „inquiry", von Forschung (im weiten Sinne), im Kontext menschlicher Praxis zu verstehen. Der „linguistic turn" könnte genauso gut als der „apolitical turn" bezeichnet werden. Trotz all der exzellenten Fragen der logischen Empiristen über die Wissenschaft und ihre Methoden hat die von ihnen begonnene Tradition die ethischen, sozialen und politischen Fragen ignoriert, die sich beim Verständnis von Forschung ergeben.

Meine Ausführungen versuchen nicht bloß eine Zusammenführung der Überlegungen, die für den Realismus und den Antirealismus sprechen und damit die metaphysische Verwirrung generieren; sie fordern auch dazu auf anzuerkennen, dass die Welt, in der wir leben, die Welt der Dinge und der Arten von Dingen, Entscheidungen widerspiegeln, die unsere Vorfahren bezüglich der Frage getroffen haben, welche Untersuchungen wohl am lohnenswertesten seien. Diese Entscheidungen verdienen es, gelegentlich überprüft zu werden, bevor enthusiastische Wissenschaftler sich auf das nächste aufregende Projekt stürzen. Wenn

---

14 Einen ähnlichen Punkt macht Samuel Mitchell.
15 So war es der Fall mit Dewey (1925).

einmal anerkannt ist, dass es kein lohnenswertes Unterfangen ist, eine „vollständige Erklärung der Natur" zu liefern, wird klar, dass Forschung immer selektiv sein muss. Weil die vergangene und gegenwärtige Auswahl der Fragen große Folgen für das Leben von Menschen hat, verdient sie kritische Aufmerksamkeit. Wirklicher Realismus, verstanden als ein Teil des Pragmatismus, bringt uns zu der Vorstellung von wissenschaftlicher Untersuchung, wie sie die klassischen Pragmatisten hatten. Nach Deweys breitem und befreiendem Verständnis ist Forschung auf das allgemeine Gute gerichtet. Sprachen zu entwickeln, Fragen zu stellen und wahre Antworten zu finden, sind – oftmals, aber nicht immer – Schritte auf dem Weg der Verwirklichung dieses Guten. Metaphysische Theorien der Wahrheit und Wirklichkeit sind nur dazu da, uns von Verwirrungen darüber zu befreien, was wir tun, und unsere Aufmerksamkeit auf unsere Ziele und die dafür nötigen Strategien zu richten. Mit der hier vorgestellten Verbindung von Realismus und Pragmatismus ist es meiner Meinung nach der Metaphysik genug.

Übersetzung: Jan-Christoph Heilinger

Bibliographie

Dewey, John (1925): Experience and Nature. In: Ders.: Later Works 1925–1953, Volume 1. Hrsg. v. Jo Ann Boydston. Carbondale/Edwardsville 1981: Southern Illinois University Press, 1–326.
Dupré, John (1993): The Disorder of Things. Cambridge: Harvard University Press.
van Fraassen, Bas (1981): The Scientific Image. Oxford: Oxford University Press.
Goodman, Nelson (1987): Ways of Worldmaking. Indianapolis: Hackett.
James, Williams (1981): Principles of Psychology. Cambridge: Harvard University Press.
James, Williams (1987): Writings 1902–1910. New York: Library of America.
Kitcher, Philip (1984): Species. In: Philosophy of Science 51 (2), 308–333.
Kitcher, Philip (1993): The Advancement of Science. New York: Oxford University Press.
Kitcher, Philip (2001a): Real Realism: The Galilean Strategy. In: The Philosophical Review 110 (2), 151–197.
Kitcher, Philip (2001b): Science, Truth, and Democracy. New York: Oxford University Press.
Kitcher, Philip (2002): On the Explanatory Role of Correspondence Truth. In: Philosophy and Phenomenological Research 64 (20), 346–364.
Kuhn, Thomas (1962): The Structure of Scientific Revolutions. Chicago: University of Chicago Press.
Quine, Willard Van Orman (1960): Word and Object. Cambridge: The MIT Press.
Quine, Willard Van Orman (1969): Ontological Relativity and Other Essays. New York: Columbia University Press.

Michael Tomasello und Amrisha Vaish
Die Entstehung menschlicher Kooperation und Moral[1]

Abstract: Aus evolutionärer Sicht ist die Moral eine Form der Kooperation. Kooperation verlangt, dass Individuen ihr Eigeninteresse entweder unterdrücken oder es mit dem Interesse anderer gleichsetzen. Wir besprechen jüngere Forschungen über die Entstehung menschlicher Moral und gehen dabei sowohl auf die Phylogenese (Forschung mit Affen) als auch auf die Ontogenese (Forschung mit Kindern) ein. Für beide Zeitfenster schlagen wir eine Abfolge von zwei Schritten vor: Im ersten Schritt gibt es eine Moral, bei der Individuen Sympathien für bestimmte andere Individuen haben oder diese fair behandeln. Danach entwickelt sich eine Moral, die neutral hinsichtlich der Person des Handelnden ist. Hier folgen Individuen den Normen einer sozialen Gruppe und setzen diese durch. Menschliche Moral ergab sich evolutionshistorisch als eine Menge von Fähigkeiten und Motiven für die Kooperation mit anderen, und die Ontogenese dieser Fähigkeiten und Motive entfaltet sich teilweise auf natürliche Art und teilweise als Resultat soziokultureller Kontexte und Interaktionen.

1 Einleitung

Nachdem Philosophen jahrhundertelang über menschliche Moral spekuliert haben, begannen Psychologen über das letzte halbe Jahrhundert hinweg, moralisches Verhalten und moralische Urteilsfähigkeit empirisch zu erforschen. In der Sozialpsychologie haben Forscher versucht, die Faktoren zu bestimmen, die prosoziales Verhalten, kooperative Interaktionen und moralische Urteile beeinflussen. In dem relativ neuen Feld der Moralpsychologie haben Forscher damit begonnen, die Mechanismen moralischen Urteilens tiefgehender zu analysieren. Dabei sind sie auf die kognitiven und emotionalen Faktoren ebenso eingegangen wie auf die beteiligten neurophysiologischen Prozesse.

Während desselben halben Jahrhunderts stellten dann Entwicklungspsychologen die Frage nach der Entstehung von Moral: Wie können sich scheinbar amoralische menschliche Kinder zu Kindern und Erwachsenen entwickeln, die

---

[1] Originalbeitrag: *Tomasello, Michael/Vaish, Amrisha (2013): Origins of Human Cooperation and Morality. In: Annual Review of Psychology 64, 231–55.* Übersetzung aus dem Englischen: Nikil Mukerji.

sich aktiv moralisch verhalten? Kürzlich haben einige neue Forschungsvorhaben ergeben, dass junge Kinder viel moralischer sind – zumindest gemäß bestimmten Definitionen – und dies bereits in einem viel jüngeren Alter, als man es bisher angenommen hatte. Diese Forschungen konzentrieren sich auf tatsächliches moralisches Verhalten und nicht auf das bereits eingehender erforschte Thema des moralischen Urteilens. Weiterhin haben vergleichende Forschungen jüngeren Datums die damit zusammenhängende Frage des phylogenetischen Ursprungs menschlicher Moral thematisiert: Wie konnten sich Vormenschen, die vermutlich amoralisch waren, zu moralischen Wesen entwickeln? Forschungen mit Menschenaffen – den engsten lebenden Verwandten des Menschen – untersuchten, wie Individuen mit anderen sozial interagierten, wobei besondere Aufmerksamkeit auf Kooperation und moralähnliches Verhalten gelegt wurde. Sie enthüllten sowohl Ähnlichkeiten als auch bemerkenswerte Unterschiede zwischen den Spezies.

In diesem Aufsatz möchten wir diese neueren Studien zu Kindern und Menschenaffen, die vor allem aus den letzten ein bis zwei Jahrzehnten stammen, aufarbeiten und versuchen, eine zeitgemäße phylogenetische sowie ontogenetische Erklärung für die Entstehung menschlicher Moralität zu entwickeln. Ohne versuchen zu wollen, eine vollständige Definition zu geben, verstehen wir aus unserer evolutionären Perspektive moralische Interaktionen als eine Untermenge von kooperativen Interaktionen. Wenn man voraussetzt, dass alle Individuen zumindest ein wenig eigeninteressiert sind, dann besteht die Hauptfunktion der Moral wohl darin, ihre sozialen Interaktionen in eine kooperative Richtung zu lenken. Und so können wir annehmen, dass moralische Handlungen wenigstens eine Unterdrückung des Eigeninteresses zugunsten der Interessen anderer involviert (z. B. Hilfeleistung, Teilen von Ressourcen) oder die jeweiligen Individuen ihr Eigeninteresse mit den Interessen anderer gleichsetzen (z. B. Reziprozität, Gerechtigkeit, Fairness, Befolgen und Durchsetzen von Regeln).

Wir werden folgendermaßen vorgehen: Wir werden zunächst Kooperation unter Menschenaffen betrachten und diese mit der Kooperation unter modernen Menschen vergleichen. Indem wir diesen Vergleich ziehen, versuchen wir, zwei Stufen der Evolution menschlicher Kooperation zu beschreiben, die zusammen so etwas wie die evolutionäre Entstehung menschlicher Moralität konstituieren. Danach betrachten wir Kooperation bei Kindern. Dabei identifizieren wir wiederum zwei Stufen, die zusammen die ontogenetische Entstehung menschlicher Moralität konstituieren. In beiden Fällen ist der erste Schritt in der Abfolge eine gegenseitige Kollaboration und prosozial motivierte Interaktion mit bestimmten anderen Individuen, und der zweite Schritt ist die abstraktere, vom handelnden Subjekt unabhängige normgeleitete Moralität von Individuen, die in einer größeren kulturell geprägten Welt leben, welche voll ist von personenunabhängigen und wechselseitig bekannten Konventionen, Normen und Institutionen.

2 Evolutionäre Ursprünge menschlicher Moralität

Menschen gehören zusammen mit Orang-Utans, Gorillas, Schimpansen und Bonobos zur Familie der Menschenaffen, deren Sozialleben hochkomplex ist. Individuen gehen nicht nur relativ langfristige soziale Beziehungen mit anderen ein. Sie haben außerdem ein Verständnis für die sozialen Beziehungen zwischen Dritten. Sie verstehen z. B., wer in einer sozialen Gruppe dominant ist und wer mit wem befreundet. Darüber hinaus verstehen sie, dass die Handlungen von Individuen sowohl durch ihre Ziele als auch durch ihre Wahrnehmung der Situation bestimmt werden (eine Art „Wahrnehmungs-Ziel-Psychologie"; Call/Tomasello 2008). Das bedeutet, dass Individuen der Familie der Menschenaffen nahezu alle ihre Verhaltensentscheidungen in einem komplexen sozialen Feld treffen. Dieses Feld schließt alle anderen Individuen in der näheren Umgebung, ihre Ziele und Wahrnehmungen und ebenso die sozialen Beziehungen dieser Individuen zu sich selbst und untereinander ein.

2.1 Kooperation unter Menschenaffen

Das Sozialleben von Menschenaffen, die nicht zur Spezies Mensch gehören, ist vor allem durch Wettbewerb geprägt. Obwohl es Unterschiede zwischen den vier Spezies gibt, werden Streitigkeiten meist durch die eine oder andere Form von Dominanzverhältnissen gelöst (die ultimativ auf den Kampffertigkeiten der jeweiligen Individuen basieren). Die offensichtlichste Form ist individuelle Dominanz, die sich z. B. darin äußert, dass ein Alphamännchen in einer Gruppe von Schimpansen all die Nahrung an sich nimmt, die es möchte, und die anderen nehmen, was übrig bleibt. Aber Menschenaffen kooperieren auch mit Verbündeten, damit sie im Wettbewerb mit anderen um wertvolle Ressourcen gut abschneiden. Diese Kooperation zum Zwecke der Wettbewerbsfähigkeit erfordert, dass Individuen gleichzeitig zwei oder mehr soziale Beziehungen beobachten (was ebenso die sozialen Beziehungen zwischen Dritten einschließt). Dies verlangt komplexe Fähigkeiten im Bereich der sozialen Kognition. Trotz einiger Fähigkeiten und Tendenzen zur Kooperation, die wir nun dokumentieren möchten, ist es jedoch wichtig zu bedenken, dass bei allen Spezies von Menschenaffen – und das schließt die friedfertigen Bonobos ein – diejenigen Individuen, die bekommen, was sie wollen, fast immer diejenigen sind, die über die meiste Kraft verfügen.

Eingedenk der Tatsache, dass Dominanz im Sozialleben von Menschenaffen eine wichtige Rolle spielt, möchten wir nun etwas genauer auf ihre Kooperation eingehen. Dabei werden wir insbesondere Schimpansen betrachten, weil diese am intensivsten erforscht wurden. Wir möchten einer „bottom-up"-Strategie folgen und zwei Verhaltensweisen (nichtmenschlicher) Menschenaffen untersuchen, die moralisch relevant zu sein scheinen: (a) Hilfsbereitschaft anderen gegenüber und das Teilen mit anderen (welches bisweilen auf Reziprozität basiert) und (b) die Zusammenarbeit mit anderen zum wechselseitigen Vorteil.

Helfen, Teilen und Reziprozität. Verschiedene kunstgerechte Experimente haben gezeigt, dass Schimpansen bereit sind, anderen Schimpansen und Menschen zu helfen. Erstens demonstrierten Warneken und Tomasello (2006), dass drei von Menschen aufgezogene Schimpansen für Menschen Gegenstände holten, wenn sie merkten, dass diese versuchten, sie zu erreichen. Warneken et al. (2007) wiesen weiterhin nach, dass Schimpansen bereit sind, dafür einigen Aufwand zu treiben. Sie kletterten z. B. einige Meter, um an die entsprechenden Gegenstände heranzukommen. In derselben Studie konnte auch gezeigt werden, dass Schimpansen ebenso ihren Artgenossen halfen. Als ein Tier versuchte, durch eine Tür zu gehen, entriegelten andere diese dafür – was sie nicht taten, wenn keiner ihrer Artgenossen versuchte, durch die Tür zu gehen. Darüber hinaus fanden Melis et al. (2011) heraus, dass Schimpansen einem hungrigen Artgenossen mithilfe eines Hakens Nahrung zukommen lassen, wenn offensichtlich ist, dass dieser die Nahrung nicht selbst bekommen kann, und er aktiv signalisiert, dass er Hilfe benötigt. Yamamoto et al. (2009) konnten schließlich beobachten, dass Schimpansen anderen Werkzeuge gaben, die diese brauchten, um an Nahrung zu gelangen. Kürzlich erst konnte dasselbe Forscherteam zeigen, dass Schimpansen flexibel und zielgerichtet helfen, indem sie ihrem Artgenossen unter einer Auswahl von Werkzeugen genau dasjenige Instrument geben, das dieser benötigt (Yamamoto et al. 2012).

Anderen auf diese Weise zu helfen, involviert vergleichsweise geringe Kosten und erfordert im Grunde nur einige extra Erg an Energie. Anders stellt sich die Situation dar, wenn es um das Teilen von Nahrung geht. Denn dies erfordert die Aufgabe einer wertvollen Ressource. Dennoch teilen Schimpansen und andere Menschenaffen unter bestimmten Umständen Nahrung mit anderen. Erstens teilen Mütter offensichtlich Nahrung mit ihren Jungen (wobei sie jedoch meist passiv teilen, indem sie ihren Jungen erlauben, Nahrung von ihnen zu nehmen, und dann meist die Schalen und Hülsen; Ueno/Matsuzawa 2004). Zweitens kann eine Gruppe von Affen gemeinsam friedlich eine Nahrungsquelle nutzen, wenn diese nicht sehr wertvoll und schwer zu monopolisieren ist (z. B. ein Zweig voller

Blätter). Gelegentlich kommt es auch dazu, dass Freunde untereinander teilen (de Waal 1989). Wenn die Nahrung drittens sehr wertvoll und zu einem gewissen Grad monopolisierbar ist (z. B. Fleisch), dann betteln diejenigen, die untergeordnet sind und nichts von dieser Nahrung haben, so lange, bis die dominanten Tiere etwas abgeben, wobei es wiederum zu Fällen von aktiverem Teilen kommen kann (Gilby 2006). Allerdings ist das Teilen immer dann aktiver und verlässlicher, wenn eine Form von Reziprozität vorliegt.

Tatsächlich gibt es Hinweise, die nahelegen, dass Schimpansen in reziproken Kontexten am hilfsbereitesten sind und am ehesten teilen. Daher helfen Individuen, denen ein anderes Tier bei der Körperpflege geholfen hat, diesem weit häufiger als anderen, obwohl es kurzfristig bei der Körperpflege nicht zu reziproken Handlungen kommt (Gomes et al. 2009). In einer experimentellen Umgebung fanden Melis et al. (2008) heraus, dass Individuen dazu neigen, denjenigen zu helfen, die ihnen davor geholfen haben (indem sie die Tür öffneten und ihnen erlaubten, an Nahrung zu kommen). Darüber hinaus fanden de Waal und Luttrell (1988) heraus, dass gefangene Schimpansen einander in Kämpfen reziprok unterstützen und dass Reziprozität scheinbar auch in anderer Währung gehandelt werden kann. In der Wildnis wird z. B. Fleisch am aktivsten zwischen Individuen geteilt, die Kooperationspartner sind und die einander daher auch in anderen Kontexten zuverlässig in Kämpfen unterstützen (Muller/Mitani 2005). Außerdem teilen männliche Schimpansen ihre Nahrung manchmal mit fruchtbaren Weibchen, wahrscheinlich in der Hoffnung, mit Geschlechtsverkehr belohnt zu werden (Hockings et al. 2007).

Auf der negativen Seite – manchmal mit dem Schlagwort „negative Reziprozität", „Vergeltung" oder „Rache" belegt – werden Schimpansen, die ihre Artgenossen attackieren oder von diesen Nahrung stehlen, oft wiederum von den Opfern attackiert (de Waal und Lutrell (1988) nennen dies ein „Vergeltungssystem"). Es ist wichtig zu verstehen, dass es dem Individuum, das Vergeltung übt, bei diesen Racheakten nicht um eine materielle Bereicherung geht. In einer experimentellen Umgebung konnte gezeigt werden, dass ein Schimpanse, dessen Nahrung von einem anderen gestohlen wurde, seinen Ärger offen zeigte und versuchte, das gestohlene Essen unbrauchbar zu machen – obwohl dies nicht dazu führte, dass er selbst mehr Nahrung für sich hatte (Jensen et al. 2007). Ebenso wichtig ist es anzumerken, dass ein Schimpanse dies nicht tat, wenn sein Artgenosse ohne eigenes Zutun in den Besitz der Nahrung kam (d. h. infolge einer Intervention seitens des Versuchsleiters). Das Ziel bei der negativen Reziprozität scheint also alleine in der Bestrafung des anderen zu bestehen.

Es gibt keinen Grund anzunehmen, das Helfen, Teilen und Vergelten sei nicht authentisch. Wenn die Kosten für solche Handlungen vernachlässigbar sind und die Hilfsbedürftigkeit des Empfängers eindeutig, dann helfen Menschenaffen einander. Wenn die Kosten höher sind, wie dies etwa beim Teilen von Nahrung der Fall ist, dann ist der Altruismus bei Menschenaffen am aktivsten und verlässlichsten, wenn es sich um einen Kontext wie Reziprozität handelt. Wie allerdings de Waal (2005) argumentiert hat, handelt es sich hierbei wahrscheinlich nicht um eine „kalkulierte Reziprozität", bei der die Individuen den Saldo von Gefälligkeiten im Blick behalten. Es ist wahrscheinlicher, dass wir es hier mit einer Art von reziproker Einstellung zu tun haben, bei der die Individuen anderen gegenüber positivere Gemütsregungen haben, wenn diese ihnen in der Vergangenheit geholfen oder Nahrung mit ihnen geteilt haben: Wer mir in Auseinandersetzungen regelmäßig hilft, in dessen Wohlergehen sollte ich investieren, indem ich ihm beispielsweise bei Auseinandersetzungen helfe oder sogar Nahrung mit ihm teile. Wenn ich im Allgemeinen von jemandem abhänge, um X zu tun, dann sollte ich tun, was immer ich kann, um sicherzustellen, dass dieses Individuum verfügbar fähig ist, X zu tun – und umgekehrt verhält es sich genauso. Eine reziproke Einstellung (das Gefühl, sich denjenigen, von denen man abhängt, stärker verbunden zu fühlen) kann reziproke Muster des gegenseitigen Helfens und Teilens erzeugen – und dies, ohne dass eine Drohung von Defektion im Raum steht. Auf der negativen Seite werden Menschenaffen wütend auf jemanden, der sie in Not bringt, und neigen dazu, dies zu vergelten. Dies hat vermutlich den Effekt, dass das bestrafte Individuum seine schadhafte Handlung künftig mit einer geringeren Wahrscheinlichkeit wiederholt, was dem strafenden Individuum direkt nutzt.

Kollaboration. Schimpansen und andere Menschenaffen arbeiten mit Artgenossen in verschiedenen Kontexten zusammen. Erstens schmieden Individuen Allianzen und unterstützen einander in Auseinandersetzungen, wie dies bei zahlreichen Säugetierspezies der Fall ist (Harcourt/de Waal 1992). Während sich bei vielen Affenarten vor allem Blutsverwandte gegenseitig unterstützen, tun dies bei Schimpansen meist Individuen ohne direkte Verwandtschaftsbeziehung (Langergraber et al. 2011). Wie bei vielen Säugetierspezies, versöhnen sich Menschenaffen aktiv nach Kämpfen, vermutlich um langfristigen Schaden von ihrer Beziehung, von der sie beide aus verschiedenen Gründen abhängen, abzuwenden (de Waal 1997).

Zweitens praktizieren Menschenaffen, wie dies ebenso bei vielen Säugetierspezies der Fall ist, unterschiedliche Arten von Gruppenverteidigung. Interessanterweise patrouillieren kleine Gruppen männlicher Schimpansen aktiv an den Grenzen ihres Gebiets und feinden dabei Individuen, die zu benachbarten Gruppen gehören, an (Goodall 1986). Vermutlich spiegelt das Verteidigen der Gruppe ebenso die Tatsache wider, dass die Individuen voneinander abhängig sind. Zumindest bringt es die Notwendigkeit zum Ausdruck, eine gewisse Gruppengröße zu erhalten und – was noch wichtiger ist – das Überleben derjenigen zu sichern und zu ermöglichen, von denen man in vielerlei Hinsicht abhängt – von der Fortpflanzung bis hin zur gegenseitigen Körperpflege.

Ein dritter Aspekt, der im vorliegenden Kontext besonders wichtig ist, ist die Zusammenarbeit bei der Nahrungsbeschaffung. Obwohl alle vier Spezies von Menschenaffen fast ausschließlich alleine nach Nahrung suchen – wobei sie zunächst in kleinen Sozialgruppen ausschwärmen und sich dann selbst ihre Nahrung besorgen – gibt es eine bedeutende Ausnahme. In manchen, jedoch nicht in allen Gruppen von Schimpansen jagen Männchen in kleinen Gruppen Affen (Bonobos tun dies auch, jedoch weniger häufig; Surbeck/Hohmann 2008). In bestimmten Fällen ähnelt die Jagd einer wirren Verfolgung, bei der verschiedene Individuen versuchen, den Affen zu greifen, ohne dass es zu irgendeiner Abstimmung kommt. Im Taï-Wald gibt es jedoch eine durchgängige Baumkrone und die Affen sind ziemlich agil, sodass eine solche unkoordinierte Verfolgungsjagd typischerweise ohne Erfolg bliebe. Hier müssen die Schimpansen den Affen letztlich umzingeln, um ihn zu fangen, was wiederum einen gewissen Grad an wechselseitiger Koordination erfordert (Boesch/Boesch 1989). Gewöhnlich erhalten alle Jagdteilnehmer einen Teil des Fleisches, wobei viele Unbeteiligte ebenso etwas bekommen (Boesch 1994).

Es sei angemerkt, dass das Überleben eines einzelnen Schimpansen nicht von der Affenjagd abhängt, obwohl die Schimpansen bei der Jagd selbst freilich voneinander abhängen. In der Tat haben Experimente gezeigt, dass Schimpansen wissen, wann sie andere benötigen, um erfolgreich zu sein (Melis et al. 2006). Es ist vielleicht etwas verwunderlich, dass Schimpansen tatsächlich nicht in erster Linie in der Trockenzeit, in der Früchte und Vegetation am knappsten sind, nach Affen jagen, sondern in der Regenzeit, in der diesbezüglich ein Überfluss besteht (Muller/Mitrani 2005). Dies liegt vermutlich daran, dass es am sinnvollsten ist, dann Energie für eine Jagd mit unsicherem Ausgang aufzuwenden, wenn es für den Fall, dass die Jagd erfolglos bleibt, verschiedene Rückfalloptionen gibt. Dieses Fehlen einer übergreifenden, unabhängigen „Einstellung" spiegelt sich in einem weiteren Aspekt der Zusammenarbeit zwischen Schimpansen wider: Obwohl Schimpansen sich in Experimenten mit einem Partner abstimmen, um individuelle Ziele zu erreichen, scheinen sie nicht daran interessiert zu sein, gemeinsame soziale Anliegen zu realisieren. Wenn ihr Partner passiv wird und sich nicht mehr an einer gemeinsamen Aktion beteiligt, dann unternehmen sie kaum Anstrengungen, um ihn dazu zu bewegen weiterzumachen (Warneken et al. 2006).

Das Ausmaß, in dem Schimpansen in der Wildnis aktiv Partner für die Zusammenarbeit in der Affenjagd auswählen – was eine Schlüsseldimension der menschlichen Kollaboration bei der Nahrungssuche darstellt – ist unklar. Melis et al. (2006) fanden heraus, dass Schimpansen in Gefangenschaft nur wenige Erfahrungen miteinander benötigen, um zu wissen, welche Individuen für sie gute

Partner darstellen. Damit ist gemeint, dass man mit ihnen erfolgreich zusammenarbeiten und viel Nahrung erlangen kann. Diese Partner ziehen sie dann anderen Partnern vor. Sie versuchen mit ziemlicher Sicherheit nicht, schlechte Partner aktiv zu bestrafen, indem sie sie nicht auswählen. Jedoch stellt sich der Effekt ein, dass schlechte Partner weniger Möglichkeiten der Zusammenarbeit erhalten. Wenn eine Partnerwahl dieser Art tatsächlich in der Wildnis vorkommt – was unklar ist, da das Jagen meist gelegenheitsabhängig ohne Partnerwahl eingeleitet wird –, dann würden schlechte Partner auf manche Gelegenheit verzichten müssen.

Schimpansen und andere Menschenaffen arbeiten also mit Artgenossen in verschiedenen Kontexten zum wechselseitigen Vorteil zusammen. In Koalitionen und Allianzen und bei der Verteidigung der Gruppe ist es typischerweise im Interesse aller Individuen, sich an der Bekämpfung eines Gegners zu beteiligen. Wie immer gibt es aber auch Situationen, in denen es sich für den Einzelnen auszahlt, hinterherzuhinken und andere die Arbeit machen zu lassen. Normalerweise ziehen jedoch alle einen direkten Nutzen aus ihrer Beteiligung, da mehr Teilnehmer die Erfolgschancen erhöhen. Im Fall einer gemeinsamen Jagd reagieren die Individuen eindeutig auf die Handlungen anderer und wissen, dass diese erfolgskritisch sind. Außerdem scheinen sie schlechte Interaktionspartner zu meiden, die dann darunter leiden, dass sie nicht in den Genuss einer Zusammenarbeit kommen. Typischerweise bekommen alle Beteiligten am Ende zumindest ein wenig Fleisch.

Sozialität und „Moralität" bei Menschenaffen. Die Individuen vieler sozialer Spezies halten sich zwar in der Nähe anderer Individuen auf, wobei es aber – sieht man einmal von Paarungen und Auseinandersetzungen ab – zu wenig aktiver sozialer Interaktion kommt. Nennen wir dies eine Moralität nullter Ordnung, da die Individuen ihre eigeninteressierte Motivation selten bis nie kontrollieren, um den Interessen anderer zu entsprechen. Schimpansen und andere Menschenaffen sind viel sozialer und daher in einem bestimmten Sinne moralischer – obwohl natürlich Dominanz in ihren täglichen Interaktionen eine große Rolle spielt.

Auf der evolutionären Ebene lässt sich konstatieren, dass es für Menschenaffen unter bestimmten Umständen von Vorteil ist, ihre eigeninteressierte Motivation im Interesse anderer zurückzustellen, da sie in irgendeiner Weise für ihr Zugeständnis entschädigt werden. Manchmal führt dieses Verhalten unmittelbar zu einem wechselseitigen Vorteil und manchmal kommt es später zu einer Erwiderung. Aber diese Form der Rücksichtnahme kann so verstanden werden, als investierten die Individuen in andere, von denen sie abhängen oder mit denen sie in einem wechselseitigen Abhängigkeitsverhältnis stehen. Die sozialen Situationen, die diese Gelegenheiten für reziproke Erwiderungshandlungen herstellen, leiten sich aus einem komplexen Sozialleben ab, in dem viele verschiedene Aktivitäten – von der Verteidigung der Gruppe über Konflikte innerhalb der Gruppe bis hin zur Paarung und Körperpflege – für das Überleben und Wohlergehen des Einzelnen in der Gemeinschaft wichtig sind.

Auf der nächsten Ebene scheint die Empirie anzudeuten, dass einzelne Menschenaffen über Mechanismen verfügen, die genuin moralisch sind, in dem Sinne, dass verschiedene Handlungen, die einem anderen nützen, ohne eine irgendwie geartete Erwartung hinsichtlich einer künftigen Gegenleistung getätigt werden. Im Fall von Hilfeleistungen und zu einem geringeren Grad im Fall des kostenintensiven Teilens von Nahrung könnte es sich bei dem entsprechenden Mechanismus um eine Art einfühlende Anteilnahme handeln, die man denjenigen zuteilwerden lässt, für die man aufgrund einer Historie von Hilfeleistungen oder Nahrungsteilung positive Gefühle hegt (reziproke Einstellung).

Menschenaffen arbeiten also zum wechselseitigen Vorteil zusammen. Es ist unklar, zu welchem Grad sie ihre eigeninteressierte Motivation in diesen Fällen von Zusammenarbeit kontrollieren können. Es mag erscheinen, als täten sie dies nur in einem sehr geringen Ausmaß, wenn man einmal vom Teilen der Nahrung nach einer Gruppenjagd absieht (die auch nur dazu dient, Auseinandersetzungen zu vermeiden). Verbündete, die sich in einem gruppeninternen Kampf oder in einem Kampf gegen einen Außenstehenden unterstützen, kümmern sich sicherlich nicht um die Interessen des jeweils anderen. Und da die gemeinsame Jagd nach Affen für Schimpansen nicht überlebensnotwendig ist, ist Kollaboration kein zwingend notwendiger Teil ihres Lebens. In diesen kollaborativen Interaktionen (um unseren Vergleich mit Menschen erahnen zu lassen) stimmen sich Schimpansen miteinander ab, zeigen aber ihren Partnern gegenüber kein Commitment. Sie teilen Nahrung, haben dabei aber keinen Sinn für Gleichheit. Sie tun ihren Teil, helfen ihrem Partner aber nicht bei seiner Rolle in der Zusammenarbeit. Und sie meiden schlechte Partner, scheinen diese aber nicht alleine dafür zu schmähen oder aktiv zu bestrafen. All dies deutet an, dass die einzelnen Individuen ihr Verhalten nicht im Hinblick auf die Einstellungen ihrer potenziellen Partner anpassen (es gibt kein Interesse an der eigenen Reputation). Zusammenarbeit unter Schimpansen ließe sich also so verstehen, dass Individuen ihre Partner als als eine Art soziales Werkzeug gebrauchen – von dessen Notwendigkeit sie wissen –, um zu bekommen, was sie wollen. Für keinen der Partner spielt es eine Rolle, was der andere von der Zusammenarbeit hat oder wie sie selbst von ihren Kollaborateuren oder unbeteiligten Außenstehenden als Partner beurteilt werden.

Insgesamt ist klar, dass Menschenaffen genuine soziale Beziehungen mit anderen pflegen, die auf Mustern sozialer Interaktion über die Zeit hinweg basieren. Ein Schlüsselmuster – vielleicht *das* Schlüsselmuster – ist das der Dominanz: Dispute werden entschieden, indem der Dominante tut, was er will und der

Untergeordnete schlicht zuwartet. Die Moralität der sozialen Beziehungen bei Menschenaffen – die darin besteht, dass Individuen die Verfolgung ihres unmittelbaren Eigeninteresses einschränken – wird insbesondere durch die Art ihrer persönlichen Beziehungen bestimmt; das bedeutet, dass die Individuen prosoziale Beziehungen mit anderen eingehen, die auf einer reziproken Einstellung basieren, welche sich entwickelt, während jedes Individuum denen hilft, denen gegenüber es eine positive Einstellung entwickelt hat (eben weil diese ihm in der Vergangenheit geholfen haben). Mit ihren Handlungen belohnen die Individuen also diejenigen, mit denen sie positive Beziehungen verbinden, und sie unterlassen es, diejenigen zu belohnen, mit denen sie eine negative Beziehung unterhalten, oder sie strafen diese sogar. Ein großer Teil der menschlichen Moralität basiert auch auf dieser Art von reziproker Einstellung – insbesondere im Hinblick auf die Familie. Menschen haben lediglich zusätzliche moralische Motivationen und Mechanismen entwickelt.

2.2 Die Evolution menschlicher Kooperation und Moralität

Sogar die kleinsten und scheinbar einfachsten menschlichen Gemeinschaften sind kooperativ strukturiert und in einer Weise organisiert, die keine Entsprechung bei den Gemeinschaften der Menschenaffen hat. Das wird offenkundig, wenn man die sechs Dimensionen sozialer Organisation betrachtet, hinsichtlich derer sich Menschen jeweils viel kooperativer verhalten als Menschenaffen (für eine genauere Diskussion siehe Tomasello 2011).

Die kooperative Organisation menschlicher Gemeinschaften

Subsistenz. Alle vier Spezies nichtmenschlicher Menschenaffen suchen grundsätzlich individuell nach Nahrung. Zwar schwärmen sie in kleinen Gruppen aus, aber sie besorgen und verzehren ihre Nahrung alleine. Die eine Ausnahme zu dieser Regel ist die Gruppenjagd der Schimpansen, bei der Individuen einen Affen umzingeln und fangen, genauso wie dies soziale Fleischfresser wie Löwen oder Wölfe tun. Aber sogar das ist keine wirklich kollaborative Aktivität im menschlichen Sinne. Dies wird klar durch die Tatsache, dass derjenige Schimpanse, der den Affen fängt, ihn nur dann teilt, wenn er von den anderen dazu gezwungen wird (Gilby 2006). Außerdem wird mit denen, die an der Jagd teilgenommen haben, nicht mehr geteilt als mit denen, die nicht teilgenommen haben (Boesch 1994).

Menschen sichern sich den überwiegenden Teil ihrer Nahrung dagegen durch verschiedene Formen der Zusammenarbeit. Es gibt klare Belege, die zeigen, dass moderne Wildbeuter einander auf verschiedene Weise bei der Nahrungssuche helfen. Sie legen etwa für andere einen Pfad. Sie bauen eine Brücke, auf der andere einen Fluss überqueren können. Sie steigen auf einen Baum, um einen Affen für einen anderen Jäger aufzuscheuchen. Sie teilen anderen mit, wo diese eine benötigte Ressource finden können, während sie selbst mit der Suche nach etwas anderem beschäftigt sind. Sie tragen Wild, das von einem anderen Jäger erlegt wurde, steigen auf Bäume, um Obst für andere herabzuschütteln, helfen anderen dabei, verlorene Pfeile wiederzufinden und diese zu reparieren. Hill (2002) dokumentiert, dass die südamerikanischen Wildbeuter der Aché zwischen 10 % und 50 % der Zeit während der Nahrungssuche mit altruistischen Handlungen verbringen – was bei nichtmenschlichen Primaten geradezu undenkbar wäre. Am Ende der Nahrungssuche teilen Menschen anders als andere Menschenaffen die Früchte ihrer Zusammenarbeit fair. Sie bringen diese sogar an einen zentralen Ort, um dies zu tun (Hill/Hurtado 1996).

Besitz. Menschenaffen respektieren oft die Tatsache, dass ein anderes Individuum ein bestimmtes Objekt oder eine bestimmte Nahrung physisch besitzt, und stellen dies nicht durch Kampfhandlungen in Frage (Kummer/Cords 1991). Aber die menschliche Institution des Besitzes ist durch und durch ein kooperatives Regime. Menschen können Objekte aufgrund abgestimmter Normen und Institutionen für sich reklamieren. Kinogäste können z. B. einfach einen Pullover auf ihrem Sitz liegen lassen, um damit zumindest temporär ihren Besitz daran zu signalisieren. Meist respektieren andere dieses Signal. Wenn sie dies aber nicht tun, dann werden oft andere intervenieren, um die Besitzrechte der abwesenden Person zu sichern. Bei Nahrung verhält es sich ganz ähnlich. Gurven (2004) dokumentiert, dass es unter Menschen in kleinen Gesellschaften sehr üblich ist, Nahrung zu teilen und zu handeln. Nach der Bewertung möglicher Hypothesen, die dieses Muster des weit verbreiteten Teilens von Nahrung erklären, kommt Gurven zu dem Schluss, dass es wahrscheinlich viele Bestimmungsgründe gibt. Demnach sei das große Ganze nicht durch Tit-for-Tat-Reziprozität zu erklären, sondern vielmehr durch „kompliziertere soziale Arrangements, die diejenigen einschließen, bei denen wichtige soziale Unterstützung nur dadurch gesichert wird, dass man sozial verhandelten Normen des Teilens folgt" (Gurven 2004, 559)[2]. Und natürlich spielt in vielen kleinen Gemeinschaften eine spezielle Form des Eigentumstausches eine große Rolle: die Schenkung (Mauss 1954). Sie dient nicht

---

2 Übersetzung des englischen Originals, NM.

nur zum Transfer von Eigentum. Sie etabliert und zementiert außerdem kooperative Beziehungen und schafft darüber hinaus Verpflichtungen zur Reziprozität.

Kinderbetreuung und prosoziales Verhalten. Bei allen vier Spezies nichtmenschlicher Menschenaffen übernehmen Mütter nahezu 100 % der Betreuung für ihren Nachwuchs. Bei den Menschen übernehmen Mütter dagegen etwa 50 % der Kinderbetreuung für ihr Kind. Dies gilt sowohl in traditionellen Gemeinschaften als auch in modernen, industrialisierten Gesellschaften. Die Väter, Großeltern und andere weibliche Individuen beteiligen sich alle daran und helfen aus. Tatsächlich hat Hrdy (2009) die These aufgestellt, dass diese sogenannte kooperative Aufzucht der treibende Faktor sein könnte, der zur menschlichen Hyperkooperativität geführt hat. In jedem Fall scheinen Menschen sich für andere in einer Art und Weise aufzuopfern, die bei Menschenaffen unbekannt ist (Richerson/Boyd 2005; für experimentelle Belege, siehe Warneken/Tomasello 2006). Sie spenden z. B. Blut, geben Geld für wohltätige Zwecke und kämpfen Kriege für ihre Gemeinschaft.

Kommunikation und Unterweisung. Menschenaffen kommunizieren grundsätzlich, um anderen zu sagen, was diese tun sollen. Menschen kommunizieren dagegen häufig, um andere über etwas zu informieren, das für diese – d. h. für die Empfänger der Botschaft – von Interesse ist (Tomasello 2008). Sogar bei ihren frühesten nonverbalen Gesten verwenden menschliche Säuglinge die Zeigegeste, um anderen über den Aufenthaltsort von gesuchten Gegenständen zu informieren, und weisen andere auf bestimmte interessante Objekte hin, um ihre Begeisterung mit einer anderen Person zu teilen (Liszkowski et al. 2004; 2006).

Daraus leitet sich auch die Eigenschaft erwachsener Menschen ab, junge Kinder über Dinge zu informieren, die sie im eigenen Interesse wissen sollten. Obwohl die Jungen bei den Menschenaffen viel vom Verhalten der Eltern und anderer lernen, unterweisen erwachsene Individuen die jüngeren nicht auf die gleiche Art, wie Menschen dies tun (Hoppit et al. 2008). Csibra und Gergely (2009) mutmaßen, dass die Unterweisung der Jungen beim Menschen absolut kritisch für den menschlichen Lebenswandel ist. Kinder lernen auf diese Art allgemeine Prinzipien, die erklären, wie Dinge funktionieren und wie man sich in der Gesellschaft verhält.

Politik. In der Politik geht es um soziale Macht, und die soziale Macht ist bei den vier Spezies von Menschenaffen relativ klar verteilt. Dominanz und physische Stärke (was Gruppenmacht einschließt) sind die bestimmenden Faktoren. Gemeinschaften menschlicher Jäger und Sammler sind dagegen offenkundig egalitär. Dominanz spielt eine viel geringere Rolle als in den Gemeinschaften der anderen Menschenaffen, da die Gruppe zusammenarbeitet, um sicherzustellen, dass kein Individuum zu mächtig wird (Boehm 1999). Tatsächlich erhalten und behalten die mächtigsten Individuen in kleineren Gesellschaften von Menschen ihre

Macht oft nicht dadurch, dass sie Ressourcen direkt dominieren, wie dies bei anderen Menschenaffen der Fall ist. Vielmehr stellen sie sowohl ihre Fähigkeit, Ressourcen zu kontrollieren, als auch ihre kooperativen Neigungen unter Beweis, indem sie Ressourcen großzügig an andere verteilen (Mauss 1954).

In kleinen Gemeinschaften von Menschen wird der Frieden nicht nur dadurch gesichert, dass schadhafte Verhaltensweisen vergolten und Streitigkeiten beigelegt werden, wie dies bei Menschenaffen der Fall ist. Regeln werden außerdem seitens Dritter durchgesetzt. Das bedeutet, dass menschliche Beobachter diejenigen, die andere schädigen, bestrafen und dabei manchmal sogar Kosten auf sich nehmen. Dagegen gibt es derzeit keine hinreichenden Belege dafür, dass es bei anderen Spezies von Menschenaffen zu Strafhandlungen seitens Dritter kommt (Fehr/Fischbacher 2003; 2004; Riedl et al. 2011). Diese Strafhandlungen kann man als kooperative Durchsetzung des Friedens und Wohlergehens innerhalb einer Gruppe ansehen. Sie spielt im Allgemeinen eine kritische Rolle bei der Schaffung und Erhaltung sozialer Normen.

Normen und Institutionen. In vielerlei Hinsicht ist die normative Struktur das bedeutendste Merkmal der menschlichen sozialen Organisation. Menschen haben nur nichtstatistische Erwartungen darüber, was andere tun werden – das haben alle Affenarten. Sie haben zudem normative Erwartungen darüber, was andere tun *sollten*. Diese unterscheiden sich von Kultur zu Kultur und bilden ein Kontinuum von moralischen Normen (die typischerweise die Schädigung anderer betreffen) bis hin zu sozialen Konventionen. Daher wissen und erwarten wir alle, dass Menschen in unserer Gesellschaft sich für eine Beerdigung sittlich kleiden. Daher kann niemand, der ein rotes Shirt anzieht, sich auf seine Unwissenheit berufen. Von einer solchen Person würde man annehmen, dass sie die Regeln unserer Gemeinschaft rücksichtslos ignoriert. Auf so ein Verhalten dürften wir auch missbilligend reagieren, es anderen gegenüber zur Sprache bringen oder in extremen Fällen die entsprechende Person ausgrenzen – was bedeutet, dass wir alle unseren Ruf als jemand, der die Regeln befolgt, wahren müssen (was zu verschiedenen Strategien des „impression management" führt; Goffman 1959). Wenn soziale Beziehungen Primatengemeinschaften zusammenhalten, dann sind soziale Normen der Superklebstoff, der menschliche Gemeinschaften zusammenhält.

Soziale Normen führen in menschlichen Gemeinschaften schließlich zur Bildung sozialer Institutionen. Ihr Bestehen wird konstituiert, indem sich alle Gruppenmitglieder einig sind, dass man bestimmte Dinge auf eine bestimmte Art tun sollte. Institutionen bilden sowohl Ziele als auch individuelle soziale Rollen (und dies gleichermaßen für Personen und Objekte). Searle (1995) bezeichnet die Bildung dieser Rollen als die Bildung von Statusfunktionen, weil einzelne Menschen und Objekte deontische Macht erlangen, indem sie diese Rolle annehmen.

Wenn Menschen Handel treiben, dann haben etwa bestimmte Objekte (z. B. Goldstücke, Geldscheine) in bestimmten Gesellschaften den Status von Geld und spielen daher eine spezielle Rolle im Tauschprozess. Und obwohl nicht-menschliche Primaten ein gewisses Verständnis von familiärer Verwandtschaft haben, messen Menschen den sozialen Rollen „Lebenspartner" und „Elternteil" eine besondere Bedeutung bei. Diese werden von jedermann akzeptiert und führen zu bestimmten Anrechten und Verpflichtungen. Im Fall der Moralität interagieren die Institutionen des Rechts und der organisierten Religion offensichtlich auf wichtige Weise mit der menschlichen Neigung zur Kooperation und zur Befolgung von Regeln und geben so der menschlichen Moralität eine institutionelle Dimension.

Zusammenfassung. Die unvermeidliche Schlussfolgerung ist daher, dass die soziale Interaktion und Organisation beim Menschen in ihren Grundfesten kooperativ ist, und zwar in einer Art und Weise, die keine Entsprechung in der Interaktion und Organisation anderer Menschenaffen hat.

Zwei evolutionäre Schritte: die Unabhängigkeitshypothese. Tomasello et al. (2012) argumentieren und belegen, dass sich die Entwicklung des Menschen zu einem ultrakooperativen Wesen in zwei evolutionären Schritten vollzog. Sie nennen ihre Theorie die Unabhängigkeitshypothese.

In einem ersten Schritt änderte sich etwas in der Umwelt der Menschen, das sie dazu zwang, bei der Nahrungssuche zusammenzuarbeiten: Individuen mussten gute Kollaborateure sein, wenn sie nicht Hunger leiden wollten. Bei der Zusammenarbeit entwickelten die Individuen neue Fähigkeiten geteilter Intentionalität und neue Formen der sozialen Einbindung anderer. Die Individuen wurden wechselseitig voneinander abhängig, sodass jeder ein direktes Interesse am Wohlergehen anderer als Partner hatte: In einer wechselseitigen Zusammenarbeit ist es in meinem Interesse, meinem Partner zu helfen, wenn er Schwierigkeiten hat. Denn für unseren gemeinsamen Erfolg ist es wichtig, dass er seine Rolle ausfüllt. Wenn ich einen Sinn für die Zukunft habe, werde ich darüber hinaus einem regulären Partner zu jeder Zeit aushelfen, um sicherzustellen, dass ich auch morgen noch einen guten Partner habe. Wechselseitige Abhängigkeit begünstigt also Hilfsbereitschaft. Und die Tatsache, dass man Partner wählen kann, führt dazu, dass alle kooperieren, und hilft dabei, Betrugsversuche einzudämmen. Schließlich wissen alle Individuen (die über die notwendigen kognitiven Fähigkeiten verfügen), dass andere sie mit Blick auf ihre Kooperationsfähigkeit beurteilen und dass ihr Überleben davon abhängt, dass sie von anderen als Kooperationspartner gewählt werden. Wenn ich also alle Nahrung nach Ende der Nahrungssuche monopolisiere, anstatt sie fair zu teilen, oder ich mir beim Sammeln keine Mühe gebe, dann wird dies dazu führen, dass andere mich das nächste Mal ausschließen. Diese soziale Selektion von Partnern in interdependenten Kontexten führt also zu Vorteilen für diejenigen, die gut mit anderen zusammenarbeiten können. Das Resultat könnte man als gemeinsame Moralität bezeichnen. Jedes Individuum half dabei anderen, auf die es angewiesen war, gönnte ihnen ihren Anteil an den Früchten der Zusammenarbeit und fühlte sich dem anderen gegenüber für seinen Anteil an der guten Partnerschaft verantwortlich (und umgekehrt).

Als moderne Menschen mit anderen Gruppen in Konkurrenz traten, hoben sie in einem zweiten Schritt ihre neuen kollaborativen Fähigkeiten sowie ihre Bereitschaft zum Leben in der Gruppe im Allgemeinen auf ein noch höheres Niveau. Durch die konstante Bedrohung seitens anderer Gruppen entwickelte sich das Gruppenleben im Allgemeinen zu einer großen interdependenten Zusammenarbeit zum Zwecke der Gruppenerhaltung, bei der jedes Individuum seine Rolle ausfüllen musste. In diesen größeren kulturellen Gemeinschaften – die typischerweise eine Stammesstruktur hatten, welche kleine Untergruppen einschloss – basierten viele Interaktionen nicht auf einer gemeinsamen Historie von Individuen, sondern allein auf der Zugehörigkeit zur Gruppe. Es war daher für jedes Individuum sehr wichtig, Dinge so zu tun, wie „wir" als Gruppe sie tun. Das heißt, man musste aktiv den Usancen der Gruppe folgen, um sich mit anderen abzustimmen und seine Gruppenzugehörigkeit zu demonstrieren. Diese Art des Gruppendenkens, der die Fähigkeiten zur gemeinsamen Intentionalität zugrunde lagen, brachte unpersönliche, akteursneutrale, objektive soziale Normen hervor.

Menschen folgen diesen Normen nicht nur eifrig. Sie setzen sie auch personenunabhängig allen anderen Gruppenmitgliedern gegenüber durch, wobei sie sich durch Gefühle wie Schuld und Scham selbst einschließen. Das daraus hervorgehende Resultat könnte man eine kollektive Moralität nennen, bei der die Individuen ihre Handlungen über die moralisch legitimen Erwartungen der anderen und der Gruppe regulierten – wobei diese Erwartungen auch nach ihrem eigenen Ermessen legitim waren. Dies führte zu dem, was einige Autoren normative Selbststeuerung (engl.: „normative self-governance") genannt haben (Korsgaard 1996).

Man könnte argumentieren, die heutigen Menschen seien weniger kooperativ als ihre Vorfahren in jeder dieser beiden Perioden. Die heutigen Menschen sind jedoch dabei, ihre kooperativen Fähigkeiten und Motivationen an neue Bedingungen anzupassen, nämlich an die Vermischung von Menschen mit verschiedenen ethnischen Hintergründen in modernen Städten, die durch die Entwicklung wichtiger Institutionen wie der des Rechts oder der organisierten Religion begleitet wird. Wir nehmen an, dass die zwei Schlüsselschritte in der Evolution menschlicher Kooperation – und damit auch der Moralität – vor der Entstehung von Landwirtschaft und Städten und ebenso vor der Herausbildung des Rechts und der organisierten Religion stattfanden, nämlich in der Zeit, in der Menschen erstens obligate kollaborative Wildbeuter wurden und zweitens kulturelle Gruppen schufen, die miteinander konkurrierten.

3 Die ontogenetische Entstehung menschlicher Moralität

Die klassischen theoretischen Sichtweisen über die Ontogenese menschlicher Kooperation und Moralität wurden vor Jahrhunderten von Hobbes und Rousseau eingeführt. Hobbes glaubte, dass Menschen von Natur aus selbstsüchtig seien und dass eine Gesellschaft einschließlich der Gewalt einer Zentralregierung notwendig sei, um Menschen zur Kooperation zu bringen. Rousseau glaubte dagegen, dass Menschen von Natur aus kooperativer sind, jedoch nach ihrer Eingliederung in die Gesellschaft als Kinder korrumpiert werden.

In Wahrheit sind junge Kinder natürlich sowohl eigeninteressiert als auch kooperativ. Die interessante Frage hierbei ist, wie sie sich zu moralischen Wesen entwickeln, denen einerseits am Wohlergehen anderer Gruppenmitglieder gelegen ist und die sich andererseits durch eigene Interessen leiten lassen. Der Unterschied zwischen Ontogenese und Phylogenese liegt in diesem Zusammenhang darin, dass junge Kinder in eine kulturelle Welt geboren werden, die voll von moralischen Normen und Institutionen ist. Nach Piagets (1932) klassischer Erklärung ist die früheste kindliche Vorform der Moralität im Grunde eine Form des Respekts für und Konformität mit den Normen und Regeln der Erwachsenen, die wiederum auf einem Respekt vor Autorität basiert. Erst später verstehen Menschen, wie Normen und Regeln im Wesentlichen funktionieren, nämlich als Übereinkünfte zwischen gleichrangigen Mitgliedern der Gesellschaft.

Unserer Auffassung nach verstehen junge Kinder unter drei Jahren soziale Normen als solche nicht wirklich. Stattdessen reagieren sie eventuell nur auf die Anweisungen Erwachsener und nicht auf die Durchschlagskraft einer Vereinbarung unter den Mitgliedern ihrer Gruppe. So verläuft unsere ontogenetische Erklärung parallel zu unserer phylogenetischen Erklärung. Bei ihrem ersten Schritt hin zu einer menschlichen Moralität kollaborieren junge Kinder mit bestimmten anderen Individuen und verhalten sich diesen gegenüber prosozial. Bei ihrem zweiten Schritt beginnen sie, an den sozialen Normen und Institutionen ihrer Kultur teilzunehmen. Diese beiden Schritte einer Moralität der zweiten Person („second-personal morality") gefolgt von einer mehr normbasierten Moralität machen Säuglinge zu Wesen, die eine voll ausgeprägte menschliche Moralität besitzen.

3.1 Die Moralität der zweiten Person („second-personal morality") bei Kleinkindern

Menschliche Säuglinge beginnen während ihres ersten Lebensjahrs damit, soziale Beziehungen mit anderen auszubilden. Sie haben wahrscheinlich außerdem einen Sinn für ihre Abhängigkeit von bzw. Interdependenz mit anderen Menschen. Obwohl junge Kinder natürlich in vielen Situationen eigeninteressiert sind, stellen sie in vielen anderen Situationen ihr Eigeninteresse aus verschiedenen Gründen zurück, etwa um mit anderen zusammenzuarbeiten, mit ihnen mitzufühlen, ihnen zu helfen und Ressourcen mit ihnen zu teilen. Zudem bewerten sie andere im Hinblick auf deren kooperatives Verhalten und sie beginnen dadurch, selektiver zu helfen und mit anderen zu teilen.

Zusammenarbeit und Commitment. Junge Kinder sind verblüffend begabte Partner bei der Zusammenarbeit und Kooperation mit anderen. Bereits früh im zweiten Jahr ihres Lebens können Kleinkinder sich bei einer gemeinsamen Aufgabe mit anderen abwechseln, um sich mit diesen zu koordinieren (z. B. Eckerman et al. 1989; Eckerman/Didow 1989). Für unsere Zwecke ist jedoch die Tatsache relevanter, dass junge Kinder motiviert sind, an gemeinsamen Aktivitäten teilzunehmen: Wenn eine kooperative Aktivität scheitert (wie etwa in dem Fall, wenn ein Partner plötzlich seine Mitwirkung beendet), versuchen 18 Monate alte und zweijährige Kinder (und bis zu einem bestimmten Grad auch 14 Monate alte Kinder), den Partner wieder aktiv in die Zusammenarbeit einzubinden, anstatt alleine mit der Aufgabe weiterzumachen (Warneken et al. 2006; Warneken/Tomasello 2007). Bemerkenswerterweise gilt das auch dann, wenn der Partner gar nicht gebraucht wird, um die Aktivität durchzuführen (Warneken et al. 2012).

Kinder betrachten also ihre Partner bei der Zusammenarbeit nicht als soziale Werkzeuge, die ihnen lediglich dabei helfen, ihre eigenen Ziele zu erreichen. Sie sehen sie vielmehr aus einem wahrlich kooperativen Blickwinkel. Insoweit unterscheiden sie sich von Schimpansen, die diese Motivation zu Gemeinsamkeit in ihrem kooperativen Verhalten nicht zeigen, wie wir bereits diskutiert haben (Warneken et al. 2006). In der Tat entscheiden sich Schimpansen dafür, alleine nach Nahrung zu suchen, wenn sie die Wahl haben. Ein dreijähriges Kind wählt dagegen öfter die Zusammenarbeit (Rekers et al. 2011). Zusammengenommen deuten diese Befunde darauf hin, dass Menschen eine grundlegende Neigung besitzen, mit anderen zusammenzuarbeiten, um gemeinsame und geteilte Ziele zu erreichen.

Weiterhin fühlen sich Menschen einem Ziel verpflichtet, sobald sie sich darauf verpflichtet haben: Sie wissen, dass eine Verletzung ihres Commitments ihren Mitmenschen Schaden zufügen oder diese enttäuschen wird und dass diese entsprechend agieren werden, um dies zu verhindern. Jüngere Arbeiten haben ergeben, dass sogar Kleinkinder über ein Verständnis für solche Commitments verfügen. Wenn ein Kind z. B. mit einem Partner eine Aufgabe bearbeitet, die für beide eine Belohnung verspricht, setzen Dreieinhalbjährige ihre Mitwirkung so lange fort, bis ihr Partner seine Belohnung bekommen hat, auch wenn sie selbst diese bereits erhalten haben (Hamann et al. 2012). Außerdem brechen Dreijährige ihre Mitarbeit bei einer gemeinsamen Aufgabe nicht einfach ab. Sie melden sich bei ihrem Partner ab. Damit erkennen sie ihr Commitment an und bitten darum, dass der andere den Bruch desselben entschuldigt (Gräfenhain et al. 2009).

Sogar sehr junge Kinder sind also soziale, kollaborative und kooperative Wesen, die ihre kollaborativen und kooperativen Anstrengungen als inhärent gemeinsam betrachten. Diese Gemeinsamkeit macht Kinder interdependent. Sie brauchen einander, um ihre (sozialen) Ziele zu erreichen, und sie wissen, dass der andere sie braucht. Sie erfahren daher Kollaboration und Kooperation als Aktivitäten, die einen Verpflichtungscharakter besitzen. Ab einem Alter von drei Jahren fühlen sich Kinder sicherlich verantwortlich für ihre gemeinsamen Commitments. Sie bemühen sich entweder, diese einzuhalten, oder entschuldigen sich dafür, wenn sie diese brechen. Kinder zeigen also bereits frühzeitig starke Anzeichen von Interdependenz.

Sympathie und Hilfsbereitschaft. Junge Kinder und sogar Kleinkinder zeigen bemerkenswerte prosoziale Neigungen. Bereits in einem Alter von 14 bis 18 Monaten helfen sie bereitwillig auf instrumentelle Art. Sie heben z. B. Gegenstände auf, die ein Erwachsener versehentlich fallen gelassen hat, oder öffnen eine Schranktür, wenn ein Erwachsener dies nicht selbst tun kann, weil seine Hände voll sind. In Kontrollsituationen, die ähnlich sind, in denen jedoch der Erwachsene keine Hilfe braucht, verhalten sie sich nicht so. Sie heben z. B. einen Gegenstand, den ein Erwachsener heruntergeworfen hat, nicht auf, wenn dieser es absichtlich gemacht hat. Eine Tür öffnen sie für einen sich nähernden Erwachsenen nicht, wenn dieser nicht beabsichtigt, diese zu öffnen (Warneken/Tomasello 2006, 2007). Kleinkinder helfen anderen sogar, wenn dies sie etwas kostet (Svetlova et al. 2010). Es ist dabei wichtig anzumerken, dass die Hilfsbereitschaft von Kleinkindern sich nicht darauf beschränkt, Aufgaben für andere zu erledigen. Wenn zwölf Monate alte Kinder sehen, dass ein Erwachsener einen Gegenstand sucht, und sie wissen, wo sich dieser befindet, dann zeigen sie auf diesen Ort, um die Aufmerksamkeit des Erwachsenen darauf zu lenken (Liszkowski et al. 2006; 2008). Die Kinder selbst haben nichts davon, dass sie diese Information zur Verfügung stellen. Ihre informative Zeigegeste kann daher als prosoziale Handlung gelten.

Es wird häufig angenommen, dass junge Kinder durch die Ermutigung und Belohnung von Erwachsenen prosozial werden. In einer neueren Studie zeigte sich allerdings, dass die Hilfsbereitschaft 20 Monate alter Kinder, die zunächst für ihre Hilfsbereitschaft materiell belohnt wurden, über die Zeit hinweg abnahm, sobald es keine Belohnung mehr gab. Bei Kindern, die überhaupt nicht oder nur durch Lob belohnt wurden, blieb die Hilfsbereitschaft auf hohem Niveau (Warneken/Tomasello 2008). Dieses Resultat folgt der Logik der Überrechtfertigung. Es deutet an, dass die Motivation junger Kinder intrinsisch ist und nicht von konkreten extrinsischen Belohnungen abhängt. Von diesen wird es sogar negativ beeinflusst (Lepper et al. 1973). Hepach et al. (2012) konnten dieses Resultat noch erhärten. Unter Verwendung einer physiologischen Methode zur Erregungsmessung fanden sie heraus, dass zweijährige Kinder nicht primär motiviert sind, einer Person selbsttätig zu helfen (und somit Vorteile durch Reziprozität und gesteigerte Reputation zu beziehen). Vielmehr bestand ihre Motivation darin, zu sehen, dass der anderen Person geholfen wird.

Während derselben frühen Zeitspanne beginnen junge Kinder auch damit, Mitmenschen Trost und Beistand zu spenden, wenn diese in einer emotional schwierigen Lage sind, z. B. wenn eine Person sich das Knie anschlägt und Schmerzen hat oder wenn sie aufgrund ihres kaputten Teddybärs aufgebracht ist (z. B. Bischof-Köhler 1991; Eisenberg/Fabes 1998; Zahn-Waxler et al. 1992). Die Anteilnahme, die Kinder dabei zeigen, korreliert mit ihren prosozialen Handlungen einer anderen Person gegenüber und wird als motivierender Faktor dafür angesehen (Eisenberg/Miller 1987). Bemerkenswerterweise ist die Anteilnahme, die junge Kinder zeigen, keine automatische Antwort auf bestimmte Auslösereize (engl.: „distress cues"). Vielmehr handelt es sich um eine flexible und ausgereifte Reaktion. Dies wurde kürzlich auf zwei Arten gezeigt. Erstens zeigen eineinhalb- und zweijährige Kinder Anteilnahme und darauffolgendes prosoziales Verhalten, wenn eine Person das Opfer von Gewalt wird, und zwar auch dann, wenn es keine offensichtlichen Anzeichen dafür gibt, dass die Person, der Gewalt angetan wird, in einer Notlage ist (Vaish et al. 2009). Zweitens reagieren Dreijährige anders, wenn sie es mit einer Heulsuse zu tun haben. Das heißt, eine Person, die übertriebenes Leid zum Ausdruck bringt, obwohl sie nur eine geringfügige Belästigung erdulden musste, kann auf ein geringeres Maß an Anteilnahme und prosozialem Verhalten hoffen als eine Person, die deutlich stärker geschädigt wurde und sich ähnlich verhält (Hepach et al. 2013; siehe auch Leslie et al. 2006). Die einfühlende Reaktion von Kindern hängt also nicht nur von der An- und Abwesenheit bestimmter Stresssignale ab, sondern auch von den Kontextfaktoren, in die diese eingebettet sind. Bereits früh in der Ontogenese ist mitfühlende Anteilnahme eine durch viele Faktoren bestimmte und damit verlässliche Reaktion (siehe Hoffman 2000; Vaish/Warneken 2012). Etwa im selben Zeitraum, in dem junge Kinder diese bemerkenswerten prosozialen Verhaltensweisen unter Beweis stellen, zeigen sie auch eine Präferenz für prosozial eingestellte Mitmenschen, die sie gegenüber antisozial eingestellten vorziehen. Tatsächlich unterscheiden Kleinkinder sogar früh in ihrem ersten Lebensjahr prosoziale und antisoziale Charaktere und ziehen den Kontakt mit ersteren vor (Hamlin/Wynn 2011; Hamlin et al. 2007; Kuhlmeier et al. 2003). Diese Präferenzen schlagen sich bald in den prosozialen Verhaltensweisen eines Kindes nieder. Bis zum Alter von zwei Jahren helfen Kleinkinder z. B. denen, die ihnen in früheren Interaktionen geholfen haben, mehr als denen, die ihnen nicht geholfen haben. Damit zeigen sie direkte Reziprozität (Dunfield/ Kuhlmeier 2010). Nur ein Jahr später lässt sich bei Kindern indirekte Reziprozität beobachten: Drei- bis vierjährige Kinder reduzieren z. B. prosoziales Verhalten einem Individuum gegenüber, wenn dieses anderen Schaden zugefügt oder dies beabsichtigt hat (Kenward/Dahl 2011; Vaish et al. 2010). Durch eine solche selektive Hilfsbereitschaft demonstrieren junge Kinder, dass sie Kooperationsbereitschaft bei anderen erkennen und die Zusammenarbeit mit prosozialen Mitmenschen vorziehen. Außerdem zeigen sie, dass sie diejenigen meiden, die sich ihnen und anderen gegenüber schadhaft und unkooperativ verhalten.

Darüber hinaus gibt es Belege dafür, dass Kinder einem Individuum in einem kollaborativen Kontext mehr helfen als in einem nichtkollaborativen Kontext – was zu unserer evolutionären Analyse passt. In einer Studie jüngeren Datums zeigten Hamann et al. (2012), dass Dreieinhalbjährige mit größerer Wahrscheinlichkeit einem Gleichaltrigen helfen, eine Belohnung zu bekommen, wenn sie zuvor eine Belohnung aufgrund ihrer Mitwirkung bei einer kollaborativen Aufgabe mit dem anderen erhalten haben, als wenn sie vorher eine Belohnung ohne Mitwirkung bei einer kollaborativen Aufgabe erhalten haben. Obwohl Schimpansen andererseits Menschen und Artgenossen gegenüber ein gewisses Maß prosozialen Verhaltens zeigen (z. B. Melis et al. 2011; Warneken/Tomasello 2006), wird dieses Ergebnis nicht dadurch beeinflusst, ob es sich jeweils um einen kooperativen oder nichtkooperativen Kontext handelt (Greenberg et al. 2010). Dies ist vereinbar mit der These, dass sich prosoziales Verhalten beim Menschen in interdependenten, kollaborativen Kontexten entwickelt hat.

Zusammengenommen machen diese Befunde bei Kleinkindern und Säuglingen hinsichtlich des instrumentellen Hilfsverhaltens, der informierenden Zeigegesten, der Anteilnahme und des Spendens von Trost sowie der selektiven Hilfsbereitschaft von geschädigten und/oder kooperierenden Mitmenschen deutlich, dass sich Kinder bereits zu einem frühen Zeitpunkt auf die Bedürfnisse und emotionalen Zustände anderer einstellen können und dass sie motiviert sind, sich diesen gegenüber prosozial zu verhalten. Darüber hinaus zeigt die Forschung, dass die frühe Prosozialität von Kindern authentisch ist, insoweit sie intrinsisch motiviert ist, auf einer Anteilnahme an den Belangen anderer und einer Interpretation der Situation basiert, flexibel von den Interaktionen mit anderen und deren Bewertung anhängt und durch Zusammenarbeit begünstigt wird.

Gleichheit und Teilen. Die prosozialen Neigungen junger Kinder werden nicht nur durch ihre Hilfsbereitschaft und ihr Einfühlungsvermögen deutlich, sondern auch durch ihr Verhalten beim Teilen. Alltagsnahe Beobachtungen deuten an, dass Säuglinge bereits ab einem Alter von acht Monaten Eltern, anderen Säuglingen, Geschwistern und Fremden ihre Spielzeuge zeigen oder geben – und zwar sogar dann, wenn diese knapp sind (z. B. Hay 1979; Rheingold et al. 1976). Je weiter sie sich dann entwickeln, desto selektiver teilen sie: Sogar 12 Monate alte Säuglinge machen gewisse Unterscheidungen zwischen verschiedenen Empfängern ihrer prosozialen Handlungen. Sie teilen mit einer größeren Wahrscheinlichkeit mit Gleichaltrigen und ihren eigenen Müttern als mit den Müttern von Gleichaltrigen (Young/Lewis 1979).

Es gibt allerdings experimentelle Studien über das Teilverhalten bei Kleinkindern, die andeuten, dass Kleinkinder nicht besonders gerne teilen. Das spontane Teilen von Nahrung konnte z. B. bei 18 und 25 Monate alten Kindern nicht experimentell nachgewiesen werden (Brownell et al. 2009). Darüber hinaus wurde gezeigt, dass Drei- bis Vierjährige beim Teilen generell eigeninteressierter sind, wohingegen Fünf- bis Sechsjährige einen stärkeren Sinn für Gleichheit und Fairness zeigen (Fehr et al. 2008; Lane/Coon 1972; Rochat et al. 2009). Die entsprechenden experimentellen Studien involvierten jedoch Situationen, bei denen ein Kind von Dritten unerwartet gewisse Ressourcen erhielt, ohne dafür arbeiten zu müssen. Diese musste das Kind dann teilweise abgeben, um seine Fairness zu demonstrieren. Die evolutionären Mechanismen, von denen wir annehmen, dass sie wahrscheinlich die entsprechenden Phänomene der frühen Ontogenese geprägt haben, finden auf diese Situationen keine Anwendung. Unsere Hypothese lautet, dass das Teil- und Fairnessverhalten von Kindern ab einem frühen Zeitpunkt in der Ontogenese die Aspekte des Kontextes der kollaborativen Nahrungssuche in der frühen Menschheitsgeschichte reflektieren soll, wo man die Früchte der Zusammenarbeit gleichmäßig unter allen verteilte, die an der Zusammenarbeit beteiligt waren. Wir argumentieren daher, dass frühere Arbeiten die Empfindlichkeit von Kindern für Gleichheit unterschätzt haben, weil sie nicht den relevanten Kontext gewählt haben.

Dementsprechend zeigen jüngere Arbeiten, dass Dreijährige, die infolge einer Kollaboration mit anderen eine Belohnung erhalten haben, die Früchte der Zusammenarbeit fair teilen, anstatt sie zu monopolisieren, auch wenn Letzteres leicht möglich wäre (Warneken et al. 2011). Dies steht deutlich im Gegensatz zum Verhalten von Schimpansen, deren starke Tendenz, um die Früchte ihrer Zusammenarbeit zu kämpfen, ihre Kollaboration massiv einschränkt (Melis et al. 2006). Es ist äußerst bemerkenswert, dass auch dreijährige Kinder bereits mit höherer Wahrscheinlichkeit Belohnungen gleich verteilen, wenn diese durch

Zusammenarbeit und nicht durch alleinigen Verdienst oder durch Zufall erlangt wurden (Hamann et al. 2011).

Junge Kinder verteilen Ressourcen nicht nur selbst gleich. Sie unterscheiden auch anderweitig gleiche von ungleichen Verteilungen und ziehen jene vor. Schmidt und Sommerville (2011) zeigten etwa, dass 15 Monate alte Kleinkinder erwarten, dass Ressourcen unter Empfängern gleich verteilt werden. Geraci und Surian (2011) zeigten weiterhin, dass 16 Monate alte Kinder, die sehen, dass eine Person einem Empfänger gegenüber fair verteilt (indem sie ihm den gleichen Anteil einer Ressource gibt wie einer zweiten Person) und eine andere Person dem gleichen Empfänger gegenüber unfair verteilt, erwarten, dass dieser Empfänger sich zur ersten Person hin orientieren wird. Und in einer Wahlsituation zeigen sie selbst die gleiche Präferenz.

Diese Präferenzen lassen sich auch bei etwas älteren Kinder beobachten: Dreieinhalbjährige verteilen mehr Ressourcen an Individuen, die vorher mit anderen geteilt haben, als an Individuen, die dies nicht getan haben (Olsen/Spelke 2008). Unseres Wissens ist jedoch die Frage, ob Kinder mehr an diejenigen Individuen verteilen, die vergleichsweise gleich verteilt haben, als an diejenigen, die vergleichsweise ungleich verteilt haben, noch offen.

Mit zunehmender Entwicklung verändert sich die Ressourcenverteilung der Kinder. Sie entwickelt sich von reiner Gleichheit hin zu einer Verteilung, die zunehmend von Reziprozitätsnormen, Beziehungen und dem Verhalten anderer geprägt ist. In einem Alter von etwa drei Jahren beginnen Kinder zunehmend damit, Spielzeuge mit Gleichaltrigen zu teilen, wenn diese vorher mit ihnen geteilt haben. Dies deutet auf eine Empfänglichkeit für direkte Reziprozität hin (Levitt et al. 1985). Außerdem reagieren Dreijährige mit negativen Emotionen auf Verteilungen, bei denen sie weniger erhalten als andere. Manchmal passiert dies sogar, wenn sie mehr erhalten als ein anderes Kind (LoBue et al. 2011). Ab einem Alter von vier Jahren teilen sie mit Freunden mehr als mit Fremden oder Personen, die nicht ihre Freunde sind (sogar dann, wenn sie dies selbst etwas kostet) (Birch und Billman 1986; Moore 2009). Und ab acht Jahren teilen Kinder mehr mit Angehörigen ihrer Gruppe als mit anderen (Fehr et al. 2008).

Ein voll ausgereiftes Verständnis von Fairness, d. h. ein Verständnis von Verteilungsgerechtigkeit bzw. der Art und Weise, wie man Ressourcen unter Berücksichtigung verschiedener Faktoren auf Personen verteilt (Nisan 1984), entwickelt sich erst ab dem Beginn der Schulzeit. In traditionellen Arbeiten über die Entwicklung von Fairness werden Kinder mit hypothetischen fairen und unfairen Szenarien konfrontiert und bezüglich ihrer Reaktionen auf diese Szenarien interviewt. Diese Arbeiten haben eine bestimmte Entwicklungstendenz aufgedeckt. Zunächst berücksichtigen Kinder weitgehend irrelevante Charakteristika von Empfängern, z. B. deren Verlangen, Alter oder Größe. Im Alter von etwa fünf bis sechs Jahren entwickeln sie dann eine Präferenz für die Gleichverteilung. Unter Kindern, die sechs Jahre alt oder älter sind, ist dann eine Präferenz für Belohnungen nach der Maßgabe des jeweiligen Verdienstes (d. h. Leistungsgerechtigkeit) verbreitet (z. B. Damon 1975; Hook/Cook 1979). Schließlich entwickeln sich Kinder weiter und integrieren dann sowohl Informationen hinsichtlich der Leistung des Empfängers als auch seines Bedarfs (siehe Damon 1977). Ab einem Alter von acht Jahren können Kinder ihre Entscheidungen über die Allokation von Ressourcen dem Kontext gemäß anpassen. Sie stützen sich dabei z. B. auf das Fairnessprinzip in einem Kontext, der nahelegt, dass es Belohnungen für gute Leistungen geben sollte, favorisieren Gleichheit im Kontext einer Wahl und Bedürftigkeit, wenn es um Wohltätigkeit geht (Sigelman/Waitzman 1991; siehe auch Enright et al. 1984).

Interessanterweise ergab allerdings eine kürzlich durchgeführte Studie, dass der Kontext der Zusammenarbeit sogar bei jungen Kindern das Fairnessverständnis begünstigt (Ng et al. 2011). In dieser Studie konfrontierte man Kinder mit Szenarien, in denen eine Person eine Ressource gleichmäßig an sich und an einen Empfänger verteilte und eine andere Person einen größeren Anteil an sich verteilte als an einen weiteren Empfänger. Die Szenarien unterschieden sich. Bei einem Szenario hatte die Person, die die Ressource verteilte, mit der anderen zusammengearbeitet. Im anderen Fall hatte sie die Ressource durch eigene Arbeit erlangt. Sogar Dreijährige beurteilten die Person, die fair verteilte (also der anderen Person den gleichen Anteil gab), als freundlicher. Dies galt jedoch nur im kollaborativen Kontext, der, wie wir argumentieren, höchst relevant für die Verteilung von Ressourcen ist. Hier stellen sogar Vorschulkinder ausgereifte Intuitionen über proportionale Verteilung unter Beweis, die für ein vollständiges Verständnis von Fairness zentral sind.

Zusammenfassend können wir konstatieren, dass jüngere Forschungen eine überraschend frühe ontogenetische Entstehung des Ressourcenteilens sowie die Grundlagen von Fairness – zumindest im Sinne von Gleichheit – belegen. Kleinkinder – und bis zu einem bestimmten Grad sogar Säuglinge – zeigen einen Sinn für Gleichheit bei der Verteilung von Ressourcen. Dies gilt besonders im Falle von kollaborativen Situationen. Außerdem zeigen sogar sehr junge Kinder eine Präferenz für Individuen, die gleich verteilen, wenn sie die Wahl haben, mit diesen zu interagieren oder Ressourcen an andere zu verteilen. In kollaborativen Situationen demonstrieren sie auch eine Sensibilität für einen kritischen Aspekt von Fairness – nämlich Gleichbehandlung. Das Teilen und manche grundlegenden Aspekte des Fairnessverhaltens treten also früh in der moralischen Entwicklung auf, vor allem in Kontexten von Zusammenarbeit und Kooperation. Sie sind ein wichtiger Aspekt der „Moralität der zweiten Person" bei Kleinkindern und sind, wie wir argumentieren, die Grundlage für einen voll ausgeprägten, normenbasierten Sinn für Fairness, der sich später in der Entwicklung herausbildet.

Zusammenfassung. Es häufen sich die Belege für eine bemerkenswert reiche und vielseitige Moralität im Sinne von Prosozialität, die sich bereits sehr früh in der menschlichen Ontogenese herausbildet. Kleinkinder und sogar Säuglinge beteiligen sich bereitwillig an kollaborativen Aktivitäten mit anderen und erkennen die Gemeinsamkeit und Interdependenz darin. Außerdem helfen sie anderen auf verschiedene Art, sogar dann, wenn sie keinen Nutzen davon haben. Und sie zeigen einen Sinn für Gleichheit, wenn sie in bestimmten Situationen Ressourcen aufteilen. Es ist wichtig zu betonen, dass die Wahrscheinlichkeit, mit der Kleinkinder anderen helfen und Ressourcen mit ihnen gleichmäßig aufteilen, größer wird, wenn sie mit diesen zusammenarbeiten. Dies stützt unsere Hypothese, dass prosoziales Verhalten sich wahrscheinlich in kollaborativen Kontexten und Kontexten wechselseitiger Abhängigkeit entwickelte. Kleinkinder bewerten andere auch hinsichtlich ihres prosozialen und kooperativen Verhaltens. Unkooperativen Individuen helfen sie nicht und teilen auch nicht mit ihnen.

All diese Verhaltensweisen und Bewertungen basieren jedoch, wie wir argumentieren, weniger auf einer normativen, von der handelnden Person unabhängigen Moralität, die auf jeden gleichermaßen Anwendung findet. Sie basiert eher auf einer „Moralität der zweiten Person", die auf persönlichen Beziehungen und sozialen Gefühlen aufbaut (Darwall 2006). Kleinkinder betrachten andere also primär aus ihrer eigenen individuellen Perspektive. Ihre Evaluation hängt dabei davon ab, ob sie der Ansicht sind, dass das Verhalten der anderen einfühlende Anteilnahme oder Schuldzuweisung verdient. Dies ist die erste Stufe der Moralität. Es handelt sich hier nicht um eine voll ausgeprägte Moralität, die der von Erwachsenen ähnlich ist; die kritische zweite Stufe der normenbasierten, vom handelnden Subjekt unabhängigen Moral kommt noch.

3.2 Normenbasierte Moralität bei Vorschülern

Es ist unstrittig, dass Kleinkinder reagieren, wenn Erwachsene Normen durchsetzen, wie etwa in dem Fall, wo Erwachsene ihnen solche Dinge sagen wie: „Wir schlagen keine anderen Kinder." Sie scheinen also verschiedensten sozialen Normen zu folgen. Es ist jedoch unklar, ob sie der Norm an sich folgen. Es könnte genauso gut sein, dass sie dem jeweiligen individuellen Imperativ folgen, den der Erwachsene äußert und der von ihnen verlangt, dass sie in der gegenwärtigen Situation etwas tun oder unterlassen. Auf die Norm selbst zu reagieren bedeutet jedoch, auf etwas Allgemeineres und Zeitloseres zu reagieren.

In Gemeinschaften von Erwachsenen sind soziale Normen wechselseitige Erwartungen, ja sogar wechselseitige Übereinkünfte und Commitments über die Art, wie sich Individuen in bestimmten Situationen verhalten sollen. Normen reichen über den Einzelnen hinaus – sie sind allgemein und von der Person des Handelnden unabhängig –, und zwar in mindestens drei Hinsichten. Erstens artikulieren soziale Normen einen objektiven Standard für Verhalten, der allen in der Gruppe wechselseitig bekannt ist: In Situationen wie dieser soll man sich so verhalten – und wir alle, Sie eingeschlossen, wissen das. Zweitens liegt die Kraft der Norm nicht in der Meinung des Einzelnen. Maßgeblich ist die Meinung der Gruppe (oder vielleicht die einer anderen größeren Einheit, wie etwa die Meinung der Götter der Gruppe). Letztlich basiert diese Kraft auf einer Übereinkunft oder Verpflichtung, zu der sich jeder bekennt: Der springende Punkt ist nicht, dass ich nicht mag, was Sie tun. Vielmehr ist es falsch, und wir (Sie eingeschlossen) haben uns darauf verständigt, dass man sich so nicht verhält. Drittens findet die Norm auf jeden in der Gruppe (und vielleicht in der Subgruppe) Anwendung. Dies schließt einen selbst ein: „Man" verhält sich so nicht in dieser Gruppe. Und das findet auf mich selbst auch Anwendung. Soziale Normen sind daher wechselseitig bekannte Gruppenerwartungen und Verpflichtungen hinsichtlich Standards, die der Gruppe bekannt sind. Man erwartet von ihnen, dass alle Gruppenmitglieder sie respektieren.

Wir können uns erlauben, hinsichtlich der Frage, ob Kleinkinder soziale Normen verstehen, wenn diese von Erwachsenen durchgesetzt werden, und insbesondere ob sie deren Allgemeinheit und Akteursneutralität verstehen, agnostisch zu bleiben, bis es hierzu weitere Forschung gibt. Ab einem Alter von drei Jahren beginnen Kinder jedoch damit, soziale Normen anderen gegenüber durchzusetzen. Und die Art und Weise, in der sie dies tun, deutet stark darauf hin, dass sie begonnen haben, soziale Normen als etwas zu verstehen, das über das Individuum und – das ist wichtig zu betonen – über sie selbst hinausgeht.

Regeldurchsetzung und soziale Normen. Wie oben dokumentiert bewerten Kleinkinder andere Personen sozial, wenn es um ihre Hilfsbereitschaft und das Teilen von Ressourcen geht. Im Wesentlichen geht es hierbei darum, ob sie eine Person als freundlich oder gemein einstufen. Außerdem entwickeln Kleinkinder Wissen darüber, welche Normen – statistisch gesprochen – in welchen Situationen Anwendung finden. Sie lernen also Wörter wie „kaputt", „schmutzig" und „falsch" und wenden diese auf Situationen an, die bestimmte Standards verletzen und demnach nicht „normal" sind (Kagan 1981). Aber sie vermeiden nicht nur gemeine Menschen und beobachten statistische Irregularitäten. Kinder im Alter von etwa drei Jahren beginnen auch damit, in bestimmten Situationen aktiv zu intervenieren – entweder physisch oder durch verbalen Protest. So versuchen sie, Abweichungen von und Verletzungen der Norm richtigzustellen. Es ist dabei entscheidend, dass sie dies aus der Sicht eines Dritten tun, wenn sie selbst nicht direkt involviert oder durch die Normverletzung betroffen sind. Und oft tun sie dies mithilfe normativer Sprache, wobei sie generische Ausdrücke verwenden, welche die Allgemeinheit und Akteursneutralität des jeweiligen Urteils explizit herausstellen. In einer jüngeren Studie (Vaish et al. 2011b) malten Kinder und zwei Puppen jeweils ein Bild oder stellten eine Skulptur her. Danach verließ eine Puppe (der Empfänger) den Raum. Als die verbleibende Puppe (der Handelnde) dann begann, das Werk des Empfängers zu zerstören, protestierten die dreijährigen Kinder verbal gegen das Verhalten des Handelnden. Beeindruckenderweise protestierte etwa ein Viertel der Kinder mit normativen Formulierungen wie „Das kannst Du nicht machen" und nicht etwa mit Imperativen oder wunschabhängiger Sprache wie „Ich will nicht, dass Du das tust" (Searle 2001). Bei Pilotstudien mit Zweijährigen gab es nahezu keine Proteste in solchen Situationen. Rossano et al. (2011) kamen zu einem sehr ähnlichen Resultat: Dreijährige protestierten, wiederum bisweilen normativ, wenn eine Puppe drohte, den Besitz einer anderen an sich zu nehmen oder zu zerstören. Zweijährige protestierten dagegen nur auf eine für die handelnde Person spezifische Weise (wenn der Handelnde sich an dem Besitz der Kinder verging und ihnen damit direkt schadete), nicht aber auf eine von der handelnden Person unabhängige Art. In beiden Studien beschwerten sich die Dreijährigen nicht über einen Schaden, der ihnen selbst zugefügt wurde. Sie wandten die moralische Norm, die verbietet, anderen zu schaden, auf eine von der handelnden Person unabhängige Art an: nämlich als neutraler Beobachter und stellvertretend für jemand anderen, wobei das jeweilige Urteil als allgemeingültig für die gesamte Gruppe zu verstehen war.

Bei Verletzung der Regeln durch Dritte demonstrierten die Kinder über ihr Protestverhalten hinaus verschiedene andere Verhaltensweisen, die dem Versuch, Regeln durchzusetzen, ähneln. Dreijährige, die beobachten, wie ein Handelnder die Arbeit eines abwesenden Empfängers zerstört, erzählen dem Empfänger später vom Verhalten des Handelnden. Vielleicht stellt dies den Versuch dar, den Regelverstoß zu bestrafen (Vaish et al. 2011b). Kinder in diesem Alter bemühen sich auch um die Wiederherstellung von Gerechtigkeit, indem sie dem Opfer zurückgeben, was ihm gestohlen wurde (Riedl et al. 2011). Sie intervenieren also und reagieren auf Regelverstöße seitens Dritter auf verschiedene Weise. Damit liefern sie Belege, die alle auf die Entwicklung einer akteursneutralen Moralität hindeuten.

Interessanterweise – und dies verrät vielleicht noch mehr – intervenieren und protestieren Dreijährige auch dann, wenn jemand eine konventionelle Norm verletzt, ohne dass dabei jemand zu Schaden kommt. Rakoczy et al. (2008) zeigten Kindern eine Puppe, die ankündigte, dass sie gleich „daxen" würde. Danach führte sie jedoch nicht die Handlung durch, die das Kind mit diesem Wort verband.

Es hatte vorher Erwachsene beobachtet, die ein ganz anderes Verhalten „daxen" nannten. Die meisten Kinder beschwerten sich auf die eine oder andere Art, obwohl die Aktivität keine anderen Personen involvierte, sodass die unkorrekte Ausführung niemandem schadete oder Unannehmlichkeiten bereitete. Wie im Fall von moralischen Normen verwendeten Kinder auch hier oftmals eine normative, generische Sprache, z. B. „Nein, so geht das nicht!". Zweijährige protestierten bis zu einem gewissen Grad in der Studie, aber fast ausschließlich imperativ und nicht normativ. Hierbei ist es wichtig anzumerken, dass die Kinder sich nicht nur darüber beschwerten, dass die Puppe nicht die Handlung durchführte, die sie angekündigt hatte. Denn eine Folgestudie erzielte dieselben Resultate mithilfe einer nichtverbalen Andeutung des entsprechenden Kontextes: Eine bestimmte Handlung war akzeptabel, wenn sie an einem bestimmten Ort ausgeführt wurde, der den passenden Kontext für die Handlung markierte, nicht jedoch, wenn sie an einem anderen Ort ausgeführt wurde, der einen anderen, unangemessenen Kontext für die Handlung darstellte (Wyman et al. 2009).

In Studien, die Rollenspiele involvieren, ist besonders klar, dass Dreijährige soziale Regeln als Übereinkünfte zwischen Menschen verstehen. Rakoczy (2008) und Wymna et al. (2009) führten Studien durch, bei denen sich dreijährige Kinder ebenso beschwerten – und zwar auf ähnliche Weise wie in den anderen Studien über moralische Normen und Spielregeln –, als eine Puppe einen Holzblock als Spielzeug-Sandwich benutzte, wenn das Kind und ein Erwachsener vorher bestimmt hatten, dass es sich dabei um ein Stück Seife handeln sollte („Nein, das kann man nicht essen. Das ist Seife!"). Als später in einem anderen Spiel bestimmt wurde, dass es sich bei dem gleichen Holzblock um ein Sandwich handeln sollte, protestierten die Kinder, wenn er als Seife verwendet wurde. Dieses flexible Verhalten demonstriert eindeutig, dass junge Kinder zumindest in spielerischen Kontexten verstehen, dass die Normen, die ein Spiel konstituieren, Übereinkünfte sind, die geändert werden können.

Schließlich liefert die selektive Durchsetzung verschiedener Arten sozialer Normen, die von der Gruppenmitgliedschaft abhängt, weitere Belege dafür, dass junge Kinder die grundlegenden Funktionsweisen sozialer Normen verstehen. Kinder unterscheiden nicht nur auf verschiedenen Ebenen moralische Normen von Konventionsnormen (siehe z. B. Turiel 2006), sondern setzen diese auch auf verschiedene Weise durch. Wenn dreijährige Kinder beobachten, dass eine Norm von einem Gruppenmitglied (das durch seinen Akzent als solches zu erkennen ist) gebrochen wird, dann protestieren sie z. B. in gleichem Ausmaß. Aber wenn sie sehen, dass eine Konventionsnorm durch denselben Akteur gebrochen wird, dann protestieren sie mehr, wenn es sich um ein Gruppenmitglied handelt, als im Falle eines Nicht-Gruppenmitglieds (Schmidt et al. 2011). Dreijährige haben also in dieser Hinsicht einen Sinn für die konventionelle Natur von Konventionsnormen.

Das bedeutet, sie verstehen, dass über diese Normen entschieden wurde und dass sie entsprechend nur auf die eigene Gruppe Anwendung finden, wohingegen Mitglieder anderer Gruppen sich nicht unbedingt darüber im Klaren sind, dass man diesen Normen folgen sollte. Im Falle von moralischen Normen, die sich auf die Schädigung von Personen beziehen, ist das anders. Hier folgen die Kinder einem universalistischeren Ansatz.

Zusammengenommen deuten diese jüngeren Befunde an, dass Kinder spätestens ab einem Alter von drei Jahren soziale Normen nicht nur unter dem Aspekt von Autorität betrachten, wie dies Piaget annahm. Vielmehr sehen sie sie als allgemeine, akteursneutrale, wechselseitige Erwartungen, die eine Art implizite Übereinkunft darüber darstellen, wie man sich verhalten sollte. Dabei konzeptualisieren sie das „Wir" im Fall von moralischen Normen anders als im Fall von Konventionsnormen. Weil bei Kindern das sich entwickelnde Verständnis für soziale Normen solche Dinge wie Akteursneutralität, generische Sprache und eine Bezugnahme auf die jeweilige Gruppe involviert, könnte es ihre sich entwickelnden Fähigkeiten und Motivationen für kollektive Intentionalität reflektieren (Tomasello et al. 2012).

Reputation, Schuld, Scham. Im Alltag urteilen junge Kinder weniger über andere oder setzen Regeln diesen gegenüber durch. Sie machen vergleichsweise häufiger die Erfahrung, dass andere über sie urteilen und Regeln ihnen gegenüber durchgesetzt werden. Um es noch einmal zu sagen, es ist nicht absolut klar, inwieweit Kleinkinder dies verstehen. Aber Kinder scheinen sicherlich zu wissen, dass ihr Verhalten normativ beurteilt wird, und sie passen ihr Verhalten manchmal entsprechend an („self-presentational behavior"). Wenn sie Regeln übertreten, dann urteilen sie außerdem bisweilen über sich selbst und strafen sich, indem sie sich entsprechend internalisierten sozialen Normen schuldig fühlen oder sich schämen.

Forschungen, die Sprachaufgaben verwenden, deuten darauf hin, dass Kinder sich erst ab einem Alter von acht Jahren in „self-presentational behavior" üben (z. B. Banerjee 2002). Zwei jüngere Studien fanden jedoch sogar bei Vorschülern Belege für solch ein Verhalten. In einer kürzlich erschienenen Untersuchung von Piazza et al. (2011) wurden Fünf- bis Sechsjährige mit einer herausfordernden regelbasierten Aufgabe konfrontiert, während sie entweder „von einer unsichtbaren Person" beobachtet wurden, von einem Erwachsenen oder überhaupt nicht. Kinder betrogen bei der Aufgabe signifikant weniger, wenn sie beobachtet wurden – sei es durch einen Erwachsenen oder eine unsichtbare Person – als wenn sie nicht beobachtet wurden. Engelmann et al. (2012) kamen zu ähnlichen Resultaten, wenn Gleichaltrige die Rolle des Beobachters einnahmen. Sie erweiterten die Resultate zudem in einem prosozialen Kontext. Insbesondere fanden sie heraus, dass Kinder weniger von einem eingebildeten Empfänger (ebenfalls ein Kind) stahlen und sie dazu neigten, dem Empfänger zu helfen, wenn ein Gleichaltriger zusah. In diesem Zusammenhang ist auch die Arbeit von Haun und Tomasello (2012) zu nennen. In einem anderen experimentellen Paradigma fanden sie heraus, dass Vierjährige den Urteilen ihrer Altersgenossen entsprachen (sogar wenn sie es selbst besser wussten), wenn sie ihr Urteil öffentlich und vor Gleichaltrigen ausdrücken mussten, nicht aber, wenn sie dies allein taten. Junge Kinder beurteilen also nicht nur das Verhalten anderer und stufen deren Reputation ein. Sie wissen auch, dass sie selbst beurteilt werden und versuchen aktiv, diese Urteile zu beeinflussen.

Die Kinder in diesen Studien antizipieren, dass sie beurteilt werden, und verhalten sich dann so, dass sie positive Bewertungen ihrer Person forcieren und negative abschwächen. Sie vermeiden es, dass Normen auf sie angewandt werden, indem sie diese präventiv auf sich selbst anwenden. Aber wenn Kinder die Regeln überschreiten, sogar dann, wenn niemand dies sieht und keiner die Regel anwendet, wenden sie die Regel immer noch oft auf sich selbst an, indem sie sich schuldig fühlen und schämen. Wenn sie also ein Spielzeug, das jemand anderem gehört, kaputt machen, dann zeigen viele Vorschüler Anzeichen von Schuld und Scham (z. B. Barrett et al. 1993; Kochanska et al. 2002; Zahn-Waxler/Kochanska 1990). Diese Gefühle kann man als eine Form der Selbstbestrafung ansehen, die Individuen von weiteren Regelverstößen abhalten soll und so die Wahrscheinlichkeit für tatsächliche Bestrafung durch andere in der Zukunft vermindert. Unter besonderen Umständen können Individuen sich auch selbst belohnen, indem sie darauf stolz sind, dass sie einer sozialen Norm entsprochen haben, obwohl sie diese ohne Weiteres hätten brechen können (z. B. indem sie anderen unter Inkaufnahme hoher Kosten helfen). Dieses Eigenlob führt wahrscheinlich zu mehr Normkonformität in der Zukunft (Tangney et al. 2007).

Schuld, Scham und Stolz sind also internalisierte Versionen derjenigen Art von moralischen Urteilen, die Menschen anderen zumessen, welche soziale Normen verletzen oder beachten. Diese mit Normen in Verbindung stehenden, reflektierten Emotionen demonstrieren also besonders klar, dass das Urteil, das getroffen wird, nicht mein persönliches Gefühl ausdrückt, sondern das der Gruppe: Ich sanktioniere mich selbst oder lobe mich sozusagen stellvertretend für die Gruppe. Ich habe ein anderes Kind von der Schaukel geschubst, weil ich selbst darauf spielen wollte und das immer noch will. Aber ich fühle mich auch schuldig, dass ich dem anderen Kind weh getan habe. Besonders deutlich wird Gruppenorientierung bei Vorschulkindern. Sie zeigen sogar kollektive Schuld-, Scham- und Stolzgefühle; das heißt, sie fühlen sich schuldig, sie schämen sich oder sind stolz, wenn ein Mitglied der Gruppe, mit dem sie sich identifizieren, etwas Tadelns- oder Lobenswertes tut, so als hätten sie selbst Schuld auf sich geladen (Bennett/Sani 2008).

Interessanterweise – und dies ist betonenswert – liegt eine Funktion sozialer Emotionen wie Schuld und Scham genau darin, dass sie anderen mitgeteilt werden. Wenn anderen gegenüber Schuldbewusstsein signalisiert wird, dann hat dies beispielsweise eine wichtige Funktion bei der Beilegung von Streitigkeiten. Man zeigt der anderen Person, dass man bereits leidet. Dies, so die Hoffnung, wird dazu führen, dass das Opfer sowie Außenstehende auch an meinem Schmerz Anteil nehmen und mir vergeben, was wiederum die Wahrscheinlichkeit für Bestrafung verringert (Keltner/Anderson 2000). Die Zurschaustellung von Schuldgefühlen zeigt auch an, dass der Missetäter nicht beabsichtigte, jemandem zu schaden, und dass er im Allgemeinen nicht die Art von Person ist, die beabsichtigt, andere zu schädigen. Sie signalisieren, dass er beabsichtigt, seinen Fehler wiedergutzumachen, und er für die Zukunft Besserung gelobt. Ebenso deuten sie an, dass ihm die Normen der Gruppe bewusst sind und er sich ihnen verpflichtet fühlt (Castelfranchi/Poggi 1990). Man sollte also einen reumütigen Missetäter als selbststeuernd, verlässlich und kooperativ betrachten, was bei den anderen Gruppenmitgliedern ein Gefühl der Versöhnlichkeit und Zusammengehörigkeit sowie Kooperationsbereitschaft auslösen soll (Darby/Schlenker 1982; 1989; Goffman 1967).

Es gibt Belege, die darauf hindeuten, dass sechsjährige Kinder andere nach einem Normverstoß weniger stark beschuldigen, wenn sie sich entschuldigen. Sie verzeihen ihnen auch mehr und mögen sie lieber als diejenigen, die sich uneinsichtig zeigen (Darby/Schlenker 1982; 1989). Kinder zwischen vier und fünf Jahren beurteilen Situationen, in denen sich jemand für einen Regelverstoß entschuldigt, positiver als Situationen, in denen es keine Entschuldigung gibt (Irwin/Moore 1971; Wellman et al. 1979). Sogar wenn es keine explizite Entschuldigung gibt, zeigen Fünfjährige eine Präferenz für diejenigen, die sich angesichts ihres Regelverstoßes reumütig zeigen. Außerdem sind sie eher bereit, Ressourcen mit ihnen zu teilen als mit denen, die ihre Regelverstöße nicht bereuen (Vaish et al. 2011a). Vorschüler realisieren also die soziale Funktion, der die Zurschaustellung von Emotionen wie Schuldbewusstsein dient.

Interessanterweise mögen Vorschüler nicht nur diejenigen lieber, die Normen folgen. Sie bevorzugen auch diejenigen, die Normen durchsetzen. In einer kürzlich veröffentlichten Studie (Vaish et al. 2012) sahen viereinhalb- bis sechsjährige Kinder Videos, die zeigten, wie Beobachter auf Regelverstöße reagieren, die sie beobachten. Im einen Fall bestand der Beobachter auf die Norm, gegen die die andere Person verstoßen hatte, und sagte beispielsweise in einem leicht verärgerten Tonfall: „Hey, Du hast die Puppe [eines anderen Kindes] kaputt gemacht. Das sollte man nicht tun. Das ist nicht gut!" Im anderen Fall prangerte der Beobachter die Regelverletzung nicht an und sagte z. B. in einem neutralen Tonfall: „Oh, Du hast den Ball [des anderen Kindes] kaputt gemacht. Naja, das macht nix."

Die Kinder urteilten, der erste Beobachter habe richtig gehandelt. Den zweiten beurteilten sie als weniger gut. Und sie präferierten den ersten, der auf den Normverstoß hinwies. Dies war der Fall, obwohl das Verhalten des ersten Beobachters eigentlich negativer und unangenehmer war als das Verhalten des zweiten (schließlich war der erste verärgert).

Wir können also eine kontinuierliche Linie erkennen, auf der sich die sozialen Bewertungen von Kleinkindern entwickeln. Diese Linie verläuft zwischen der Bewertung anderer entweder als hilfsbereit oder als schädigend bis hin zur Durchsetzung sozialer Normen. Bereits sehr früh beurteilen sie andere und verhalten sich aufgrund ihrer Beurteilungen in ihrem eigenen kooperativen Verhalten selektiv (siehe den vorherigen Abschnitt). Allerdings verstehen Kinder diesen Prozess des Urteilens erst während der späteren Vorschuljahre. Dann wissen sie, dass sie beurteilt werden, und können Maßnahmen ergreifen, um die Urteile anderer zu managen (durch Eindruckssteuerung und Verhaltensweisen, durch die sie sich anderen gegenüber auf eine bestimmte Art präsentieren). Einer Hypothese zufolge wird dies durch eine Art Denkprozess zweiter Ordnung möglich: „Ich überlege, was Du über mich denkst" (Banerjee 2002). Vielleicht ist solch ein Denken zweiten Ordnung auch involviert, wenn sie wiederum die urteilende Person selbst beurteilen und diejenigen gut finden, die die Übertretung moralischer Regeln schlecht finden.

Zusammenfassung. Während der späteren Vorschuljahre werden Kinder dann zu wirklich moralisch Handelnden – obwohl natürlich noch viele weitere Entwicklungsschritte folgen. Der Schlüssel liegt darin, dass sie andere Personen nicht nur im Lichte ihrer eigenen individuellen Bewertung betrachten und sich in ihrem Verhalten diesen gegenüber nicht mehr nur an der eigenen Bewertung orientieren (obwohl sie dies sicherlich weiterhin tun). Vielmehr haben sie zusätzlich damit begonnen, akteursneutrale soziale Normen der Gruppe zu verstehen und zu internalisieren. Sie nehmen Individuen als Gruppenmitglieder wahr, die diese sozialen Normen auf andere anwenden und außerdem deren Anwendung auf sich selbst zulassen. Dabei ist es entscheidend, dass sie ihre eigene Person lediglich als ein weiteres Individuum unter anderen sehen, bei dem es sich aus Sicht der sozialen Regeln um nichts Besonderes handelt. Die Regeln und die damit verbundenen Strafen wenden sie auf sich selbst in gleicher Weise an wie auf andere, was ihrem zweigeteilten Selbstsinn auf erstaunliche Weise Ausdruck verleiht.

Vier- und fünfjährige Kinder besitzen also eine akteursneutrale, normbasierte Moralität, in der alle Individuen (sie selbst eingeschlossen) gleichberechtigte Akteure sind. Darüber hinaus passen sie ihr Verhalten selbsttätig in Übereinstimmung mit diesen Normen an. Dies geht sogar so weit, dass ältere Vorschüler typischerweise neuen Situationen nicht nur dadurch begegnen, dass sie Normen folgen. Vielmehr versuchen sie aktiv zu erforschen, was die jeweiligen Normen sind: „Was soll ich hier tun? Wie mache ich das?" (Kalish 1998). Ihr Selbstsinn ist mit der Befolgung von Normen verbunden.

4 Konklusion

Menschen sind zweifelsohne eine prosoziale und kooperative Spezies. Es wird jedoch zunehmend klar, dass sie in dieser Hinsicht nicht alleine sind. Unsere engsten lebenden Verwandten, die nichtmenschlichen Menschenaffen, sind ebenfalls in verschiedener Hinsicht prosozial und kooperativ: Unter bestimmten Umständen helfen sie anderen auf instrumentelle Weise, teilen Nahrung mit ihnen, erwidern Gefälligkeiten und koordinieren ihre Bemühungen mit anderen. Außerdem wählen sie ihre Partner selektiv und aufgrund früherer Erfahrungen mit diesen. Die evolutionären Ursprünge menschlicher Moralität und Kooperation lassen sich also ohne Zweifel bei unseren Cousins, den Primaten, finden. Menschen sind allerdings verglichen mit anderen Primaten viel mehr und in besonderer Weise kooperativ. Im Gegensatz zu den Menschenaffen sind menschliche Gesellschaften ihrer Natur nach viel egalitärer. Dies wird etwa durch unsere Praktiken bei der Nachwuchspflege deutlich. Hier helfen viele Individuen Müttern dabei, ihre Kinder großzuziehen. Darüber hinaus sind menschliche Gesellschaften durchgängig durch Normen und Institutionen gekennzeichnet, bei denen es sich um kooperative Unternehmungen handelt. Sie finden die wechselseitige Zustimmung der Gruppenmitglieder und regulieren ihr Verhalten.

Wir haben argumentiert, dass diese spezifischen Aspekte menschlicher Kooperation durch Veränderungen bei der menschlichen Nahrungsbeschaffung entstanden. Diese sorgten dafür, dass Menschen sich in einem ersten Schritt gezwungenermaßen zu kollaborativen Wildbeutern entwickelten. Dies führte zu einer wechselseitigen Abhängigkeit zwischen den Individuen, die es vorher in der Welt der Primaten nicht gegeben hatte. An diesem Punkt in der Evolutionsgeschichte des Menschen basierten prosoziale und kooperative Verhaltensweisen auf interpersonalen Interaktionen mit spezifischen Individuen, so wie dies bei den Affen der Fall zu sein scheint. Es gab allerdings einen Unterschied. Menschen entwickelten bei der kooperativen Aktivität einen mutualistischen und keinen rein individualistischen Ansatz. So bildeten sie ein tiefes Interesse nicht nur am eigenen Wohlergehen, sondern auch am Wohlergehen ihrer Partner. Sie begannen, den gemeinschaftlichen Charakter ihrer kooperativen Aktivitäten zu würdigen. Und sie begannen, sich darüber Gedanken zu machen, wie sie von anderen als Partner gesehen werden.

In einem zweiten Schritt entwickelte sich durch das Aufkommen eines Gruppenwettbewerbs bei den Menschen eine Gruppenorientierung, die, wie wir argumentieren, unter den Primaten absolut einzigartig ist. Zu diesem Zeitpunkt begannen Menschen, nicht nur ihre persönlichen Interaktionen und Vorgeschichten mit bestimmten Personen zu beachten, sondern auch die allgemeine Funktionsweise der Gruppe. Dies bedeutete, dass sie darauf achteten, in welcher Weise die einzelnen Individuen (einschließlich der eigenen Person) zum Wohlergehen der Gruppe beitragen oder dieses stören. Dies war der Anfang der akteursneutralen, normbasierten Psychologie auf Gruppenebene, die heute einen so großen Teil menschlicher Kooperation und Moralität kennzeichnet. Wir können also folgende These aufstellen. Obwohl Menschenaffen sicherlich Prosozialität und Kooperationsfähigkeit besitzen und die frühen Menschen diese Eigenschaften noch deutlich ausweiteten, kooperierten spätere Menschen auf eine besondere, akteursneutrale Art, die durchweg „moralisch" ist.

Interessanterweise haben diese beiden evolutionären Schritte Gegenstücke in der Ontogenese – zumindest bis zu einem gewissen Grad. Bereits früh scheinen Kinder und vielleicht sogar Säuglinge auf der interpersonalen Ebene bzw. der Ebene der zweiten Person zu kooperieren. Auf dieser Ebene kooperieren sie mit anderen, nehmen Anteil an der Notlage anderer, haben einen grundlegenden Sinn für Gleichheit, bewerten das Verhalten anderer und üben sich in Reziprozität. Darüber hinaus sind die frühen kooperativen Verhaltenstendenzen von Kindern durch die mutualistische oder gemeinsame Einstellung gekennzeichnet, die sich, wie wir argumentieren, im ersten Schritt unserer Evolutionsgeschichte herausbildete. Bereits früh im Kleinkindalter ist also das prosoziale und kooperative Verhalten von Kindern seiner Natur nach von dem der Menschenaffen verschieden.

Ab einem Alter von drei bis vier Jahren beginnen Kinder die normenbasierte Gruppenorientierung zu zeigen, die gleichsam den zweiten evolutionären Schritt in unserer Geschichte darstellt. Kinder funktionieren dann nicht mehr nur auf der Ebene der zweiten Person, sondern auch auf der akteursneutralen Ebene. Und sie betrachten Individuen (sie selbst eingeschlossen) als Gruppenmitglieder, die den Normen der Gruppe folgen sollen. Darüber hinaus beginnen sie, diese Normen anderen und sich selbst gegenüber durchzusetzen. Mit diesen Entwicklungen demonstrieren Kinder erstmals die spezielle, akteursneutrale und normbasierte Art von Kooperation, die man als vollständig moralisch einordnen kann. Sowohl in der evolutionären als auch in der ontogenetischen Geschichte stellen also die mutualistische Kollaboration und die prosozial motivierten Interaktionen mit bestimmten anderen Individuen den ersten Schritt in der Abfolge dar. Und der zweite Schritt ist die abstraktere, akteursneutrale, normbasierte Moral von Individuen, die in großen kulturellen Welten leben, in denen es eine Fülle von personenunabhängigen und wechselseitig bekannten Konventionen, Normen und Institutionen gibt.

Es stellt sich in diesem Zusammenhang unter anderem die Frage, was zum ontogenetischen Wechsel von einer Moral der zweiten Person hin zu einer normbasierten Moral beiträgt. Die Antwort liegt sicherlich teilweise in der sozialkognitiven Entwicklung: Um über eine normbasierte Moralität verfügen zu können, müssen Kinder damit aufhören, Individuen und soziale Interaktionen nur aus einem interpersonalen Blickwinkel zu sehen, und damit anfangen, alle Individuen aus einer akteursneutralen Sicht bzw. aus der Vogelperspektive zu sehen (aus der „view from nowhere"; Nagel 1986). Sie müssen außerdem die Fähigkeit entwickeln, sich selbst als ein Individuum unter anderen zu sehen, ihr eigenes Verhalten zu bewerten und zu verstehen, dass andere sie auf die gleiche Weise beurteilen, wie sie andere beurteilen. Hierbei handelt es sich um recht herausfordernde Leistungen bei der Entwicklung, die wahrscheinlich schrittweise über die Zeit hinweg erreicht werden und nicht plötzlich. Der Übergang von einer Moral der zweiten Person zu einer normbasierten Moral ist also kein abrupter. Und daher ist es plausibel, dass einige Formen von normbasierter Moralität bereits im Alter von zwei Jahren deutlich werden, während in vielen Situationen sogar Erwachsene keine voll ausgeprägte normbasierte Moral zeigen oder in anderen Fällen die zwei Formen in einem moralischen Dilemma konfligieren (sollte ich z. B. das Gesetz brechen, um einem Freund oder Verwandten zu helfen?).

Weiterhin haben Kultur und Sozialisation sicherlich einen enormen Einfluss auf die Ausbildung und Entwicklung der Moralität in der Kindheit. Es gibt z. B. Belege dafür, dass kulturelle Faktoren und Erfahrungen das prosoziale Verhalten von Kindern beeinflussen (siehe Eisenberg 1989; 1992). Obwohl man kürzlich feststellte, dass das instrumentelle Helfen bei 18 Monate alten Kleinkindern in Kanada, Indien und Peru auf einem ähnlichen Niveau war (Callaghan et al. 2011), ergab eine Studie über das prosoziale Verhalten von Fünfjährigen, dass deutsche und israelische Kinder mehr prosoziales Verhalten gegenüber einer verzweifelten erwachsenen Person zeigten als indonesische und malaysische (Trommsdorff et al. 2007). Trommsdorff et al. (2007) schlagen folgende Erklärung vor: In Kulturen, in denen gesichtswahrende Werte und Respekt für hierarchische Beziehungen eine große Rolle spielen (z. B. Indonesien und Malaysia), kann es wichtiger sein, das Unglück einer anderen Person (v. a. einer Autoritätsperson) zu ignorieren, als zu riskieren, dass diese Person ihr Gesicht verliert. Diese gesellschaftsspezifischen Normen zu lernen und zu internalisieren braucht wahrscheinlich eine gewisse Zeit. Das bedeutet, dass sich interkulturelle Unterschiede bei prosozialem Verhalten und Moral allgemein oft erst in den späteren Vorschuljahren offenbaren. Solche Ergebnisse hinsichtlich interkultureller Variation über Kontexte hinweg provozieren, weil sie betonen, auf welch grundsätzliche Art Kultur und Erfahrung prosoziales Verhalten formen. Und sie demonstrieren lebhaft, dass prosoziales Verhalten kein einheitlicher Prozess ist, sondern offen für vielfältige Einflüsse. Dennoch würden wir argumentieren, dass diese Einflüsse die grundsätzlichen prosozialen und kooperativen Tendenzen, die man bei Kindern beobachten kann, nicht schaffen, sondern sie vielmehr modifizieren und formen.

Schließlich ist Kooperation (und damit auch Moralität) aus evolutionärer Sicht immer problematisch, da sie verlangt, dass Individuen ihr Eigeninteresse anderen zuliebe unterdrücken oder dieses Eigeninteresse mit deren Interessen gleichsetzen. Kooperation kann sich also nur unter ganz bestimmten Umständen entwickeln. Menschen haben es geschafft, äußerst kooperative Lebensweisen herauszubilden, indem sie an kollaborativen Aktivitäten teilnahmen, bei denen der eine vom anderen abhing. Diese kollaborativen Aktivitäten sind der Ursprung der menschlichen Moralität.

Übersetzung: Nikil Mukerji

Bibliographie

Banerjee, R. (2002): Children's understanding of self-presentational behavior: links with mental-state reasoning and the attribution of embarrassment. In: Merrill-Palmer Q. 48 (4), 378–404.

Barrett, K. C./Zahn-Waxler, C./Cole, P. M. (1993): Avoiders versus amenders: implications for the investigation of guilt and shame during toddlerhood? In: Cogn. Emot. 7 (6), 481–505.

Bennett, M./Sani, F. (2008): Children's identification with social groups. In: S. R. Levy/M. Killen (Hrsg.): Intergroup Attitudes and Relations in Childhood Through Adulthood. New York: Oxford Univ. Press, 19–31.

Birch, L. L./Billman, J. (1986): Preschool children's food sharing with friends and acquaintances. In: Child Dev. 57 (2), 387–95.

Bischof-Köhler, D. (1991): The development of empathy in infants. In: M. E. Lamb/H. Keller (Hrsg.): Infant Development: Perspectives from German Speaking Countries. Hillsdale, NJ: Erlbaum, 245–73.

Boehm, C. (1999): Hierarchy in the Forest: The Evolution of Egalitarian Behavior. Cambridge, MA: Harvard Univ. Press.

Boesch, C. 1994. Cooperative hunting in wild chimpanzees. In: Anim. Behav. 48 (3), 653–67.

Boesch, C./Boesch, H. (1989): Hunting behavior of wild chimpanzees in the Taï National Park. In: Am. J. Phys. Anthropol. 78, 547–73.

Brownell, C. A./Svetlova, M./Nichols, S. R. (2009): To share or not to share: When do toddlers respond to another's needs? In: Infancy 14 (1), 117–30.

Call, J./Tomasello, M. (2008): Does the chimpanzee have a theory of mind? 30 years later. In: Trends Cogn. Sci. 12 (5), 187–92.

Callaghan, T./Moll, H./Rakoczy, H./Warneken, F./Liszkowski, U. et al. (2011): Early social cognition in three cultural contexts. In: Monogr. Soc. Res. Child Dev. 76 (2), 1–142.

Castelfranchi, C./Poggi I. (1990): Blushing as discourse: Was Darwin wrong? In: W. R. Crozier (Hrsg.): Shyness and Embarrassment: Perspectives from Social Psychology. London: Cambridge Univ. Press, 230–54.

Csibra, G./Gergely, G. (2009): Natural pedagogy. In: Trends Cogn. Sci. 13, 148–53.

Damon, W. (1975): Early conceptions of positive justice as related to the development of logical operations. In: Child Dev. 46, 301–12.

Damon, W. (1977): The Social World of the Child. San Francisco: Jossey-Bass.

Darby, B. W./Schlenker B. R. (1982): Children's reactions to apologies. In: J. Personal. Soc. Psychol. 43 (4), 742–53.

Darby, B. W./Schlenker B. R. (1989): Children's reactions to transgressions: effects of the actor's apology, reputation and remorse. In: Br. J. Soc. Psychol. 28, 353–64.

Darwall, S. (2006): The Second-Person Standpoint: Morality, Respect and Accountability. Cambridge, MA: Harvard Univ. Press.

de Waal, F. B. M. (1989): Food sharing and reciprocal obligations among chimpanzees. In: J. Hum. Evol. 18, 433–59.

de Waal, F. B. M. (1997): The chimpanzee's service economy: food for grooming. In: Evol. Hum. Behav. 18, 375–86.

de Waal, F. B. M. (2005): How animals do business. In: Sci. Am. 292 (4), 72–79.

de Waal, F. B. M./Luttrell, S. (1988): Mechanisms of social reciprocity in three primate species: symmetrical relationship characteristics or cognition? In: Ethol. Sociobiol. 9, 101–18.

Dunfield, K. A./Kuhlmeier, V. A. (2010): Intention-mediated selective helping in infancy. In: Psychol. Sci. 21 (4), 523–27.

Eckerman, C. O./Davis, C. C./Didow, S. M. (1989): Toddlers' emerging ways of achieving social coordinations with a peer. In: Child Dev. 60, 440–53.

Eckerman, C. O./Didow, S. M. (1989): Toddlers' social coordinations: changing responses to another's invitation to play. In: Dev. Psychol. 25, 794–804.

Eisenberg, N. (1989): The Roots of Prosocial Behavior in Children. London: Cambridge Univ. Press.

Eisenberg, N. (1992): The Caring Child. Cambridge, MA: Harvard Univ. Press.

Eisenberg, N./Fabes, R. A. (1998): Prosocial development. In: N. Eisenberg (Hrsg.): Handbook of Child Psychology, Vol. 3: Social, Emotional, and Personality Development. 5th ed. New York: Wiley, 701–78.

Eisenberg N./Miller, P. A. (1987): The relation of empathy to prosocial and related behaviors. In: Psychol. Bull. 101, 91–119.

Engelmann, J./Herrmann, E./Tomasello, M. (2012): Five-year-olds, but not chimpanzees, attempt to manage their reputations. In: PLoS ONE 7 (10), e48433.

Enright, R. D./Bjerstedt, Ö./Enright, W. F./Levy, V. M. Jr./Lapsley, D. K. et al. (1984): Distributive justice development: cross-cultural, contextual, and longitudinal evaluations. In: Child Dev. 55 (5), 1737–51.

Fehr, E./Bernhard, H./Rockenbach, B. (2008): Egalitarianism in young children. In: Nature 454 (28), 1079–84.

Fehr, E./Fischbacher, U. (2003): The nature of human altruism. In: Nature 425, 785–91.

Fehr, E./Fischbacher, U. (2004): Third-party punishment and social norms. In: Evol. Hum. Behav. 25, 63–87.

Geraci, A./Surian, L. (2011): The developmental roots of fairness: infants' reactions to equal and unequal distributions of resources. In: Dev. Sci. 14 (5), 1012–20.

Gilby, I. C. (2006): Meat sharing among the Gombe chimpanzees: harassment and reciprocal exchange. In: Anim. Behav. 71 (4), 953–63.
Goffman, E. (1959): The Presentation of Self in Everyday Life. New York: Doubleday.
Goffman, E. (1967): Interaction Ritual: Essays on Face-to-Face Behavior. Garden City, NY: Anchor.
Gomes, C. M./Mundry, R./Boesch, C. (2009): Long-term reciprocation of grooming in wild West African chimpanzees. In: Proc. Biol. Sci. 276 (1657), 699–706.
Goodall, J. (1986): The Chimpanzees of Gombe: Patterns of Behavior. Cambridge, MA: Harvard Univ. Press.
Gräfenhain, M./Behne, T./Carpenter, M./Tomasello, M. (2009): Young children's understanding of joint commitments. In: Dev. Psychol. 45 (5), 1430–43.
Greenberg, J. R./Hamann, K./Warneken, F./Tomasello, M. (2010): Chimpanzee helping in collaborative and noncollaborative contexts. In: Anim. Behav. 80 (5), 873–80.
Gurven, M. (2004): To give and to give not: the behavioral ecology of human food transfers. In: Behav. Brain Sci. 27, 543–83.
Hamann, K./Warneken, F./Greenberg, J./Tomasello, M. (2011): Collaboration encourages equal sharing in children but not chimpanzees. In: Nature 476, 328–31.
Hamann, K./Warneken, F./Tomasello, M. (2012): Children's developing commitments to joint goals. In: Child Dev. 83 (1), 137–45.
Hamlin, J. K./Wynn, K. (2011): Young infants prefer prosocial to antisocial others. In: Cogn. Dev. 26, 30–39.
Hamlin, J. K./Wynn, K./Bloom, P. (2007): Social evaluation by preverbal infants. In: Nature 450 (22), 557–60.
Harcourt, A. H./de Waal, F. B. M. (1992): Coalitions and Alliances in Humans and Other Animals. New York: Oxford Univ. Press.
Haun, D. B. M./Tomasello, M. (2012): Conformity to peer pressure in preschool children. In: Child Dev. 82 (60), 1759–67.
Hay, D. F. (1979): Cooperative interactions and sharing between very young children and their parents. In: Dev. Psychol. 15 (6), 647–53.
Hepach, R./Vaish, A./Tomasello, M. (2012): Young children are intrinsically motivated to see others helped. In: Psychol. Sci. 23 (9), 967–972.
Hepach, R./Vaish, A./Tomasello, M. (2013): Young children sympathize less in response to unjustified emotional distress. In: Dev. Psychol. 49 (6), 1132–1138.
Hill, K. (2002): Altruistic cooperation during foraging by the Ache, and the evolved human predisposition to cooperation. In: Hum. Nat. 13, 105–28.
Hill, K./Hurtado, A. M. (1996): Ache Life History: The Ecology and Demography of a Foraging People. New York: Aldine.
Hockings, K. J./Humle, T./Anderson, J. R./Biro, D./Sousa, C. et al. (2007): Chimpanzees share forbidden fruit. In: PLoS One 2 (9), e886.
Hoffman, M. L. (2000): Empathy and Moral Development: Implications for Caring and Justice. London: Cambridge Univ. Press.
Hook, J. G./Cook, T. D. (1979): Equity theory and the cognitive ability of children. In: Psychol. Bull. 86, 429–45.
Hoppit, W. J. E./Brown, G. R./Kendal, R./Thornton, A./Webster, M. M./Laland, K. N. (2008): Lessons from animal teaching. In: Trends Ecol. Evol. 23, 486–93.
Hrdy, S. (2009): Mothers and Others. Cambridge, MA: Harvard Univ. Press.

Irwin, D. M./Moore, S. G. (1971): The young child's understanding of justice. In: Dev. Psychol. 5 (3), 406–10.
Jensen, K./Call, J./Tomasello, M. (2007): Chimpanzees are vengeful but not spiteful. In: Proc. Natl. Acad. Sci. 104, 13046–50.
Kagan, J. (1981): The Second Year: The Emergence of Self-Awareness. Cambridge, MA: Harvard Univ. Press.
Kalish, C. (1998): Reasons and causes: children's understanding of conformity to social rules and physical laws. In: Child Dev. 69 (3), 706–20.
Keltner, D./Anderson, C. (2000): Saving face for Darwin: the functions and uses of embarrassment. In: Curr. Dir. Psychol. Sci. 9 (6), 187–92.
Kenward, B./Dahl, M. (2011): Preschoolers distribute scarce resources according to the moral valence of recipients' previous actions. In: Dev. Psychol. 47 (4), 1054–64.
Kochanska, G./Gross, J. N./Lin, M.-H./Nichols, K. E. (2002): Guilt in young children: development, determinants, and relations with a broader system of standards. In: Child Dev. 73 (2), 461–82.
Korsgaard, C. M. (1996): The Sources of Normativity. London: Cambridge Univ. Press.
Kuhlmeier, V. A./Wynn, K./Bloom, P. (2003): Attribution of dispositional states by 12-month-olds. In: Psychol. Sci. 14 (5), 402–8.
Kummer, H./Cords, M. (1991): Cues of ownership in Macaca fascicularis. In: Anim. Behav. 42, 529–49.
Lane, I. M./Coon, R. C. (1972): Reward allocation in preschool children. In: Child Dev. 43, 1382–89.
Langergraber, K. E./Schubert, G./Rowney, C./Wrangham, R./Zommers, Z./Vigilant, L. (2011): Genetic differentiation and the evolution of cooperation in chimpanzees and humans. In: Proc. Biol. Sci. 278, 2546–52.
Lepper, M. R./Greene, D./Nisbett, R. E. (1973): Undermining children's intrinsic interest with extrinsic rewards: a test of the „overjustification" hypothesis. In: J. Personal. Soc. Psychol. 28, 129–37.
Leslie, A. M./Mallon, R./Dicorcia, J. A. (2006): Transgressors, victims, and cry babies: Is basic moral judgment spared in autism? In: Soc. Neurosci. 1 (3–4), 270–83.
Levitt, M. J./Weber, R. A./Clark, M. C./McDonnell, P. (1985): Reciprocity of exchange in toddler sharing behavior. In: Dev. Psychol. 21, 122–23.
Liszkowski, U./Carpenter, M./Henning, A./Striano, T./Tomasello, M. (2004): Twelve-month-olds point to share attention and interest. In: Dev. Sci. 7 (3), 297–307.
Liszkowski, U./Carpenter, M./Striano, T./Tomasello, M. (2006): Twelve- and 18-month-olds point to provide information for others. In: J. Cogn. Dev. 7, 173–87.
Liszkowski, U./Carpenter, M./Tomasello, M. (2008): Twelve-month-olds communicate helpfully and appropriately for knowledgeable and ignorant partners. In: Cognition 108 (3), 732–39.
LoBue, V./Nishida, T./Chiong, C./DeLoache, J. S./Haidt, J. (2011): When getting something good is bad: Even 3-year-olds react to inequity. In: Soc. Dev. 20, 154–70.
Mauss, M. (1954): Forms and Functions of Exchange in Archaic Societies. New York: Routledge & Keegan Paul.
Melis, A. P./Hare, B./Tomasello, M. (2006): Engineering cooperation in chimpanzees: tolerance constraints on cooperation. In: Anim. Behav. 72, 275–86.
Melis, A. P./Hare, B./Tomasello, M. (2008): Do chimpanzees reciprocate received favors? In: Anim. Behav. 76, 951–62.

Melis, A. P./Warneken, F./Jensen, K./Schneider, A.-C./Call, J./Tomasello, M. (2011): Chimpanzees help conspecifics obtain food and non-food items. In: Proc. Biol. Sci. 278 (1710), 1405–13.
Moore, C. (2009): Fairness in children's resource allocation depends on the recipient. In: Psychol. Sci. 20 (8), 944–48.
Muller, M./Mitani, J. C. (2005): Conflict and cooperation in wild chimpanzees. In: P. J. B. Slater/J. Rosenblatt/C. Snowdon/T. Roper/M. Naguib (Hrsg.): Advances in the Study of Behavior, 35. New York: Elsevier, 275–331.
Nagel, T. (1986): The View from Nowhere. New York: Oxford Univ. Press.
Ng, R./Heyman, G. D./Barner, D. (2011): Collaboration promotes proportional reasoning about resource distribution in young children. In: Dev. Psychol. 47 (5), 1230–38.
Nichols, S. (2004): Sentimental Rules: On the Natural Foundations of Moral Judgment. New York: Oxford Univ. Press.
Nisan, M. (1984): Distributive justice and social norms. In: Child Dev. 55 (3), 1020–29.
Olson, K. R./Spelke, E. S. (2008): Foundations of cooperation in young children. In: Cognition 108, 222–31.
Piaget, J. (1932): The Moral Judgment of the Child. New York 1997: Free Press.
Piazza, J./Bering, J. M./Ingram, G. (2011): „Princess Alice is watching you": Children's belief in an invisible person inhibits cheating. In: J. Exp. Child Psychol. 109 (3), 311–20.
Rakoczy, H. (2008): Taking fiction seriously: Young children understand the normative structure of joint pretence games. In: Dev. Psychol. 44 (4), 1195–201.
Rakoczy, H./Warneken, F./Tomasello, M. (2008): The sources of normativity: young children's awareness of the normative structure of games. In: Dev. Psychol. 44 (3), 875–81.
Rekers, Y./Haun, D. B. M./Tomasello, M. (2011): Children, but not chimpanzees, prefer to collaborate. In: Curr. Biol. 21 (20), 1756–58.
Rheingold, H. L./Hay, D. F./West, M. J. (1976): Sharing in the second year of life. In: Child Dev. 47, 1148–58.
Richerson, P. J./Boyd, R. (2005): Not By Genes Alone: How Culture Transformed Human Evolution. Chicago: Univ. Chicago Press.
Riedl, K./Jensen, K./Call, J./Tomasello, M. (2012): No third party punishment in chimpanzees. Manuscript submitted.
Rochat, P./Dias, M. D. G./Liping, G./Broesch, T./Passos-Ferreira, C. et al. (2009): Fairness in distributive justice by 3- and 5-year-olds across seven cultures. In: J. Cross-Cult. Psychol. 40 (3), 416–42.
Rossano, F./Rakoczy, H./Tomasello, M. (2011): Young children's understanding of violations of property rights. In: Cognition 121, 219–27.
Schmidt, M. F. H./Rakoczy, H./Tomasello, M. (2012): Young children enforce social norms selectively. Manuscript submitted.
Schmidt, M. F. H./Sommerville, J. A. (2011): Fairness expectations and altruistic sharing in 15-month-old human infants. In: PLoS ONE 6 (10), e23223.
Searle, J. R. (1995): The Construction of Social Reality. New York: Free Press.
Searle, J. R. (2001): Rationality in Action. Cambridge, MA: MIT Press.
Sigelman, C. K./Waitzman, K. A. (1991): The development of distributive justice orientations: contextual influences on children's resource allocation. In: Child Dev. 62, 1367–78.
Surbeck, M./Hohmann, G. (2008): Primate hunting by bonobos at LuiKotale, Salonga National Park. In: Curr. Biol. 18 (19), R906–7.

Svetlova, M./Nichols, S./Brownell, C. (2010): Toddlers' prosocial behavior: from instrumental to empathetic to altruistic helping. In: Child Dev. 81 (6), 1814–27.
Tangney, J. P./Stuewig, J./Mashek, D. J. (2007): Moral emotions and moral behavior. In: Annu. Rev. Psychol. 58, 345–72.
Tomasello, M. (2008): Origins of Human Communication. Cambridge, MA: MIT Press.
Tomasello, M. (2011): Human culture in evolutionary perspective. In: M. Gelfand (Hrsg.): Advances in Culture and Psychology. New York: Oxford Univ. Press, 5–52.
Tomasello, M./Melis, A./Tennie, C./Wyman, E./Herrmann, E. (2012): Two key steps in the evolution of human cooperation: the interdependence hypothesis. In: Curr. Anthr. 53, 673–692.
Trommsdorff, G./Friedlmeier, W./Mayer, B. (2007): Sympathy, distress, and prosocial behavior of preschool children in four cultures. In: Int. J. Behav. Dev. 31 (3), 284–93.
Turiel, E. (2006): Thought, emotions, and social interactional processes in moral development. In: M. Killen/J. Smetana (Hrsg.): Handbook of Moral Development. Mahwah, NJ: Erlbaum, 7–35.
Ueno, A./Matsuzawa, T. (2004): Food transfer between chimpanzee mothers and their infants. In: Primates 45 (4), 231–39.
Vaish, A./Carpenter, M./Tomasello, M. (2009): Sympathy through affective perspective-taking and its relation to prosocial behavior in toddlers. In: Dev. Psychol. 45 (2), 534–43.
Vaish, A./Carpenter, M./Tomasello, M. (2010): Young children selectively avoid helping people with harmful intentions. In: Child Dev. 81 (6), 1661–69.
Vaish, A./Carpenter, M./Tomasello, M. (2011a): Young children's responses to guilt displays. In: Dev. Psychol. 47 (5), 1248–62.
Vaish, A./Herrmann, E./Markmann, C./Tomasello, M. (2012): Preschoolers value and prefer norm-enforcers. Manuscript in preparation.
Vaish, A./Missana, M./Tomasello, M. (2011b): Three-year-old children intervene in third-party moral transgressions. In: Br. J. Dev. Psychol. 29, 124–30.
Vaish, A./Warneken, F. (2012): Social-cognitive contributors to young children's empathic and prosocial behavior. In: J. Decety (Hrsg.): Empathy: From Bench to Bedside. Cambridge, MA: MIT Press, 131–46.
Warneken, F./Chen, F./Tomasello, M. (2006): Cooperative activities in young children and chimpanzees. In: Child Dev. 77 (3), 640–63.
Warneken, F./Gräfenhain, M./Tomasello, M. (2012): Collaborative partner or social tool? New evidence for young children's understanding of joint intentions in collaborative activities. In: Dev. Sci. 15 (1), 54–61.
Warneken, F./Hare, B./Melis, A./Hanus, D./Tomasello, M. (2007): Spontaneous altruism by chimpanzees and young children. In: PLoS Biol. 5 (7), 1414–20.
Warneken, F./Lohse, K./Melis, A. P./Tomasello, M. (2011): Young children share the spoils after collaboration. In: Psychol. Sci. 22 (2), 267–73.
Warneken, F./Tomasello, M. (2006): Altruistic helping in human infants and young chimpanzees. In: Science 311, 1301–3.
Warneken, F./Tomasello, M. (2007): Helping and cooperation at 14 months of age. In: Infancy 11 (3), 271–94.
Warneken, F./Tomasello, M. (2008): Extrinsic rewards undermine altruistic tendencies in 20-month-olds. In: Dev. Psychol. 44 (6), 1785–88.
Wellman, H. M./Larkey, C./Somerville, S. C. (1979): The early development of moral criteria. In: Child Dev. 50, 869–73.

Wyman, E./Rakoczy, H./Tomasello, M. (2009): Normativity and context in young children's pretend play. In: Cogn. Dev. 24, 149–55.

Yamamoto, S./Humle, T./Tanaka, M. (2009): Chimpanzees help each other upon request. In: PLoS ONE 4 (10), e7416.

Yamamoto, S./Humle, T./Tanaka, M. (2012): Chimpanzees' flexible targeted helping based on an understanding of conspecifics' goals. In: Proc. Natl. Acad. Sci. 109 (9), 3588–92.

Young, G./Lewis, M. (1979): Effects of familiarity and maternal attention on infant peer relations. In: Merrill-Palmer Q. 25, 105–19.

Zahn-Waxler, C./Kochanska, G. (1990): The origins of guilt. In: R. A. Thompson (Hrsg.): The Nebraska Symposium on Motivation 1988: Socioemotional Development, 36. Lincoln: Univ. Nebraska Press, 183–258.

Zahn-Waxler, C./Radke-Yarrow, M./Wagner, E./Chapman, M. (1992): Development of concern for others. In: Dev. Psychol. 28 (1), 126–36.

Gerd Gigerenzer
Moral Satisficing: moralisches Verhalten als „Bounded Rationality"[1]

Abstract: Worin liegt das Wesen moralischen Verhaltens? Aus der Sicht der Bounded-Rationality-Forschung ist moralisches Verhalten nicht alleine das Produkt von Charaktereigenschaften oder rationaler Deliberation. Vielmehr ergibt es sich durch ein Zusammenspiel von mentalen Faktoren und Umweltbedingungen. Dieser Sichtweise zufolge basiert moralisches Verhalten auf pragmatischen sozialen Heuristiken und nicht auf moralischen Regeln oder Maximierungsprinzipien. Die entsprechenden sozialen Heuristiken sind als solche weder gut noch schlecht. Sie sind dies nur in Bezug auf die Umwelt, in der sie verwendet werden. Diese Auffassung hat methodologische Implikationen für die Untersuchung von Moralität: Verhalten muss sowohl in sozialen Gruppen als auch isoliert erforscht werden und sowohl in natürlichen Umgebungen als auch im Labor. Eine weitere Implikation ergibt sich im Bereich *moral policy*: Realistische präskriptive Methoden zur Erreichung moralischer Ziele können nur entwickelt werden, wenn akzeptiert wird, dass Verhalten sowohl von psychischen Faktoren als auch von Umweltstrukturen abhängt.

1 Einleitung

Worin liegt das Wesen moralischen Verhaltens? Ich werde versuchen, diese Frage mithilfe einer Analogie zu einer anderen großen Frage zu beantworten. Diese lautet: Was ist das Wesen rationalen Verhaltens? Man könnte freilich fragen, ob Moral und Rationalität viel miteinander zu tun haben. In der Tat gibt es eine philosophische Tradition, die Denker wie Hume und Smith einschließt, nach der dies zu bestreiten ist. Andere Denker haben allerdings mindestens seit der griechischen und römischen Antike Moral und Rationalität als zwei Seiten derselben Medaille angesehen, obwohl sie diesen unterschiedliche Bedeutungen beimaßen.

---

[1] Ich bin Will Bennis, Edward Cokely, Lorraine Daston, Adam Feltz, Nadine Fleischhut, Jonathan Haidt, Ralph Hertwig, Linnea Karlsson, Jonathan Nelson, Lael Schooler, Jeffrey R. Stevens, Rona Unrau, Kirsten Volz und Tom Wells für ihre hilfreichen Kommentare zu Dank verpflichtet. Originalbeitrag: *Gigerenzer, Gerd (2010): Moral Satisficing: Rethinking Moral Behavior as Bounded Rationality. In: Topics in Cognitive Science 2, 528–554.* Übersetzung aus dem Englischen von Nikil Mukerji.

Wie Cicero (De finibus 3, 75–76) erklärte, wenn die Vernunft den idealen Stoiker – den Weisen – erst einmal gelehrt hat, dass moralische Güte das einzig Wertvolle ist, ist er ewig glücklich und frei. Denn sein Geist ist dann nicht mehr der Sklave von Neigungen. In dieser Sichtweise macht Vernunft Menschen moralisch. Während der Aufklärung entwickelte sich die Wahrscheinlichkeitstheorie und mit ihr eine neue Vision von Rationalität. Diese war wiederum mit Moral verbunden und differenzierte sich später in die verschiedenen konsequentialistischen Ethiken aus. Im 20. Jahrhundert wurde der Gedanke der *Bounded Rationality* als Gegenreaktion auf die Theorie vollständiger Rationalität und ihre zeitgenössischen Varianten entwickelt. In diesem Essay möchte ich folgende Frage stellen: Welche Sichtweise moralischen Verhaltens ergibt sich aus dem Blickwinkel der Bounded Rationality?

Ich werde den Terminus *moralisches Verhalten* als Kurzbegriff verwenden, um damit Verhalten in moralisch bedeutsamen Situationen zu bezeichnen. Dies schließt Handlungen ein, die als moralisch oder unmoralisch eingestuft werden können. Die Forschung zur *Bounded Rationality* (Gigerenzer 2008a; Gigerenzer/Selten 2001a; Simon 1990) untersucht, wie Menschen in einer unsicheren Welt und unter Zeit- und Informationsbeschränkungen tatsächlich entscheiden. Ich werde im Anschluss an Herbert A. Simon moralisches Verhalten als Ergebnis eines Zusammenspiels von Geist und Umwelt analysieren und mich so von der internen Sichtweise abgrenzen, nach der Charaktermerkmale und rationale Reflexion die ausschließliche Rolle spielen. Ich werde eine Struktur verwenden, mit der ich gut vertraut bin – nämlich Bounded Rationality. Und ich werde fragen, wie deren Anwendung zum Verständnis moralischen Verhaltens beiträgt. Ich werde dabei argumentieren, dass ein Großteil (nicht jedoch die Gesamtheit) moralischen Verhaltens auf Heuristiken basiert. Eine Heuristik ist ein mentaler Prozess, der einen Teil der verfügbaren Information ignoriert und nicht optimiert. Letzteres bedeutet, dass dieser Prozess nicht darauf abzielt, ein Maximum oder Minimum zu berechnen. Eine solche Verwendung von Heuristiken anstelle einer Optimierungsstrategie nennt man *Satisficing*. Die Analogie zwischen rationalem und moralischem Verhalten führt zu folgenden fünf Thesen, die gleichzeitig meine Antwort auf die eingangs gestellte Frage vorausahnen lassen:

1. Moralisches Verhalten basiert wesentlich auf Satisficing und selten auf einer Maximierungsstrategie. Maximierung (das Auffinden der nachweislich besten Verhaltensweise) ist nur in „kleinen Welten" möglich (Savage 1954), wo über alle Alternativen, Konsequenzen und Wahrscheinlichkeiten Gewissheit besteht, nicht aber in „großen Welten", wo keine Gewissheit besteht und es zu Überraschungen kommen kann. Wenn man unterstellt, dass die Gewissheit großer Welten selten gegeben ist, dann können normative Theorien, die Maximierung vorsehen, selten moralisches Verhalten anleiten. Aber kann

Maximierung wenigstens als normatives Ziel dienen? Die nächsten zwei Thesen geben uns zwei Gründe, dies zu bezweifeln.

2. Mit Satisficing lassen sich oft bessere Ergebnisse erzielen als mit Maximierung. Es können sich zwei Fälle ereignen. Erstens kann die Verwendung von Heuristiken sogar in Fällen, in denen Maximierung möglich wäre, zu besseren Ergebnissen führen (Gigerenzer/Brighton 2009). Dieses Resultat widerspricht einer Einschätzung, die in der Moralphilosophie weit verbreitet ist und nach der es sich bei Satisficing um eine Strategie handelt, die erwartbar nur zum zweitbesten und nicht zum besten Ergebnis führt. „Everyone writing about satisficing seems to agree on at least that much" (Byron 2004, 192). Wenn zweitens Maximierung unmöglich ist, dann impliziert der Versuch, sich im Ergebnis der Maximierung anzunähern, nicht, dass man möglichst viele Erfordernisse der Maximierungsstrategie erfüllen sollte. Dies belegt die „theory of the second best" (Lipsey 1956). Zusammengenommen fordern diese beiden Resultate das normative Ideal heraus, nach dem das Maximierungsprinzip generell definiert, wie Menschen sich verhalten sollten.

3. Bei Satisficing kommen typischerweise soziale Heuristiken zum Einsatz und nicht ausschließlich moralische Regeln. Die Heuristiken, die bei moralischem Verhalten zum Einsatz kommen, sind oft diejenigen, die auch soziales Verhalten im Allgemeinen koordinieren. Dieser Gedanke passt so gar nicht zu den moralischen Regeln, die der Regelkonsequentialismus fordert. Und er passt ebenso wenig zu der Einschätzung, dass Menschen über eine einprogrammierte moralische Grammatik verfügen, die Regeln wie etwa das Tötungsverbot enthält.

4. Moralisches Verhalten ist eine Funktion von psychischen Faktoren und Umwelteinflüssen. Es resultiert aus der Übereinstimmung (oder fehlenden Übereinstimmung) bestimmter mentaler Prozesse mit der Struktur der sozialen Umgebung. Es ist nicht alleine die Folge mentaler Zustände und Prozesse (wie etwa Charakter, moralische Deliberation oder Intuition).

5. Moralisches Design: Wenn man versucht, moralisches Verhalten im Sinne eines bestimmten Ziels zu verbessern, dann kann eine Änderung der Umweltbedingungen bisweilen zu besseren Ergebnissen führen als der Versuch, moralische Überzeugungen oder Tugenden zu beeinflussen.

Dieser Essay sollte als Einladung verstanden werden, Moral vor dem Hintergrund von Bounded Rationality zu verstehen, und ist nicht als vollständig ausgereifte Theorie des moralischen Satisficing zu interpretieren. In Anlehnung an Hume (viel mehr als an Kant) ist es nicht mein Ziel, eine normative Theorie zu entwickeln, die uns sagt, wie wir uns zu verhalten haben, sondern eine deskriptive Theorie mit präskriptiven Konsequenzen, die uns unter anderem darüber Aufschluss gibt, wie

Umgebungen gestaltet werden können, die Menschen dabei helfen können, ihre Ziele zu erreichen.

Im Anschluss an Kant (viel mehr als an Hume) haben Moralphilosophen oft behauptet, dass Tatsachen menschlicher Psychologie ethische Reflexion nicht beschränken sollten. Ich glaube, dass diese Auffassung die Gefahr birgt, wesentliche Einsichten zu verfehlen. So argumentiert etwa Doris (2002), die moralphilosophische Konzeption des menschlichen Charakters sei zutiefst problematisch, da sie Belege der Sozialpsychologie ignoriert, nach denen moralisches Verhalten nicht alleine durch Charaktereigenschaften bestimmt wird, sondern auch durch Aspekte der Handlungssituation und der jeweiligen Umwelt (vgl. etwa Mischel 1968). Eine normative Theorie, die nicht durch Erkenntnis über die Funktionsweise der Psyche informiert oder schlicht nicht im Rahmen der menschlichen Psyche implementierbar ist (weil sie etwa deren Rechenkapazität überschreitet), ist wie ein Schiff ohne Segel. Sie ist wahrscheinlich nutzlos und hat kaum eine Chance, die Welt zum Besseren zu verändern.

Ich möchte mit der rationalen Erwartung, die aus der Aufklärungsepoche stammt, beginnen. Sie wurde im 17. Jahrhundert von dem französischen Mathematiker Blaise Pascal entwickelt, der zusammen mit Pierre Fermat arbeitete.

2 Moralisches Verhalten als rationale Wahl unter Unsicherheit

Sollte man an Gott glauben? Pascals (1669) Frage war eine himmelschreiende Häresie. Während frühere Gelehrte – angefangen bei Thomas von Aquin bis hin zu René Descartes – apriorische Begründungen für die Existenz Gottes und die Unsterblichkeit der Seele angeführt hatten, wandte sich Pascal von der Annahme der Existenz Gottes als Grundlage der moralischen Ordnung ab. Stattdessen schlug er eine rechnerische Abwägung vor, die bestimmen sollte, ob es rational ist, an Gott zu glauben (wobei er Gott so verstand, wie ihn die römisch-katholische Kirche zu gegebener Zeit darstellte). Sein Gedankengang wandte sich an Menschen, die weder von den Darlegungen der Religionsgelehrten noch von den Argumenten der Atheisten überzeugt waren und sich in der Schwebe zwischen Glaube und Nichtglaube wiederfanden. Da wir uns der Existenz Gottes nicht sicher sein können, ist das Ergebnis eine Wette, die man folgendermaßen darstellen könnte:

> *Pascals Wette:* Wenn ich an Gott glaube und er existiert, dann werde ich ewige Glückseligkeit erlangen. Wenn er nicht existiert, werde ich allenfalls auf ein paar Momente irdischer Lust und Laster verzichten müssen. Wenn ich jedoch nicht an Gott glaube und er existiert, dann erwarten mich ewige Verdammnis und die Hölle.

Das Ergebnis der Abwägung stellte sich für Pascal wie folgt dar: Egal wie klein die Wahrscheinlichkeit für Gottes Existenz ist, die Bestrafung für diejenigen, die nicht glauben, und der Wert der in Aussicht stehenden Belohnung für diejenigen, die glauben, ist so groß, dass es klug ist, auf Gottes Existenz zu wetten und sich so zu verhalten, als würde man an ihn glauben – was seiner Einschätzung nach zu tatsächlichem Glauben führen würde. Pascals Argument basierte auf einem angenommenen Isomorphismus zwischen Entscheidungsproblemen, in denen objektive Wahrscheinlichkeiten bekannt sind, und Entscheidungsproblemen, in denen diese unbekannt sind (siehe Hacking 1975). Er machte mit anderen Worten einen Sprung von einer „kleinen Welt", wie Jimmy Savage – der Vater der modernen Bayesianischen Entscheidungstheorie – sie nannte, zu einer „großen Welt". In einer „kleinen Welt" herrscht Sicherheit über Handlungsalternativen, Handlungsfolgen und Wahrscheinlichkeitsverteilungen. In einer „großen Welt" dagegen herrscht hierüber Unsicherheit. Für Pascal stellte die Erwartungswertberechnung ein Allzweckmittel für Entscheidungen unter Unsicherheit dar und ließ sich vom Glücksspiel bis zum moralischen Dilemma auf alle Entscheidungsprobleme anwenden:

Bewerte jede Entscheidungsoption (z. B. die Frage, ob man an Gott glauben sollte oder nicht) durch ihre n Konsequenzen, d. h. multipliziere zunächst die Wahrscheinlichkeiten p_i mit den Werten x_i der jeweiligen Konsequenzen i $(i=1, ..., n)$ und summiere diese auf:

$$EW = \Sigma\ p_i x_i\ . \quad (1)$$

Die Alternative mit dem höchsten Erwartungswert (EW) ist die rationale Wahl.

Diese neue Sichtweise der Rationalität unterstrich Risiko anstelle von Sicherheit und setzte sich danach in verschiedenen Erscheinungsformen in der Aufklärungsbewegung durch: u. a. als Bernoullis Erwartungsnutzen, Benjamin Franklins moralische Algebra, Jeremy Benthams hedonistisches Kalkül und John Stuart Mills Utilitarismus. Von Anfang an wurde die Erwartungswertberechnung mit moralischem und juristischem Denken in Verbindung gebracht (Daston 1988). Heute fungiert sie als Grundlage für die Theorie rationaler Wahl (engl.: „rational choice theory"). Gary Becker etwa erläutert beispielsweise, wie sich sein Denken über Verbrechen in den 1960er-Jahren entwickelte, wie folgt: Er war für eine mündliche Prüfung spät dran und überlegte, ob er sein Auto auf einem Parkplatz abstellen oder es illegalerweise auf der Straße parken sollte. In letztem Falle würde er einen Strafzettel riskieren. Becker schreibt:

> Ich berechnete die Wahrscheinlichkeit, einen Strafzettel zu bekommen, die Höhe der Strafe und die Kosten dafür, das Auto auf einem Parkplatz abzustellen. Dann entschied ich, das Risiko auf mich zu nehmen und auf der Straße zu parken. (Becker 1995, 637, übers. v. NM)

Nach Beckers Einschätzung sind Gesetzesübertretungen – und zwar sowohl die geringfügigen als auch die schwerwiegenden – nicht die Folge eines irrationalen Motivs, eines schlechten Charakters oder einer mentalen Störung. Vielmehr können sie als Ergebnis einer rationalen Wahl, die auf Erwartungswertkalkulation basiert, erklärt werden. Diese ökonomische Theorie hat regulatorische Implikationen: Bestrafung funktioniert und Verbrecher sind keine hilflosen Opfer der Gesellschaft. Darüber hinaus sollten kommunale Verantwortliche dieselbe Kalkulation anstellen, um zu bestimmen, wie oft Fahrzeuge überprüft werden, wie hoch die jeweilige Strafe ist und wie andere Variablen, die einen Einfluss auf die Gesetzestreue der Bürger haben, behandelt werden.

In der Wirtschaftswissenschaft und den Kognitionswissenschaften wird die Annahme vollständiger (uneingeschränkter) Rationalität typischerweise als methodologisches Instrument eingesetzt. Es wird nicht unterstellt, dass Menschen tatsächlich so entscheiden. Die Behauptung lautet, dass Menschen so entscheiden, als würden sie ihre (wie auch immer verstandene) Wohlfahrt maximieren, indem sie die Bayesianischen Wahrscheinlichkeiten jeder Konsequenz berechnen und diese mit den jeweiligen Nutzenwerten multiplizieren. Als psychologisches Modell erfordert vollständige Rationalität verlässliches Wissen über alle Handlungsoptionen, deren Folgen sowie die jeweiligen Nutzenwerte und Wahrscheinlichkeiten dieser Folgen. Darüber hinaus bringt es dieses Verständnis mit sich, dass die beste Handlungsalternative gefunden werden muss, d. h. dass man in der Lage sein muss, den maximalen Erwartungswert zu berechnen.

Die Erwartungswertberechnung stellt die Grundlage für verschiedene (handlungs-) konsequentialistische Theorien moralischen Verhaltens dar, denen zufolge Handlungen nur gemäß ihren Folgen zu bewerten und an sich weder richtig oder falsch sind, auch dann, wenn es sich um Folter oder Verrat handelt. Die beste moralische Handlung ist diejenige, die die entsprechende „Währung" maximiert – etwa Wert, Wohlfahrt oder das größte Glück der größten Zahl. Es existieren viele Versionen des Konsequentialismus, die sich dadurch unterscheiden, was jeweils maximiert wird. Wenn z. B. gefordert wird, Glück solle maximiert werden, dann lässt sich „Glück" zum einen als die Gesamtmenge allen Glücks verstehen oder als die Gesamtmenge glücklicher Menschen (Braybooke 2004). Während der Konsequentialismus ein normatives Ideal etabliert, das bestimmt, wie man handeln sollte (und nicht auf eine Beobachtung tatsächlichen Verhaltens aus ist), beeinflusst die Erwartungswertberechnung ebenso deskriptive Theorien über menschliches Verhalten. Varianten von (1) wurden vorgeschlagen, um verschiedene Theorien zu konstruieren, u. a. Theorien des Gesundheitsverhaltens, Konsumentenverhaltens, der Intuition, Motivation, Einstellungsformation und Entscheidungsfindung. Hier lieferte das, *was sein soll*, eine Vorlage für Theorien darüber, *was ist*. Dieser Übergang vom Sollen zum Sein ist ein weitverbreitetes Prinzip für die Entwicklung neuer deskriptiver psychologischer Theorien, wie Bayesianische und andere Theorien statistischer Optimierung verdeutlichen (Gigerenzer 1991). Sogar deskriptive Theorien, die der Erwartungsnutzenmaximierung kritisch gegenüberstehen, wie etwa die *prospect theory*, basieren auf denselben Prinzipien. Sie nehmen an, dass Menschen Entscheidungen treffen, indem sie alle Entscheidungskonsequenzen erwägen, diese bewerten und gewichtet nach Wahrscheinlichkeiten summieren. Diese Theorien unterscheiden sich nur geringfügig, etwa hinsichtlich der Form der Wahrscheinlichkeitsfunktion (z. B. linear oder S-förmig). Das Erwartungswertkalkül ist also eine der erfolgreichsten Schablonen für die menschliche Natur geworden.

2.1 Moral in kleinen Welten

Die Schönheit und Eleganz des Erwartungswertkalküls hat allerdings einen Preis. Um eine Maximierungstheorie zu konstruieren, schränkt sie ihren Anwendungsbereich auf Situationen ein, in denen man eine optimale Lösung finden und beweisen kann. Das bedeutet, es kann nur um wohldefinierte Situationen gehen, in denen alle relevanten Handlungsalternativen, Handlungsfolgen und Wahrscheinlichkeiten bekannt sind. Wie oben erwähnt, schränkt dies experimentelle Studien auf „kleine Welten" ein (Binmore 2009; Savage 1954). Ein Großteil der Entscheidungstheorie, der utilitaristischen Moralphilosophie und der Spieltheorie konzentriert sich auf das Problem der Maximierung. Ihre experimentellen Studien erzeugen daher „kleine Welten", in denen menschliches Verhalten untersucht wird. Diese reichen von experimentellen Spielen (z. B. das Ultimatumsspiel) über moralische Dilemmata (z. B. Trolley-Probleme) bis hin zu Wahlentscheidungen über finanzielle Wetten. Diese einseitige Betonung kleiner Welten ist jedoch recht überraschend, wenn man bedenkt, dass sich Savage in der zweiten Hälfte seines einflussreichen Buches mit Entscheidungsproblemen unter Unsicherheit auseinandersetzt, in denen nicht alle Handlungsalternativen, Handlungsfolgen und Wahrscheinlichkeiten bekannt sind und Maximierung nicht mehr möglich ist. Stattdessen schlägt er für diese Fälle die Verwendung von Heuristiken wie *minimax* vor, nach der diejenige Handlung gewählt werden soll, die im schlimmsten anzunehmenden Fall zum besten Ergebnis führt. Dieser Teil von Savages Buch nahm Herbert Simons Gedanken der Bounded Rationality vorweg. Aber wenige Ökonomen haben seither dessen Warnung beachtet, dass seine Maximierungstheorie nicht routinemäßig auf Fälle außerhalb kleiner Welten angewandt werden kann (Binmore 2009 ist in diesem Zusammenhang als Ausnahme zu nennen). Maximierung wurde stattdessen auf fast alles angewandt, ob Wahrscheinlichkeiten bekannt waren oder nicht, und diese Überdehnung der Theorie führte zu unzähligen Problemen (Kritiken finden sich in Bennis/Medin/Bartels 2010). Sogar Pascal konnte die Zahlen, die er für seine Wette benötigte, nicht benennen: die A-priori-Wahrscheinlichkeit für die Existenz Gottes und die Wahrscheinlichkeiten für jede der Konsequenzen. Diese Lücken gaben zahlreichen Atheisten, einschließlich Richard Dawkins (2006), Anlass, Pascals Schlussfolgerung zu kritisieren und stattdessen numerische Werte und Wahrscheinlichkeiten vorzuschlagen, die belegen, dass es rational ist, nicht an Gott zu glauben. Keine dieser Schlussfolgerungen lässt sich jedoch aus dem Maximierungskalkül als solchem herleiten. Denn beide Seiten können immer Wahrscheinlichkeiten und Folgenbewertungen wählen, die ihre vorhergehenden Überzeugungen stützen. Der Umstand, dass Maximierung den Anwendungsbereich von Rationalität und Moral auf kleine Welten einengt, stellt einen der Beweggründe dar, um nach anderen Theorien zu suchen.

2.2 Wenn die Bedingungen für Maximierung nicht erfüllt sind, sollte man dann versuchen zu approximieren?

Viele Moralphilosophen, die eine Variante der Nutzenmaximierung als normative These vertreten, räumen ein, dass diese in der echten Welt – aufgrund von Informationsdefiziten oder kognitiven Beschränkungen – in jedem einzelnen Fall unmöglich ist. Ein Standardargument besagt, dass es sich bei Maximierung um ein Ideal handelt, nach dem man streben sollte, wobei man davon ausgeht, dass ein höherer Approximationsgrad Entscheidungen verbessert. Dieses Argument steht jedoch im Widerspruch zur allgemeinen „theory of the second best" (Lipsey 1956). Die Theorie besteht aus einem allgemeinen Theorem und einem negativen Korollar, das hier einschlägig ist. Es sei angemerkt, dass die Erreichung einer optimalen Lösung die Erfüllung einer Anzahl von Bedingungen voraussetzt. Das allgemeine Theorem besagt nun Folgendes: Wenn die Erfüllung einer dieser Bedingungen nicht möglich ist, dann ist die Erfüllung der verbleibenden Bedingungen – auch wenn diese möglich ist – im Allgemeinen nicht mehr wünschenswert. Mit anderen Worten: Wenn eine Bedingung nicht erfüllt werden kann, dann garantiert Approximation eben nicht die zweitbeste Lösung, sondern diese könnte man auch finden, indem man von allen anderen Bedingungen abweicht. Das Korollar lautet folgendermaßen:

> Wenn in einer Situation nicht alle Bedingungen für ein Optimum erfüllt sind, aber mehr als in einer anderen Situation, dann bedeutet dies nicht, dass jene Situation besser ist als diese. In der Tat ist dies nicht einmal wahrscheinlicher. Folglich ist es in einer Situation, in der es viele Beschränkungen gibt, die die Erfüllung eines Pareto-Optimums verhindern, möglich, dass die Beseitigung einer Beschränkung die Wohlfahrt erhöht, senkt oder unverändert lässt. (Lipsey 1956, 12, übers. v. NM)

Die „theory of the second best" stützt daher nicht das vorgenannte Argument. Sie stützt nicht die Ansicht, dass Maximierung auch in Fällen, in denen sie unmöglich ist, weil eine Bedingung nicht erfüllt werden kann, als Ideal angesehen und approximiert werden sollte, um moralisch bessere Resultate zu erreichen. Die Theorie zeigt, dass Maximierung nicht der Goldstandard für große Welten sein kann, in denen ihre Bedingungen nicht erfüllt sind. Ich werde nun eine alternative Analogie für die Moral in Betracht ziehen: die Bounded Rationality.

3 Moralisches Verhalten als Bounded Rationality

Wie sollte man in großen Welten, das heißt unter Unsicherheit, Entscheidungen treffen? Wie sollte man entscheiden, wenn man nicht alle Handlungsalternativen, Handlungsfolgen und Wahrscheinlichkeiten kennt? Die Aufhebung des Ideals der Maximierung und seine Ersetzung durch Bounded Rationality wurde in der Rationalitätstheorie als *die* „Ketzerei" des 20. Jahrhunderts betrachtet. In vielen weiteren Wissenschaftsbereichen gilt dies immer noch. Der Ausdruck *Bounded Rationality* wird Herbert A. Simon zugeschrieben, wobei die Qualifizierung *bounded* den Gegensatz zum Gedanken der *Unbounded Rationality* (uneingeschränkte Rationalität) oder *Full Rationality* (vollständige Rationalität) markieren soll, der in der Erwartungsnutzentheorie und ihren modernen Spielformen Anwendung findet. Bounded Rationality verabschiedet sich vom Gedanken, dass Optimierung die condicio sine qua non einer Theorie der Rationalität darstellt. So erlaubt sie, auch mit Problemen umzugehen, in denen Optimierung nicht möglich ist, ohne diese auf kleine Welten zu reduzieren. So können Informationsbeschränkungen und Berechnungsschwierigkeiten explizit als Charakteristika eines Entscheidungsproblems aufgenommen werden. Es gibt zwei Arten von Beschränkungen: solche, die unseren Geist betreffen, wie z. B. unsere Gedächtniskapazität, und solche, die zur äußeren Welt gehören, wie etwa eine rauschende, unzuverlässige Informationsgrundlage (Todd/Gigerenzer 2001).

Wenn ich den Ausdruck *Bounded Rationality* verwende, dann beziehe ich mich damit auf die Rahmentheorie, die durch Herbert A. Simon eingeführt (Simon 1955; 1990) und unter anderem von Reinhard Selten und mir weiterentwickelt wurde (Gigerenzer/Selten 2001a; 2001b; Gigerenzer/Todd/ABC Research Group

1999). Kurz gesagt handelt es sich bei Bounded Rationality um die Erforschung kognitiver Prozesse (was Emotionen einschließt), auf deren Grundlage menschliche Entscheidungen in großen Welten tatsächlich zustande kommen. Bevor ich in den nächsten Abschnitten auf ihre Schlüsselprinzipien zu sprechen komme, möchte ich darauf aufmerksam machen, dass es zwei weitere Deutungen von Bounded Rationality gibt.

Ken Arrow (2004) hat erstens ins Feld geführt, Bounded Rationality sei letztendlich lediglich Optimierung unter Beschränkungen. Bei Bounded Rationality handle es sich also um nichts anderes als eine getarnte Variante der Unbounded Rationality. Diese Einschätzung ist sowohl unter Ökonomen als auch unter Moralphilosophen verbreitet. Herbert Simon erzählte mir einst, er wollte Wissenschaftler verklagen, die sein Konzept als eine weitere Erscheinungsform der Optimierung missbrauchen. Simon argumentiert andernorts, „dass es absolut keine Belege dafür gibt, dass diese [für Optimierung notwendigen, Anm. d. Übers.] Berechnungen in Situationen jedweden Komplexitätsgrades durchgeführt werden können oder tatsächlich werden" (Simon 1955, 102, übers. v. NM).

Daniel Kahneman (2003) hat zweitens vorgeschlagen, unter Bounded Rationality die Erforschung der Abweichung zwischen tatsächlichem menschlichem Urteil und vollständiger Rationalität zu verstehen. Jene nennt er kognitive Fehlleistungen (engl.: „cognitive fallacies"). Nach Kahnemans Ansicht verlassen sich Menschen auf Heuristiken, obwohl Optimierung möglich wäre. Unter diesen versteht er „second best"-Strategien, die oft zu Fehlern führen. Als Modell der Moral ist Arrows Sichtweise mit konsequentialistischen Theorien konsistent. Diese nehmen Maximierung einer Nutzengröße als normatives Ideal an, wobei einige Einschränkungen mit in die Betrachtung einfließen. Kahnemans Perspektive legt das Hauptaugenmerk auf die Erforschung der Diskrepanzen zwischen tatsächlichem Verhalten und dem utilitaristischen Kalkül. Diese Diskrepanzen wurden als moralische Fallgruben gedeutet (Sunstein 2005). Diese beiden Deutungsweisen erscheinen diametral entgegengesetzt. Die eine interpretiert tatsächliches Verhalten als rational. Die andere stuft es als irrational ein. Dennoch haben beide Sichtweisen eine Gemeinsamkeit: Sie gehen beide davon aus, dass es sich bei einer Variante vollständiger Rationalität um die Norm handelt. Wie ich jedoch angemerkt habe, ist Optimierung in großen Welten kaum möglich. Außerdem können heuristische Methoden – wie wir im nächsten Abschnitt sehen werden – sogar dann überlegen sein, wenn Optimierung möglich ist.

Im Folgenden werde ich zwei Prinzipien der Bounded Rationality einführen und fragen, welche Deutung von Moral aus ihnen resultiert.

4 Prinzip 1: Weniger kann mehr sein

Optimierung erfordert, dass man das Maximum (oder Minimum) einer Funktion berechnet und so die ideale Handlungsweise bestimmt. Der Begriff des Satisficing, der von Simon eingeführt wurde, ist ein northumbrischer Ausdruck für den Terminus *satisfy* (zufriedenstellen). Es handelt sich um einen generischen Ausdruck, der alle Strategien bezeichnet, die bestimmte Informationen ignorieren und einen vergleichsweise geringen Grad an Berechnung erfordern. Solche Strategien nennt man *Heuristiken*. Es sei angemerkt, dass Simon den Ausdruck *Satisficing* auch für eine besondere Form von Heuristik verwandte. Bei dieser Heuristik wird die erste Handlungsalternative gewählt, die ein bestimmtes Anspruchsniveau erreicht. Ich werde den Ausdruck hier aber in seiner generischen Bedeutungsweise verwenden. Die klassische Begründung dafür, dass Menschen Heuristiken zur Entscheidungsfindung verwenden, liegt in einer Abwägung zwischen Genauigkeit und Kosten: Wer mit Heuristiken arbeitet und auf komplexe Berechnungen verzichtet, der kann sich einiges an Aufwand sparen. Allerdings kostet ihn diese Vorgehensweise ein gewisses Maß an Genauigkeit. Diese Sichtweise versteht Heuristiken dementsprechend im Hinblick auf Genauigkeit als zweitbeste Lösung, weil angenommen wird, dass weniger Aufwand nie zu mehr Genauigkeit führen kann. Dieser Standpunkt ist immer noch in fast allen Lehrbüchern vorherrschend. Forschungen zur Bounded Rationality haben jedoch zutage gefördert, dass dieser Trade-off im Allgemeinen nicht existiert. Vielmehr können Heuristiken bei geringerem Aufwand sogar genauer sein (Gigerenzer/Brighton 2009):

> *Weniger kann mehr sein:* Wenn ein komplexes Kalkül in einer kleinen Welt zum besten Ergebnis führt, dann kann es dennoch sein, dass dasselbe Kalkül in einer großen Welt einer einfachen Heuristik unterlegen ist.

Das folgende Beispiel verdeutlicht dies. Harry Markowitz erhielt seinen Nobelpreis für eine Methode zur optimalen Kapitalanlage, die *mean-variance portfolio* genannt wird. (Banken bewerben diese Methode heute weltweit.) Als er jedoch seine eigene Anlageentscheidung für die Altersvorsorge traf, machte er nicht von dieser Methode Gebrauch. Stattdessen verwendete er eine intuitive Heuristik, die 1/N genannt wird: Verteile dein Geld gleichmäßig auf jede von N Anlageoptionen (Gigerenzer 2007). Studien konnten zeigen, dass 1/N das *mean-variance portfolio* hinsichtlich verschiedener Finanzkennzahlen schlagen konnte, obwohl die Optimierungsmethode Aktiendaten verwendete, die über einen Zeitraum von zehn Jahren gesammelt wurden. (Das ist ein längerer Zeitraum, als die meisten Investmentfirmen verwenden.) Ein Grund für dieses erstaunliche Resultat liegt darin, dass Schätzwerte im Allgemeinen einen Schätzfehler (engl.: „sampling error") enthalten, wenn man nicht von einem hinreichend großen Datensatz ausgeht. 1/N dagegen ist gegen Schätzfehler immun, da die Methode Vergangenheitsdaten ignoriert und keine freien Parameter beinhaltet, die geschätzt werden müssen. Wenn man N = 50 unterstellt, dann müsste man über Aktiendaten in einem Zeitraum von 500 Jahren verfügen, damit die Optimierungsmethode ein besseres Ergebnis erzielt als die einfache Heuristik (DeMiguel/Garlappi/Uppal 2009). Dieses Investmentproblem illustriert eine Situation, in der Optimierung möglich ist (zumindest ist sie berechenbar), der Fehler bei der Parameterschätzung des Optimierungsmodells aber größer ist als der „Bias" der Heuristik. In der Sprache der Statistik leidet die Optimierungsmethode vor allem unter Varianz (Schätzfehler) und die Heuristik unter einem Bias. Die Frage, wie gut eine flexiblere, komplexere Methode (wie das Nutzenkalkül) im Vergleich zu einer einfachen Heuristik abschneidet, kann man mithilfe des Bias-Varianz-Dilemmas beantworten (Geman/Bienenstock/Doursat 1992). Die Optimierungsmethode würde mit anderen Worten das beste Ergebnis erzielen, wenn die Werte der Parameter ohne Schätzfehler bekannt wären, so wie es in einer kleinen Welt der Fall ist. Aber sie kann in einer großen Welt unterlegen sein, in der Parameter mithilfe begrenzter Informationsstichproben geschätzt werden müssen. Nun kann man eine Analogie ziehen. Wenn es sich bei einem Investment um eine moralische Handlung handelte, würde Maximierung nicht notwendig zum besten Ergebnis führen. Dies liegt in dem Schätzfehler der Wahrscheinlichkeiten und Nutzenwerte begründet, den die Methode in einer großen Welt generiert.

Das Investmentbeispiel illustriert außerdem, dass die entscheidende Frage die Entscheidungsumgebung betrifft. In welchen Umgebungen führt Optimierung zu besseren Ergebnissen als Satisficing (Antwort im Investmentfall: Die Erhebungsmenge umfasst mindestens 500 Jahre) und in welchen Umwelten tut sie dies nicht (Antwort im Investmentfall: Erhebungsmenge unter 500 Jahre)? Entgegen der Behauptung, Heuristiken seien immer zweitbeste Lösungen, existiert nun ein breiter Fundus von Belegen, die zeigen, dass einfache Heuristiken, die bestimmte Informationen ignorieren, Strategien schlagen können, welche mehr Informationen und Berechnungen einbeziehen (vgl. Brighton 2006; Gigerenzer 2008a; Makridakis/Hibon 2000).

Heuristiken schneiden so gut ab, gerade weil sie bestimmte Informationen ignorieren. Die *take-the-best*-Heuristik, bei der sich der/die Entscheidende nur auf einen guten Grund stützt und alles andere ignoriert, hat in vielen Situationen mehr Vorhersagekraft als eine multiple Regressionsanalyse, die auf allen verfügbaren Gründen basiert (Czerlinski/Gigerenzer/Goldstein 1999). Die *tit-for-tat*-Heuristik erinnert sich nur an den letzten Spielzug des Interaktionspartners und vergisst den Rest (eine Form der Vergebung). Aber sie kann zu mehr Kooperation und größeren finanziellen Zugewinnen als komplexere Strategien führen, was auch die rationale

Strategie der fortwährenden Defektion einschließt (z. B. in einem Gefangenendilemma mit einer fixen Anzahl von Spielwiederholungen). Ganz ähnlich verhält es sich bei 1/N. Die Strategie ignoriert alle vorhergehenden Informationen hinsichtlich der Performance von Investmentfonds. In jedem Fall lautet die Frage: In welcher Umgebung zahlt sich Einfachheit aus? Und wo würde mehr Information helfen?

Wie das Beispiel von Markowitz zeigt, neigen Experten dazu, sich auf schnell anwendbare und sparsame Heuristiken zu verlassen, um bessere Entscheidungen zu treffen (Shanteau 1992). Hier ist noch ein weiterer Beleg dafür. Um zu bestimmen, welche Kunden in einer Datenbank aktiv und welche inaktiv sind, verwenden erfahrene Manager von Fluggesellschaften und Bekleidungsunternehmen eine einfache Hiatus-Heuristik: Kunden, die in den vergangenen neun Monaten nichts gekauft haben, gelten als inaktiv. Diese Methode hat sich als genauer erwiesen als komplizierte Methoden wie das Pareto/NBD-Modell („negative binomial distribution"), das mehr Informationen und komplexere Berechnungen verwendet (Wübben/Wangenheim 2008). Britische Laienrichter scheinen ihre Entscheidungen über die Einräumung von Kautionen mithilfe eines schnellen und sparsamen Entscheidungsbaumes zu treffen (Dhami 2003). Die meisten professionellen Einbrecher wählen ihre Zielobjekte nach der *take-the-best*-Heuristik aus. Sie bewerten und wägen nicht alle möglichen Anhaltspunkte ab (Garcia-Retamero/Dhami 2009). Ein Outfielder im Baseball weiß intuitiv, wohin er rennen muss, um einen Ball zu fangen. Seine Intuition basiert auf verschiedenen Erscheinungsformen der *gaze*-Heuristik[2] (Gigerenzer 2007; Shaffer et al. 2004). Manche der Heuristiken, die Menschen verwenden, konnten in verschiedenen Studien auch bei Vögeln, Fledermäusen, Ratten und anderen Tieren nachgewiesen werden (Hutchinson/Gigerenzer 2005).

Alles in allem gibt es also Belege dafür, dass Menschen Heuristiken häufig verwenden. Dabei ist es sehr wichtig, zu betonen, dass sie dabei zur Verfügung stehende Informationen teilweise ignorieren. Dadurch können Heuristiken zu besseren Entscheidungen führen als komplexe Strategien, was Optimierungsstrategien einschließt. Ein wichtiger Punkt ist, dass Optimierung und Satisficing durch den jeweils zugrunde liegenden Prozess definiert werden. (Optimierungsstrategien berechnen das Maximum einer Funktion unter Berücksichtigung aller Informationen. Bei Heuristiken wird nur eingeschränkt und nach einigen wichtigen Informationen gesucht. Der Rest wird ignoriert.) Der Prozess sollte nicht mit

---

2 Bei der *gaze*-Heuristik fixiert der Spieler den Ball, läuft los und versucht seine Laufgeschwindigkeit so anzupassen, dass der Winkel, in dem er den Ball fixiert, konstant bleibt (Anm. d. Übers.).

dem Ergebnis verwechselt werden. Ob Optimierung oder Satisficing in der realen, unsicheren Welt zu besseren Resultaten führt, ist eine empirische Frage. Diese Erkenntnis widerspricht der weitverbreiteten Überzeugung, dass komplexe Berechnungen immer zu besseren Entscheidungen führen als einfache Heuristiken. Und ich glaube, dass es das normative Ideal herausfordert, nach dem Maximierung definiert, wie sich Menschen in einer unsicheren Welt verhalten sollten.

5 Prinzip 2: Simons Schere

Theorien der Unbounded Rationality basieren typischerweise auf logischen Prinzipien sowie Axiomen der Konsistenz und Transitivität. Logik war auch die Metapher, die Piaget verwendete, um das Denken zu verstehen. Als er sich dem moralischen Urteilen zuwandte, schlug er vor, dass dieses sich genauso entwickle, wobei abstraktes, logisches Denken die letzte Entwicklungsstufe darstelle (Gruber/Vonèche, 1977). Kohlberg (1968) gab einem seiner Essays den Titel *The child as a moral philosopher* (*Das Kind als Moralphilosoph*) und betonte damit seine Ansicht, nach der moralisches Funktionsvermögen neben Emotionen auch systematisches Denken involviert. Im Gegensatz dazu basiert Bounded Rationality auf einer umgebungsorientierten und nicht einer logischen Sichtweise des Verhaltens, wie Simon dies in seiner Scherenanalogie zum Ausdruck bringt:

> Menschliches Verhalten (und das rationale Verhalten aller physischen Symbolsysteme) wird durch eine Schere geprägt, deren zwei Klingen die Struktur der Umgebung einer Aufgabe und die Rechenkapazität des Handelnden darstellen. (Simon 1990, 7)

Verhalten hängt sowohl von psychischen Faktoren als auch von Umwelteinflüssen ab. Wer nur eine Klinge einer Schere betrachtet, wird nicht verstehen, wie die Schere schneidet. Ganz ähnlich verhält es sich beim Verhalten. Wer nur die psychische Seite beobachtet – etwa mithilfe von Interviews oder bildgebenden Verfahren der Hirnforschung – wird die Ursachen von Verhalten nur teilweise verstehen. Bei den Normen der Verhaltensbewertung verhält es sich ganz analog. Hier geht es nicht lediglich um Konsistenz, Transitivität oder andere logische Prinzipien, sondern um den Erfolg, der sich aufgrund eines Verhaltens einstellt. Dieser ist eine Folge aus dem Zusammenpassen von Psyche und Umwelt. Konsistenz kann im Rahmen einer Theorie der Bounded Rationality immer noch eine Rolle spielen, wenn diese funktional ist, wie etwa bei der Validierung eines mathematischen Beweises. Die Forschungsrichtung der „ecological rationality" fragt, in welcher Welt eine gegebene Heuristik, gemessen an einem bestimmten Bewertungsmaßstab, besser abschneidet als eine andere Strategie.

Auf der Grundlage dieser Sichtweise bietet sich eine Analogie zu moralischem Verhalten an. Dieses ist eine Funktion von psychischen Aspekten und Umwelt, und nicht alleine die Folge von moralischem Nachdenken oder Charakter.

6 Moral Satisficing

Auf der Grundlage der eben besprochenen zwei Prinzipien werde ich nun versuchen, die Grundlage für eine Theorie des Moral Satisficing zu legen. Die Theorie hat zwei Ziele:
1. Erklärung moralischen Verhaltens. Dieses Ziel ist beschreibend, d. h., es geht darum, zu erklären, wie sich moralisches Verhalten einerseits aus psychischen Faktoren und andererseits aus Umweltstrukturen ergibt.
2. Änderung moralischen Verhaltens. Dieses Ziel ist präskriptiv, d. h., es geht darum, die Resultate aus (1) zu nutzen, um abzuleiten, wie ein gegebenes moralisches Ziel erreicht werden kann. Die Lösung kann in einem Wechsel von Heuristiken liegen, in einer Gestaltung der Umwelt oder in beidem.

Wie ich bereits angemerkt habe, handelt es sich beim Moral Satisficing nicht um eine normative Theorie, die uns sagt, was unsere moralischen Ziele sein sollten. Sie sagt uns nicht, ob wir uns etwa als Organspender zur Verfügung stellen oder uns scheiden lassen sollten. Ebenso wenig sagt sie uns, ob wir damit aufhören sollten, Energie zu verschwenden, um die Umwelt zu schonen. Aber die Theorie kann uns sagen, wie wir Menschen helfen können, Ziele wie diese effizienter zu erreichen. Außerdem kann eine deskriptive Analyse uns Anhaltspunkte hinsichtlich der Plausibilität normativer Theorien liefern (Feltz/Cokely 2009; Knobe/Nichols 2008).

Zur Verdeutlichung möchte ich mit dem Problem der Organspende beginnen (Johnson/Goldstein 2003). Es entsteht durch eine Spenderknappheit, trägt dazu bei, dass Schwarzmärkte für Organe entstehen, und entzündet fortlaufend Debatten über Regierungsinterventionen und die Rechte von Individuen.

Das Organspende-Problem: Jedes Jahr versterben geschätzte 5.000 Amerikaner und 1.000 Deutsche, die vergeblich auf ein passendes Spenderorgan warten. Obwohl die meisten Bürger aussagen, sie unterstützten postmortale Organspenden, unterschreiben vergleichsweise wenige einen Organspendeausweis. In den USA sind es ungefähr 28 % und in Deutschland 12 %. Warum stellen sich so wenige Menschen als potentielle Spender zur Verfügung? Hierfür wurden verschiedene Erklärungen angeführt. Eine davon besagt, viele Menschen seien eigeninteressiert und hätten ein geringes Einfühlungsvermögen für das Leiden anderer. Nach einer anderen Erklärung sind Menschen hypersensibel, wenn es um die Öffnung ihres toten Körpers geht. Eine dritte Erklärung besagt, Menschen befürchteten, dass Ärzte sich bei

Vorliegen eines Spenderausweises in der Notaufnahme weniger bemühen würden, die entsprechenden Patienten zu retten. Warum sind dann aber 99,9 % der Franzosen und Österreicher potentielle Organspender?

Normalerweise wird versucht, diesen bemerkenswerten Unterschied zwischen den Prozentzahlen von Organspendern in den verschiedenen Ländern (Abb. 1) durch Persönlichkeitsmerkmale zu erklären – Egoismus oder fehlende Empathie. Aber es ist nicht besonders wahrscheinlich, dass Charaktermerkmale das große Ganze erklären können. Betrachten wir als nächste mögliche Erklärung das schlussfolgernde Denken.

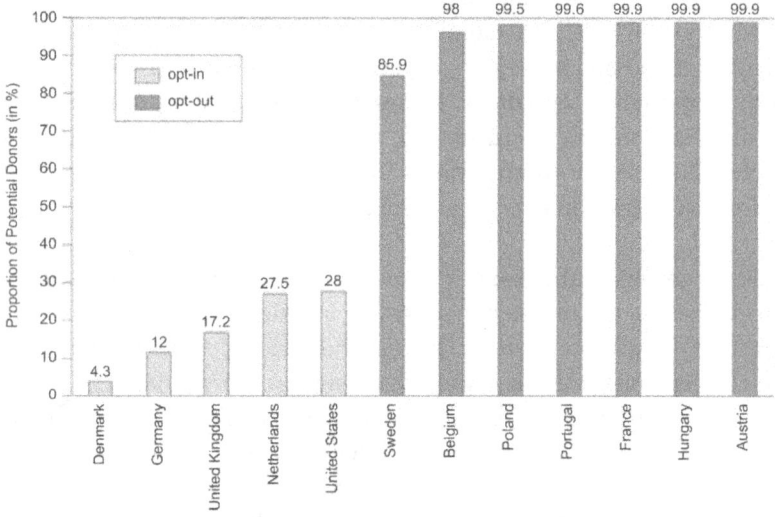

Abb. 1: Warum sind im Ländervergleich so wenige Bürger in Dänemark, Deutschland, Großbritannien, den Niederlanden und den USA als mögliche Organspender registriert? Die Antwort liegt nicht darin, dass die Menschen in diesen Ländern andere Charaktereigenschaften aufweisen oder dass ihnen das nötige Wissen fehlt. Vielmehr stützen sich die Bürger in allen zwölf Ländern auf dieselbe Heuristik. *Wenn es eine Vorgabe gibt, weiche nicht davon ab.* Das Ergebnis hängt damit davon ab, welche Option vorgegeben wurde, und unterscheidet sich damit deutlich zwischen Ländern mit *opt-in*-Verfahren, in denen Menschen sich aktiv dafür entscheiden müssen, Organspender zu werden, und Ländern mit *opt-out*-Verfahren, in denen man ihnen die Möglichkeit gibt, einer möglichen Organspende zu widersprechen. Es gibt Abstufungen in der praktischen Funktionsweise der entsprechenden Systeme, die hier nicht abgebildet werden. In den USA beispielsweise verwenden manche Bundesstaaten das *opt-in*-System, wohingegen andere ihre Bürger zwingen, eine Wahl zu treffen (basierend auf Johnson/Goldstein 2003).

Wenn wir annehmen, dass moralisches Verhalten das Resultat von Deliberation und nicht von Persönlichkeitsmerkmalen wie Egoismus ist, dann könnte das

Problem allerdings darin liegen, dass den meisten Amerikanern, Deutschen oder Niederländern die Organknappheit nicht bewusst ist. Diese Erklärung würde eine Informationskampagne empfehlen. In den Niederlanden wurde in der Tat eine sehr umfassende Kampagne durchgeführt. Man verschickte zwölf Millionen Briefe an eine Bevölkerung von 16 Millionen Menschen. Das Ergebnis unterschied sich nicht von ähnlichen Versuchen. Der Effekt war praktisch Null. Dennoch sagten 70 % der Niederländer in einer Befragung aus, sie würden gerne ein Organ von einer verstorbenen Person erhalten, falls dies nötig wäre. Und nur 16 % erklärten, sie wollten sich nicht als Organspender zur Verfügung stellen (Persijn 1997). Dieses natürliche Experiment legt nahe, dass fehlende Information nicht die Wurzel des Problems darstellt. Was ist es dann?

Hier ist eine mögliche Antwort. Trotz der markanten Unterschiede in Abb. 1 scheinen die meisten Menschen dieselbe Heuristik zu verwenden: *Wenn es eine Vorgabe gibt, weiche nicht davon ab.*

Diese *Default-Heuristik* führt in den verschiedenen Ländern zu verschiedenen Ergebnissen, weil die Umgebungen, in denen sie verwendet wird, sich unterscheiden. In Ländern wie den USA, Deutschland oder den Niederlanden setzen Organspenden explizite Zustimmung voraus. In Ländern wie Frankreich oder Österreich unterscheidet sich die Default-Option: Jeder ist Spender, es sei denn die entsprechende Person widerspricht. Aus der Perspektive der Rationalwahltheorie sollte dieser Unterschied jedoch einen geringen Effekt haben, weil angenommen wird, Menschen ignorierten die Default-Option, wenn sie ihren Präferenzen widerspricht. Wie Abb. 1 zeigt, folgt auch eine Minderheit der Bürger nicht der Default-Option. Und die Zahl derer, die sich entscheiden, Organspender zu werden, ist größer als die Zahl derer, die einer möglichen Verwendung ihrer Organe widersprechen, was der mehrheitlich geäußerten Präferenz entspricht. Diese Minderheit verwendet vielleicht eine Version von Pascals moralischem Kalkül oder die goldene Regel. Ein Online-Experiment kam zu ähnlichen Resultaten (Johnson/ Goldstein 2003). Amerikanische Probanden wurden gefragt, wie sie sich entscheiden würden, wenn sie in einen anderen Bundesstaat umzögen und die Möglichkeit bekämen, ihren Spenderstatus zu ändern. In der einen Gruppe waren sie qua Default-Option Spender. In der zweiten Gruppe nicht. In einer dritten Gruppe wurde keine Default-Option ausgewählt. Sogar in dieser hypothetischen Situation, wo die Veränderung der Default-Option ohne jeglichen Aufwand möglich war, entschieden sich über 80 % weiter als Spender zur Verfügung zu stehen, wenn dies die Default-Option war. In der zweiten Gruppe, wo die Default-Option festlegte, dass die Menschen von Haus aus keine Organspender sind, entschieden sich nur halb so viele dafür. In der dritten Gruppe, wo eine Default-Option fehlte, entschied sich die überwiegende Mehrheit dafür, als Organspender zur Verfügung zu stehen.

Warum folgen so viele Menschen dieser Heuristik? Johnsons und Goldsteins experimentelle Resultate legen nahe, dass die entsprechenden Personen nicht lediglich verantwortungslos oder faul sind. Schließlich verwendeten die Teilnehmer die Heuristik auch dann, wenn sie nicht vermeiden konnten, eine Wahl zu treffen. Vielmehr scheint die Heuristik eine Funktion zu erfüllen, von der angenommen wurde, sie sei die ursprüngliche Funktion der Moral: die Koordinierung von Individuen in einer Gruppe (Darwin 1871, 161–167; Wilson 2002). Wenn sich die Menschen in einer Gruppe an die Default-Optionen halten (speziell an die rechtlichen), dann führt dies zu Homogenität in der Gemeinschaft und hilft dabei, diese zusammenzuhalten. Im Allgemeinen bin ich der Ansicht, dass diejenigen Heuristiken, die moralisches Verhalten anleiten, dabei helfen, Verhalten, Gefühle, Bewegungen und Emotionen zu koordinieren.

Ich werde nun den Fall der Organspende nutzen, um zwei Hypothesen zu veranschaulichen, die sich aus einer Analogie zur Bounded Rationality ableiten lassen.

Hypothese 1: Moralisches Verhalten = f(Psyche, Umwelt)

Verschiedene normative und deskriptive Erklärungen – angefangen bei Tugendtheorien bis hin zu Kohlbergs sechs Stufen der moralischen Deliberation – nehmen an, dass Kräfte in der Psyche (moralische Intuition oder Denken) die Ursache moralischen Verhaltens sind oder sein sollten (wenn die entsprechende Person nicht durch Drohungen oder Gewalt aktiv davon abgehalten wird, diese Kräfte wirken zu lassen). Diese Theorien geben uns den konzeptuellen Rahmen für nur eine Klinge der Simon'schen Schere: den Geist. Wie das Organspendeproblem jedoch illustriert, trägt die zweite Klinge, die Umwelt, einen wesentlichen Anteil zum Verhalten bei. Viele Menschen, die Organspenden für eine gute Sache halten, entschließen sich dennoch nicht dazu, selbst als Organspender zur Verfügung zu stehen. Und manche von denen, die gegen die Organspende sind, entscheiden sich nicht dafür, ihrem Status als Organspender zu widersprechen. In diesem Zusammenhang möchte ich den Gedanken der umweltorientierten Moral (engl.: „ecological morality") einführen. Gemäß dieses Gedankens resultiert moralisches Verhalten aus einer Interaktion zwischen Psyche und Umwelt. Ich betrachte umweltorientierte Moral sowohl als beschreibendes Forschungsprogramm (Wie lässt sich moralisches Verhalten erklären?) als auch als präskriptives Forschungsprogramm (Wie lässt sich moralisches Verhalten vor dem Hintergrund einer bestimmten Zielsetzung verbessern?). Ich könnte mir allerdings auch vorstellen, dass dieser Gedanke die Grundlage für eine normative Theorie bildet. Eine solche Theorie würde auf Fragen wie die folgenden antworten: „Was ist unsere

Pflicht?", „Was ist ein guter Charakter?", bis hin zu interaktiven Fragestellungen wie „Was ist eine tugendhafte Umgebung für Menschen?".

Die Sozialpsychologie zur Erforschung von Moral hat dargelegt, wie wirkmächtig soziale Umwelten sein können. Unter anderem können sie dazu führen, dass Menschen durchaus zweifelhafte Verhaltensweisen an den Tag legen. Milgrams (1974) Experimente, in denen er die Folgsamkeit von Menschen studierte, gehören hier zu den Klassikern. Dasselbe kann man über Zimbardos (2007) Stanford-Prison-Experimente sagen. In einer von Milgrams Studien (Experiment 5) wies der Experimentleiter, der vorgab, ein Lernexperiment durchzuführen, eine Gruppe von Teilnehmern an, Stromstöße hoher Intensität an eine lernende Person zu verabreichen, wenn diese eine falsche Antwort gab. Das beunruhigende Resultat dieses Experiments war, dass 83 % der Teilnehmer Stromstöße über dem 150-V-Niveau verabreichten und 65 % sogar in 15-V-Intervallen bis zur höchsten möglichen Spannung von 450 V weitermachten. Würden Menschen dies auch heutzutage noch tun? Ja, die Kraft der Experimentumgebung ist immer noch bemerkenswert. In einer teilweisen Nachstellung der Milgram-Studie (anhand des 150-V-Niveaus) zeigten sich im Jahr 2006 immer noch 70 % der Versuchsteilnehmer bereit, der Weisung des Experimentleiters folgend Stromstöße zu verabreichen. Dieser Prozentsatz ist nur wenig niedriger als jener, den Milgram in seinem ursprünglichen Experiment 45 Jahre zuvor feststellte (Burger 2009). Dieses Resultat stellte sich ein, obwohl die Probanden dreimal darauf hingewiesen wurden, dass sie zu jeder Zeit ihre Teilnahme am Experiment beenden könnten und immer noch die Teilnahmeentlohnung von $ 50 erhalten würden.

Die Literatur zur autoritären Persönlichkeit hebt den Einfluss von Persönlichkeitsmerkmalen auf moralisches Verhalten hervor (Adorno et al. 1950). Die gerade genannten Studien dokumentieren jedoch, dass die Situation einen vergleichsweise stärkeren Einfluss ausübt. Als Milgram Psychiater und führende Wissenschaftler der Yale University bat, die Ergebnisse seine Experiments vorherzusagen, tippten diese, dass lediglich 0,1 % bzw. 1,2 % den Weisungen des Experimentleiters folgen würden (Blass 1991). Milgram (1974) sagte, sein eigenes Anliegen bei der Durchführung der Experimente habe darin bestanden, die Ausreden der Wärter von Konzentrationslagern bei den Nürnberger Prozessen zu widerlegen. Diese hatten die Situation für ihr Verhalten verantwortlich gemacht („Ich habe nur Befehle befolgt"). Seine experimentellen Befunde änderten Milgrams Einschätzung: „Oft ist es nicht so entscheidend, welche Art von Person man ist. Vielmehr erklärt die Situation, in der man sich befindet, zu einem größeren Teil, wie man sich verhält" (Milgram 1974, 205, übers. v. NM). Ein situationelles Verständnis von Verhalten rechtfertigt dieses nicht. Aber es hilft uns, dieses zu verstehen und den Attributionsfehler (engl.: „fundamental attribution error") zu vermeiden. Dieser besteht in dem Versuch, Verhalten nur durch interne Ursachen zu erklären. Um besser zu verstehen, warum mehr als 100 Millionen Menschen während des gesamten 20. Jahrhunderts durch Gewalteinwirkung seitens anderer gestorben sind (Doris 2002), müssen wir die Umweltbedingungen analysieren, welche die Bereitschaft von Menschen fördern, andere zu töten oder ihnen Schmerz zuzufügen. Damit ist nicht gesagt, dass Variablen, die den Charakter betreffen, keine Rolle spielten (Cokely/Feltz 2009; Funder 2001), sondern dass diese in der Interaktion mit spezifischen Umweltbedingungen Ausdruck finden.

Nun möchte ich zwei direkte Konsequenzen des umweltorientierten Zugangs zu moralischem Verhalten erörtern: Inkonsistenzen zwischen moralischer Intuition bzw. moralischem Denken und Verhalten einerseits und moralischen Zufall (engl.: „moral luck") andererseits.

6.1 Systematische Inkonsistenzen

Inkonsistenzen zwischen moralischer Intuition und moralischem Verhalten sind aufgrund des umweltorientierten Ansatzes zu erwarten. Darüber hinaus lässt sich prognostizieren, in welchen Situationen solche Inkonsistenzen wahrscheinlicher sind, z. B. in Situationen, wo die Intuition nicht der Default-Option entspricht. In einer Studie wurden beispielsweise Bürger gefragt, ob sie bereit wären, nach ihrem Tod ein Organ zu spenden. 69 % der befragten Dänen und 81 % der befragten Schweden sagten Ja. Allerdings sind 4 % bzw. 86 % (Abb. 1) von ihnen tatsächlich Organspender (Commission of the European Communities 2007). Die Dänen scheinen sich inkonsistent zu verhalten; die Schweden nicht. Inkonsistenzen oder nur moderate Korrelationen zwischen moralischer Intuition und Verhalten wurden auch in Studien beobachtet, die moralische Intuition und Verhalten in derselben Situation erfassten (z. B. Gerson/Damon 1978; Narvaez/Lapsley 2005). Ein Fall betrifft voreheliche sexuelle Beziehungen und amerikanische Teenager, die öffentlich einen Enthaltsamkeitseid geleistet haben. Diese Teenager haben typischerweise einen religiösen Hintergrund und haben Jungfräulichkeit als moralischen Wert wiederentdeckt, wie dies in der ersten Hälfte des 20. Jahrhunderts üblich war. Man würde erwarten, dass ihre moralischen Absichten – zumal sie diese ja öffentlich zum Ausdruck gebracht haben – ihr Verhalten steuern würden. Jedoch hatten Teenager, die einen Enthaltsamkeitseid geschworen hatten, mit der gleichen Wahrscheinlichkeit vorehelichen Sex wie Mitglieder einer Vergleichsgruppe, die keinen Eid geschworen hatten (Rosenbaum 2009). Es gab allerdings einen Unterschied. Diejenigen, die einen Eid geschworen hatten, verwendeten mit geringerer Wahrscheinlichkeit Kondome oder andere Formen von Verhütung. Wir wissen, dass das Verhalten von Teenagern oft von einer Koordinationsheuristik gesteuert wird. Man nennt diese *imitate-your-peers:* Tue das, was der Großteil der

Menschen in deiner Umgebung tut. Wenn meine Freunde einen Enthaltsamkeitseid schwören, werde ich das auch tun; wenn sich meine Freunde betrinken, werde ich das auch tun; wenn meine Freunde mit 16 Jahren bereits Sex haben, dann werde ich das auch tun, und so weiter. Wenn Verhalten durch die Nachahmung anderer Gruppenmitglieder gesteuert wird, dann macht eine Absichtsbekundung kaum einen Unterschied. Wenn die Heuristik weiterhin das Verhalten von Teenagern unterbewusst beeinflusst, diese jedoch denken, sie hätten ihr Verhalten vollständig unter Kontrolle, dann würde dies erklären, warum sie nicht auf eine Situation vorbereitet sind, in der sie Gefahr laufen, gegen ihre eigenen moralischen Werte zu verstoßen. Die Regierung der USA wendet jährlich ca. $ 200 Millionen auf, um Enthaltsamkeitsprogramme zu unterstützen. Allem Anschein nach sind diese ähnlich ineffektiv, was die Verhinderung ungewollter Schwangerschaften angeht, wie die niederländische Briefkampagne beim Versuch, die Organspendebereitschaft zu erhöhen.

6.2 Moralischer Zufall

Nach Bedenken von Matheson (2006) impliziert Bounded Rationality eine nachaufklärerische Sichtweise „kognitiven Zufalls". Wenn Bounded Rationality zutrifft,

> können wir wenig tun, um unsere kognitiven Fähigkeiten zu verbessern, da – so ließe sich die Befürchtung weiterführen – eine solche Verbesserung nur durch eine Änderung dessen möglich wäre, was wir ändern können. Und diese externen, kognitiv zufälligen Eigenschaften gehören nicht zu diesem Bereich (Matheson 2006, 143, übers. v. NM).

Ich bin dagegen der Auffassung, dass es sich bei kognitivem Zufall um eine unausweichliche Konsequenz handelt. Ich glaube allerdings, dass man sich darüber nicht sorgen oder versuchen sollte, diese zu eliminieren. Vielmehr sollte man sie konstruktiv nutzen, um bessere Theorien zu entwickeln. Moralphilosophen haben das Problem „moralischen Zufalls" analog diskutiert. Es entsteht durch den Umstand, dass moralisches Verhalten teilweise durch unsere Umwelt bestimmt wird und daher nicht vollständig vom handelnden Individuum kontrolliert wird. Die Frage, die in diesem Zusammenhang aufgeworfen wird, betrifft das Problem, ob Verhalten aufgrund seines Ergebnisses, das durch situative Einflüsse geprägt wird, als richtig oder falsch eingestuft werden sollte (Statman 1993; Williams 1981). Nagel definiert moralischen Zufall wie folgt:

> Wir können von moralischem Zufall sprechen, wann immer ein bedeutender Anteil des Verhaltens einer Person von Faktoren bestimmt wird, die jenseits der eigenen Kontrolle

liegen, wir die Person jedoch hinsichtlich dieses Verhaltens weiterhin als Objekt moralischer Beurteilung behandeln. (Nagel 1993, 59, übers. v. NM)

Nagel behauptet, dass wir Menschen regelmäßig aufgrund von Faktoren beurteilen, die jenseits ihrer Kontrolle liegen, obwohl wir die Intuition haben, dass man sie nicht für Dinge verantwortlich machen kann, für die sie nichts können.

Die Bedenken, die sich mit dem Phänomen des moralischen Zufalls verbinden, basieren auf der Annahme, dass sich die internen Möglichkeiten zur Verbesserung von Kognition und Moral unter unserer Kontrolle befinden, die externen dagegen nicht. Die Modifikation von Verhaltensumgebungen kann jedoch effizienter sein als die Beeinflussung psychischer Faktoren. Und die Schaffung von Umwelten, die es ermöglichen, dass moralische Tugenden zur Geltung kommen, ist genauso wichtig wie die Verbesserung der inneren Werte (Gigerenzer 2006; Thaler/Sunstein 2008). Das Organspendeproblem veranschaulicht diese Vermutung. Tausende von Leben könnten jährlich gerettet werden, wenn Regierungen entsprechende Defaults festlegten, wenn sie nicht weiterhin auf eine verfehlte „interne" Psychologie setzten und ihren Bürgern Briefe schrieben. In einer amtlichen Bekanntmachung der Europäischen Union des Jahres 2008 (Bundesärztekammer 2008) wird beispielsweise betont, dass es wichtig sei, das öffentliche Bewusstsein für das Organspendeproblem zu erhöhen, und die Mitgliedsstaaten der EU werden dazu angehalten, Informationen dazu zu verbreiten. Diese staatliche Maßnahme verfehlt, für die Bürger eine angemessene Umgebung zu schaffen, die die menschliche Psychologie respektiert und Menschen hilft, ihre eigenen Ziele zu erreichen.

Hypothese 2: Dieselben sozialen Heuristiken steuern sowohl moralisches als auch nicht-moralisches Verhalten.

Ihnen mag aufgefallen sein, dass ich vermieden habe, von „moralischen Heuristiken" zu sprechen. Das hat einen Grund. Dieser Terminus würde nahelegen, dass es zwei Arten von Heuristiken gibt, nämlich Heuristiken für moralische Entscheidungen und Heuristiken, die selbstbezogene Entscheidung betreffen, d. h. persönliche Geschmacksfragen. Im Gegensatz dazu bin ich jedoch der Ansicht, dass in der Regel ein und dieselbe Heuristik beide Probleme lösen kann: diejenigen, die wir moralisch nennen, und auch andere (Gigerenzer 2008b). Lassen Sie mich erklären, warum. Die Grenzen zwischen vermeintlich moralischen und nicht-moralischen Fragen verschieben sich über die Geschichte und über Kulturkreise hinweg. Zeitgenössische westliche Moralpsychologie und Philosophie richten ihre Aufmerksamkeit oft schwerpunktmäßig auf Fälle von Schädigung und individuelle Rechte. Ein solch enges Verständnis der Moralsphäre ist jedoch historisch gesehen unüblich. Es gab wichtigere moralische Werte als die Vermeidung individueller Schädigungen. Gott forderte Abraham dazu auf, seinen Sohn zu töten. Und seine bedingungslose Bereitschaft, Gottes Befehl zu folgen, brachte einen höheren moralischen Wert zum Ausdruck: Glauben. In der antiken Welt, wo Menschenopfer verbreitet waren, betrachtete man die Tatsache, dass Gott das Opferritual beendete, als den wahrhaft erstaunlichen Teil der Geschichte (Neiman 2008). Die Geschichte der Sodomiter, die beabsichtigten, zwei Fremde zu vergewaltigen, die Lot beherbergte, illustriert diesen Punkt ebenfalls. Aus der heutigen westlichen Sicht könnten wir fälschlicherweise annehmen, dass das wesentliche moralische Problem, um das sich die Geschichte dreht, Vergewaltigung oder Homosexualität ist. Aber Gastfreundschaft war eine essentielle moralische Pflicht zu dieser Zeit. In vielen Kulturen ist sie es nach wie vor. Für Lot war diese Verpflichtung so ernsthaft, dass er dem wütenden Mob seine jungfräulichen Töchter anbot, falls sie seine Gäste in Ruhe ließen (Neiman 2008). Ähnlich sah man im modernen Europa Energieverschwendung, das Verzehren von Fleisch oder Rauchen in der Gegenwart anderer lange als persönliche Entscheidungen an, die nur den Handelnden selbst betreffen. Umweltschützer, Vegetarier und Nichtraucheraktivisten reinterpretierten Handlungen wie diese als moralische Verfehlungen, die zu Umweltverschmutzung, dem Töten von Tieren und Lungenkrebs führten. Ich nenne die Linie, die individuelle Geschmacksfragen und moralische Fragen voneinander trennt, „moralische Kante" (engl.: „moral rim"). Die moralische Kante definiert, ob sich ein Verhalten in der moralischen Sphäre befindet. Meine Hypothese lautet nun wie folgt: Wo immer sich die moralische Kante befindet, die zugrunde liegende Heuristik ist wahrscheinlich dieselbe.

Betrachten wir etwa erneuerbare Energien, Umweltschutz und „grünen" Strom. Für einige liegen hier tief gehende moralische Fragen, die die Lebensumstände unserer Großenkel bestimmen werden; für andere haben wir es hier mit reinen Geschmacksfragen zu tun. Allerdings scheint die Default-Heuristik das Verhalten auf beiden Seiten der moralischen Kante zu steuern. Ein natürliches Experiment in der deutschen Stadt Schönau zeigte, dass alle Bürger begannen, grünen Strom zu nutzen, als dieser als Default angeboten wurde. Dieses Resultat stellte sich ein, obwohl fast die Hälfte der Bürger vehement gegen seine Einführung war. In Städten, wo „graue" Energie den Default darstellte, optierten dagegen nur etwa 1 % für grünen Strom. Dieses Muster ließ sich in Laborexperimenten replizieren (Pichert/Katsikopoulos 2008). Wie im Fall von Organspenden (Johnson/Goldstein 2003) war die Neigung, beim Default zu bleiben, in der natürlichen Welt stärker als in hypothetischen Laborsituationen. Dieselbe Heuristik scheint Anwendung zu finden, wenn Autofahrer sich zwischen Versicherungspolicen entscheiden. Dieses Entscheidungsproblem wird kaum als moralische Fragestellung angesehen. Die Bundesstaaten Pennsylvania und New Jersey bieten Fahrern die Wahl zwischen einer Police, die ein unbegrenztes Klagerecht einschließt, und einer billigeren, die in diesem Bereich Beschränkungen vorsieht (Johnson et al. 1993). Die Police ohne Einschränkungen ist der Default in Pennsylvania, wohingegen die Police mit Einschränkungen in New Jersey den Default darstellt. Wenn die Autofahrer ihre Entscheidung davon abhängig machten, wie sehr sie den Einschluss eines Klagerechtes in die Versicherung wünschten, dann würde man erwarten, dass sie die Auswahl des Defaults ignorieren. Wenn dagegen viele der Default-Regel folgten, würde man erwarten, dass mehr Fahrer in Pennsylvania die teurere Police kaufen. Tatsächlich kauften nur 30 % der Autofahrer in New Jersey die teurere Police. In Pennsylvania waren es dagegen 79 %. Viele Menschen vermeiden es, vom Default abzuweichen, wenn es um Entscheidungen über Geld, Leben oder Tod geht. Wir wissen jedoch nicht, ob diejenigen Personen, die sich in moralischen Fragen auf die Default-Heuristik verlassen, dieselben sind wie diejenigen, die diese Heuristik auch in anderen Bereichen anwenden.

Die Hypothese, dass Menschen über keine spezielle moralische Grammatik verfügen, sondern dieselben sozialen Strategien moralisches und nicht-moralisches Verhalten steuern, scheint mit neurowissenschaftlichen Studien konsistent zu sein. Diese konnten nicht feststellen, dass es ein spezifisches moralisches Areal gibt. Ebenso wenig ließ sich in mehreren Gehirnarealen ein spezifisch moralisches Aktivierungspotential nachweisen. Vielmehr ist dasselbe Aktivierungsnetzwerk, das im Zusammenhang mit moralischen Entscheidungen diskutiert wird (z. B. Greene/Haidt 2002), auch typisch für soziale Entscheidungen ohne moralischen Inhalt (Amodio/Frith 2006; Saxe 2006).

Zusammenfassend argumentiere ich, dass sich die Heuristiken in der „adaptive toolbox" für moralische und nicht-moralische Entscheidungen eignen. Daher qualifiziere ich sie nicht als „moralische" Heuristiken (siehe jedoch Sunstein 2005). Ein Verhalten kann, abhängig davon, wo die moralische Kante verläuft, als moralisch oder nicht-moralisch bewertet werden. Die zugrunde liegenden Heuristiken sind aber wahrscheinlich dieselben.

7 Die Erforschung des Moral Satisficing

Die Interpretation moralischen Verhaltens als eine Form von Bounded Rationality führt uns zu drei Forschungsfragen:
1. Welche Heuristiken liegen moralischem Verhalten zugrunde?
2. Welche sozialen Umgebungen (einschließlich der rechtlichen) führen zusammen mit diesen Heuristiken zu moralischem Verhalten?
3. Wie können wir Umgebungen schaffen, sodass Menschen ihre moralischen Ziele schneller und einfacher erreichen?

Ich kann für jede Frage nur eine grobe Antwort skizzieren.

7.1 Welche Heuristiken liegen moralischem Verhalten zugrunde?

Eine offensichtliche Antwort wäre „Du sollst nicht töten", „Du sollst nicht lügen" und so weiter. Meiner Ansicht nach ginge diese Antwort aber in die falsche Richtung, wie ich in Hypothese 2 argumentiert habe. Wir sollten die gegenwärtigen christlich-humanistischen Werte nicht mit Heuristiken verwechseln, die Verhalten steuern. Manche Arten, einen Menschen zu töten, sind z. B. in bestimmten Ländern, die die Todesstrafe vorsehen, legal. Und in bestimmten religiösen Gemeinschaften gilt es etwa als moralisch zulässig, wenn ein Vater seine Tochter tötet, sofern ihr Verhalten als moralisch widerwärtig eingestuft wird, wie dies etwa bei vorehelichem Sex der Fall ist (Ali 2002). Wir bekommen vielleicht einen Hinweis, wie eine bessere Antwort aussehen könnte, wenn wir zunächst fragen, welchem ursprünglichen Zweck Moral dient. (Dabei handelt es sich nicht unbedingt um den einzigen Zweck.) Darwin (1871), der der Ansicht war, eine Kombination sozialer Instinkte führe zusammen mit hinreichenden intellektuellen Fähigkeiten zur Evolution eines moralischen Sinns, nahm an, der Zweck der Moral liege in der Sicherung von Gruppenkohärenz bzw. der Koordination von Individuen:

> Es kann als unfraglich gelten, dass ein Stamm mit vielen Mitgliedern, die aufgrund eines hohen Grades von Patriotismus, Treue, Gehorsam, Mut und Sympathie immer bereit waren, sich gegenseitig zu helfen und sich für das Gemeinwohl zu opfern, anderen Stämmen überlegen war: und hier würde die natürliche Auslese ansetzen. In der ganzen Welt haben einzelne Stämme immer andere Stämme verdrängt; und da Moral ein Erfolgsfaktor war, wird der Moralstandard und die Anzahl von Menschen, die gut mit Moral ausgestattet sind, überall dazu neigen, anzusteigen. (Darwin 1871, 166)
> Selbst- und streitsüchtige Menschen werden sich nicht in die Gemeinschaft einfügen, und ohne diese Art von Kohärenz lässt sich nichts erreichen. (Darwin 1871, 162)

Wenn Darwins Vermutung, dass eine der ursprünglichen Funktionen von Moral die Sicherung von Gruppenkohärenz ist, zutrifft, dann sollten diejenigen Heuristiken, die moralischem Verhalten zugrunde liegen, diejenigen einschließen, die diese Funktion ausfüllen können. Die Default-Heuristik und *imitate-your-peers* sind passende Beispiele: Sie können soziale Kohärenz fördern, was auch immer der Default ist oder die Mehrheit tut. Man sollte beachten, dass dies ein anderes Verständnis von der Natur möglicher Universalien, die moralischem Verhalten zugrunde liegt, eröffnet. Hauser (2006) etwa hat argumentiert, es gäbe eine universale moralische Grammatik mit veranlagten Prinzipien, wie z. B. „Verhalte dich anderen gegenüber so, wie du willst, dass sie sich zu dir verhalten"; „Töte nicht"; „Betrüge, stiehl und lüge nicht"; „Vermeide Ehebruch und Inzucht"; „Sorge dich um Kinder und Schwache". In seiner Kritik antwortet Pippin (2009), dass es sich bei den folgenden Werten zwar nicht um unsere Werte handle, aber um Werte, die in anderen Gesellschaften und anderen Zeitaltern galten: der Verkauf von Kindern in die Sklaverei durch Eltern, die sich dazu berechtigt sehen; der schuldfreie sexuelle Missbrauch von Ehefrauen durch Männer, die sich dazu berechtigt sehen; unverheiratete schwangere Frauen, die man moralisch sanktioniert, indem man sie schmäht oder in den Selbstmord treibt, und so weiter. Eine Theorie moralischen Verhaltens sollte eine christlich-humanistische Verzerrung vermeiden. Darwin erfasste diesen Punkt vor langer Zeit:

> Wenn Menschen – um einen extremen Fall zu nehmen – unter denselben Bedingungen gezüchtet würden wie Bienen in einem Bienenstock, dann würden die unverheirateten Frauen, wie die Arbeiterbienen, zweifellos annehmen, es sei ihre heilige Pflicht, ihre Brüder zu töten; und Mütter würden danach streben, ihre fruchtbaren Töchter zu töten; und niemand würde daran denken zu intervenieren. (Darwin 1871, 73)

Terroristen, die Mafia und Crack-Banden werden durch moralische Prinzipien geleitet (z. B. Gambetta 1996). Für seinen Film „Suicide Killers" interviewte der Regisseur Pierre Rehow Terroristen, die überlebten, weil ihre Bomben nicht explodierten. Er berichtet: „Jeder einzelne von ihnen versuchte, mich zu überzeugen, dass es aus moralischen Gründen das Richtige war" (zitiert nach Neiman 2008, 87). Sozialpsychologen haben in unserer eigenen Kultur nachgewiesen, wie eine Situation böses Verhalten in gewöhnlichen Menschen anregen kann und wie leicht eine psychische Misshandlung anderer provoziert werden kann (z. B. Burger 2009; Zimbardo 2007). Ich möchte nahelegen, dass die Heuristiken, die moralischem Verhalten zugrunde liegen, keine Spiegelbilder der zehn Gebote und ihrer modernen Pendants sind, sondern allgemeine Prinzipien verkörpern, die Gruppen von Menschen koordinieren.

Betrachten wir die folgenden vier Heuristiken als Ausgangspunkt. Jede steuert sowohl Handlungen, die man als moralisch betrachtet, als auch Handlungen, die man als unmoralisch einstuft. Und jede hat das Potenzial, Gruppen zu steuern; ihr Erfolg (das Ausmaß, in dem ein moralisches Ziel erreicht wird) hängt von der Struktur der Umwelt ab.

1. *Imitate-your-peers:* Tue das, was der Großteil der Menschen in deiner Umgebung tut.

Anders als die Default-Heuristik, die nur wirksam werden kann, wenn ein Default festgelegt wird, kann Imitation Verhalten in einer Vielzahl von Situationen koordinieren. Es gibt keine Spezies, bei der Kinder und Erwachsene das Verhalten anderer so allgemein und genau nachahmen wie die des Homo sapiens. Tomasello (2000) argumentiert, dass dieses sklavische Imitationsverhalten zu unserer beachtlichen Kultur geführt hat. Imitation ermöglicht uns zu akkumulieren, was unsere Vorfahren gelernt haben. Auf diese Art wird das langsame Darwin'sche evolutionäre Lernen durch eine Lamarck'sche Form kulturellen Erbes ersetzt. Wer die Mehrheit nachahmt, dem ist die Akzeptanz seiner sozialen Umgebung nahezu sicher. Außerdem trägt er dazu bei, dass Gemeinschaftswerte gefördert werden. Der Philosoph Otto Weininger (1903) argumentiert etwa, dass viele Männer eine Frau nicht aufgrund ihrer Eigenschaften begehren, sondern weil andere Männer in ihrer sozialen Umgebung sie auch begehren. Imitation kann sowohl gute als auch schlechte moralische Handlungen steuern. Sie kann die Spendenbereitschaft erhöhen, aber auch zur Diskriminierung von Minderheiten führen. Diejenigen, die sich weigern, das Verhalten und die Werte der eigenen Kultur nachzuahmen, laufen Gefahr, als Feiglinge oder Sonderlinge dazustehen, zumindest wenn sie männlich sind. Frauen, die sich nicht anpassen, werden dagegen als Schande für die Familie betrachtet. Eine Variante dieser Heuristik ist *imitate-the-successful*. Hier ist das Objekt der Nachahmung nicht die Mehrheit, sondern ein herausragendes Individuum.

2. *Die Gleichheitsheuristik (1/N):* Um eine Ressource aufzuteilen, teile sie gleichmäßig.

Der Grundsatz, Ressourcen gleichmäßig aufzuteilen, wird sowohl bei persönlichen Entscheidungen verwendet (z. B., wie vorhin erwähnt, bei Finanzinvestments) als auch bei moralischen Entscheidungen. Eltern beispielsweise versuchen, ihre Liebe, Zeit und Aufmerksamkeit gleichmäßig auf ihre Kinder zu verteilen, um einen Sinn für Fairness und Gerechtigkeit zu wecken. Als gerechtes, transparentes Verteilungsprinzip kann diese Regel den Zusammenhalt innerhalb einer Familie oder einer größeren Gruppe fördern. Ähnlich wie beim Fall der Organspende schlägt sich die Gleichheitsheuristik nicht direkt in einem entsprechenden Verhalten nieder; vielmehr hängt das Resultat von der Umwelt ab und kann sogar zu systematischen Ungleichheiten führen. Eltern, die jeden Tag versuchen, ihre verfügbare Zeit zwischen ihren N Kindern zu verteilen, werden das langfristige Ziel erreichen, jedem Kind gleich viel Zeit zu schenken, wenn sie lediglich zwei Kinder haben. Aber wenn es drei oder mehr Kinder gibt (Ausnahme: Mehrlingsgeburten), dann wird das Ziel verfehlt, weil die Erst- und Letztgeborenen mehr Zeit bekommen als die mittleren Kinder (Hertwig/Davis/Sulloway 2002). Dieses Resultat illustriert wiederum, dass eine Heuristik (verteile gleichmäßig) nicht das gleiche ist wie ihr Ziel (alle Kinder sollen während ihrer Kindheit gleich viel Aufmerksamkeit erhalten) – die Umwelt hat das letzte Wort.

3. *Tit-for-tat*: Wenn du mit einer anderen Person interagierst und die Wahl hast, dich freundlich zu verhalten (kooperieren) oder gemein zu sein (defektieren), dann: (a) sei freundlich bei der ersten Begegnung, danach (b) erinnere dich jeweils an den letzten Spielzug deines Interaktionspartners und (c) imitiere ihn (sei jeweils freundlich oder gemein).

„Erinnere Dich jeweils an den letzten Spielzug" bedeutet, dass nur das letzte Verhalten (freundlich oder gemein) imitiert wird; alles Vorhergehende wird ignoriert oder vergessen, was helfen kann, eine Beziehung zu stabilisieren. *tit-for-tat* kann das Verhalten in einer Gruppe in dem Sinne koordinieren, dass alle Handelnden schließlich kooperieren, aber gleichzeitig gegen potentielles Defektieren geschützt sind. Genau wie die *imitate-your-peers*-Heuristik und die Default-Heuristik illustriert *tit-for-tat*, dass ein und dieselbe Heuristik abhängig von der sozialen Umgebung zu entgegengesetztem Verhalten führen kann – in diesem Fall freundlich oder gemein. Wenn ein Ehemann und seine Frau beide bei ihrer ersten Interaktion kooperieren und danach immer das Verhalten der/des anderen imitieren, dann kann dies zu einer langen, harmonischen Beziehung führen. Wenn sie jedoch *tit-for-tat* verwendet, er aber die Maxime „Sei immer gemein zu deiner Frau, damit sie weiß, wer der Chef ist" befolgt, dann wird ihr anfänglich freundliches Verhalten in feindliches Verhalten ihm gegenüber umschlagen. Verhalten ist nicht der Spiegel eines freundlichen oder gemeinen Charakters, sondern resultiert aus einer Interaktion zwischen Psyche und Umwelt. Eine Erklärung für das Verhalten einer Person, deren Verhalten durch *tit-for-tat* gesteuert wird, die Charaktereigenschaften oder Einstellungen anführt, würde diese entscheidende Unterscheidung zwischen dem Entscheidungsprozess (*tit-for-tat*) und dem daraus resultierenden Verhalten (kooperieren oder nicht) übersehen.

4. *Default-Heuristik:* Wenn es eine Vorgabe gibt, weiche nicht davon ab (siehe oben).

Gleichverteilung stellt eine einfache Antwort auf das Problem der fairen Ressourcenallokation zwischen N Alternativen dar. Die Default-Heuristik dagegen betrifft das Problem, welche von N Alternativen man wählen sollte, wenn eine davon als Default ausgezeichnet ist. Diese Regel kann Verhaltenskohärenz auch dann herstellen, wenn keine sozialen Verpflichtungen oder Verbote bestehen.

Diese vier Heuristiken sind nur einige Beispiele. Verschiedene andere wurden bereits erforscht (siehe Cosmides/Tooby 2008; Gigerenzer 2007; 2008b; Haidt 2001). Aber wir haben noch keine annähernd vollständige Liste. Die Quintessenz ist, dass Moral Satisficing nicht annimmt, es gäbe ein allgemeines Kalkül, sondern verschiedene Heuristiken. Diese Tatsache schlägt sich in dem Terminus *adaptive toolbox* nieder. Der Zusatz *adaptive* soll den Umstand bezeichnen, dass heuristische Verfahren offensichtlich – bewusst oder unbewusst – im Hinblick auf eine bevorstehende Aufgabe selektiert werden (z. B. Bröder 2003; Dieckmann/Rieskamp 2007; Mata/Schooler/Rieskamp 2007). Moralisch verantwortliches Handeln kann also uminterpretiert werden als die Fähigkeit, eine passende Heuristik in einer gegebenen Situation auszuwählen. Die Frage, ob es einen oder mehrere Prozesse gibt, die der Moral zugrunde liegen, ist alt. Schon Adam Smith (1761) kritisierte beispielsweise Hutchesons und Humes Theorie des „moral sense" als ein einheitliches Gefühl moralischer Zustimmung. Für ihn war der Sinn für Tugend etwas anderes als der Sinn für Anstand oder Verdienst oder Pflicht. Daher sprach er von „moral sentiments" im Plural.

Bausteine und Kernfähigkeiten

Heuristiken setzen sich aus verschiedenen Bausteinen zusammen, die es ermöglichen, neue Heuristiken durch Rekombination und Veränderung zu erzeugen. Eine Schwäche von *tit-for-tat* ist es beispielsweise, dass ein einziges negatives Verhalten (gemein sein) zwei Personen, die miteinander *tit-for-tat* spielen, in eine endlose Spirale der Gewalt verwickeln kann oder zwei soziale Gruppen in eine Vendetta, in der jede Gewalthandlung als faire Vergeltung einer vorangegangenen Attacke gesehen wird. Eine Lösung besteht darin, dass man den zweiten Baustein der Heuristik verändert. Die handelnde Person soll sich nicht nur an den letzten Spielzug des Interaktionspartners erinnern, sondern an die letzten beiden Spielzüge. Heraus kommt eine Heuristik, die man *tit-for-two-tats* nennt. Hier verhält sich die Person nur dann gemein, wenn die andere sich zweimal in Folge gemein verhält. Heuristiken und ihre Bausteine basieren auf evolutionär entstandenen und erlernten Kernfähigkeiten, wie etwa der Wiedererkennung von Individuen, Impulskontrolle und der Fähigkeit, zu imitieren (Stevens/Hauser 2004). Wie die Default-Heuristik und *imitate-your-peers* scheint *tit-for-tat* unter anderen Tieren rar zu sein, es sei denn sie sind genetisch verwandt (Hammerstein 2003).

7.2 Welche sozialen Umwelten steuern zusammen mit Heuristiken moralisches Verhalten?

Strukturmerkmale der Umwelt können mit der Psyche auf zwei Arten interagieren. Erstens kann die An- oder Abwesenheit eines Merkmals die Menge von anwendbaren Heuristiken erweitern oder einschränken. Wenn beispielsweise kein Default ausgezeichnet ist, dann kann die Default-Heuristik nicht angewandt werden. Wenn keine soziale Umgebung existiert, sodass das Verhalten anderer bei einer neuen Aufgabe nicht beobachtet werden kann, dann kann die *imitate-your-peers*-Heuristik nicht aktiviert werden. Wenn mehr als eine Heuristik in der Alternativenmenge verbleibt, dann können Merkmale der Umwelt zweitens bestimmen, welche Heuristik wahrscheinlicher angewandt wird. Forschungen über Entscheidungsfindung haben gezeigt, dass Menschen dazu neigen, Heuristiken auf adaptive Weise auszuwählen (Payne/Bettman/Johnson 1993), und dieser Selektionsprozess wurde bereits als verstärkender Lernprozess in der Theorie der Strategieselektion formalisiert (Rieskamp/Otto 2006). Umweltmerkmale, die in diesen Forschungen untersucht wurden, schließen die für eine Entscheidung benötigte Zeit ein, die Nutzenauszahlungen und die Redundanz von Informationen.

Ein Aspekt der Umwelt ist die Struktur der sozialen Beziehungen, in die Menschen hineingeboren oder qua Experiment gebracht werden. Fiske (1992) unterscheidet zwischen vier Arten von Beziehungen, zwischen denen Menschen in ihren Tagesabläufen hin- und herwechseln. Auf deren Grundlage können wir fragen, welche sozialen Umgebungen wahrscheinlich die Verwendung der Gleichheitsheuristik auslösen. Fiskes Klassifikation entsprechend bestehen diese Umgebungen aus Beziehungen, die er *equality matching* nennt. In diesen Beziehungen verfolgen Menschen den Saldo der ausgetauschten Gefälligkeiten und wissen, was zu tun wäre, um diesen Saldo wieder auf 0 zu stellen. Beispiele dafür sind etwa dort zu finden, wo Eltern sich beim Babysitten abwechseln, und ebenso in Wahlsystemen, die jedem Erwachsenen eine Stimme geben. Gleichheit ist eine einfachere Verteilungsregel als Fairness. Fairness erfordert, einen Kuchen zwischen N Personen nach einer Metrik aufzuteilen, in die Aufwand, das Zeitinvestment und der Einsatz jedes Individuums eingehen (Deutsch 1975; Messick 1993). Nach Fiskes Taxonomie kann man eine Verteilung nach Fairness z. B. in

Beziehungen erwarten, in er *market pricing* nennt, d. h. sozialen Beziehungen, die durch eine Art von Kosten-Nutzen-Analyse strukturiert werden, wie dies im Geschäftsleben der Fall ist. Milgrams Experiment implementierte die dritte Art von Beziehung, *authority ranking*, in der Menschen in asymmetrischen Hierarchieverhältnissen stehen, wo Untergebene mit Respekt und Fügsamkeit reagieren und Höherrangige für diese fürsorglich Verantwortung übernehmen wie ein Hirte für seine Schafe. Man beachte, dass in dieser experimentell geschaffenen Autoritätsbeziehung die Abwesenheit von Geldanreizen – die Teilnehmer wurden unabhängig von ihrer Bereitschaft, Elektroschocks zu verabreichen, bezahlt – eine geringe oder gar keine Rolle spielte (siehe oben). Autoritätsbeziehungen neigen dazu, die Verwendung bestimmter Heuristiken auszulösen, nämlich Heuristiken der Art: Wenn eine Person in einer Autoritätsposition ist, dann folge ihren Aufforderungen. Es scheint, als sei nicht einmal eine echte Autoritätsbeziehung nötig. Schiere Anzeichen – z. B. ein weißer Kittel – können die Verwendung der entsprechenden Heuristik und das jeweilige Verhalten auslösen (Brase/Richmond 2004). Die vierte Beziehung in Fiskes Taxonomie ist das Teilen innerhalb einer Gemeinschaft, in der die Menschen alle Gruppenmitglieder als gleich und undifferenziert behandeln, so als teilte man ein Gemeingut.

Damit ist nicht gesagt, dass die Auslösung einer Heuristik ein Prozess ist, in dem eindeutige Zuordnungen bestehen: Es kann Konflikte geben. In einem Teilexperiment der Milgram-Studie wurde z. B. ein Schauspieler unter die echten Teilnehmer gemischt. Er weigerte sich, das Experiment weiterzuführen, nachdem er den 90-V-Knopf gedrückt und ein Stöhnen des Lerners gehört hatte (Burger 2009). Dies versetzte die anderen Personen in eine Situation, in der sowohl die *imitate-your-peers*-Heuristik als auch die Autoritätsheuristik („Wenn eine Person in einer Autoritätsposition ist, dann folge ihren Aufforderungen") ausgelöst werden kann. Die Mehrheit der Teilnehmer folgte hier der Autorität (63 %) und verabreichte weiter Schocks von zunehmender Intensität. In der Situation, in der niemand sich geweigert hatte, den Weisungen der Autoritätsperson zu folgen, waren es dagegen 70 %.

Dies sind nur einzelne Beispiele. Sie stellen keine systematische Theorie dar, die den Zusammenhang zwischen sozialen Strukturen und moralischem Verhalten erklären könnte. Solch eine Theorie könnte man durch eine Verbindung der Forschungen zu Heuristiken und der Forschungen zu sozialen Strukturen konstruieren (z. B. Boyd/Richerson 2005; Fiske 1992; Haidt/Bjorklund 2008; Shweder et al. 1997).

Die umweltorientierte Sichtweise von Moral hat methodologische Konsequenzen für ihre experimentelle Erforschung.
1. Man sollte soziale Gruppen ebenso untersuchen wie isolierte Individuen. Wenn moralisches Verhalten durch soziale Heuristiken gesteuert wird, dann

lassen sich diese kaum durch typische psychologische Experimente aufdecken, in denen Individuen in Isolation untersucht werden. Heuristiken wie *imitate-your-peers* und *tit-for-tat* können nur in einer sozialen Umgebung zur Geltung kommen.
2. Man sollte moralisches Verhalten in natürlichen Umgebungen studieren und nicht nur in hypothetischen Fällen. Hypothetische Situationen wie die sogenannten *trolley problems* eliminieren Merkmale natürlicher Umgebungen wie etwa die Unsicherheit über die Menge möglicher Handlungsalternativen und ihre Konsequenzen. Es muss gefragt werden, ob die Resultate, die man in hypothetischen kleinen Welten und mit isolierten Versuchspersonen erzielen konnte, allgemeine Schlüsse über moralisches Verhalten außerhalb des Labors zulassen.
3. Man sollte moralisches Verhalten und nicht nur verbale Absichtsbekundungen analysieren. Wenn man bedenkt, dass Menschen sich der Heuristiken und Umweltstrukturen, die ihr Verhalten bestimmen, oftmals nicht bewusst sind, dann sind Selbstauskünfte und Aufgaben, die sich mithilfe eines Stiftes und eines Blattes Papier bearbeiten lassen, alleine keine hinreichenden Forschungsmethoden (Baumeister/Vohs/Funder 2007). Dieser methodologische Punkt stimmt mit der Beobachtung überein, dass Menschen in der Regel nicht erklären können, warum ihnen etwas als moralisch richtig oder falsch erscheint oder warum sie auf eine bestimmte Art gehandelt haben (Haidt/Bjorklund 2008).

Diese methodologischen Konsequenzen sind gemäß Hypothesis 2 (siehe oben) exakt die gleichen, die ich auch empfehle, wenn es um die Erforschung von Entscheidungen außerhalb der moralischen Sphäre geht.

7.3 Wie lassen sich Umwelten gestalten, sodass Menschen ihre moralischen Ziele besser erreichen?

Zunächst brauchen wir eine öffentliche Wahrnehmung dafür, dass die Ursachen moralischen Verhaltens nicht einfach in der Psyche liegen und dass ein Verständnis des Wechselspiels zwischen Psyche und Umwelt einen nützlichen Ausgangspunkt für die Gestaltung moralischen Verhaltens darstellt. Man beachte, dass dies nicht paternalistisch ist, solange man Menschen hilft, nicht zwingt, ihre eigenen Ziele zu erreichen. Eine Rechtsreform, die von *opt-in*-Verfahren auf *opt-out*-Verfahren umstellt, ist ein Beispiel dafür, wie man das Ziel erreichen kann, die Anzahl potentieller Organspender zu erhöhen und die Zahl der Menschen zu reduzieren, die vergeblich auf einen Spender warten und sterben. Abadie und Gay

(2006) schätzten, dass die tatsächliche Zahl der Spenden in Ländern mit opt-out-Verfahren im Schnitt 25–30 % höher liegt, sobald man andere Faktoren mitberücksichtigt, die Organspenden beeinflussen (wie z. B. die Häufigkeit tödlicher Verkehrsunfälle, die eine Hauptquelle von Organspenden darstellen). Wie jedoch bereits erwähnt, tendierten Behörden bis heute dazu, auf die internen Ursachen zu setzen, und proklamieren weiterhin die Wichtigkeit eines öffentlichen Bewusstseins und einer Verbreitung von Informationen. Dieses Programm basiert auf einer inadäquaten psychologischen Theorie und wird in der Zukunft wahrscheinlich ebenso fehlschlagen wie in der Vergangenheit. Ich möchte mit einer Illustration der Gestaltung von Umwelten schließen. Hierbei soll es um Delikte in Gemeinschaften gehen.

Wie sollte man mit Regel- und Gesetzesüberschreitungen in einer Gemeinschaft umgehen – von absichtlicher Vermüllung bis hin zu Vandalismus? Moral Satisficing legt nahe, dass man hierzu potentielle Heuristiken identifiziert, die dieses Verhalten erklären, wie etwa *imitate-your-peers*, und man dann die Umwelt verändert, sodass die Wahrscheinlichkeit dafür, dass die entsprechenden Heuristiken ausgelöst werden, verringert wird. Mit anderen Worten, solange abweichendes Verhalten öffentlich beobachtet wird, wird dies dazu führen, dass weiteres abweichendes Verhalten ausgelöst wird. Das Programm *fixing broken windows* (Kelling/Coles 1996) folgt dem gleichen Gedankengang, indem Fenster und Straßenbeleuchtungen sofort repariert und Bürgersteige und U-Bahn-Stationen gesäubert werden und so weiter. Ergänzt um eine Nulltoleranzpolitik konnte diese Veränderung der Umwelt Kleinkriminalität und antisoziales Verhalten in New York und anderen Städten substantiell verringern. Ebenso könnte es größere Straftaten reduziert haben.

8 Satisficing in der Moralphilosophie

In diesem Artikel habe ich Sie eingeladen, die folgende Frage zu erwägen: Wie können wir moralisches Verhalten verstehen, wenn wir es aus der Perspektive der Bounded Rationality betrachten? Meine Antwort ist in den Propositionen 1–5 in der Einleitung zusammengefasst. Ich werde schließen, indem ich diese Perspektive kurz mit der Sichtweise verschiedener Moralphilosophen in dem Buch *Satisficing and Maximizing* (Byron 2004) vergleiche. Der entscheidende Unterschied liegt darin, dass die zwei Prinzipien (*Weniger kann mehr sein* und *Simons Schere*), auf die ich mich in meinem Essay stütze, in dieser interessanten Sammlung von Essays gar nicht vorkommen. Die Annahme, die allen Texten gemeinsam ist, besteht darin, dass ein Optimierungsprozess zum optimalen Ergebnis führt, während Satisficing nur zum zweitbesten Ergebnis führt. Denn Prozess und Ergebnis werden nicht unterschieden (siehe jedoch Proposition 2). Dementsprechend tritt *less-can-be-more* gar nicht auf den Plan. Das Resultat ist, dass manche Philosophen irreführende normative Aussagen treffen wie die folgende: „Satisficing mag ein konzeptuelles Werkzeug sein, das den Tatsachen entspricht, aber es ist nicht gut genug. Wir können das besser machen"(Richardson 2004, 127). Die Abwesenheit der Umweltdimension macht Propositionen 2, 4 und 5 zu Nicht-Themen.

Obwohl Herbert Simon immer wieder als Inspirationsquelle angeführt wird, definieren manche Essays Satisficing immer noch als eine Form der Optimierung. Wie oben erwähnt, ist es eine häufige (Fehl-)Interpretation von Simons Begriff der Bounded Rationality, dass es sich hierbei um nichts anderes als Optimierung unter Beschränkungen handelt (z. B. Narveson 2004, 62). Hierbei wird übersehen, dass Optimierung typischerweise in großen Welten unmöglich ist (z. B. aufgrund von fehlender Berechenbarkeit) (Proposition 1). Eine zweite, interessantere Interpretation beginnt bei der Beobachtung, dass Menschen mehrere Ziele haben. Hier bedeute Satisficing, dass sie lokale Optima für einige Ziele wählen (z. B. aus Karriereambitionen weniger Zeit mit der Familie zu verbringen als gewünscht), aber immer noch ein globales Optimum für das gesamte Leben anzustreben (Schmidtz 2004). Diese Interpretation nimmt ebenso im Widerspruch zu Proposition 1 an, dass Optimierung immer möglich ist. Eine originelle dritte Interpretation (die Satisficing nicht auf Optimierung reduziert) besagt, Satisficing bestehe in der Verfolgung moderater Ziele. Diese Form der Mäßigung könne eine Tugend sein, während Maximierung ein Laster darstelle. Letzteres könne zu Gier, Perfektionismus und einem geringeren Grad an Spontaneität führen (Slote 2004; Swanton 2004). Es gibt eine verwandte Behauptung in der psychologischen Literatur, nach der Personen, die Satisficing anwenden, optimistischer und zufriedener mit dem Leben sind, wohingegen Maximierer zu Depression, Perfektionismus und Reue neigen (Schwartz et al. 2002).

Ein weiterer Vorschlag (der nicht in der Aufsatzsammlung abgedeckt wird) liegt in den verschiedenen Formen des Regelkonsequentialismus (Braybrooke 2004). Da es typischerweise unmöglich ist, alle Konsequenzen aller möglichen Handlungsoptionen nebst Wahrscheinlichkeiten in jedem Fall abzusehen, betonen Regelkonsequentialisten die Wichtigkeit von Regeln, die den Nutzen – wenn man ihnen folgt – nicht in jedem Einzelfall maximieren, wohl aber auf längere Sicht. Einmal mehr wird hier der Gedanke der Maximierung beibehalten, obwohl das Objekt der Maximierung keine unmittelbare Handlung ist, sondern stattdessen die Regel, die im Allgemeinen zur besten Handlung führt. Die Ähnlichkeit zwischen Moral Satisficing und Regelkonsequentialismus liegt darin, dass das Hauptaugenmerk auf Regeln liegt, wohingegen Moral Satisficing annimmt, dass

Regeln typischerweise unbewusste soziale Heuristiken sind, die durch die Struktur der Umwelt hervorgerufen werden (siehe auch Haidt, 2001).

Dieses breite Spektrum von Interpretationen kann man als Signal für die verschiedenen Arten deuten, auf die Bounded Rationality uns inspirieren kann, über Moral neu nachzudenken. Aber es macht auch deutlich, wie fest verwurzelt der Gedanke der Maximierung ist und wie fremdartig Simons Schere vielen von uns erscheint.

9 Umweltorientierte Moral

Herbert Simon (1996, 110) sagte einmal: „Wenn man Menschen als Verhaltenssysteme betrachtet, dann sind sie eigentlich recht einfach. Die scheinbare Komplexität unseres Verhaltens über die Zeit hinweg spiegelt großteils die Komplexität der Umwelt wider, in der wir uns wiederfinden." Eine umweltorientierte Sichtweise moralischen Verhaltens könnte für diejenigen leichter zu akzeptieren sein, die beobachtet haben, dass ihre guten und schlechten Handlungen nicht immer ihrer Deliberation entspringen, sondern wohl oder übel auch der Umwelt, in der sie leben. Wieder andere mögen in dieser Vision zu viel „moralischen Zufall" vermuten und darauf bestehen, dass das Individuum alleine für sein Handeln verantwortlich ist oder sein sollte. Der Zufall ist, wie ich meine, so real wie die Tugenden. Er ist Teil eines Milieus, in dem wir eben aufwachsen, aber auch der Umwelt, die wir für unsere Kinder und Studierenden aktiv schaffen.

Übersetzung: Nikil Mukerji

Bibliographie

Abadie, A./Gay, S. (2006): The impact of presumed consent legislation on cadaveric organ donation: A cross-country study. In: Journal of Health Economics 25, 599–620.

Adorno, T. W./Frenkel-Brunswik, E./Levinson, D./Sanford, N. (1950): The authoritarian personality. New York: Harper & Row.

Ali, A. H. (2002): The caged virgin: A Muslim woman's cry for reason. London: Simon & Schuster.

Amodio, D. M./Frith, C. D. (2006): Meeting of minds: The medial prefrontal cortex and social cognition. In: Nature Review Neuroscience 7, 268–277.

Arrow, K. J. (2004): Is bounded rationality unboundedly rational? Some ruminations. In: M. Augier/J. G March (Hrsg.): Models of a man: Essays in memory of Herbert A. Simon. Cambridge, MA: MIT Press, 47–55.

Baumeister, R. F./Vohs, K. D./Funder, D. C. (2007): Psychology as the science of self-reports and finger movements. Whatever happened to actual behavior? In: Perspectives on Psychological Science 2, 396–403.

Becker, G. S. (1995): The essence of Becker. Stanford, CA: Hoover Institution Press.

Bennis, W. M./Medin, D. L./Bartels, D. M. (2010): The costs and benefits of calculation and moral rules. In: Perspectives on Psychological Science 5, 187–202.

Binmore, K. (2009): Rational decisions. Princeton, NJ: Princeton University Press.

Blass, T. (1991): Understanding behavior in the Milgram obedience experiment: The role of personality, situations, and their interaction. In: Journal of Personality and Social Psychology 60, 398–413.

Boyd, R./Richerson, P. J. (2005): The origin and evolution of cultures. New York: Oxford University Press.

Brase, G. L./Richmond, J. (2004): The white-coat effect: Physician attire and perceived authority, friendliness, and attractiveness. In: Journal of Applied Social Psychology 34, 2469–2481.

Braybrooke, D. (2004): Utilitarianism: Restorations; repairs; renovations. Toronto, Canada: University of Toronto Press.

Brighton, H. (2006): Robust inference with simple cognitive models. In: C. Lebiere/R. Wray (Hrsg.): AAAI spring symposium: Cognitive science principles meet AI-hard problems. Menlo Park, CA: American Association for Artificial Intelligence, 17–22.

Bröder, A. (2003): Decision making with the „adaptive toolbox": Influence of environmental structure, intelligence, and working memory load. In: Journal of Experimental Psychology 29, 611–625.

Bundesärztekammer (2008): EU Bulletin, Nr. 9, April 21, 2008.

Burger, J. M. (2009): Replicating Milgram: Would people still obey today? In: American Psychologist 64, 1–11.

Byron, M. (Hrsg.) (2004): Satisficing and maximizing: Moral theorists on practical reason. Cambridge, England: Cambridge University Press.

Cokely, E. T./Feltz, A. (2009): Adaptive variation in judgment and philosophical intuition. In: Consciousness and Cognition 18, 355–357.

Commission of the European Communities. (2007, May 30): Organ donation and transplantation: Policy actions at EU level. Impact assessment. (Press Release No. IP/07/718). at: http://europa.eu/rapid/pressReleasesAction.do?reference=IP/07/718&format=HTML&aged=1&language=EN&guiLanguage=en (Stand: 10.07.2015).

Cosmides, L./Tooby, J. (2008): Can a general deontic logic capture the facts of humans' moral reasoning? How the mind interprets social exchange rules and detects cheaters. In: W. Sinnott-Armstrong (Hrsg): Moral psychology: Vol 1. The evolution of morality: Adaptations and innateness). Cambridge, MA: MIT Press, 53–119.

Czerlinski, J./Gigerenzer, G./Goldstein, D. G. (1999): How good are simple heuristics? In: G. Gigerenzer/P. M. Todd/the ABC Research Group (Hrsg.): Simple heuristics that make us smart. New York: Oxford University Press, 97–118.

Darwin, C. (1871): The descent of man. Princeton, NJ, 1981: Princeton University Press.

Daston, L. J. (1988): Classical probability in the Enlightenment. Princeton, NJ: Princeton University Press.

Dawkins, R. (2006): The God delusion. Boston, MA: Houghton Mifflin Harcourt.

DeMiguel, V./Garlappi, L./Uppal, R. (2009): Optimal versus naive diversification: How inefficient is the 1/N portfolio strategy? In: Review of Financial Studies 22, 1915–1953.
Deutsch, M. (1975): Equity, equality, and need: What determines which value will be used as the basis of distributive justice? In: Journal of Social Issues 31, 137–149.
Dhami, M. K. (2003): Psychological models of professional decision-making. Psychological Science 14, 175–180.
Dieckmann, A./Rieskamp, J. (2007): The influence of information redundancy on probabilistic inference. In: Memory & Cognition 35, 1801–1813.
Doris, J. M. (2002): Lack of character. New York: Cambridge University Press.
Feltz, A./Cokely, E. T. (2009): Do judgments about freedom and responsibility depend on who you are? Personality differences in intuitions about compatibilism and incompatibilism. In: Consciousness and Cognition 18, 342–350.
Fiske, A. P. (1992): Four elementary forms of sociality: Framework for a unified theory of sociality. In: Psychological Review 99, 689–723.
Funder, D. (2001): Personality. In: Annual Review of Psychology 52, 197–221.
Gambetta, D. (1996): The Sicilian Mafia. The business of private protection. Cambridge, MA: Harvard University Press.
Garcia-Retamero, R./Dhami, M. K. (2009): Take-the-best in expert–novice decision strategies for residential burglary. In: Psychonomic Bulletin & Review 16, 163–169.
Geman, S./Bienenstock, E./Doursat, R. (1992): Neural networks and the bias/variance dilemma. In: Neural Computation 4, 1–58.
Gerson, R./Damon, W. (1978): Moral understanding and children's conduct. In: W. Damon (Hrsg.): New directions for child development. San Francisco, CA: Jossey-Blass, 41–59.
Gigerenzer, G. (1991): From tools to theories: A heuristic of discovery in cognitive psychology. In: Psychological Review 98, 254–267.
Gigerenzer, G. (2006): Heuristics. In: G. Gigerenzer/C. Engel (Hrsg.): Heuristics and the law. Cambridge, MA: MIT Press, 17–44.
Gigerenzer, G. (2007): Gut feelings: The intelligence of the unconscious. New York: Viking. (UK version: London: Allen Lane/Penguin).
Gigerenzer, G. (2008a): Rationality for mortals. New York: Oxford University Press.
Gigerenzer, G. (2008b): Moral intuition = Fast and frugal heuristics? In: W. Sinnott-Armstrong (Hrsg.): Moral psychology: Vol 2. The cognitive science of morality: Intuition and diversity. Cambridge, MA: MIT Press, 1–26.
Gigerenzer, G./Brighton, H. (2009): Homo heuristicus: Why biased minds make better inferences. In: Topics in Cognitive Science 1, 107–143.
Gigerenzer, G./Selten, R. (Hrsg.) (2001a): Bounded rationality: The adaptive toolbox. Cambridge, MA: MIT Press.
Gigerenzer, G./Selten, R. (2001b): Rethinking rationality. In: G. Gigerenzer/R. Selten (Hrsg.): Bounded rationality. The adaptive toolbox. Cambridge, MA: MIT Press, 1–12.
Gigerenzer, G./Todd, P. M./The ABC Research Group (1999): Simple heuristics that make us smart. New York: Oxford University Press.
Greene, J./Haidt, J. (2002); How (and where) does moral judgment work? In: TRENDS in Cognitive Sciences 6, 517–523.
Gruber, H. E./Vonèche, J. J. (1977): The essential Piaget. New York: Basic Books.
Hacking, I. (1975): The emergence of probability. Cambridge, England: Cambridge University Press.

Haidt, J. (2001): The emotional dog and its rational tail: A social intuitionist approach to moral judgment. In: Psychological Review 108, 814–834.
Haidt, J./Bjorklund, F. (2008): Social intuitionists answer six questions about moral psychology. In: W. Sinnott-Armstrong (Hrsg.): Moral Psychology: Vol. 2. The cognitive science of morality: Intuition and diversity. Cambridge, MA: MIT Press, 181–217.
Hammerstein, P. (2003): Why is reciprocity so rare in social animals? A protestant appeal. In: P. Hammerstein (Hrsg.): Genetic and cultural evolution of cooperation. Cambridge, MA: MIT Press, 83–93.
Hauser, M. (2006): Moral minds: How nature designed our universal sense of right and wrong. New York: Ecco.
Hertwig, R./Davis, J. N./Sulloway, F. (2002): Parental investment: How an equity motive can produce inequality. In: Psychological Bulletin 128, 728–745.
Hutchinson, J. M. C./Gigerenzer, G. (2005): Simple heuristics and rules of thumb: Where psychologists and behavioural biologists might meet. In: Behavioural Processes 69, 97–124.
Johnson, E. J./Goldstein, D. G. (2003): Do defaults save lives? In: Science 302, 1338–1339.
Johnson, E. J./Hershey, J./Meszaros, J./Kunreuther, H. (1993): Framing, probability distortions, and insurance decisions. In: Journal of Risk and Uncertainty 7, 35–51.
Kahneman, D. (2003): A perspective on judgement and choice: Mapping bounded rationality. In: American Psychologist 58, 697–720.
Kelling, G. L./Coles, C. M. (1996): Fixing broken windows: Restoring order and reducing crime in our communities. New York: The Free Press.
Knobe, J./Nichols, S. (2008): An experimental philosophy manifesto. In: J. Knobe/S. Nichols (Hrsg.): Experimental philosophy. New York: Oxford University Press, 3–14.
Kohlberg, L. (1968): The child as a moral philosopher. In: Psychology Today 2, 25–30.
Lipsey, R. G. (1956): The general theory of the second best. In: Review of Economic Studies 24, 11–32.
Makridakis, S./Hibon, M. (2000): The M3-competition: Results, conclusions, and implications. In: International Journal of Forecasting 16, 451–476.
Mata, R./Schooler, L. J./Rieskamp, J. (2007): The aging decision maker: Cognitive aging and the adaptive selection of decision strategies. In: Psychology and Aging 22, 796–810.
Matheson, D. (2006): Bounded rationality, epistemic externalism and the Enlightenment picture of cognitive virtue. In: R. Stainton (Hrsg.): Contemporary debates in cognitive science. Oxford, England: Blackwell, 134–144.
Messick, D. M. (1993): Equality as a decision heuristic. In: B. A. Mellers/J. Baron (Hrsg.): Psychological perspectives on justice. New York: Cambridge University Press, 11–31.
Milgram, S. (1974): Obedience to authority: An experimental view. New York: Harper & Row.
Mischel, W. (1968): Personality and assessment. New York: Wiley.
Nagel, T. (1993): Moral luck. In: D. Statman (Hrsg.): Moral luck. Albany, NY: State University of New York Press, 57–71.
Narvaez, D./Lapsley, D. (2005): The psychological foundations of everyday morality and moral expertise. In: D. Lapsley/C. Power (Hrsg.): Character psychology and character education. Notre Dame, IN: University of Notre Dame Press, 140–165.
Narveson, J. (2004): Maximizing life on a budget; or, if you would maximize, then satisfice! In: M. Byron (Hrsg.): Satisficing and maximizing: Moral theorists on practical reason. Cambridge, England: Cambridge University Press, 9–70.
Neiman, S. (2008): Moral clarity: A guide for grownup idealists. New York: Harcourt.

Pascal, B. (1669): Les Pensées. Paris 1962: Editions du Seuil.
Payne, J. W./Bettman, J. R./Johnson, E. J. (1993): The adaptive decision maker. Cambridge, England: Cambridge University Press.
Persijn, G. (1997): Public education and organ donation. In: Transplantation Proceedings 29, 1614–1617.
Pichert, D./Katsikopoulos, K. V. (2008): Green defaults: Information presentation and pro-environmental behavior. In: Journal of Environmental Psychology 28, 63–73.
Pippin, R. B. (2009): Natural & normative. In: Daedalus, Summer 2009, 35–43.
Richardson, H. S. (2004): Satisficing: Not good enough. In: M. Byron (Hrsg.): Satisficing and maximizing: Moral theorists on practical reason. Cambridge, England: Cambridge University Press, 106–130.
Rieskamp, J./Otto, P. E. (2006): SSL: A theory of how people learn to select strategies. In: Journal of Experimental Psychology: General 135, 207–236.
Rosenbaum, J. (2009): Patient teenagers? A comparison of the sexual behavior of virginity pledgers and matched nonpledgers. In: Pediatrics 123, 110–120. doi: 10.1542/peds.2008–0407.
Savage, L. J. (1954): The foundations of statistics. New York: Wiley.
Saxe, R. (2006): Uniquely human social cognition. In: Current Opinion in Neurobiology 16, 235–239.
Schmidtz, D. (2004): Satisficing as a humanly rational strategy. In: M. Byron (Hrsg.): Satisficing and maximizing: Moral theorists on practical reason. Cambridge, England: Cambridge University Press, 30–58.
Schwartz, B./Ward, A./Monterosso, J./Lyubomirsky, S./White, K./Lehman, D. R. (2002): Maximizing versus satisficing: Happiness is a matter of choice. In: Journal of Personality and Social Psychology 83, 1178–1197.
Shaffer, D. M./Krauchunas, S. M./Eddy, M./McBeath, M. K. (2004): How dogs navigate to catch Frisbees. In: Psychological Science 15, 437–441.
Shanteau, J. (1992): How much information does an expert use? Is it relevant? In: Acta Psychologica 81, 75–86.
Shweder, R. A./Much, N. C./Mahaptra, M./Park, L. (1997): The „big three" of morality (autonomy, community, and divinity), and the „big three" explanations of suffering, as well. In: A. Brandt/P. Rozin (Hrsg.): Morality and health. New York: Routledge, 119–169.
Simon, H. A. (1955): A behavioral model of rational choice. In: Quarterly Journal of Economics 69, 99–118.
Simon, H. A. (1990): Invariants of human behavior. In: Annual Review of Psychology 41, 1–19.
Simon, H. A. (1996). The sciences of the artificial (3rd ed.). Cambridge, MA: MIT Press (originally published 1969).
Slote, M. (2004). Two views of satisficing. In: M. Byron (Hrsg.): Satisficing and maximizing: Moral theorists on practical reason. Cambridge, England: Cambridge University Press, 14–29.
Smith, A. (1761): The theory of moral sentiments. London: Millar.
Statman, D. (1993): Moral luck. Albany, NY: State University of New York Press.
Stevens, J. R./Hauser, M. D. (2004): Why be nice? Psychological constraints on the evolution of cooperation. In: TRENDS in Cognitive Sciences 8, 60–65.
Sunstein, C. R. (2005): Moral heuristics. In: Behavioral and Brain Sciences 28, 531–542.

Swanton, C. (2004): Satisficing and perfectionism in virtue ethics. In: M. Byron (Hrsg.): Satisficing and maximizing: Moral theorists on practical reason. Cambridge, England: Cambridge University Press, 176–189.

Thaler, R. H./Sunstein, C. R. (2008): Nudge: Improving decisions about health, wealth, and happiness. New Haven, CT: Yale University Press.

Todd, P. M./Gigerenzer, G. (2001): Shepard's mirrors or Simon's scissors? In: Behavioral and Brain Sciences 24, 704–705.

Tomasello, M. (2000): The cultural origins of human cognition. Cambridge, MA: Harvard University Press.

Weininger, O. (1903): Geschlecht und Charakter [Sex and character]. Wien: Wilhelm Braumüller.

Williams, B. (1981): Moral luck. Cambridge, England: Cambridge University Press.

Wilson, D. S. (2002): Darwin's cathedral: Evolution, religion, and the nature of society. Chicago, IL: University of Chicago Press.

Wübben, M./Wangenheim, F. v. (2008): Instant customer base analysis: Managerial heuristics often „get it right". In: Journal of Marketing 72, 82–93.

Zimbardo, P. (2007): The Lucifer effect: Understanding how good people turn to evil. New York: Random House.

Susan Neiman
Toleranz ist zu wenig

Fällt das Wort *Toleranz*, spüre ich ein leichtes Unbehagen. Was heißt hier leicht? Mir geht es regelrecht schlecht, wenn ich Sätze höre, die Toleranz als Wesen der Demokratie preisen oder gar als höchsten Wert der von mir so geschätzten Aufklärung. Solche Sätze gelten wenigstens hierzulande als selbstverständlich; mir waren sie immer suspekt.

Nun mag das wohl daran liegen, dass ich den größten Teil meines Lebens als Teil irgendeiner Minderheit verbracht habe – und damit vermutlich als Objekt der Toleranz der jeweiligen Mehrheit. Aufgewachsen im Süden der USA, wo – anders als in den Großstädten der Ostküste – jüdische Familien eine Seltenheit waren, wurde mir von klein auf bewusst, dass die Mehrheit die Regeln bestimmt. Anfang des letzten Jahrhunderts wurden die Juden noch gelyncht, aber in meiner Kindheit waren es die Schwarzen, die wirklich brutale Repressalien erleben mussten. Juden dagegen wurden toleriert – solange sie keine große Aufmerksamkeit auf sich zogen. Dies war der Hauptgrund, warum sich so wenig Juden, die im Süden lebten, mit der Bürgerrechtsbewegung solidarisierten – ganz im Gegensatz zu ihren nördlichen Glaubensgenossen. Ich bin stolz darauf, eine Mutter gehabt zu haben, die sich anders entschied – auch wenn wir dafür Drohungen vom Ku-Klux-Klan ernteten und damit wieder zu einer Minderheit unter den dort lebenden Juden wurden.

Vermutlich war es die Erfahrung als Außenseiterin, die nie ganz zu der bestimmenden Mehrheit gehörte, die es mir später ermöglichte, in Deutschland zu leben. In den 80er-Jahren, als ich nach Berlin kam, gab es wenig Ausländer, die nicht türkisch waren, und noch weniger Juden. Der einzige Ort in Berlin, wo man jüdische Lebensmittel kaufen konnte – zum Beispiel Matze, das für das Pessachfest nötig ist –, hieß Shalom. Das Wort *Shalom* stand auf einem kleinen, handgeschriebenen Zettel unten im Fenster; das großgeschriebene Schild verkündete nur *Orientalische Spezialitäten*. Der koschere Schlachter hatte sogar ein Schild, das nur von innen gelesen werden konnte. *Bloß nicht auffallen.* Hatte ich Gäste aus England oder Amerika, zuckte ich zusammen, wenn sie mit mir auf der Straße Englisch sprachen. Juden, manche Ausländer, waren toleriert – solange sie sich möglichst unsichtbar, unhörbar machten.

Hätte sich Deutschland nicht grundsätzlich geändert, wäre ich nicht im Jahr 2000 zurückgekommen, schon gar nicht mit drei Kindern, für die ich nie wollte, dass sie das Gefühl bekommen, sie müssten toleriert werden. Doch Deutschland hatte sich geändert, und ich hatte inzwischen eine neue Erfahrung als Mitglied einer Minderheit gemacht – diesmal in Tel Aviv, wo ich zwar als Neueinwanderin willkommen war, mir aber gleichzeitig immer wieder deutlich gemacht wurde, dass es mindestens eine Generation dauert, bis man zur Mehrheit gehört. Und so lebe ich heute sehr gern in Berlin, wo ich jeden Tag englische, französische, holländische, italienische oder hebräische Stimmen auf der Straße höre. Die jüdischen Läden verstecken sich nicht mehr, sie werden in der *New York Times* porträtiert. In meinem Haus gibt es ein brasilianisches Café wie auch ein türkisches Restaurant, um die Ecke ist eine Buchhandlung, die auf spanische Literatur spezialisiert ist. An jedem beliebigen Abend kann ich zwischen Filmen aus Senegal, Kunst aus China, Musik aus Argentinien wählen. Als wurzellose kosmopolitische Intellektuelle fühle ich mich ausgesprochen wohl, sogar viel besser, als ich es in London oder New York täte – bis irgendein wohlmeinender Politiker oder Meinungsmacher behauptet, die Gesellschaft müsse toleranter werden. Da kommt es wieder, dieses Schaudergefühl: Werden wir alle heimlich *nicht* toleriert? (Er muss es ja besser wissen als ich.) Werden wir *nur* toleriert? Unter welchen Bedingungen? Für wie lange noch? Wie laut dürfen wir sein? Wie sichtbar? Wie frech?

Da der Begriff *Toleranz* mir immer Unbehagen bereitet hat, habe ich mich wenig damit befasst – abgesehen von ein paar Klassikern, die zur Pflichtlektüre der Studienzeit gehörten. Mir war jedoch klar, dass es bestenfalls ein Begriff der Resignation war. So ist er tatsächlich entstanden: aus der Zeit der Religionskriege, als Europäer sich entschieden, lieber die Heilsvorstellungen ihrer Nachbarn zu akzeptieren als noch mehr Blut darüber fließen zu lassen. (Schließlich waren es die Nachbarn, die dafür in der Hölle schmoren mussten.) Die Resignation musste damals schwergefallen sein – es ging ja gleichermaßen um Leben und Tod wie um ewiges Leben und Tod. Das Edikt von Nantes war die erste politische Tat dieser Resignation, John Lockes *Letter on Toleration* legte die philosophischen Linien fest. Der Begriff stammt also aus der Zeit vor der Aufklärung, wichtig, vielleicht, um die Aufklärung vorzubereiten, aber schon Kant hat den Begriff als „hochmütig" abgelehnt (Kant 1784, 40). Toleranz macht aber längst keine Aufklärung aus, die wir heute gebrauchen könnten. In meinen eigenen Arbeiten zur Aufklärung habe ich robustere Werte gesucht, zu denen ich später kommen werde. Denn Toleranz ist ein Wert, der höchstens imstande ist, bestimmte Fehlentwicklungen wie Religionskriege in Grenzen zu halten, doch viel zu fade, um irgendetwas zu beflügeln. Man toleriert, was man nicht begrüßt, viel schlimmer noch, wogegen man nichts tun kann. (Der Gestank in der Ecke des U-Bahnhofs, die Alkoholiker zum Klo gemacht haben. Das Geschrei eines Kindes im Flugzeug, wo man so gern geschlafen hätte.) So klingt der Ruf nach mehr Toleranz nicht nur problematisch für diejenigen, die wie ich zur Minderheit gehören, sondern auch für just diejenigen, denen der Ruf gelten soll. Was stellt sich ein Neonazi vor, wenn er zur Toleranz gemahnt wird? Sofern ich mich in ihn hineindenken kann, glaube ich, dass der Ruf nach mehr Toleranz ihn nur an seine Machtlosigkeit erinnert. Die

Fremden sind schon da – wenn auch vielleicht nur aus einem Grund, wie u. a. die Berliner Zeitung neulich meldete: „Ohne qualifizierte Zuwanderung wird der Bedarf in vielen Berufen nicht zu decken sein." Und das hat er zu tolerieren – neben den vielen anderen Tatsachen, die er nicht gesucht und nicht gewählt hat, die dennoch sein Leben bestimmen. Er kann nichts tun gegen den globalisierten Konsumzwang, der mit der wachsenden gesellschaftlichen Ungleichheit so monströs gekoppelt ist – aber ein paar Fremde zusammenschlagen, das wird er noch können.

Kürzlich habe ich dann weiter in der Toleranzliteratur gelesen und fand meine Skepsis mehr als bestätigt. Goethe, wie so oft, sagte es am deutlichsten: Toleranz ist eine Beleidigung. (Und zwar für beide Seiten, siehe oben.) Das genaue Zitat: „Toleranz sollte eigentlich nur eine vorübergehende Gesinnung sein; sie muss zur Anerkennung führen. Die wahre Liberalität ist Anerkennung." (Goethe 1833, 507) Auch spätere Theoretiker verdeutlichen Goethes Ansichten. Der amerikanische Politikwissenschaftler Michael Walzer betont, wie oft Toleranz mit Ungleichheit und Verachtung zusammenfällt. „Eine ethnische oder religiöse Minderheit, die auch Teil einer Unterklasse ist, wird fast mit Sicherheit der Fokus von extremer Intoleranz – zwar nicht von Massakern oder Ausweisung, weil Mitglieder solcher Gruppen oft wichtige wissenschaftliche Rollen spielen, die sonst keiner will – sondern von täglicher Diskriminierung, Abweisung und Erniedrigung. Andere Menschen haben sich mit ihrer Anwesenheit abgefunden – aber dieses Abfinden ist mit einem Wunsch nach deren Unsichtbarkeit gekoppelt." (Walzer 1997, 59) Und der deutsche Philosoph Rainer Forst bezeichnet den Toleranzbegriff als „zutiefst ambivalent". Als erste Komponente dieses Begriffs nennt Forst die Ablehnungskomponente. „Sie besagt, dass die tolerierten Überzeugungen oder Praktiken als falsch angesehen oder als schlecht verurteilt werden. Ohne diese Komponente läge entweder Indifferenz oder Bejahung vor, nicht aber Toleranz." (Forst 2008, 16)

Wie andere Theoretiker der Toleranz beschäftigt sich Forst nicht nur mit Toleranz für Gruppen, die eine Minderheit in einer Gesellschaft bilden, sondern auch für Meinungen, die die Mehrheit falsch, gar abscheulich findet. Sicherlich gibt es Einzelfälle, die unsere Grenzen testen. Doch seien wir ehrlich: Kritik von bestimmten Meinungen oder Praktiken ist oft eine Rationalisierung des einfachen Gefühls: *Die sind mir doch zu fremd.* Als Christdemokraten plötzlich den Feminismus entdeckten, ging es viel weniger darum, die Ungleichheit der Geschlechter in der eigenen Gesellschaft zu beseitigen als die Türkei aus der EU herauszuhalten. Sicherlich muss man Praktiken wie Zwangsehen verbieten, aber die Aufregung, die das Tragen von Kopftüchern unter manchen nicht-muslimischen Europäern produziert, muss uns zu denken geben. Eine Muslimin, die es geschafft hat, Lehrerin zu werden, kann auf viele Weisen Vorbild sein: für muslimische Schülerinnen und Schüler ein Zeichen, dass Frauen gebildet und unabhängig sein können, für nicht-muslimische Schülerinnen und Schüler ein Beweis, dass man von Menschen verschiedenen Glaubens und Herkunft etwas lernen kann. Insofern könnte das Tragen von Kopftüchern nicht nur toleriert, sondern willkommen sein. Als Frau (die nur einmal in Ägypten ein Kopftuch getragen hat) fürchte ich, dass der wahre Grund des Kopftuchstreits nicht eine Leidenschaft für Frauenrechte ist – sonst sähe die Gleichberechtigung der Geschlechter in unserer Gesellschaft anders aus – sondern einfach die Ablehnung einer Gruppe, die fremd erscheint.

Der amerikanische Philosoph John Rawls sprach wenig von Toleranz, aber viel von Gerechtigkeit. Nach seiner Theorie werden gesunde Menschen mit zwei Fähigkeiten geboren: der Fähigkeit, einen Begriff der Gerechtigkeit zu entwickeln, sowie der Fähigkeit, eine Vorstellung des Guten zu haben. Begriffe der Gerechtigkeit sind ähnlich und in ihrer Grundform primitiv. Der Primatologe Frans de Waal hat erstaunliche Experimente entworfen, die zeigen, dass selbst Affen rebellieren, wenn bestimmte Vorstellungen von Gerechtigkeit – wie gleicher Lohn für gleiche Arbeit – nicht eingehalten werden. Vorstellungen vom guten Leben dagegen gehen weit auseinander. Der eine kann sich kein gutes Leben vorstellen, wenn er nicht Milliardär wird, der andere brennt dafür, Mönch zu werden. Nach Rawls' Fassung ist eine gute Gesellschaft eine, in der alle sich auf den gleichen Gerechtigkeitsbegriff einigen, aber die verschiedensten Vorstellungen vom guten Leben akzeptieren – solange dies nicht mit Ungerechtigkeiten verbunden ist (Rawls 1971). Am schönsten ist es, wenn die Akzeptanz zur Anerkennung wird. Ich wäre z. B. nie Musikerin geworden, obwohl mir ein gewisses Rohtalent nachgesagt wird, da ich die dafür nötige Zeit lieber nutze, um Platz für andere Interessen zu lassen. Ich bin aber zutiefst dankbar, dass andere Menschen ihr Leben dem widmen, damit ich deren Musik genießen kann. In anderen Fällen bleibt die Anerkennung aus und wir müssen auf Toleranz ausweichen. Mir ist es vollkommen schleierhaft, warum es Menschen gibt, die ihre kostbare Lebenszeit mit Fußballschauen vergeuden, aber ich habe gelernt, diese Tatsache (meist) ohne Kommentar zu tolerieren.

Rawls' Gerechtigkeitstheorie setzt eine ökonomische Umverteilung voraus, die es nie gegeben hat, und die Beispiele sind deshalb unvollkommen. Auch wenn ich mir wünschen könnte, dass Massen von Menschen ihre Freude in anderen Freizeitbeschäftigungen fänden, käme ich nicht auf die Idee, gegen das Fußballschauen zu plädieren. Anders ist es mit Lebensentwürfen, die auf größtmöglichen Konsum ausgerichtet sind – da diese unweigerlich mit Ungleichheit, Umweltschäden und Sinnentleerung zusammengehen. Akzeptanz der Tatsache, dass andere Menschen andere Lebensvorstellungen haben, heißt ja nicht, dass man an jeder Vorstellung kritiklos vorbeigeht. In einer gerechten Gesellschaft könnte ich versuchen, andere mit Vernunftgründen davon zu überzeugen, dass mein Begriff vom guten Leben sinnvoller ist – und ich würde dabei genauso ernst genommen wie die Produzenten von iPhones oder teuren Autos. Weil unsere Ressourcen und damit unsere Überzeugungskraft – gelinde gesagt – ungleich sind, bleiben Lebensvorstellungen wie meine aber in der Minderheit. So sprach Herbert Marcuse von repressiver Toleranz, aber dies ist ein Thema, das unseren Zeitrahmen heute sprengt. Die Beispiele sollen nur zeigen, dass wir sehr wohl Umgangsformen haben, mit abweichenden Meinungen und Lebensformen umzugehen. Die Grenzfälle sind meist Fälle für die Polizei. Meinungen, welche die Rechte der anderen, selbst Meinungen und Lebensvorstellungen zu bilden, infrage stellen, dürfen wir nicht akzeptieren. Manchmal wird es schwierig zu entscheiden, ob eine Meinung diese Grenze verletzt oder nicht. Doch solche Schwierigkeiten sollen uns nicht davon ablenken, dass sich das Toleranzproblem meist nicht um abweichende Meinungen, sondern um fremde Gruppen dreht.

Was sind die Alternativen zur Tolerierung fremder Gruppen? Goethe hat für Anerkennung plädiert, doch wusste er, dass Anerkennung bestenfalls am Ende einer Entwicklung steht. Wie wäre es, wenn wir mit Interesse anfangen? Schon Leibniz meinte, dass wir für die Vielfältigkeit der Welt dankbar sein sollen; wenn Gott es anders gewollt hätte, hätte er eine andere Welt erschaffen. In einer Welt, die zunehmend droht, eintönig und eindimensional zu werden, sollten wir für die Vielfältigkeit der Kulturen umso mehr dankbar sein. Wer nicht will, dass die Straßen und Läden in Shanghai mit denen in Stuttgart identisch sind, sollte die kulturellen Unterschiede nicht nur tolerieren, sondern begrüßen, auch wenn sie in den Straßen von Stuttgart sichtbar werden. Wenn wir wirklich den Mut haben, kulturelle Vielfalt zu feiern, können wir auch den Mut finden, eine Liebe zur eigenen Kultur zu entdecken. Beides steht nicht in Widerspruch zueinander, sondern könnte sich ergänzen. Wenn ich für die Kultur des anderen nicht nur Toleranz, sondern Interesse, ja Begeisterung empfinde, was spricht dagegen, dass ich meine eigene auch schätze? Diese Möglichkeit scheint nicht nur hierzulande gerade für fortschrittliche Menschen ausgeschlossen, die fürchten, einem nationalistischen oder gar rassistischen Lager zugerechnet zu werden, wenn sie ihre eigene Kultur preisen. Ich bin öfter in Holland, auch dort scheuen viele Kollegen, Stolz auf ihre eigenen Traditionen zu entwickeln – mit der Folge, dass das Thema Leitkultur völlig von den Rechten gepachtet ist. Diese haben bekanntlich damit Erfolg.

Eine solche Form von Interesse wäre weitaus produktiver und robuster als die vielbesungene Toleranz. Im Gegensatz zu der frühmodernen Toleranz, die aus der Erschöpfung der Religionskriege geboren ist, wurzelt dieser Internationalismus in der Aufklärung. Montesquieus *Persische Briefe* kritisieren Europa aus der Sicht des Islams, über Voltaires Schreibtisch hing ein Bild von Konfuzius. Trotz des heutigen Vorwurfs, die Aufklärung sei eurozentrisch, lassen sich solche Beispiele unendlich fortsetzen.

Die Aufklärung verteidigen heißt die Moderne verteidigen – samt ihren Möglichkeiten zur Selbstkritik und Veränderung. Solche Möglichkeiten bietet uns weder ein Rückfall in die vormoderne Nostalgie (früher war ja alles besser, heute sind wir dekadent) noch das Achselzucken der Postmoderne (auch Dekadenz sei eine Kategorie wie jede andere, die wir schon demaskiert haben). Der Vormoderne nachtrauern, die Postmoderne gähnend begrüßen, die Moderne fortführen: Es gibt, soweit ich weiß, keine vierte Möglichkeit.

Wer die Aufklärung verteidigen will, muss robuste Werte aufzeigen. Es ist umstritten, ob Toleranz überhaupt ein Wert ist – oder eher ein Mittel, mit verschiedenen Werten umzugehen. Auf jeden Fall reicht sie nicht aus, um einer demokratischen Gesellschaft Orientierung zu geben. In der mir noch bleibenden Zeit möchte ich deshalb die Werte besprechen, die viel eher geeignet sind, Fundamente einer aufgeklärten Gesellschaft zu bilden. Neben dem oben skizzierten Internationalismus konzentriere ich mich auf vier weitere: Glück, Vernunft, Ehrfurcht und Hoffnung. Die Aufklärung forderte ein Recht auf Glück – was nur banal erscheint, solange man sich nicht überlegt, wie es vor der Aufklärung mit dem Glück bestellt war. Vor der Aufklärung war Glück etwas gewesen, was es vor dem Sündenfall oder höchstens nach dem Tod gab. Krankheit und Armut wurden als Folge der Sünde und deshalb als Teil eines Weltgerichts betrachtet, in das man sich nicht einzumischen hatte. Solche Probleme mit menschlichen Mitteln zu bekämpfen galt als Gotteslästerung. Aufklärer sein heißt dagegen, Ungerechtigkeiten nicht als Strafe zu deuten, sondern als Missstände, die möglichst von Menschenhand bekämpft werden sollten. Krankheiten können geheilt werden, Armut überwunden – solange sie nicht als Naturgegebenheiten verstanden werden, die wohl schon ihre Gründe haben werden. Jeder, der die Ungerechtigkeiten einer Gesellschaft oder die Unzulänglichkeiten der Natur zu beheben versucht, setzt voraus, dass jeder Mensch – egal wo und unter welchen Umständen geboren – das gleiche Recht auf diesseitiges Glück hat. Wer dagegen glaubt, das Leben sei ein Jammertal, wird sich vermutlich mit Jammern begnügen.

Glück als Recht und nicht als Gnade – auch diese Vorstellung stammt von Kant. Unsere Sehnsucht nach Glück ist weder bloßer Wunsch noch eine Schwäche, und der stoische Versuch, diese Sehnsucht zu stillen, ist falscher Trost. Die Vernunft verlangt, ein Gleichgewicht herzustellen zwischen dem, was einer in der Welt tut, und dem, was die Welt ihm antut. Ist Glück ein Menschenrecht in einer Welt, in der so viele leiden, ist es Aufgabe der Menschen, es zu fordern und zu fördern.

Die Vernunft der Aufklärung ist so aktiv wie das Glück. Der mechanistisch instrumentelle Vernunftbegriff der Rationalisten wurde entschieden abgelehnt; nicht nur, weil er nicht imstande ist, die Welt zu erklären, sondern vielmehr, weil er weder frei ist noch Freiheit fördern kann. Denn das ist die Aufgabe der Vernunft:

Sie stellt sich nicht, wie die Romantiker klagten, gegen die Natur, sondern gegen die Obrigkeit, die ihre Macht verteidigt, indem sie das Recht auf Denken einer kleinen Elite vorbehält. Die Aufklärer waren sich allemal bewusst, dass die Vernunft auch Grenzen hat; sie waren nur nicht bereit, der Obrigkeit die Festlegung der Grenzen zu überlassen. So wird jeder zum Selbstdenken aufgefordert: Jeder Bauer kann es tun, jeder Professor dabei scheitern. Ein gewisses Maß an Zweckrationalität ist dabei gefordert, auch Begriffe der Logik, die aber bei Weitem nicht ausreichen. Kern der Vernunft ist das Prinzip des zureichenden Grundes, nicht als Feststellung, sondern als Forderung: *Finde für alles, was geschieht, den Grund, warum es so und nicht anders ist.* Vieles taugt als Grund, aber einiges nicht: *Einfach darum. So war es ja immer. Man hat es mir gesagt.* Die Fähigkeit, Gründe für das Gegebene zu suchen, ist die Grundlage aller wissenschaftlichen Forschung und sozialer Gerechtigkeit. So verstanden wird die Vernunft weder auf Technik beschränkt noch gegen die Leidenschaft ausgespielt. Die Verkörperung des aufgeklärten Vernunftbegriffes ist nicht der regelbesessene Technokrat, sondern Mozarts selbstbewusster Figaro, der seinen eigenen Verstand gegen die Aristokratie einsetzt – gerade um seine Leidenschaft zu verwirklichen.

Warum auf einem Wert wie Ehrfurcht bestehen, vor allem in Zeiten, wo so viele aufgeklärte Menschen sich von der Religion abgekehrt haben? Mit dem Wort *Ehrfurcht* bin ich nicht ganz glücklich – da schreit *Furcht* zu laut –, es gibt aber keine bessere Übersetzung für den Begriff, der auf Englisch *Reverence* heißt. Doch das Unbehagen, dass die modernen westlichen Gesellschaften etwas verleugnen, was wir anerkennen sollten, macht sich nicht nur bei Konservativen breit; subkutan spielt es auch eine Rolle bei manchen, die zu den Grünen neigen. Die Umwelt hat nicht nur einen Gebrauchswert. Es mag zwar der Fall sein, dass bestimmte Tier- und Pflanzenarten für medizinische Zwecke von Nutzen sind, und es ist sicherlich der Fall, dass die Klimaveränderung uns große Kosten verursachen wird. Doch wer nur instrumentell argumentiert, verkennt die tieferen Gründe, warum wir die Umwelt schützen sollten. Wie immer ich die Schöpfung der Welt verstehe, eines ist gewiss: Ich wars nicht. Vorstellungen von Gott münden vor allem in der einen Vorstellung, dass Menschen Grenzen haben. Ehrfurcht hat mehr als ein Gegenteil: Hohn, Respektlosigkeit, Gleichgültigkeit und vor allem Neid, eine der Todsünden. Ehrfurcht umfasst Bewunderung, aber vor allem Dankbarkeit: für das Sein selbst und für die Tatsache, dass man lebt, um es zu erfahren. Man hat Ehrfurcht vor Gott oder der Natur, aber auch vor Idealen der Gerechtigkeit, der Schönheit oder der Wahrheit – alles, was unser eigenes Streben letztendlich übersteigt. Ehrfurcht ist ein Wert, der uns im Gleichgewicht hält. Wie Kant es erklärt: Der bestirnte Himmel zeigt mir meine Grenzen, so wie das moralische Gesetz mir meine Macht zeigt (Kant 1788, 162).

Der fünfte zentrale Wert der Aufklärung ist die Hoffnung – nicht zu verwechseln mit dem Optimismus, der so deutlich im *Candide* verworfen wurde. Optimismus ist eine Verkennung der Tatsachen; Hoffnung zielt darauf, Tatsachen zu ändern. Um festzustellen, ob es in irgendeiner Richtung Fortschritte gegeben hat, müssen wir den Ausgangspunkt im Blick behalten. Dies versuchten die Philosophen der Moderne mit Spekulationen über den Naturzustand des Menschen. Zwei Möglichkeiten werden zwei Philosophen zugeschrieben: Hobbes steht für die Meinung, der Naturzustand sei ein permanenter Krieg aller gegen alle, Rousseau für die Meinung, im Naturzustand sei alles bestens zugegangen. Dass keiner der beiden Philosophen eine so simple Position vertritt, ist weniger wichtig als die Tatsache, dass die Alternative bis heute so dargestellt wird, meist mit der Bemerkung, Hobbes' Weltbild sei realistisch, Rousseaus utopisch. Noch wichtiger ist die Tatsache, dass kein Glied der Alternative beweisbar ist, allen Versuchen der Evolutionsbiologen zum Trotz. Lange bevor Levi-Strauss vergeblich versuchte, Rousseaus Weltbild im Amazonas-Gebiet zu bestätigen, hatte Rousseau schon erkannt: Unsere Spekulationen über den Naturzustand sind Projektionen und Propaganda. Möchte man eine autoritäre Regierungsform durchsetzen, überzeugt man am besten seine Mitbürger davon, dass die Menschen sich *natürlich* abschlachten würden, wenn kein starker Führer das verhindert. Möchte man eine soziale Demokratie an die Macht bringen, wird man auf jedes Beispiel für *natürliche* Kooperation hinweisen. Belege dafür, dass uns die Fähigkeit, Mitgefühl zu empfinden, angeboren ist, liefern inzwischen Disziplinen wie die Primatenforschung, aber auch die Kinderpsychologie und die Neurowissenschaften. Wir haben das Zeug dazu, uns anständig zu verhalten. Dass wir auch Unheil anrichten können, steht in jeder Zeitung. Statt vergebliche Versuche anzustellen, die Wahrheit über den Naturzustand herauszufinden, schlägt Rousseau radikale Aufrichtigkeit vor: Unsere Vorstellungen vom Naturzustand sind Werkzeuge, mit denen wir die Zukunft gestalten. An welcher Zukunft wollen wir arbeiten?

Und nun kommt die Frage, die interessanter ist als alle Fragen, die nicht zu beantworten sind: Wenn die Fähigkeit zum Guten so klar ist wie die Fähigkeit zum Bösen, warum zieht uns dann letztere mehr an? Pessimismus ist Mode. Früher waren es die Konservativen, die die Armut der Welt und die Schlechtigkeit der Menschen betonten, und das war nur konsequent. Heute sind auch Menschen, die zum sogenannten fortschrittlichen politischen Lager gehören, nicht mehr bereit, das Wort *Fortschritt* in den Mund zu nehmen – jedenfalls nicht ohne Gänsefüßchen. Kurioserweise ist der Begriff von Fortschritt, der in vielen Köpfen spukt, von den Neoliberalen übernommen, für die Fortschritt uneingeschränktes ökonomisches und technologisches Wachstum ist. Wenn das unter Fortschritt verstanden wird, wen wundert es dann, dass Fortschritt als etwas Schlechtes betrachtet wird? Der Aufklärung ging es vornehmlich um moralischen Fortschritt. Wirtschaftliches und technisches Wachstum kann als Mittel zu Bekämpfung von Armut und Krankheit dazu beitragen, galt aber nie als Ziel an sich. Dass angeblicher Fortschritt nicht immer echten Fortschritt brachte, ist unbestreitbar, aber kein Argument dafür, dass Fortschritt unmöglich ist. Die moralischen Fortschritte, die die Aufklärung brachte, von der Abschaffung der Folter und der Sklaverei bis hin zur Einführung der Ideen von Bürger- und Menschenrechten, sind offensichtlich. Und die Tatsache, dass es heute möglich ist, Menschenrechte zu verletzen und Folter wieder einzuführen, beweist nur eines: Fortschritt ist nicht unvermeidlich, sondern liegt in Menschenhänden. Warum wehren wir uns dagegen?

Hobbes' Sicht vom Menschen fügt sich in eine lange, düstere Tradition ein, in der wir uns offensichtlich zu Hause fühlen. Erstaunlicherweise halten viele der überzeugten Atheisten von heute am übelsten Merkmal des Christentums fest: an der Lehre von der Erbsünde. Das Christentum hat sie gepflegt, weil sie eine brauchbare Erklärung für das Problem des Bösen zu liefern scheint. Warum gibt es eine solche Kluft zwischen dem, wie die Welt ist, und dem, wie sie sein sollte? Die Lehre von der Erbsünde mag uns anschwärzen, aber sie liefert uns einen Grund für alles Böse, das uns widerfährt. Dies ergibt wenigstens Sinn, was für viele erträglicher ist als der Gedanke, das Universum sei sinnlos. Unsere Neigung, das Schlimmste von der menschlichen Natur anzunehmen, wurzelt also nicht in der Wissenschaft, sondern im Glauben.

Wenn wir weder das Wesen der Menschen noch ihre Zukunft kennen können, sollten wir jene Auffassung wählen, die sie mit größerer Wahrscheinlichkeit besser gestalten wird. Die Erbsünde eröffnet keine Aussichten außer Verzweiflung oder Gnade. Wenn wir handeln sollen, müssen wir wenigstens glauben, dass die Menschheit imstande ist, sich selbst zu verbessern. Das ist kein Wunschdenken, denn es geht um die Bedingung der Möglichkeit von Moral selbst. Dies nennt Kant Vernunftglauben. Doch selbst Kant wusste, dass die schlichte Überzeugung, Fortschritt sei möglich, nicht immer ausreicht, um uns daran festzuhalten. Irgendwann braucht man ein Zeichen, das uns zeigt, dass Fortschritt nicht nur möglich ist, sondern ab und zu auch geschieht. Sein Zeichen war so minimalistisch, dass es jeden Vorwurf von Fortschrittsglauben Lügen straft – nicht die Französische Revolution selbst, sondern die Hoffnung, die unbeteiligte Beobachter angesichts der Revolution schöpften, war ihm ein Zeichen dafür, dass die Menschheit fähig ist, sich zu verbessern. Das ist ziemlich wenig, aber Kant hat sich ja selbst als Melancholiker bezeichnet.

Selbst Kant hätte bessere Zeichen finden können – z. B. die Tatsache, dass er, Sohn eines Sattlers, studieren durfte, was eine Generation früher unmöglich gewesen wäre. Wir brauchen etwas mehr, und wir finden es – selbst in schlechten Zeiten wie diesen. Um nur bei dem zu bleiben, was Sie Toleranz und ich etwas anders nennen würde. Alle denken jetzt, dass Barack Obama uns enttäuscht hat –

auch ich, die lange und hart für ihn kämpfte. Vergessen ist dabei das Wunder, dass ein Halbafrikaner überhaupt zweimal in das mächtigste Amt der Welt gewählt wurde – was die Welt damals für unmöglich gehalten hat. Und vor Kurzem wurde Bill di Blasio Bürgermeister von New York – nicht trotz, sondern z. T. weil er mit seiner schwarzen, ehemals lesbischen Frau zwei Kinder hat.

Aber warum so weit weg? Zeichen von Hoffnung sehe ich in meinem eigenen Kiez in Berlin – wo, wie ich sagte, Menschen aus vielen Kulturen und Sprachen auf eine Weise zusammenleben, die ich mir vor 30 Jahren nicht hätte vorstellen können. Wenn man nur – außerhalb des Kiezes, versteht sich – nicht immer wieder von Toleranz sprechen müsste!

Bibliographie

Forst, Rainer (2008): Die Ambivalenz der Toleranz. Vom schwierigen Balanceakt zwischen Gleichheit und Differenz. In: Forschung Frankfurt 1/2008, 14–21.
Goethe, Johann Wolfgang von (1833): Maximen und Reflexionen. In: Werke in zehn Bänden. Bd. 6. Stuttgart 1961: Deutscher Bücherbund.
Kant, Immanuel (1784): Beantwortung der Frage: Was ist Aufklärung. Berlin 1902 ff.: Reimer (Akademieausgabe Band VII).
Kant, Immanuel (1788): Kritik der praktischen Vernunft. Berlin 1902 ff.: Reimer (Akademieausgabe Band V).
Rawls, John (1971): A Theory of Justice. Cambridge, MA: Harvard University Press.
Walzer, Michael (1997): On Toleration. New Haven: Yale University Press.

Autoren

LORRAINE DASTON ist Direktorin am Max-Planck-Institut für Wissenschaftsgeschichte in Berlin.

GERHARD ERNST ist Professor für Philosophie an der Universität Erlangen-Nürnberg.

VOLKER GERHARDT ist Professor für Praktische Philosophie, Rechts- und Sozialphilosophie an der Humboldt-Universität zu Berlin.

CARL FRIEDRICH GETHMANN ist Professor am Forschungskolleg „Zukunft menschlich gestalten" der Universität Siegen.

GERD GIGERENZER ist Direktor am Max-Planck-Institut für Bildungsforschung in Berlin.

JAN-CHRISTOPH HEILINGER ist Akademischer Geschäftsführer am Münchner Kompetenzzentrum Ethik der Ludwig-Maximilians-Universität München.

PHILIP KITCHER ist Professor für Philosophie an der Columbia University in the City of New York.

SUSAN NEIMAN ist Direktorin des Einstein Forums Potsdam.

JULIAN NIDA-RÜMELIN ist Professor für Philosophie und politische Theorie an der Ludwig-Maximilians-Universität München.

THOMAS SCHMIDT ist Professor für Praktische Philosophie/Ethik an der Humboldt-Universität zu Berlin.

TATJANA TARKIAN ist Geschäftsführerin des Seminars für Philosophie der Universität Erfurt.

MICHAEL TOMASELLO ist Direktor am Max-Planck-Institut für evolutionäre Anthropologie in Leipzig.

AMRISHA VAISH ist wissenschaftliche Mitarbeiterin am Max-Planck-Institut für evolutionäre Anthropologie in Leipzig.

Sachregister

Altruismus 186, 191
Akzeptanz 249, 266
Amoralität 181f
Anerkennung 69, 124, 137, 154, 160f, 173, 175, 179, 265ff
Angewandte Ethik 25
Analytische Philosophie 1f, 7, 35, 43, 65, 146
Anthropologie 60, 71, 111, 118
Antinaturalismus 13
Antirealismus 35, 39, 61, 70, 155, 161f, 169, 177, 179
Argument from Queerness 11
Argument from Relativity 11, 115
Aufklärung 142, 224, 226f, 263f, 267f, 270f
Authentizität 85f, 88, 90, 94–96, 103, 105f, 185, 200
Autonomie 55f, 61–66, 71, 73f
Bounded Rationality 223–225, 229, 231–233, 236, 240, 243, 246, 255–257
Common Sense 8, 114f, 152, 165, 167
Demokratie 4, 16, 134, 263, 270
Deontologie 72f, 149
Deskriptivität 43, 46, 51, 112–116, 154, 169, 225, 228f, 237, 240
Dilemma 27, 121, 145, 148f, 156, 214, 227, 229, 234f
Diskontinuitätssicht 55
Dissens 10, 46, 113, 119–121, 127f, 147–149, 159
Eigeninteresse 96, 181f, 188–190, 196f, 201, 215, 237
Emotion 10, 28, 61, 80, 99, 181, 199f, 202, 209f, 232, 236, 240
Emotivismus 10f, 39
Epistemologie 12, 24, 36, 56, 58f, 63, 66–70, 79–82, 88, 94–103
Erkenntnis 3–6, 9, 11, 24–30, 32–36, 59, 68, 79, 94, 101, 134f, 137f, 142, 171, 174, 226
Ethnozentrismus 133
Ethos 39, 80–82, 85f, 90, 96–98, 103f, 149
Evolution 5, 61f, 73, 163, 177, 181–183, 188, 190, 194f, 200f, 212f, 215, 247, 249, 251, 270

Externalismus 35
Fairness 181f, 191, 194, 201–204, 249, 251f
Gemeinschaft 8, 20, 81f, 88, 92f, 103f, 118, 138f, 174–176, 178, 189–193, 195, 205, 212, 240, 247, 249, 253, 255
Gerechtigkeit 10–12, 44, 131f, 137, 141, 154, 182, 202f, 206, 249, 266, 268f
Gesellschaft 12f, 70, 94, 104, 112, 136, 138f, 141, 149, 156, 191–194, 196, 212, 214, 228, 248, 264–266, 268f
Gesetz 5, 9, 19, 23f, 31f, 39f, 45, 48f, 64, 83, 88, 94f, 99, 123, 126f, 131, 133, 135, 140, 142, 151, 173, 178, 193, 205, 208, 214, 228, 232, 250, 255, 269
Gott 9, 37, 136, 226f, 230, 245, 267–269
Humanismus 13, 61, 142, 247f
Ideologiekritik 133
Institution 42, 139f, 143, 183, 191, 193–196, 212, 214
Internalismus 35, 39
Intuitionismus 3, 9, 66, 70
Kognitivismus 35, 38f
Kohärenz 16f, 19, 71, 102, 134ff, 138, 247
Kompatibilismus 60
Konsens 16, 46, 134ff, 138
Konsequentialismus 8, 155, 225, 228, 256
Konstruktivismus 39, 65, 172, 175f, 179
Kooperation 181–185, 190–200, 203f, 210–213, 215, 234, 250, 270
Korrespondenz 134f, 138, 164–167, 170, 173
– Korrespondenztheorie 163, 165, 174
Kultur 3, 6f, 11, 16, 39, 40, 47, 102, 112–114, 117, 121, 127, 133, 136–139, 141, 146, 169f, 174, 181, 183, 193, 195f, 213f, 244f, 248f, 267, 272
– kultureller Erfolg 169, 174
– Kulturalismus 133
Logik 33, 50, 53, 55f, 63f, 68, 73, 80, 97, 121f, 126, 131, 135, 151, 179, 199, 236, 269
Marxismus 5, 9
Metaethik 25–27, 33, 35, 61, 64f, 114, 117

Metaphysik 5, 9, 11, 15, 26, 34, 56–60, 68, 79f, 83, 85, 88, 94, 98, 113, 131, 136, 150, 157, 179f
Methodologie 56–63, 79–81, 94, 132, 223, 228, 253f
Moralismus 10f, 143
Motivation 13, 62, 105, 155, 182, 188–190, 195, 197, 199f, 208, 213, 217, 229
- Motivationsproblem 13, 155
Natur 5, 9, 13f, 29f, 34, 57, 82–86, 89, 92f, 97–99, 101, 105f, 135, 137, 172, 180, 268f
Naturalismus 12–15, 18, 56–63, 65–73, 86, 105, 117f, 154–157
Naturalistischer Fehlschluss 8f
Naturwissenschaft 12f, 15, 35, 57, 81f, 154f, 157
Nonkognitivismus 35, 39, 122
Nonnaturalismus 56, 63, 65ff, 73
Normative Ethik 25, 62, 71, 73
Objektivismus 2, 5, 8, 11f, 16f, 39, 112, 115f, 120, 122–126, 128
- ethischer 2, 5, 8, 112, 116, 122f, 128
Objektivität 3, 6f, 9, 14, 16f, 27, 35–39, 47, 55, 70, 79, 126, 137
Ökonomik 6, 21, 69, 136, 240, 228, 238, 266, 270
Parteilichkeit 132f, 138–141, 144
Pflicht 11, 44f, 59, 66, 82, 84, 87, 90, 92–94, 104, 111, 124f, 131, 140–142, 148–150, 161, 169, 173, 192, 194, 197f, 205, 210, 223, 241, 245, 248, 251, 264
Pluralismus 148, 167f, 172f, 177f
Politik 3–7, 11, 21, 69, 80, 131f, 134, 137, 139f, 142f, 146f, 179, 192, 264f, 270
Präskriptivität 43, 46, 51, 67, 157, 223, 225, 237, 240
Pragmatismus 17, 161f, 174, 178, 180
Pragmatik 35, 40, 45f, 162, 165, 172f, 223
Prinzipien 7, 23f, 68, 73, 124f, 150–152, 154, 162, 178, 192, 203, 223, 225, 229, 232f, 237f, 248f, 255, 269
- Prinzipienethik 124
Psychologie 18f, 57–60, 62f, 65, 69, 71–74, 164, 168, 171, 181, 183, 213, 226, 228f, 241, 244, 248, 254–256, 270

Realismus 2, 12–15, 35–43, 45f, 49, 56, 61, 142, 154, 161, 165, 167, 172, 176–180
- realer 161f, 174
- unaufgeregter 2, 14
Recht 9, 16, 26, 134, 140, 144, 146–148, 157, 191, 194f, 237, 240, 244, 246, 254, 263, 266–269, 271
Menschenrechte 16, 271
Referenzbeziehung 165ff, 175
Relativismus 19, 70, 111–129, 133
- deskriptiver 112–116
- (meta)ethischer 111–119, 122–126, 128f
- normativer 114
Religion 6f, 98, 136, 140, 143, 163, 194f, 226, 242, 247, 264f, 267, 269
Satisficing 223–225, 227, 229, 231, 233–237, 239, 241, 243, 245–247, 249, 251, 253–256
Semantik 38, 41–44, 50, 55f, 60, 64f, 73, 117f, 120–123, 125, 129, 165
Situationistischer Einwand 72
Subjektivismus 2, 6, 10ff, 16, 39, 179
Subjektivität 79, 82, 84, 87, 96, 99f, 105, 137f
Toleranz 124f, 140, 263–269, 271f
Tugendethik 72, 124
Überzeugung 2f, 10f, 15–19, 24f, 33, 35f, 39, 41, 43f, 66–72, 121, 123, 133, 143, 154, 162, 164, 169f, 225, 230, 265
Umwelt 133, 141, 155, 170, 194, 223–226, 236f, 240–245, 248–250, 252–257, 266, 269
Universalität 47, 80, 113, 133f, 150, 208, 247, 260
Utilitarismus 9, 13, 23f, 151, 227, 229, 232
Verantwortung 2, 5, 14, 18, 72f, 80, 84, 86, 97, 105, 125, 132, 139, 141, 195, 198, 228, 240f, 244, 251, 253, 257
Versprechen 23–26, 38, 41f, 44, 90, 150
Wahrheit 1, 4, 13, 17, 19, 28f, 35f, 39, 45, 49, 55, 66ff, 70, 79, 82f, 87, 95, 98, 101, 114–117, 119–122, 129, 131–144, 154, 161–170, 172, 174, 177f, 180, 196, 269f
Wahrheitsfähigkeit 134
Wahrscheinlichkeit 125, 176f, 186, 200f, 204, 209f, 214, 224, 227–231, 234, 242, 252, 255f, 271

Weltanpassender Erfolg 169f, 174
Weltbürger 134
Werte 4, 6f, 9, 11, 18f, 21, 35, 38–40, 67–70, 94, 103, 113, 125, 137f, 144, 146–150, 155–157, 176, 214, 242–249, 263f, 268–270

Wissen 2, 4, 8, 15, 17–19, 35, 43, 52, 55, 66, 102, 115, 132–135, 137, 139, 141, 144, 147, 169, 171, 187–189, 192–194, 197f, 205, 208f, 211, 228, 232, 242, 246, 252, 264

www.ingramcontent.com/pod-product-compliance
Lightning Source LLC
Chambersburg PA
CBHW070608170426
43200CB00012B/2623